Dimension:
Selected Financial Comments

金融的维度

金融评论集

魏革军 ◎ 著

中国金融出版社

责任编辑：张智慧
责任校对：孙　蕊
责任印制：裴　刚

图书在版编目（CIP）数据

金融的维度（Jinrong de Weidu）——金融评论集/魏革军著．—北京：
中国金融出版社，2017.1
ISBN 978 - 7 - 5049 - 8857 - 7

Ⅰ．①金…　Ⅱ．①魏…　Ⅲ．①金融—研究—中国—文集
Ⅳ．①F832 - 53

中国版本图书馆 CIP 数据核字（2016）第 326411 号

出版
发行　**中国金融出版社**

社址　北京市丰台区益泽路 2 号
市场开发部　（010）63266347，63805472，63439533（传真）
网 上 书 店　http：//www.chinafph.com
　　　　　　（010）63286832，63365686（传真）
读者服务部　（010）66070833，62568380
邮编　100071
经销　新华书店
印刷　保利达印刷有限公司
尺寸　169 毫米 × 239 毫米
印张　32.75
字数　480 千
版次　2017 年 1 月第 1 版
印次　2017 年 6 月第 3 次印刷
定价　70.00 元
ISBN 978 - 7 - 5049 - 8857 - 7
如出现印装错误本社负责调换　联系电话（010）63263947

感悟写作（序一）

写作是现实中常见的工作方式、生活方式和沟通方式。对很多人来说，它既是职业要求，也是一种生活和兴趣；而在我看来，写作是一种艰辛又愉快的体验，是一种学习和沟通的方式，是发现和研究问题的过程。同时，写作也是适应不断改变的世界的过程，它可以不断丰富自身思维，促进个人思想和精神世界的成长。

写作并不难，每个人都可以进行写作，一张纸、一支笔或一个键盘足矣，但要写得好却不易，作者需要有想象力、创造力和文字功力。我国每年出版四十多万种图书，各类文章更是不计其数，但算得上精品力作的却微乎其微。社会并不缺乏书籍文章，而是期盼更多的好作品，以激励和引导更多的人参与到伟大的社会变革之中。

好的文章不仅体现着良好的知识积累和写作技能，也折射出思想的光辉，能够反映时代、跨越时代。正如习近平总书记在文艺座谈会上所指出的：努力创作生产更多传播当代中国价值观念、体现中华文化精神、反映中国人审美追求，思想性、艺术性、观赏性有机统一的优秀作品。这为新时期文化工作者提出了更高的要求。好的作品，总能给人带来智慧、格局、思想和启迪，也给人带来愉悦、温暖和感动；它可以让人们以长远的历史维度和国际视野思考问题，进而做出逻辑的、包容的、科学的选择。在人类发展史上，正是一本本名篇巨著，折射出社会经济结构的变化，让思想的光芒普照大地，让不同文化交相辉映，进而推动文明与发展。

写作并没有放之四海而皆准的规则，但有一些基本的原则和方法却值得每个写作爱好者借鉴。

第一，写法得当。

威廉·辛格的《论好的写作》一书被称为指导写作方面的经典之

作。这本书讲到，好的写作具备四个秘诀。一是扬己之长。在他看来，无论是出于兴趣还是职业要求，写作都是非常个性化的事情。大千世界，作者各种各样，写作方法千变万化，只有那些有助于表达作者所思所想的方法才是最适合的。同时，写作在一定程度上也是探究人性和温暖这两个重要特质，应当用适当语言实现最清晰和最有力量的表达。二是简单直接。遣词造句务必精益求精，用一个字说清楚的绝不用词语，用一个词语说清楚的绝不用一个句子，用一句话说清楚的绝不用一段话；还要少用副词和形容词，少用被动语态，以减少读者阅读和理解的时间和难度。写作完成后，应反复修改，去掉多余的段落，去掉多余的句子，去掉多余的修饰，去掉过多细枝枯叶。当今世界，吸引读者渠道很多，越是简单越有吸引力。另外一点尤为重要，即始终保持一个清晰的思维，只有清晰的思维才能有清晰的写作。三是独树一帜。写作可以模仿，但不能亦步亦趋，要在写作中逐步形成自己独特的风格。要始终以放松和自信状态对待写作，写自己真情实感，相信自己的认知和观点。为谁而写，为自己还是为读者而写，这是写作中经常遇到的问题。客观地说，每一个读者都是不一样的，不必过于担心读者的判断，坚守自己的内心，坚守工匠精神，以自己独特的风格、情感和思想影响受众。四是用词考究。在浩如烟海的文字中，寻找适合词汇并不容易，需要咬文嚼字，需要学习和模仿大师们的用字用词，需要养成查字典的习惯，了解不同字词的来龙去脉，洞察其中的微小差别，善于用一些不仅能看到而且内心能感受到的文字。

第二，主题一致。

好的文章中心思想务必要统一和集中，只有中心突出才能保证文章的统一性、一致性。在纷繁的材料中，写作者必须培养去伪存真、去粗存精能力。毫无疑问，我们会使用很多素材、事实、细节，但要始终把握好文章的中心意思，让一根红线贯穿始终。在同一篇文章中，如果涵盖多种观点便很难深入，且有罗列之嫌，也很难保证文章内在逻辑的一致性。这有点类似演讲，观点过多过散，容易让观众和读者分散注意力，且传播效果不好，现实中有很多这样的例子。也就是说，面对如此丰富的世界，我们要懂得取舍，不要指望在一篇文章中表达太多的东西，一篇文章如果什么都写了就等于什么都没写。在提炼出清晰的观点后，就要尽可能地缩小范围，区分主次和主题的关联性。我们提倡"小题大做"，聚焦特定问题，写深写透，见微知著。在社会发展史上，那些成功的作品往往只有一个引发读者的思考的要点，且这个要点是读者事先未想到的。因此，精心挑选并执着于一个你希望留在读者心中的要点，并以此为遵循达到期待的目标。

第三，守正出新。

守正，就是坚持正确的创作方向，深入挖掘对社会进步最具建设性的东西，唤起人们对真善美的追求和共鸣，鼓舞社会大众不断为推进改革进步而努力、为实现中华民族伟大复兴而奋斗。

文化产品要兼顾自然属性、文化属性和意识形态属性的统一，始终把正确的创作方向放在重要位置。十八大以来，党中央在舆论宣传、意识形态、文化建设方面提出了一系列新的要求。习近平总书记系列重要讲话中有很多与文化创作有密切关系的论述，比如在宣传思想政治工作会议上的讲话、在文艺座谈会上的讲话、在党的舆论工作会上的讲话、在哲学社会科学工作座谈会上的讲话，这些讲话强调新闻写作应坚持党性原则、坚持以人民为中心的导向、坚持正面宣传、坚持社会效益与经济效益相统一等，同时也指出了文化发展自身的规律，为新时期的文化建设指明了方面。质量是作品的生命，一篇文章不同于物质产品，其价值无法用货币来衡量，但它有其独特的价值、温度、责任和担当，具有更加广泛和长远的渗透性、融合力。因此，作者在创作时应特别重视内容建设和质量建设，不断提升作品的文化价值和社会价值。

第四，讲好故事。

从战争时期红色金融中一路走来的新中国金融事业，在曲折中调整、在改革中发展，创造了一个又一个金融奇迹。这其中有许多值得总结和传播的金融故事和经典案例。我们要深入挖掘、萃取、传播这些故事，与社会有效沟通，让中国更好地了解世界，让世界更好地了解中国。

讲好故事，既要重视经典案例的总结和传播，建设有效沟通的话语体系，不断提升我国的国际话语权，又要坚持问题导向。我国体制和机制的完善都是因坚持问题导向而推动的，写作的目的在于发现问题、分析问题、揭示问题并推动问题的解决，同样应坚持问题导向。

　　写作不是单纯的宣传，是作者与读者的沟通。为了达成与作者的心灵沟通和思想互动，作者不能闭门造车、无病呻吟。作者必须时刻掌握社会所关注的热点、抓住问题的核心和矛盾，才容易引起共鸣。目前，改革进入深水区和攻坚期，可选择的热点、难点多。只有脚踏实地，又仰望星空、充满想象，才能避免平庸之作。历史上很多精品力作都是充满想象力的，有不凡的开头、布局、情节，也经常有出乎意料的结尾。当然，金融写作不同于一般的文学创作，尽管追求文章流畅华美、构思新颖，但更重要的是必须选择有实际意义且独特新颖的话题，恪守学科理论规范和政策方针原则，遵循严谨缜密的写作逻辑，从而创作出不辜负时代的名篇佳作。

作者写于 2016 年 10 月

金融评论的视角与方法（序二）

　　媒体从业人员大都喜欢谈"金"论道，纵论天下。到新闻出版单位工作后，我也没有脱俗，偶尔拿起笔来抒发对经济金融生活的感怀。本书收集了我这些年的大部分拙作，坐井观天，不成文章，但终归是自己的辛勤之作，也就不揣冒昧编辑成这本小册子，供读者批评雅正。

　　到媒体工作前，由于工作关系也时常关注新闻评论，有时还参与了一些工作评论的写作，但由于不是专门的职业，也就很少进行专门的系统思考。到媒体工作后，有更多的机会阅读和研判各种媒体评论，渐渐有了一些感性认识。总的感受是，我们国内媒体在一些重大经济金融问题上缺乏自己有力度的声音。一些主流媒体虽有一些评论，但无论是体裁的选择还是写法，都跟不上国内经济发展和经济全球化的步伐，在不少情形下只是简单地照抄照搬政策和文件的要点，很难与读者和市场产生共鸣。相反，西方一些媒体在这方面的做法要成熟得多，它们对各种经济现象的观察往往更富有战略性、针对性。

　　评论薄弱是我国经济金融报道中面临的一个普遍问题，原因错综复杂。从我国媒体自身因素看，缺乏明晰的现代对外沟通战略和意识，缺乏国际视野和深入调研，现有新闻从业人员的结构缺陷，恐怕都是其中的重要因素。显然，随着中国与世界相互融入步伐的加快，我们迫切需要改进经济报道，特别是需要加强经济金融评论。

　　评论是最能体现时代的特征，体现特定的立场、观点。透过各种评论，我们能够看到社会关注的焦点，感受到时代脉搏的跳动。评论能产生重要的舆论影响力，是现代媒体的灵魂，在一定程度上决定着一家媒体在公众心目中的分量和社会竞争力。因此，研究和探讨评论的视角和方法具有重要意义。

　　经济发展始终是国内的主旋律，和平与发展是当今世界的主流。这种基本状况决定了人们看待国内外经济金融现象和问题的基本立场和观点，决定了经济金融评论的基本定位：即应当从更加积极和理性的角度去解析国内经济金融关系，从互利共赢的角度看待各种经济关系。但是，也应同时看到，无论是国内还是国际性经济事件或现象，都不像表面上那么孤立、单一和简单，而往往是多种因素共同交织的结果，并反映和体现着一定的物质利益关系，也就是政治经济关系。这就是说，我们要善于从多角度思考问题，既不要泛政治化，也不要泛经济化，更不要泛学术化。

事实上，现实世界远比那些所谓的条约和规则更为复杂。抽象的理论和规则一旦遇到具体情况为什么会衍生出种种解释？因为，每个经济活动的参与者都希望保持和巩固已有的优势，并从中分享到更多的益处。因此，摩擦和冲突、抱怨和指责便不可避免。我们已经看到了太多类似的案例，比如货币的冲突、市场竞争与合作的冲突、物质利益的冲突、观念的冲突、宏观与微观的冲突、文明的冲突等。这就需要我们认真甄别、冷静观察、客观分析、从容阐释。

经济金融评论应力求做到新闻性、政策性和理论性的统一。这就是说，不是所有的事情都适合评论，对媒体而言，通常对那些新近发生并具有广泛影响的事情感兴趣，而且这类事情要蕴涵一定的政策含义。评论也不是文字游戏，应注重讲理、说理，不能动辄以套话吓人。改革发展到今天，社会公众知识水准和知识结构已发生明显变化，他们对现实世界的认知能力和判断能力也今非昔比，没有人乐意听那些空泛的议论。只有那些言之有物、入情入理的评论，人们才有可能瞅上几眼。这就要求我们在撰写评论时，应努力做到新闻性、政策性和理论性的统一。

评论虽然属于新闻的范畴，但它不同于一般的新闻报道，应注重挖掘新闻背后的含义。要体现一定的政策要求，贴近金融中心工作，给人以指向和启迪。但评论毕竟不是政策，不是文件，不必像公文写作那样遣词造句，也不必大篇幅摘抄政策和文件，更不必句句与政策相吻合。评论要体现理论逻辑，很难想象，一篇违背经济学常识或基本逻辑的评论会给人留下什么深刻的印象，因此，评论内容应符合经济学基本原理，弄清楚所述问题中所隐含的基本经济关系、经济概念和运行机制，避免闹出常识性的笑话。但评论毕竟不是学术论文，我们也不必时时以学术规范吹毛求疵。应当看到，做到新闻性、政策性和理论性的统一并非易事，但这应成为我们追求的目标，这就要求我们贴近市场和实际，吃透政策，注意学习和调研，努力做学习型、专家型、研究型的新闻从业人员，不断提高评论能力。

评论要反映人们对经济金融规律性和趋势性的认识，体现出敏锐的洞察力。好的评论不是用手写出来的，而是用手和脑通过心创作出来的。对于这个纷繁复杂的世界，个人的局限性是显而易见的。我们甚至很难预测一两年后某些方面的发展状况。人们在分享许多重大的改革成果时，很少有机会回顾当年改革的艰辛。事实上，很多重大的金融改革在出台前，几乎都不同程度地遇到过重大分歧和阻力，只是在改革释放出巨大积极效应时，人们才冰释前嫌，达成共识。因此，对于重大的改革和事件，我们既要看到眼前的冲突和矛盾，又要看到未来潜在的变化，把握趋势性和规律性，要尽可能从那些无谓的争论中跳出来。这就要求我们立足长远、立足全局、立足动态、立足世界。

随着社会经济货币化和信用化程度的提高，金融业作为现代经济的核心，与社会经济的方方面面的关联在增强，同时也容易积聚各种矛盾，因此，要切忌孤立地看待金融问题，以理性和建设性的态度去维护和提升人们对金融发展的信心。

评论需要讲究一定的写作技巧。怎样写好评论？这是一个很难解释清楚的问题，需要不断地积累和体验。况且，写作问题历来是仁者见仁、智者见智，由于知识结构、工作背景和写作风格的差异，每个人都有自己的风格和体会。我认为，从技术角度看，一篇理想的评论应有以下几方面的考虑：首先，要有一个好题目。新闻是反映客观事物的，要力戒哗众取宠、脱离客观，但新闻毕竟是新闻，要避免枯燥乏味，要能吸引人。不要说新闻作品，就连经济学著作和文学著作，也很讲究标题的制作，类似的例子不胜枚举。因此，在撰写经济金融评论时，一定要做个好标题。作为经济类评论，要避免题目过于文学化、理论化、文件化，切忌模棱两可。在信息时代，人们的时间很宝贵，不要让人看了标题还不知所云，最好能直奔主题，旗帜鲜明，把想要表达的东西高度地概括和提炼出来，源于内容又高于内容。其次，要有一个好角度。评论是以适当角度向大众传播我们对某种事情的基本立场和看法，不是工作总结和政策摘要。要避免人云亦云，面面俱到。这就如同摄影，一定要选择一个好角度，彰显所欲表达的效果。再次，要确立合理的评论框架。一个良好的框架可以更充分地体现作者的观点和方法，同时也可以更好地表现观点的逻辑性和一致性。再者，要弄清楚所涉及问题的有关背景和演变，增强评论的深度和厚度。要注意加强学习和调研，善于沟通，善于观察，培养缜密的逻辑思维能力，增加辨别力，去伪存真，去粗取精。最后，要尽可能使用简明的语言，避免用一些晦涩难懂的语言。事实上，没有任何东西是不能用简单语言来表达的，关键在于我们的写作态度和用功程度。我们经常可以看到，好的翻译可以用几乎同样的篇幅进行不同语言文字的转换，相反，那些差的翻译者总是用更大的篇幅和更多的文字。

评论是否应具有批判性？在这方面存在有很大争议。我认为，不能一概而论。要看内容是否需要，要看问题的性质，看每个人的个性特点和风格。有些人天生爱挑刺，对任何问题喜欢标新立异，吹毛求疵；有的人则天生宽容，总是以包容的态度对待一切。在这种多元化的世界中，我们应允许和鼓励不同风格的存在。有观点认为，批评性评论更具建设性。我认为，要具体问题具体分析。激励性的框架与批评性框架同样需要勇气和智慧。通常，看清一个人或一件事的缺陷或缺点并不难，难就难在找到解决问题的有效办法和理性建议。以什么样的眼光审视我国金融业在改革发展中的种种问题，不仅是方法论问题，同时也反映了我们对金融业发展的趋势性判断和信心问题。对于转轨中的我国金融业而言，更需要那些富有理性和建设性的评论，以激发和增强对金融发展的信心。

作者于北京康乐里

目　　录

金融监管的分与合

　　分立或整合是金融监管演进中的常见现象，亦是不同经济体在特定历史条件下的选择和安排。社会分工的发展和金融业态的多元化催生了监管的分立，而金融市场的一体化和系统化又促进了监管的融合。总的来看，金融监管制度的变化是由社会化大生产、维护金融稳定、金融市场深化等因素综合作用的结果。

　　从世界范围看，并无完全统一的监管模式。从国外监管发展历史看，监管的分合本质上是监管重塑问题。每一次重大金融监管制度改革都是危机爆发和危机处置的结果。美国监管从强调市场自我调节到全面监管、从放松监管到重整监管，其监管理念、架构、分工和职责进行了多次调整，逐步形成了以风险导向为核心的监管导向，促进了制度和规则的整合。日本的金融管理从政府行政主管到大藏省和日本银行共同监管，再到以金融厅为主体的统一监管，形成了日本独特的监管体系，实现了监管的统一性、专业性。英国金融监管经历了行业自律为主、分业监管、单一机构监管与财政和央行三方共治、双峰监管等不同阶段，形成了组织严密、分工负责的监管体系。欧盟从成立之初的监管分治到国际金融危机后逐步走向统一的分业监管。

　　但是，所有监管制度的本质都是相似的。经过多次金融危机，不同金融监管模式表现出许多趋同的特征：越来越重视金融监管在现代经济发展中的作用，越来越注重以风险为核心的监管导向，越来越注重监管制度和规则的统一性、一致性、协调性和公平性，越来越注重宏观审慎管理。这也为我国重塑金融监管带来许多启示。

　　我国金融监管制度的演进也是如此。上世纪90年代，伴随我国经济金融结构的变化以及金融市场主体的增多，我国逐步从人民银行分离出证券监管、保险监管和银行监管职能，成立专门监管机构分别负责对证券业、保险业、银行业的监管，实现了从人民银行统一监管向"一行三会一局"的分业监管格局的转变。分业监管提升了我国的风险监管能力，推进了监管的市场化、专业化，但也带来了种种问题，诸如多头监管与重复监管、监管模糊与监管空白、监管标准差异与监管套利等。这就要求进一步改革和完善监管体制。

改革监管体制不是简单的机构撤并，而是通过监管重塑从制度和规则上提升监管能力。我国的分业监管体系是一个垂直的、自上而下的庞大体系，简单的分合涉及诸多因素，也会花费巨大成本，并带来一些新的矛盾。因此，应当以融合和法治思维推进改革，赋予原有机构以新的职能，尽可能避免物理分合的弊病。

解决分业监管之弊贵在融合。在金融市场一体化和大数据背景下，融合的核心是要体现 4C 原则：第一个 C（Chair）是核心，即加强中央银行在宏观审慎管理、防范系统性风险和维护金融稳定中的核心作用。这也是国际金融危机后的新的国际共性。第二个 C（Coordinate）是协调，即加强对重大监管政策特别是涉及跨行业、跨市场业务的监管协调，保持政策的包容性、一致性和协调性。第三个 C（Corporation）是合作，特别是加强中央银行和银行监管部门的合作，提高宏微观审慎管理的有效性，更好支持实体经济发展。第四个 C（Communication）是沟通，主要是加强前瞻性政策指引和预期管理。

国际金融危机后，为弥补我国监管体制的缺陷，从理论界到监管决策部门在宏微观审慎管理诸方面已进行了一系列有益的尝试，对不同性质和类型监管的边界和功能的认识更加清晰，这为全面深化金融监管改革打下了良好基础。

（《中国金融》2016 年第 24 期）

理性看人民币汇率

新的汇率改革以来，人民币双向波动加大，汇率决定的市场化因素不断增强。但是一段时期以来，人民币汇率波动加剧，特别是特朗普赢得美国总统选举后，宽财政、紧货币的政策取向使得美元升值预期提升。

人民币汇率变化不仅取决于人民币的供求关系，还取决于美元和一篮子货币汇率的变化。我国经济增速下降，非金融企业杠杆高企，私人资本流出增多，美元短期强势，市场参与者对人民币贬值预期加大，以及离岸市场投机资本卖空等都在一定程度上加大了市场波动。但综合考虑国内外经济金融状态，人民币不存在持续贬值的基础，中长期仍是稳定的有吸引力的货币。

第一，美元升值难以持久。有观点认为美国可能再次进入"里根时代"，并推测美元会持续升值一段时期。这有一定道理。但同时也要看到，里根当选总统前，美国经济增长率不断下降，通胀、失业率高，政府负债率仅为40%，这使得里根政府有条件大量发行国债、减税、提高利率；而当前美国失业率处于次贷危机以来的最低水平，2015年政府负债率达到105%，通胀处于快速回升的通道，大规模减税和加强基建计划会加剧通胀预期。此外，里根信奉自由主义，希望维持美元强势货币，而特朗普认为强势美元会伤害美国的制造业。这些条件和理念的差异将使得美元升值难以持续。

从历史看，货币超调存在冲高回落可能。美联储加息预期导致市场对美元走势反应敏感，甚至不排除短期有"超调"可能。一旦加息预期"落地"，美元指数将可能冲高回落。比如1985年美国与日本等国签订"广场协议"，以联合干预外汇市场的方式诱导美元对主要货币汇率贬值，此后美元贬值的速度甚至快于此前的升值速度。

第二，我国经济基本面长期向好。我国经济保持中高速增长、经常项目保持顺差、外汇储备充裕、国内储蓄率高、财政状况良好。近期，国内经济增长的稳定性进一步提高。随着"一带一路"战略实施和人民币国际化推进，各国央行调整外汇储备币种结构有了更多选择，人民币资产吸引力提升，也将对人民币汇率起到稳定作用。我国正在稳步推进结构性改革和金融改革，包括降低企业杠杆率、促进消费升级、放开服务业以及增强社会保障体系等。这些改革将增强中国经济的韧性，吸引外国资本流入，增强人民币稳定的基础。

第三，我国参照一篮子货币确定汇率，其他篮子货币也相对于美元贬值，形成自动冲销效应。在人民币对美元汇率贬值的同时，人民币对一篮子货币汇率仍保持了基本稳定。由于其他货币特别是新兴经济体货币对美元的贬值幅度较人民币更大，人民币相对一篮子货币汇率还略有升值。

面对更为复杂的国内外政治经济环境，我国既要坚定推进以市场为基础的改革，也要加强宏观审慎管理，加强对跨境资本流动的监测和管理。当前，应推进企业更加有效地进行对外投资，有效有序"走出去"；进一步改善人民币汇率形成机制，更加合理均衡地生成汇率；加强与市场进行有效沟通，管理好人民币汇率预期，增加市场主体的适应性和承受能力。

中国不同于小型的经济体，保持独立的、与国内经济发展相契合的汇率政策十分重要。中国需要继续保持有管理的浮动汇率制度的改革方向，使人民币汇率保持在合理区间。

（《中国金融》2016 年第 23 期）

减少扭曲性金融套利

金融改革的目的在于通过有效配置金融资源和金融风险，促进金融效率、安全和公平，以最大限度地满足实体经济和社会大众的金融需求。实现这样的目标，需要进行持续的改革，不断减少各种扭曲性金融套利行为。

并非所有的金融套利都是扭曲性的。套利是现代金融中常见的现象和行为，是金融市场有效运作的重要条件，只要有差异套利就难以避免。通过跨空间、时间、市场等的套利操作，企业、金融机构和投资者赚取利润和对冲风险，进而提高金融市场的合理定价和运行效率，促进金融市场一体化。套利有各种形式，或基于制度，或基于监管，或基于价格，等等。在市场和制度不健全的情况下，过度套利会带来极大的扭曲，加剧资本流入虚拟经济领域，最终拖累实体经济。

生产要素过多涌向金融业和金融市场，是很多经济体扭曲性套利的常见现象。究竟是阶段性现象还是长期现象，很难有一致性结论。我国这方面问题尤为突出。金融产业是具有吸引力的朝阳产业，具有容纳各种要素的比较优势，但要素过多的集聚也蕴涵着较大风险。一段时期以来，我国各类资本热衷于金融投资，它们通过注资各类金融机构、成立资产管理公司或投资公司、争相申请设立金融机构、综合金融经营、从事金融交易等方式涉足金融。互联网技术的迅速发展，加剧了金融创新，也为跨界经营和投资创造了极大的便利。这些对金融的狂热和冲动本质上具有套利性质，根本上看源于利益驱动以及产业间资本收入的差异。

资本由实体转向虚拟是一种结构现象和体制现象，也与我国金融结构局限不无关系。我国面临的一个突出问题是非金融企业杠杆率过高，这是在我国经济货币化信用化进程中逐步形成的。企业脆弱的资本结构，加剧了实体对金融的依赖，也造成了利益分配的差异，反映出我国实体经济与虚拟经济、直接金融与间接金融、管制与市场等诸关系还不够协调。只有重构和矫正上述关系，才能优化金融资源配置、降低经济运行的风险。这需要打破既定的利益格局和思维定势，从顶层上理顺金融与实体经济的关系，推进多层次资本市场发展，推进金融业综合经营，推进市场化债转股，规范互联网金融活动，从而减少扭曲性套利产生的土壤。

监管和规则套利也是扭曲性套利的突出表现。利用分业监管和监管缺位，在不同金融业态套利和跨行业进行套利不同程度存在。一些非银行金融活动和准金融活动在短短几年出现爆发式增长，这种类影子银行活动不同于西方集中在资本市场和实体经济领域，在我国则集中于金融中介机构，其经济职能类似银行，一定程度上反映了现存金融体系的弊端。这方面的过度套利加剧了金融市场的波动和风险，损害了金融稳定和实体经济。这就需要深化金融监管体制改革，强化宏观审慎管理。

在经济转型中，我国资本过剩与资本短缺并存，一部分游资到处游荡套利。因此，应通过制度改革最大限度地发挥各类资本的效能，促进各类资本相容互利，更多地进入实体经济。应通过有效沟通和法制保障使社会公平对待不同资本和资产。特别是在利率走低、投资资产相对短缺的背景下，应有效利用金融市场和金融机制深化资本存量改革，使社会资本树立长远战略，有机参与到结构化改革的进程之中，推动经济动能的转换。

减少扭曲性套利应深化利率、汇率改革，促进金融市场的规范化和一体化，最大限度地减少行政管制和监管真空，抑制各种非理性套利。

（《中国金融》2016 年第 21 期）

货币政策沟通的演变

沟通在中央银行政策实施中的作用日益凸显，在许多中央银行看来，沟通不仅是一种策略，而且是政策本身的内在要求。

20多年前，很多中央银行还把货币政策当做一件神秘的事情，它们恪守英格兰银行"从不解释、从不致歉"（Never explain，Never excuse）的传统信条，认为沟通会加剧对政策信息的过度利用，影响货币政策相机抉择。这种理念虽受到市场、公众和经济学家的质疑，但沟通的重要性并没有成为货币政策实施中的共识。直到上世纪90年代，这一传统理念才开始改变。

货币政策是现代社会最重要和备受关注的公共政策。随着社会经济的发展、政府职能的转变以及市场诉求的增多，越来越多的中央银行逐步突破传统观念，开始重视公共沟通。目前，沟通已成为政策传导过程中不可或缺的组成部分。美联储在这方面的变化尤为显著，国际金融危机后，它突破原来模糊哲学，在公开市场委员会下设立专门负责沟通的小组，研究和加强货币政策沟通，发布前瞻性政策指引，沟通渐成货币政策的重要支柱。

我国也有明显变化。也许是历史巧合，人民银行从1994年起公布货币供应量指标，逐步增强货币政策透明度。这些年来，通过金融运行报告、货币政策执行报告、货币政策委员会新闻简报以及相关负责人演讲，适时向社会传播货币政策信息。每遇重大政策调整，人民银行总是通过各种方式向社会解释。诸如，最近连续在其官网上发布文章，阐释人民币加入SDR的相关情况；对引入MPA、人民币汇率改革、数字货币也通过媒体与社会沟通，增加改革和政策的透明度。

沟通是人们分享信息、思想和情感的过程，是一种双向的传播。公共政策诸如财政政策、货币政策等具有社会性、基础性和市场性，是政府和货币当局向社会提供的公共产品，其有责任作出充分的解释；同时，改善公共政策的治理，需要全社会的互动与参与，以便充分吸收各种市场信息并作出科学决策；此外，政策的有效实施也离不开各方面的互动和响应。

货币政策沟通本质上是一种预期管理。不同经济体货币政策目标有所侧重，美国主要是最大限度地促进就业和维护物价稳定；我国由于处于转型之中，政策目标除了维护币值稳定，需兼顾多目标的平衡和金融稳定。无论侧重点如何，沟通都是向公众传播货币政策目标、框架、意图，引导市场产生合理预期，促进货币稳定和经济增长。但货币政策影响并非立竿见影，存在一定时滞，其效果不仅取决于当下的政策行动，也取决于预期。这要求货币政策有前瞻性，管理好预期，保持政策目标、规划、手段的透明度。面对公众的知情权，不能只是以简报和模糊语言来应对，需要系统明晰的解释。国际金融危机后，传统货币政策工具失灵，政策效果的不确定性加剧了社会公众的忧虑，更需借助前瞻性政策指引，引导社会对货币政策作出适当的反应。

市场是复杂的，社会经济结构是复杂的，政策制定过程也必然是复杂的，这决定了沟通过程的复杂性。因此，建立科学客观的沟通体系、形成良性互动机制十分重要。中央银行能做的就是客观分享信息，让社会作出合理预期和选择。

货币政策的有效沟通是建立在信任感之上的，这需要中央银行面对各种环境保持政策的连续性、可解释性、透明性，不断提高政策的公信力。

（《中国金融》2016 年第 20 期）

人民币加入 SDR 的意义

2016 年 10 月 1 日，人民币正式加入国际货币基金组织（IMF）特别提款权（SDR）货币篮子，这是人民币国际化的重要里程碑。

这是我国深化经济改革开放的战略选择。随着中国经济和人民币国际地位的不断提升，国际上建议将人民币纳入 SDR 的声音日益增强。党中央、国务院高瞻远瞩、审时度势，及时作出了推动人民币加入 SDR 的重要战略部署。习近平主席、李克强总理、马凯副总理相继作出重要指示。人民币加入 SDR 的工作全面展开，有序进行。与此同时，我国领导人在较多国际会议和双边场合就 SDR 发表重要观点，与美国、英国、德国、法国、俄罗斯、印度等就 SDR 问题密切沟通，凝聚共识。中国人民银行会同多个部门与 IMF 密切配合，就 SDR 审查标准、数据、操作等问题开展了深入的交流与合作，解决了一系列技术难题，为人民币加入 SDR 奠定了坚实的基础。人民币成功加入 SDR，对于中国和世界是双赢的结果，既代表了国际社会对中国改革开放成就的认可，有利于推动人民币国际化进程稳步向前，促进我国在更深层次和更广领域参与全球经济，也有利于增强 SDR 自身的代表性和吸引力，完善现行国际货币体系。

这是我国经济金融改革持续深化的结果。长时期的金融改革开放为人民币加入 SDR 打下了坚实基础。亚洲金融危机后，中国银行业进行了一系列制度改革。2003 年以后，启动了国有商业银行股份制改革，为人民币国际化创造了良好条件。自 2010 年 SDR 审查以来，人民币跨境支付不断上升，离岸人民币市场进一步拓展，人民币国际合作不断深化，"广泛使用"和"广泛交易"程度大大提高。根据 IMF 的最终审查报告，在"广泛使用"方面，截至 2014 年，38 个国家持有人民币资产约合 718 亿美元，占总外汇资产的 1.1%，位于全球第 7 位；截至 2015 年第二季度，人民币国际银行业负债约为 4790 亿美元，占全球的 1.8%，位于全球第 5 位；截至 2015 年第二季度，人民币国际债券余额约为 760 亿美元，占全球的 0.4%，位于全球第 9 位，而 2010 年人民币国际债券余额为 80 亿美元，占比位于全球第 21 位；2015 年 1~6 月人民币新发国际债券约 280 亿美元，占全球的 1%，位于全球第 6 位，而 2010 年人民币新发国际债券为 7 亿美元，位于全球第 22 位；2014 年第三季度至 2015 年第二季度，人民币跨境支付占全球的 1.1%，位于全球第 8 位，而 2010 年人民币占比为 0.1%，位于全球第 10 位；2014 年第三季度至 2015 年第二季度，人民币贸易融资占全球的 3.4%，位于全球第 3 位，而 2010 年人民币贸易融资占全球的 1.1%，位于全球第 5 位。在"广泛交易"方面，中国香港、新加坡、法兰克福和伦敦等离岸人民币中心快速发展，人民币在主要外汇市场交易量也迅速增加。根据截至 2015 年 4 月底的地区和国家调查数据，人民币在六个地区交易中心的交易规模已达日均 2500 亿美元，交易规模位于全球前 8 位。与此同时，中国还采取了一系列举措，包括向外国央行类机构开放银行间债券市场和外汇市场、滚动发行 3 个月期限国债以提供人民币代表性利率、加强数据透明度、延长人民币交易时间等，切实解决了操作问题。可见，人民币加入 SDR 的过程，是中国以建设性的方式、遵照现有审查程序和审查标准参与 SDR 审查的过程，也是中国不断深化改革的过程。

　　这是推进我国改革的有效而有约束力的机制。衡量一国货币是否成为国际储备货币的一大标志就是该货币是否是 SDR 篮子货币。在 2000 年的 SDR 审查中，IMF 首次明确将出口标准作为一国货币加入 SDR 的"门槛"标准，选择标准为前 5 年中货物和服务出口最大的 5 个成员国的货币。同时，还为一国货币加入 SDR 增加了"可自由使用"标准。"可自由使用"概念包括以下两方面内容：一是在国际交易支付中被"广泛使用"，这是为了确保该货币可以直接用于满足 IMF 成员国的国际收支需要，具体用"在官方储备中的占比""在国际银行负债中的占比"和"在国际债务证券中的占比"等指标来衡量。二是在主要外汇市场上被"广泛交易"，这是为了确保当篮子货币并非一国国际收支所需要的货币时，一国能够以相对较低的成本将篮子货币兑换成另一种货币，从而间接满足其国际收支需要。这就要求 SDR 篮子货币所对应的外汇市场必须有足够的深度，同时该货币在"主要"的外汇市场均被广泛交易。具体来看，一国货币成为 SDR 篮子货币，须满足外国央行和储备管理者在以下几方面的需要：一是可以投资该国债券市场，从而保证其可以根据 SDR 货币篮子的构成来相应配置该国的政府债券等资产；二是可以投资利率和汇率衍生品市场，从而对冲利率和汇率风险；三是可以在外汇市场进行交易，从而保证其可以将该国货币兑换成其他货币，满足国际收支的需要；四是所有操作应方便、透明，相关投资活动应由具有一定资质的金融机构提供代理业务，以满足不同国家的需要；五是提供代表性利率，以满足 SDR 利率定价的需要，该利率应由具有市场流动性的 3 个月期利率工具决定；六是提供市场化的代表性汇率，以满足 SDR 汇率定价的需要；七是提供开立账户、托管等业务，完善金融基础设施安排。人民币加入 SDR，对中国今后的改革开放以及加强与市场的沟通提出了新的要求。

这是改善国际金融治理的客观需要。国际金融危机暴露了现有国际金融体系的不足和缺陷，国际社会开始关注和推动国际金融治理改革。2009 年 G20 伦敦峰会前夕，人民银行行长周小川发表了题为《关于改革国际货币体系的思考》的文章，指出国际金融危机凸显了国际货币体系的内在缺陷和完善全球金融架构的必要性。周小川行长的文章回应了"高储蓄国责任论"等说法，激发了国际社会对改革国际货币体系的热烈讨论，以及对增强 SDR 作用的关注。自此，完善国际货币体系和增强 SDR 的作用开始纳入 G20 峰会议程。

中国在 G20 框架下引导各方对于增强 SDR 的作用进行了系统的讨论。中国与美国、英国、法国、俄罗斯等 G20 主要大国之间达成越来越多的共识。在广泛听取各方意见的基础上，中方与 G20 各方一道从 SDR 作为报告货币和发行 SDR 债券两个方面扩大 SDR 的使用，得到了各方的普遍支持。在 G20 杭州峰会前夕，世界银行在中国银行间市场成功发行了首期 SDR 债券，规模为 5 亿 SDR，吸引了约 50 家银行、证券、保险等境内投资者以及境外央行类机构的积极认购，认购倍数高达 2.47，显示了 SDR 债券的巨大吸引力。在 G20 要求下，IMF 还撰写了《加强国际

货币体系的报告》《SDR 的作用：初步考虑》等专题报告，梳理了 SDR
的发展进程及相关问题，并就如何增强 SDR 的作用提出了技术性建议，
为 G20 的讨论提供了坚实的技术层面支撑。2016 年 9 月初，在中国人民
银行的倡导下，经所有成员讨论通过，G20 国际金融架构工作组向杭州
峰会提交了《二十国集团迈向更稳定、更有韧性的国际金融架构的议
程》，获得了 G20 各国领导人的审议通过。各国领导人欢迎人民币于
2016 年 10 月 1 日正式纳入 SDR 货币篮子，支持正在进行的在扩大 SDR
使用方面的研究，如更广泛地发布以特别提款权为报告货币的财务和统
计数据，以及发行 SDR 计价债券，从而增强国际货币体系的韧性，共同
推动国际金融架构的不断完善，从根本上维护全球经济金融稳定。

（《中国金融》2016 年第 19 期）

反映大型银行变革的力作

——读《创新超越——新常态下大型商业银行改革与转型》

伟大的时代需要伟大的作品，在金融改革特别是大型商业银行变革的关键时期，迫切需要一些有理论、有管理、有实践的金融业高级管理者，为行业贡献更多的金融智慧，推动大型商业银行创新跨越、基业常青。交通银行董事长牛锡明编著的《创新超越——新常态下大型商业银行改革与转型》就为我们奉献了这样的精神食粮，这是一部反映我国大型银行改革具有里程碑意义的成果，值得每一位关注和关心我国银行改革和发展的人认真阅读。

第一，这是一部我国大型银行全面深化改革的方向性著述。

这部书始终把银行发展置于新常态、新环境下思考，置于全面深化改革总体布局上思考，深入分析了新常态下大型商业银行改革与转型所面临的若干重大问题，围绕公司治理改革、经营机制改革、经营模式创新、转型发展四个方面对大型商业银行的改革转型之路进行了深入探讨。在每一个重大问题上，坚持问题导向，有理论、有政策、有规划、有路径，不同篇章相互呼应、逻辑严谨，有深度、有力度，是近年来反映我国商业银行改革发展的一本难得的好书。

尤其是，这部书坚持以问题为导向，对商业银行改革发展的许多理论，诸如发展责任制理论、党委与现代金融治理结构的关系问题、子公司混合所有制改革、商业银行的综合化与国际化、职业经理制、事业部制等都进行了深入研究和探讨。在大型商业银行改革探索的关键时期，牛锡明董事长率领的研究团队的这一成果，为我们清晰阐释了未来大型商业银行发展的理论逻辑框架，对全面深化金融改革具有重要指导意义。

第二，这是一部体现交通银行顶层设计和实施路径的著述。

交通银行是我国银行发展史上具有传奇性和标志性的银行，率先实行股份制，率先跨区域设置分行，为我国商业银行发展积累了宝贵的经验。2015 年 6 月，《交通银行深化改革方案》获得国务院原则同意，交通银行由此走上国有大型商业银行深化改革的破冰之路，又一次承担起改革探索的历史重任。

这部著作体现了交通银行未来转型升级的顶层设计和实现方式。在这本书中，我们可以看到交通银行未来发展目标规划以及各个条块的布局设计，环环相扣，相得益彰。在公司治理改革方面，要建立中国特色大型商业银行的治理机制，优化股权结构，完善授权经营制度；同时探索子公司混合所有制改革。在经营机制改革方面，首先是建立以"绩效考核＋三大排名"为主的发展责任制；其次是完善风险内控体系，强化风险管理责任制；最后是深化用人薪酬考核机制改革。在经营模式创新方面，以"三位一体"为导向推进基层营业机构经营模式创新转型；推进事业部制改革，建设双轮驱动经营模式；以提升效率为目标，推进总行机构改革。

这部书在转型发展方面着墨最多，既有对商业银行国际化、贸易金融的深刻思考，也有对互联网金融等新业务的解读。具体包括：打造低资本消耗和低成本扩张的新型发展模式；以国际化拓展转型发展空间；以综合化构建转型发展的多元协同基础；推动金融市场业务转型，着力打造交易型银行；推进资产负债管理转型，实现表内表外业务协同发展；找准定位、创新思维，促进投行业务转型发展；以经营模式创新推动贸易金融发展；做优做强私人银行业务，加快财富管理银行建设；顺应经济结构变化趋势，大力发展消费金融业务；以互联网思维发展互联网金融；打造最佳服务银行，更好地服务实体经济；整合优化流程，提高业务运行效率。

第三，这是一部具有广泛借鉴意义的著述。

作者以大型银行为研究对象，分析了新常态下我国商业银行特别是大型银行面临的共性问题：公司治理、资本结构、商业模式、流程管理、激励约束等。我国银行业已站在新的历史起点上，市场化、专业化、综合化、国际化的步伐明显加快，在体制机制、经营管理理念、综合实力等方面已经发生历史性变化，但新的矛盾和问题也不断涌现。这部书立足新的变化、基于中国国情，向我们揭示了未来商业银行转型改革的重点、难点和方向，描绘了大型商业银行的未来。作者牛锡明董事长长期在大型银行工作，既有深厚的理论造诣，又有丰富的实践经验，并有很强的社会责任感，这使得该项研究具有很强的公信力。相信这项研究具有广泛的借鉴性和普惠性，也是交通银行对商业银行改革创新作出的又一个重要贡献。

（《中国金融》2016 年第 19 期）

将中国智慧融入国际治理

这是一个合作互联的时代，也是一个博弈加剧的时代；这是一个创新调整的时代，也是一个利益固化的时代；这是一个包容开放的时代，也是一个排他的时代；这是一个文明交融的时代，也是一个文明冲突的时代；这是一个财富不断积聚的时代，也是一个贫富差距拉大的时代；这是一个可预知的时代，也是一个不确定的时代。

世界从来没有像今天这样拥有如此多的共同利益，又面临如此多的差异。在国际金融危机八年后，世界仍面对诸多两难选择，所有的经济体无论大小、强弱，都面临着前所未有的结构矛盾和社会问题。用原有的惯性思维和理念难以找到标本兼治的药方。中国同样面临挑战，需要将中国文化和智慧有机融入国际治理，与世界主要经济体携手寻找最大公约数和交集。

中国文化和智慧具有包容、和合的属性，在化解世界经济中的矛盾和分歧方面具有独特优势。G20领导人杭州峰会创造了一个很好的案例。中国提出一揽子政策主张，标本兼治，综合施策，显示了一个负责任的大国形象。杭州作为包容性很强的城市，兼具精致与格局、历史与现代。在这个充满诗意的城市召开峰会，我们从容嵌入丰富多元的历史文化。习近平主席的讲话始终贯穿着丰富的中国智慧，诸如求同存异、管控分歧、和合共生、同舟共济、知行合一、标本兼治等，不仅展示了中国应有的文化自信，也为化解矛盾奠定了新的文化基础。特别是，我国不再只是被动的参与者、接受者，而是开始深入研究世界经济症结，主动设置议题、分享经验、提出主张，以更加积极和主动的姿态建设性地参与国际治理，既凝聚了共识，也展示了自信。

G20领导人杭州峰会有一个标志性的变化，那就是峰会所倡导的创新、活力、联动和包容的世界发展理念，与国内新发展理念高度吻合。

这反映了国内国际经济高度融合下的战略思维、系统思维和开放思维，反映了我国对社会经济发展规律认识的深化，也体现了我国坚持改革开放的承诺与决心。

将中国智慧融入世界治理是一项系统工程，这个过程是软实力提高的过程，也是一个自然的历史进程。我国已成为世界第二大经济体，其他国家有愿望了解我国的历史、现状与未来，我们也有责任讲好中国故事。利用一切机会传播我们的文化和政策主张，是我国有机融入国际社会之必然。为此，我们需要进一步丰富沟通渠道和方式、养成理性和逻辑的思维，不断改进沟通艺术。

我们需要不断提高国际话语权，建立与我国经济发展相适应的话语体系。有效参与国际治理和国际规则的制定，是提高我国话语权的核心。我国是现有国际治理体系的参与者，也是现有体系的贡献者和受益者，主张国际治理应因时而变，以适应变化的世界。在 G20 领导人杭州峰会期间，我们在国际经济金融发展方面提出多方面的议题，对推动国际金融体系改革、提高我国国际金融话语权具有建设性意义。同时，还需要深入概括我国改革开放的中国理论和经验，培育国际化的媒体和平台，加强智库建设，为中国声音的有效传播创造良好的基础设施。

中国有几千年的历史文化，逐步形成了渐进、包容和韧性、独特的文化属性，这是中华民族生生不息的重要基因。在日益全球化的今天，需要以开放包容的心态借鉴一切文明成果和社会经济发展的先进规则，改善我们的文化，让中国文化成为人类社会进步和经济发展的精神动力。

（《中国金融》2016 年第 18 期）

MPA 的属性

引入宏观审慎评估体系（MPA），是我国总结国际金融危机经验教训、结合中国实践探索的结果，也是我国宏观金融管理政策的重大突破和创新。

我国在宏观审慎政策方面的理念和实践得到国内外的认同，欧央行、美联储一些高管在相关演说中，对人民银行在这方面的工作表示赞赏，国内在这方面的认识也不断深化。但由于这项政策框架实施时间不长，有许多工具和手段尚在磨合和完善之中，对 MPA 的属性和政策边界也存在不同认识，需要进一步研究和沟通，实现新的共识。

在人民银行宣布将"差别准备金动态调整机制"升级为"宏观审慎评估体系"之后，人民银行相关负责人相继在一些刊物发表文章深入阐述宏观审慎政策。这些文章是，人民银行行长周小川的访谈《探索宏观审慎政策框架》、人民银行行长助理张晓慧的《如何理解宏观审慎评估体系》，以及人民银行货币政策司司长李波的《以宏观审慎为核心推进金融监管改革》。这三篇文章对于我们认识和把握 MPA 的属性具有重要指导意义。

MPA 的引入，意在解决传统货币政策、传统金融监管之间的真空和不足，进而从整体上对跨时间和空间两个维度的变量进行观察和评估，以防范系统性风险。宏观审慎政策框架包含政策目标、评估、工具、实施、传导、治理架构等组合，它将单一目标拓展为七个方面的十多项指标，涵盖资本和杠杆、资产负债、流动性、资产质量、跨境融资风险、信贷政策执行等。

MPA 与货币政策不是替代关系，而是相容和互补的关系。宏观审慎政策与货币政策有共性一面，即都可以进行逆周期调节，都具有宏观管理的属性，但货币政策针对整体经济和物价稳定，物价稳定并不意味着金融稳定；而宏观审慎政策则直接作用和集中于金融体系本身，着眼于过程监控和尾部风险，着眼于金融稳定。与国外相比，我国宏观政策工具箱更加丰富，MPA 兼具了货币政策工具和宏观审慎政策工具的属性，更加全面和系统。国际金融危机以来的经验表明，过度运用货币政策维护金融稳定会付出高昂代价，甚至为下一步金融稳定埋下隐患。从这个意义上讲，MPA 的引入可以减少运用货币政策维护金融稳定的成本压力。

MPA 与传统金融监管也不是替代关系，其主要是为了弥补传统金融监管或微观审慎监管的缺陷。传统金融监管重点是保持单个金融机构的稳定，但个体稳定并不等于整体稳定，金融规则的顺周期性、个体风险的传染都会影响金融稳定。MPA 也不是传统意义上的混业监管，而是从更加宏观、长远的角度丰富调节工具和监管手段，超越微观审慎监管偏好，并通过金融监管协调防范跨市场风险，促进金融业和金融市场可持续发展。

MPA 符合金融管理市场化、国际化的方向，不是行政管制或规模控制。MPA 要求金融机构信贷扩张应当符合经济合理增长需要及其自身的资本水平，它是建立在资本约束、金融机构自律管理基础上，并且有充足的弹性和柔性。国际金融危机后，主要经济体的中央银行都在致力于建立更加审慎的政策框架，引入 MPA 是我国顺应国际国内治理需要的必然选择。

我国正在致力于完善和建立新的监管体制，加强宏观与微观的协调，合理确定监管的边界与分工，以保持微观金融主体的活力和维护金融稳定。MPA 为未来金融管理提供了清晰的、有逻辑的制度框架，并带来诸多有益启示。

（《中国金融》2016 年第 18 期）

珍爱金融生态

一段时期以来，时而发生这样的案例：一些地方对企业到期不能兑付或归还的高额债务，轻视债权人或投资人意愿而作出行政性的债务处置安排。这种情况再次引起人们对区域金融生态的担忧。

好的金融生态是银企关系的基石，也是地方经济发展的重要资源。我国引入金融生态概念已有十几年历史，其重要性逐渐被人们所认识，金融生态建设取得长足进步，金融法制化、市场化程度明显提高。

金融生态是各方面因素综合作用的反映。经济下行、企业高杠杆率、信贷边际效应递减以及执法不严等，都会导致金融生态环境恶化。面对债务困境，是采用抽逃资金、非法处置资产和抵押品、信用违约等手段逃废债务，还是寻求市场化债务重组方法；是站在公正、法治立场上处置，还是从维护地方利益角度"卸担子""甩包袱"？答案不言自明。

在现代市场条件下，每一个市场主体，无论是全国性的还是地方性的、金融的还是非金融的、国企还是民企、居民还是非居民，都是市场中的平等主体，享有公平的权益。政府及其有关部门在处理其关系时不应超越法律和契约而硬性安排，应致力于为所有市场主体提供公平的环境，依法保护所有债权人、债务人的合法权利，加大失信惩戒力度，不断完善违约风险防范和处置机制，让彼此基于法律和市场找到化解风险的平衡点。

我国企业杠杆率高，企业债务问题并非完全是企业的责任，有许多客观因素。由于政府与市场关系没有理顺、企业改革不到位、融资结构性问题突出，企业运行政策环境和金融环境还不完善，致使企业债务问题与金融生态问题相互关联和缠绕。这没有简单的解决办法，需要实施更加包容的战略，从存量和增量、治标和治本等多方面综合施策。

在国有金融机构和国有企业改革历史中，我国曾采用剥离不良资产、债转股等手段重塑银企之间的债权债务关系，积累了许多宝贵的经验，也有许多深刻的教训。在市场经济制度不断完善和信息透明度增强的环境下，借助逃废债、行政性债转股等处置金融债务，会加剧结构性矛盾、加剧道德风险和非理性博弈，延误改革时机。行政干预以及违约，只会恶化当地金融生态环境，损害企业和区域发展的长远利益，并可能引发系统性风险。

对企业出现的债务风险不必惊慌失措。总体来看，我国经济基本面是好的，企业杠杆率仍处于可控区间、银行资产负债表是健康的、政策工具丰富，完全有条件、有能力、有手段化解各种可能的风险。我国已引入宏观审慎政策框架，通过逆周期调控和引导可以发挥其结构调整作用，通过建立与供给侧改革相适应的风险监测机制，可以创造更加适宜的金融政策环境。我国银行和企业市场主体地位逐步确立，有条件自主处理好彼此关系，通过市场化债务安排、有保有压，避免造成异常波动。我国在运用资产管理公司处置不良资产方面积累了丰富经验，应允许设立更多的区域性资产管理公司，创新不良资产处置手段和渠道，缓解信贷资产质量下降压力。

维护良好的金融生态应加快改革，从根本上解决企业融资中的结构性矛盾。特别是，应着力提升股票市场融资能力、发展多元股权市场，以改变脆弱的企业融资结构；同时，深化国企的结构性改革，完善企业退出机制，更好地发挥市场和社会资本在经济发展中的决定性作用。

（《中国金融》2016 年第 16 期）

通往新均衡之路

从 2012 年起我国经济增速开始回落，2012 ~ 2015 年，GDP 分别增长了 7.7%、7.7%、7.4% 和 6.9%，今年上半年增长了 6.7%；同期的消费物价指数在 3% 以下，城镇登记失业率在 4% 左右，经常项目差额与 GDP 之比处于警戒线以内。

宏观政策目标变量实现什么组合是合意的、可持续的，并无统一的标准，不同经济体、不同发展阶段、不同历史时期存在不同的组合。金融危机打破了原有平衡并带来不确定性，多数经济体的经济增长出现下降，金砖国家中的巴西、南非、俄罗斯甚至负增长。在这样的国际环境下，我国实现这样目标组合实属不易。但这不意味着我国已形成新的均衡。

历史看，战争、瘟疫、危机或综合因素的叠加等会使一种平衡受到干扰或破坏，从而使经济运行出现拐点。维系平衡力量并非自动切换，从一种状态的多维平衡转向另一种状态是一个艰苦进程，甚至是惊险的跳跃。没有有效市场化、制度化改革，均衡难以持续。

危机导致了世界经济增长下滑，结构调整和经济再平衡成为各经济体的共性问题，各国都在努力寻求新的动力，促进新的均衡。但经济长期繁荣也使世界产生了不合理的增长预期，面对各种困难，很多国家一再推迟结构改革，过多运用宽松政策，致使国内政策短期化、国际政策排他性加剧。面对此种境况，唯有立足自身改革，才能真正突围和突破。

新的均衡需要新的经济制度基础，让市场真正发挥对资源配置的决定性作用。良好的制度，可以使经济中每个肌体和细胞迸发活力。这几年，我国推进企业改革、行政管理体制改革和商事制度改革，但在很多环节还缺乏顶层设计，以及明晰和一致性的实施安排，市场扭曲和治理扭曲依然存在，国企改革举步维艰。区域经济运行差异表明市场的关键作用，那些市场经济发达的区域，韧性十足，风生水起；那些抱残守缺、改革不到位的地方却"四处冒烟"。因此，按照现代企业制度要求对国有资本进行混合所有制改革和结构化改革刻不容缓。

我国经济的高速增长持续了三十多年，高增长化解了社会经济运行中的诸多矛盾。但在新阶段，不能指望再用高增长替代改革和结构性调整，在人口红利、资源红利、货币化红利减弱之后，需要挖掘和培育新的制度和市场力量，向制度改革要红利。

供给侧结构性改革是当前改革重点。无论产业升级、区域发展、社会基础设施完善，还是农村经济发展，都存在巨大的发展潜力。这种发展不是应急式、粗放式规模扩张，而是有战略、有技术、有质量的专业化发展；这种发展不是画地为牢的地方保护主义，而是着眼于统一市场，形成有竞争力的比较优势。我们相信，在"一带一路"战略、自贸区建设、区域一体化框架下，不同要素将得到深度融合和有效配置，为实现经济的新均衡增加动力。

在走向新均衡的征程中，市场扭曲问题、融资结构问题备受关注。为什么在一些地区企业频繁债务违约，杠杆率缘何集中于非金融企业，社会资本为何参与 PPP 的积极性不高？等等。这些问题不是孤立的，与脆弱的资本结构有关。完善产权保护制度、改革财政金融体制、发展多层次资本市场，关乎资源配置的机制和效率、经济杠杆和风险的配置以及资本的结构和活力。在这些问题上，我们需要理论、政策、规划和共识，更需要坚定勇气和坚实行动。

（《中国金融》2016 年第 15 期）

多维度评价银行的标杆

经过一年试运行，中国银行业协会正式发布了对中国商业银行的评价结果及中国前 100 家银行的排名。与上年相比，评价指标体系更加优化，数据来源客观，评价范围有所扩大。

陀螺评价体系，又称商业银行稳健发展能力评价体系。陀螺取其英译名 GYROSCOPE，是该评级体系几个维度英文代表字母的组合，它尝试从公司治理能力、收益可持续能力、风险管控能力、运营管理能力、服务能力、竞争能力、体系智能化能力、员工知会能力、股本补充能力九个方面全面评价商业银行的稳健发展能力。

陀螺评价体系增强了我国对国内银行发展的话语权，是我国银行评价制度的重大创新。它有几个鲜明的特点：第一，全方位，多维度。与此前国内外评价体系相比，它不再局限于几个核心关注指标，几乎涵盖了商业银行经营管理的各个方面，是对银行治理、流程、业务、文化的全面体检。不同维度有许多分层指标，立体交叉，可以相互解释和佐证。第二，独立性，透明性。引入这一制度的银行业协会，是不以盈利为目的的自律机构，评价程序客观，方法透明，所用资料为公开信息，评审专家社会性强，从而保证了其公正性和中立性。第三，激励性，导向性。通过各商业银行不同维度指标的纵比与横比，可以清晰地看到自身的优势、劣势、短板，从而建立改进机制，明确发展的方向。第四，动态性，持续性。陀螺评价体系的要旨在于促使商业银行保持稳健前行的力量。在经济增速下滑、银行资产负债结构重构的背景下，这一制度有助于银行建立持续发展的动态平衡机制。

当然，陀螺评价体系作为新的制度，在计算模型方法、指标涵义界定、资料获取、银行参与等方面，还有一些需要改进之处，仍需在以下几方面作出努力：

——增强评价体系的透明度。一个评价体系，只有被更好地认知和响应，才能发挥其力量。可考虑编制陀螺评级体系蓝皮书，对相关制度、方法、流程、指标进行解读，便于社会不同方面的学习、沟通、反馈和监督，促进制度完善。

——加强对不同维度下指标的论证。评级结果中，存在不同银行在同一维度下表现差异过大以及同一银行在不同维度表现差异过大的情况，有些方面与日常印象和常识认知有一定距离，有必要加以论证。另外，随着银行结构性变化和信息技术发展，也需要对一些指标做进一步观察、研究，力求动态优化。

——完善评价信息资源库制度。信息和资料可得性是科学有效评价的基础。银行业协会应加强与相关金融管理当局的沟通，不断完善信息统计的基础工作，同时加强与商业银行的配合，适时获取相关统计信息，从而使评价信息更加准确及时。

——引导更多商业银行参与其中。不同商业银行在规模、实力、范围、历史和文化诸方面存在较大差异，评价结果不同是很自然的。评价制度在于全面促进各家银行的经营管理水平，进而带动银行业整体水平的提高。积极看待并有效运用外部评级体系成果大有裨益，有助于各家商业银行认清差距、找到目标，实施赶超战略。

万事开头难，良好的开端是成功的一半。我们相信，制度的倡导者一定会从善如流、广纳意见，不断完善陀螺评价体系。

（《中国金融》2016 年第 14 期）

激发民间投资活力

民间投资的持续下降已引起社会各界的广泛关注。

民间投资是非公有制经济的投资主体。作为我国社会主义市场经济的重要组成部分，非公有制经济创造了 60% 左右的 GDP、80% 的就业、50% 的税收，同时我国对外投资中近 70% 是来自于民营经济。非公有制经济高速发展，已经成为经济社会发展中的重要力量。

民间投资是我国经济动能转换和经济升级的关键。民间投资的下降自然引起决策层的重视。2011 年民间投资和全国投资分别增长 34.2% 和 23.8%，此后一路下滑到今年前 5 个月的 3.9% 和 9.6%；今年前 5 个月民间投资比全国投资增速低 5.7 个百分点，而 2015 年底则是高于全国投资 0.1 个百分点。今年上半年，国务院对民间投资情况进行的专项督查显示，民间投资下滑原因主要是：一些地方对国家鼓励民间投资的政策执行还不到位；行政审批有待进一步精简优化，特别是地方监管服务跟不上；玻璃门、旋转门在一些地方、行业仍不同程度存在，民营企业融资难、融资贵；企业自身发展方面人才缺乏，用工成本高；民营企业建立现代企业制度相对滞后，管理水平有待提升，核心竞争力不强，缺乏技术创新；等等。

这些情况表明，民营经济发展趋缓在很大程度上是一种体制现象。应当进一步凝聚全社会对发展民营经济重要性的共识，消除思想和制度障碍。正如李克强总理所强调的，"要充分认识促进民间投资、发展民营经济的重要意义。这是坚持社会主义基本经济制度、坚决贯彻'两个毫不动摇'重大方针的重要体现。"

民间投资下降也是一种周期现象。它既是对过去长期高增长的调整，也是对经济增长趋缓的适应性调整。最近几年，我国经济增速趋缓，国内外经济不确定性增加，资本投资收益率下降，民营企业或民间资本在发展中也遇到各种困扰，投资能力和投资积极性不可避免地受到影响。

与公有资本、政府投资相比，民间资本更为理性，更加注重盈利性、安全性和流动性，对政策和环境更为敏感，更为注重产权保护、灵活自主和风险防范。制度和法律环境方面的不完善限制了民间投资的热情。一些民营企业反映，由于PPP方面的立法缺位，它们对部门政策措施缺乏统筹难以适应，优质的PPP项目基本上被国有企业垄断，民营企业投入的难度较大。这说明，目前我国在民间资本市场准入、市场退出和产权保护等方面仍存在不少改革空间。我们应加强法制建设和政策统筹，使民间投资有效进入公共产品和服务市场，发挥公共资金和公有资本的带动效应。

民营经济的融资困境一直备受关注。民间投资主体多数系中小企业，伴随着结构调整力度加大，它们的资产负债平衡出现困难，信用能力下降，无论资产规模还是抵押担保能力都比较弱。金融机构出于对风险的考虑，会减少对其的授信，出现惜贷、抽贷、压贷、断贷等。这是难以完全避免的。我们应从战略和改革的角度塑造银企关系，增强民营企业的信用能力和金融机构的服务能力。同时，拓宽民营企业的融资渠道，使企业融资更加市场化。

民营经济是我国社会主义市场经济的重要组成部分，它们与我国大型企业的发展、与国际市场的变化密不可分。我们应当从更加系统的角度谋划民营经济的发展，把民营企业发展同企业整体发展结合起来，把激活民间资本同搞活社会资本结合起来，使社会资源得到有效配置。

（《中国金融》2016 年第 13 期）

去杠杆的哲学

　　人们通常用债务/GDP、M2/GDP 和非金融企业资产负债比率等来衡量杠杆率。如果一个经济体杠杆率比较高且短期纵比上升速度快、幅度大，就意味着经济运行存在较大的风险。如果用这样的指标来衡量，我国经济面临着一定的风险。这也是我国坚定实施去杠杆、去库存、去产能的重要原因。

　　高杠杆率问题理应引起重视，但也不能谈虎色变。杠杆率作为一个综合性指标，可以揭示一些问题和趋势，但它并不等同于现实风险。不同经济结构杠杆率差异很大，简单比较难以得出决定性结论。我国总体上具有很强的政策调节能力和对外清偿能力，有实力应对高杠杆的风险，保持经济稳定。国际上一些主流报刊和经济学家在我国杠杆率问题上讨论很多，值得重视，但也要看到其片面性，一些观点体现了惯性思维定势和逻辑缺陷，离开经济结构和体制特点简单推论，低估了我国经济的韧性和金融结构特点。实践已多次证明了悲观论或唱衰论的局限性。对这些负面预测也不必纠结，历史也会因预测作出更好的改变。

　　去杠杆是必要的。过度债务化、金融化和货币化会造成各种扭曲，损害经济金融稳定。我们应当以宏观审慎思维关注杠杆率的变化及其影响。但是，也不能过于急切，应科学把握去杠杆的策略、幅度、次序、方式。这是一个现实问题，也是一个改革问题，还是一个哲学问题。

　　从一种状态到另一种状态，不是简单的加减，而是一种发展和蜕变。去杠杆，如同去库存、去产能一样，不是单纯的量的增减，而是结构性演进，都应坚持渐进式改革思维。"三去一补一降"作为政策目标，不是一年或者短期的目标，而是一个持续的过程。高杠杆率问题是多年形成的，需要时间去化解。现实看，去杠杆比加杠杆难度要大得多，指望短期内实现市场出清会造成更大的风险。坚持渐进式去杠杆，意味着去杠杆的幅度不宜过大、速度不宜过快，宜分步推进、逐步消化。同时，应探索和选择多种方式和渠道，最大限度减少由此引发的阵痛和波动。

高杠杆与我国融资结构密切相关。因此，加快发展多层次资本市场和股权市场，提高企业资本充足性和负债能力是去杠杆的有效途径。不大力发展资本市场，这步棋就很难下活。商业银行同样需要作出适应性调整与改革，改变不合理的商业盈利模式，让更多的资金流向有市场、有活力、有效益的领域和企业。同时，应防止信贷收缩过快，防止惜贷、断贷、抽贷等行为，对民营经济更不能惧贷。零和博弈不仅无助于问题解决，而且会加剧经济风险。对于债转股，既不能一哄而起也不能一味排斥，应当用市场机制而不是行政化方式推进，防止道德风险。

杠杆率问题本质上是经济基本面问题。当经济活跃时，一些结构性矛盾得以缓解，风险也被稀释，杠杆率自然下降；一旦经济下滑，问题便水落石出。去杠杆是一个动态的过程，不能静态化处理，不能因去杠杆束缚经济发展，应当在发展中增强化解风险能力，把去杠杆和实现我国经济整体发展战略、提高经济运行质量有机结合起来，全面深化经济改革，激发国有资本和社会资本活力，促进实体经济发展，不断增强经济造血能力，为去杠杆奠定基础。

问题总是在一定社会经济条件下产生的，但当我们以历史和发展的思维去看待时，所有的问题都不再是问题。

有效与市场沟通

有效与社会、市场和公众进行沟通是公共政策实施的有机组成部分，也是政府治理能力的重要体现，同时也是决策者的社会责任。

市场经济条件下的宏观政策，无论是预期管理或短期调节，都可能产生多方面的系统性影响，因而显得敏感且备受关注。这也使得各经济体决策者出言谨慎，以防止言论或解读产生负面影响。但是，谨慎并非缄默不语，有效进行社会沟通，既可以解疑释惑，也有助于增强透明度和信任感，从而使政策得以有效传导。

有效的政策应当是统一的政策，即向外传达一致的声音。政策在形成之前，存在不同的观点和争论是正常的也是必要的，这样有助于集思广益，使决策更加民主和科学。但政策一旦形成，就应当通过公告或公报，向社会发出一致的声音，并辅之以深入的阐释，避免不必要的误读。当然，政策的统一性并不意味着只能从一种角度进行解释，针对一些苗头和情况进行多角度的强调并不损害政策的统一性，相反可以帮助我们全方位地理解问题；统一性也不意味着政策是一成不变的，市场经济下经济运行的内外环境处于不断变化之中，在保持政策方向基本稳定的前提下，应当有一定的区间和空间，同时面对各种不确定性，需要相机抉择、适时调节和矫正。

宏观政策应向社会传递清晰的目标，这个目标可能不是单一的，通常是多重的，它们相互关联、相互制约、相互作用，促进社会经济发展达到我们所期待的理想状态。这样的目标不是凭空产生的，而是源于问题导向和现实可能。决策者应当通过顺畅的渠道和机制，对政策出台的背景、内涵、目标、时机、实施手段以及社会关切作出清晰的解释，以减少不确定性和不适当的博弈。

在市场经济条件下，政策的技术性专业性越来越强，一些政策甚至晦涩难懂，即使对专业人士也有一定难度，通俗沟通确实存在一定难度。但这恰恰是最容易产生误解和博弈的地方，对此决策者更是有责任有义务作出必要的说明。一项好的政策应当通过机制和市场发挥作用，不应当靠信息不对称和模糊来营造平衡的力量。市场不会说谎，可以诱导一时，但无法诱导一世。沟通也不是单方面的表达，而是彼此学习的过程，决策者与市场其他参与者一样，是平等的主体，应当始终对市场充满敬畏之心。

不同的政策有着各自的性质和作用，这本是一个基础性问题，但在实际工作中依然存在不少模糊认识。这也使得货币政策在不少经济体被过度使用，以及出现不同政策被不合理替代的现象。多年积累的矛盾和问题不能单纯指望宏观政策来解决，唯有进行结构性和体制性改革，发挥市场主体的决定性作用，才能推动经济动能的转换。这一点也应当向社会讲清楚。现在我国经济增速下滑，新的动能尚未形成，解决这个问题没有捷径可走，也不能靠政策博弈，需要踏踏实实的改革。

应当看到，这些年来我国在政策沟通方面所取得的进步。各宏观管理部门普遍实施了新闻发言人制度、定期信息披露制度，决策部门领导人通过各种方式与国内、国外市场进行沟通。公共政策教育受到普遍重视。我国与发达经济体在透明度建设方面的差距逐步缩小。但市场有更多的期待，要求不断提高沟通的频度、技能和艺术，从而为政策传导创造更好的条件。

（《中国金融》2016 年第 11 期）

金融文化企业的价值

　　金融文化企业是轻资产的行业，但它的社会影响又是巨大的。作为生产、创造、经营金融文化产品的机构，其影响不同于物质产品，具有更加广泛和长远的渗透性、融合力。一本书、一本杂志都可能产生难以估量的影响。因此，应当正确把握金融文化企业在社会经济金融发展中的独特价值和作用。

　　中国金融出版社已经走过 60 年的历程，其旗下的中国金融杂志创办也将近 66 年。到今年 4 月底，我们共出版 8000 多种书，300 多种图书分别获得国家级、省部级以及行业各种图书奖项。作为中国新闻出版业重要组成部分，它在不同历史阶段对中国金融业发展都作出了独特的贡献，也赢得了无数的荣誉，在金融系统拥有众多的读者和作者，社会影响力也越来越大。回顾历史，硕果累累，这是金融系统共同的记忆和骄傲。

　　好的书刊，如同良师益友，总给人带来智慧、格局、思想和启迪，也给人带来愉悦、温暖和感动；它可以让人们以长远的历史维度和国际视野思考问题，进而作出逻辑的、包容的、科学的选择。在人类发展史上，正是一本本名篇巨著，折射出社会经济结构的变化，让思想的光芒普照大地，让不同文化交相辉映，进而推动文明与发展，成为人类进步的阶梯。在金融出版的历史上，同样有一批这样的作品，与金融业伴生前行，为金融改革鼓与呼，成为金融发展中不可或缺的智慧和力量。

　　习近平总书记在文艺座谈会上指出，努力创作生产更多传播当代中国价值观念、体现中华文化精神、反映中国人审美追求，思想性、艺术性、观赏性有机统一的优秀作品。这为新闻出版工作指明了方向。我们要按照出版无愧于时代优秀作品的要求，坚持正确的新闻出版方向，深化改革，不断提高新闻出版工作水平。

　　要善于与社会有效沟通，向公众传播好的中国金融故事。从战争时期红色金融中一路走来的新中国金融事业，在曲折中调整、在改革中发展，创造了一个又一个金融奇迹。这其中有许多值得总结和传播的金融故事和经典案例。我们愿与金融人一起努力，深入挖掘、萃取和出版这些故事，与社会有效沟通，让中国更好地了解世界，让世界更好地了解中国。

要出版更多的精品佳作，不辜负这个时代。伟大的实践必然产生伟大的作品，我们愿与每一位金融理论者、实践者精诚合作，创造无愧于时代的精品力作。在金融出版史上，有一批这样的出版物，它们是我国金融开放进程中的精神食粮，是出版人自豪的回味和理想。那些优秀的作品，充满理想，直面现实，并对社会金融生活产生了积极深远的影响。今天，我们正处于波澜壮阔的改革时期，理应有更多金融好作品涌现。文化企业应当适应和引领金融文化需求，让读者、作者享有更大的获得感和满足感，让金融改革得到更有力的智慧支撑。

要把自身发展与金融文化建设有机结合起来。金融文化企业不只是被动地反映现实，也不是自娱自乐的场所，应当主动融入金融文化建设，探索金融文化发展规律，共同创造有效需求和有效市场，提升金融文化的价值。这是一片肥沃的土地，是金融出版的蓝海。我们要深深植根这片沃土，与金融人通力合作，发挥各自的优势，加强战略合作和自主策划，共创金融文化发展的春天。

（《中国金融》2016 年第 10 期）

致敬金融劳动者

每年这个时候，金融系统都有一批劳动者获得劳动模范称号或五一劳动奖章，他们是千万金融从业者中的杰出代表，是我们身边最可爱的人。

致敬劳模，是社会向有突出贡献的劳动者表达敬意的重要方式。有多少劳模，就有多少动人的故事。这些故事都有着共同的交集。在劳模身上，我们看到了平静、坚韧、奉献和超越这些共同的特质。那些感人的故事，体现了一种可敬的时代精神，也体现了一种蓬勃向上的力量。

他们如此平静、平凡。和金融系统众多劳动者一样，他们忠于职守，默默地用自己的劳动和智慧创造着美好的金融生活。他们又是如此不平凡。他们点点滴滴的付出，却总能带来温暖与感动。那种精神，似春风似溪水，滋养大地，润物无声。那种朴素与真诚，给我们带来了春之生机、夏之欢愉、秋之丰硕、冬之冰洁。这是他们给金融系统带来的最珍贵的礼物。淡泊明志，宁静致远。正是一代代金融人的这份坚守，让我们看到了金融业的远方。

他们如此坚持、坚韧。从劳模身上，我们看到了坚持不懈、坚韧不拔的精神和毅力。许多劳模常年坚守在同一个岗位，不为名利所诱，表现出对金融事业和职业的执着、忠诚和信念。面对生活中的磨难，事业上的挫折，他们愈加勤奋，百折不挠，总以坚定的步伐砥砺前行。

他们乐于付出、奉献。在市场的浪潮中，在喧嚣的人群里，他们远离浮华，总能找到正确的坐标和方向，保持定力，恰当平衡个人与集体、公与私的关系，体现了正确的世界观、人生观、价值观。在他们身上，我们看到了中国金融文化的独特魅力，看到了中华民族的传统美德，看到了中国金融人的社会担当，看到了社会主义核心价值观的力量。

他们勇于创新、超越。金融业的创新一直领时代之先。在大众创业、万众创新的年代，作为金融从业者，勇于实践、勤于创新是提升自身竞争力的关键。在这些劳模中，不乏善于革新、孜孜以求的探索者，他们勤恳努力、不断超越自我。所有一切努力的源头，均来自于更好服务客户、服务社会的信念。

金融业是资金密集型产业，同时也是人才、技术、信息密集型产业。金融作为现代经济的核心和中枢，与社会方方面面都有着密切的联系。因此，在金融系统从业者中，广泛倡导工匠精神具有重要的意义。金融工匠精神，简单地说就是精益求精的精神、改革创新的精神和服务社会的精神。在劳模身上，我们既看到了那些可贵的品德，也看到了这种金融工匠精神。无论是金融相关岗位的技术业务能手，还是金融改革转型中的领路人，都彰显出卓尔不凡的职业操守和创新能力。

社会的发展离不开英雄和劳模，他们如同社会前行的灯塔和标杆，为我们指引方向，同时也促使我们反省和矫正自身，不断完善和升华自己。

致敬劳模，祝愿他们拥有健康的体魄、美好的家庭和幸福的未来！致敬劳模，让我们真诚地尊重他们的劳动和奉献，分享他们的快乐和收获；真诚地面对自己，寻找差距，共同成长！致敬劳模，让我们弘扬他们的精神，用诚实劳动创造出更加美好的金融社会！

（《中国金融》2016 年第 9 期）

经济平衡的视角

宏观经济分析越来越市场化和广泛化。在宏观经济分析中，有几个关键词诸如平衡、基本面、不确定性、先行指标等频繁出现。平衡作为其中核心概念，备受关注。

平衡，系指经济运行中不同力量相对均衡的状态。用经济平衡或均衡表示社会总需求与社会总供给在总量与结构之间处于一种相对稳定的状态。这种关系体现在各种宏观经济变量上，当各种宏观经济变量之间的相互作用达到某种平衡，总体经济就达到了均衡状态。在实际分析中，平衡并非局限于理论模型中所揭示的纯粹状态，可从不同的视角、框架去理解。

平衡意味着经济中各肌体有足够的健康度去维护相对稳定的状态。经济运行是一个有机关联的大系统，这个系统从经济学上或从资金流量的角度可分为政府、企业、家庭、对外、金融等部门，各部门资产负债健康度和平衡性会对整个经济系统产生影响。在经济发展史上，财政部门、金融部门、对外部门等某一个部门出现问题和风险进而波及整体经济运行的案例并不鲜见。因此，这些年来经常见到一些专家从部门资产负债表入手为经济运行把脉，发现问题并进行重整和修复，进而提出促进经济平衡健康发展的规划和建议。这种平衡分析框架也称为部门范式。

平衡意味着主要经济增长动力的可持续性。投资或资本形成、消费、净出口被称为经济增长的"三驾马车"，很多经济学家运用这一范式分析经济平衡和再平衡。通过各种因素对经济增长的贡献、发展趋势和相互转换进行动态分析，可以界定不同发展模式，诸如消费主导型经济、投资出口导向型经济等。这种主流宏观分析框架，直观明了，相关性强，透过因素分析把握经济发展动能的转换，可以深入理解和认识经济平衡的政策和方向。

　　平衡意味着宏观政策目标变量之间相协调。一国的宏观经济均衡包括内部均衡和外部均衡。一国经济保持正常的、在潜在经济增长速度范围之内的经济增长，实现充分就业、物价稳定、国际收支的基本平衡，经济就处于最适宜的发展状态。这四大政策目标的组合并没有通用和统一的国际标准，发达经济体、新兴经济体可能会出现水平迥异的组合，但只要达到经济合意增长、就业充分、不出现过度通胀和通缩，经济就能达到基本平衡。这种范式也可称之为结果导向分析。

　　平衡意味着虚拟经济与实体经济发展相适应。当金融危机导致经济危机，会引发一系列对虚拟经济自我循环和膨胀的批评和思考，东西方都是如此。批评者认为，正是由于金融与资本脱离实体经济和实际贸易发展的需要，进入野蛮增长才导致了金融经济危机，破坏了经济既有的平衡。接踵而来的便是对相关金融法律、金融制度和监管的改革和矫正。

　　平衡意味着供需之间的结构性均衡。供需失衡越来越表现为结构性失衡，但在不同的经济体有不同的表现形式。在美国，表现为过度消费、过度透支信用；在欧盟，表现为统一货币、金融市场与成员国财政政策及劳动力市场刚性之间的矛盾；在日本，表现为过度使用货币政策所导致的流动性陷阱；在中国，可以简化为高产能、高库存和高杠杆。目前在全球范围内各经济体都在努力寻找结构性改革的有效途径。

　　不同范式为宏观经济管理提供了不同的视角，但各种方法并不是孤立的，把握其内在的逻辑联系，可以增强宏观经济政策的有效性，深刻认识经济运行的本质。

（《中国金融》2016 年第 8 期）

货币政策缘何过度使用

货币政策过度使用由来已久，但诸多经济体在国际金融危机后把货币政策作为应对经济困境的"重型武器"却是前所未有。日本、美国、欧盟如此，不少经济体亦如此。因此，一些有识之士近期接连发出警告，应当谨慎运用货币政策，以防止政策手段枯竭和潜在风险。

过度使用货币政策有几个突出表现：一是货币政策的非常规化。危机中和危机后，货币政策的作用不断扩展，各种结构性政策工具眼花缭乱，有常规的和非常规的，货币政策的过度使用模糊了不同公共政策的边界，也使人们重新认识货币政策的性质和职能。二是量化宽松政策使用广泛而频繁，并成为主要经济体博弈的手段，一些经济体争相通过宽松的货币政策稀释、化解和转嫁矛盾。三是负利率政策越来越普遍，给金融机构和企业的资产负债平衡造成新的影响和冲击，也造成全球金融资产配置困境，即所谓的资产荒。四是货币政策对财政政策、结构性改革政策替代明显，出现了货币政策财政化、结构化倾向。

货币政策的过度使用，既与货币政策固有特点有关，也源于特殊的经济和国际环境。中央银行具有创造货币和货币政策工具的便利，市场经济越发达，货币政策的空间和回旋余地越大，平衡其资产负债表的手段和便利就越多。这也是危机后中央银行政策工具创新增多的重要原因。同时，与其他公共政策相比，货币政策具有相对独立性和自主性，无需经过严格的行政和法律程序，也没有强制性约束，可以根据变化的情况进行预期管理和相机抉择。

货币政策的可解释性和经济环境的不确定性，使得货币政策选择更加灵活。在全球化背景下，不同经济体的交互影响使得一个经济体运行变得异常复杂，无论靠模型还是靠分析都难以对经济活动作出准确预测，这客观上也增加了货币政策选择的难度。此外，政府和公众舆论的压力，以及金融机构倒闭所造成的逆向选择与道德风险，也是货币政策松弛的重要原因。中央银行无论作为政府的组成部分还是作为对议会负责的机构，其独立性都是相对的，政府、公众与金融机构的过多期待，常常使中央银行左右为难。

实际上，货币政策是市场经济条件下最具影响力和渗透力的政策，但它并非无所不包、无所不能。中央银行货币政策职能以及最后贷款人角色，在于维护金融稳定和价格稳定，为社会经济发展创造良好的环境。因此，中央银行对社会经济发展的贡献不仅在于它向市场提供了多少流动性，而且在于它能否创造一个高效有序稳定的环境。与财政政策不同，货币政策总体上属于总量调控政策，不是解决部门、城乡差异的政策，也不是结构性政策。同时，货币政策是讲究平衡的艺术，需要准确把握市场和实体经济运行的脉搏，适时作出科学反应。

世界上从来没有免费的午餐。长期看，过度使用货币政策不仅难以促进经济再平衡和经济转型，而且也潜藏着风险。历史上，长期宽松的货币政策曾导致通货膨胀、资产泡沫、流动性陷阱等不良后果，最终带来更大的不平衡。

国际金融危机后，很多经济体都在致力于寻求经济再平衡或经济转型的途径。我们应当对货币政策的性质和特征有正确的认知，实行适度和稳健的货币政策，加强政策沟通和协调，发挥好货币政策、财政政策和结构性政策各自的作用和协同效应，推动社会经济稳健发展。

（《中国金融》2016 年第 7 期）

经济的韧性

"韧性"一词近年来频繁见诸政府文件和领导人讲话之中，意在表达经济发展的潜力、弹性和空间。

在韦伯词典中，韧性（resilience）有两层含义：一是主要指受挤压而失去原来形态的物体恢复原来大小和形状的能力；二是指从不幸和环境变化中恢复的能力，或更快适应这些不幸和变化的能力。现代市场波动的加剧和金融危机的频繁发生，使越来越多的学者将这一术语引入经济领域，用以分析某一制度或体系吸收市场动荡的程度或恢复正常状态的能力，以及制度与市场自行调节重构的能力。

国际金融危机后，全球经济环境发生深刻变化，我国经济逐步进入新常态，在内外压力下，国内外一些人担心中国经济可能出现断崖式下滑或"硬着陆"，甚至滑入中等收入陷阱等。面对种种疑问，我国政府多次表示中国经济发展具有充足韧性。这不仅符合经济运行的客观情况，而且也表明通过持续的改革和更加灵活的政策实施，我国有能力、有条件使经济运行保持在合理区间，应对各种可能出现的风险。我国经济之所以具有充足的韧性，主要基于以下几方面：

一是有良好的基本面。这是一个经济体应对各种变化和风险的重要基础。在经历三十多年高增长后，我国经济潜在增长率下降，但仍处于合理区间，内生性增长的潜力和市场空间很大，有基础、有条件保持长期中高速增长。我国是最大的发展中国家和全球第二大经济体，有比较完整的工业体系，经济发展的空间和回旋余地大。随着新型工业化、信息化、城镇化、农业现代化的协调推进以及供给侧结构性改革的深化，国内消费需求将得到进一步释放和升级，这将为去杠杆、去库存、去产能创造更好的基础条件，从而有效化解各种矛盾和困难。

二是有良好的政策储备。经过几年的探索，我国确立了新常态下明晰的政策框架：宏观政策要稳，微观政策要活，改革政策要实，社会政策要托底。这体现了审慎性、灵活性、开放性的统一，体现了"四个全面"战略的要求。目前，虽然内外环境的变化带来了一些负面影响，一些行业的杠杆率偏高，但我国经济各部门包括政府、银行、家庭、对外部门资产负债相关指标总体上是稳健的，这使我国有条件根据市场变化进行相机抉择，保持制度和结构演进的适宜政策环境。

三是有良好的市场条件。多年来，我国坚持以市场为导向的改革，利率、汇率、税率以及行政管理体制改革迈出实质性步伐，市场深度和广度不断拓展，减少了经济抑制和扭曲，也为存量和增量的调整以及新的生产要素参与经济重构创造了便利。此外，多年的改革开放和包容性发展，促进了经济结构的多元化，也相应增加了我国经济应对市场各种变化的能力。

中国经济的韧性并非空穴来风。正如国家发展改革委主任徐绍史在两会记者会上所强调的，中国经济具有较强的内在支撑弹性空间和抵御风险的能力，具备物质基础雄厚、市场需求巨大、区域发展空间广阔、生产要素质量提升、宏观调控经验丰富的有利条件，不会"硬着陆"。

韧性是一种精神，一种百折不挠、攻坚克难的精神。改革开放以来，我国经济多次遭遇波动和危机的冲击，但我国坚持问题导向改革，克服了一个又一个困难，跨越了一个又一个坎儿，充分彰显了韧性。依靠这种韧性，未来我国政策、体制、市场必将会因时而变，迸发新的活力。

（《中国金融》2016 年第 6 期）

在不确定性中寻求突破

　　我国经济发展正面临着前所未有的不确定性，外部、内部不确定性的双重叠加增大了政策选择的难度。面临类似政策选择尴尬的并非只有中国，这也是很多经济体的共性难题。当美联储2015年末开始加息时，一些观点就认为美国可能因此进入小幅而漫长的加息周期。然而仅仅一个多月，经济下行的隐忧就改变了很多人的预期。欧盟、日本也是如此，各种经济矛盾交织，央行不得不持续量化宽松。变幻莫测的经济正在加剧政策的调整频率，也使相机抉择成为必然选项。

　　在日益不确定的环境下，很多人开始担心通缩或滞胀的风险，甚至担心会发生新的经济危机。越来越多的国家依赖宽松政策，延缓结构改革，并引入负利率机制，以刺激社会总需求。我国面临的环境同样严峻复杂，既要摆脱对以往发展路径的依赖，又要培育新的增长动力；既要解决短期供需矛盾，又要解决体制机制问题；既要恰当处理内部经济矛盾，又要加强外部政策沟通与协调。面对诸多的二元选择，亟需在不确定性中寻求突破。

　　面对全球化的环境，准确判断未来世界经济变化并不容易。这是一个困难的时代，但同时也是充满希望和机遇的时代，我们比以往任何时候都清楚复杂环境下的政策导向，也拥有许多有利的政策环境和共识。我国已经确立了"四个全面"的战略布局，明确了供给侧结构性改革的方向，致力于构建发挥市场决定性作用的体制，这为我国在不确定性环境中寻求突破奠定了政策框架基础；同时，我国也有足够的经济实力和政策储备，在各方面的比较优势依然存在。现在需要做的是，按照这些政策方向，坚定地推进改革、精准发力、改善结构、完善市场。

　　历史总是惊人的相似，但绝不是简单的重复。只有善于从历史中总结经验教训，才有希望走向新的彼岸。面对经济增速的下滑和外部环境的趋紧，毫无疑问需要适时调整宏观政策。但实施宽松政策不能以延缓结构改革，甚至加剧结构性扭曲为代价。我们应汲取过去刺激政策的教训，力图避免重蹈覆辙，更好地在宽松政策与结构调整中把握平衡。

我们能做什么？各种讨论可谓汗牛充栋，并形成了一些共性的方向：加强公共产品和公共基础设施建设，这对一个二元大型经济体而言再强调也不过分；加大产业间融合和产业链价值的拓展，以扩展技术的综合运用和提高经济整体竞争力；深化价格、利率、汇率改革，矫正扭曲，优化资源配置；改进创新创业环境，培育新的增长动力；继续加大国有企业和机构的结构性改革，广泛吸纳社会资本，激发资本的力量；改善薄弱环节的精准供给，提升全社会的消费需求。

我们不能做什么？比较一致的共识是，政府不能用计划手段推动供给侧结构性改革，不能涉足市场性、商业性的项目。因此，应通过进一步深化行政管理体制改革，科学界定政府与市场的边界，把政府有限财力用于公共领域，通过建立负面清单制度，用市场完善市场，以市场振兴产业和实业，促进市场在资源配置中发挥决定性作用。

在所有变革中，经济制度变革是关键要素，也是经济发展中最重要的变量。制度变革是我国成功进行改革开放的基础，也是未来可持续发展的重要保障。一个好的制度总是给人带来信心和力量。我们应按照既定的改革目标和方向，全面深化改革，建立更加完善的经济制度，有效动员和凝聚各种生产要素，促进社会经济发展。

（《中国金融》2016 年第 5 期）

自主创业的价值

这是资本的时代，也是人力资源价值发现的时代。当前，越来越多的人开始选择自主创业，投身于市场性、专业性更强的行业，这意味着更加深刻的社会经济变革已经开始。环顾四周，新产业、新业态不断涌现，即使在被认为炙手可热的金融领域，辞职、跳槽投身于新兴金融的也不乏其例。在国家加大供给侧改革、倡导大众创业万众创新的背景下，自主创业浪潮的兴起是一个积极的现象。

新登记市场主体增多一定程度上反映了这种创业浪潮。据国家工商总局统计，2015 年全国新登记注册市场主体 1479.8 万户，比上年同期增长 14.5%；新登记注册企业 443.9 万户，比上年增长 21.6%，注册资本（金）29 万亿元，增长 52.2%，这两项数据均创历年新高；平均每天新登记企业 1.2 万户，初创企业活跃度持续提高。

鲜明的政策激励，以及社会经济的包容性、多样化发展，为广大社会公众提供了更多的选择机会。自主选择的增多，可以减少劳动力市场的扭曲，有利于促进社会分工的发展，也有利于提高社会劳动生产率。正如亚当·斯密在《国民财富的性质和原因的研究》所指出的，"劳动生产力上最大的增进，以及运用劳动时所表现的更大的熟练、技巧和判断力，似乎都是分工的结果。"

自主创业不仅可以实现自身价值，同时也为更多人带来机会，为社会创造更多的价值。从农耕时代到现代市场经济，社会分工不断细化，产业链条不断延伸，市场深度不断拓展。借助于人力资源和资本所创造出的倍数效应，更多的人参与到社会经济生活的重塑，降低了生产和交易成本，改善了组织管理，增进了社会福祉，并使各种要素活力竞相迸发。

创业有利于推动经济金融转型。在经济转型期，创业创新是经济增长动能转换的关键。我国经济市场化和经济增长的历史，实际上也是经济结构多元化和大众创业的历史。正是人们摆脱了传统体制束缚走向市场、开拓创业，才使我国经济走出了体制性短缺和供给短缺的局面。今天，面对新的机遇和挑战，我国仍需推进更大范围、更高层次的创业，像美国、日本、德国、瑞士、以色列、韩国等国家那样成为创业创新的国度，创造在国内外市场上响当当的品牌，促进我国经济发展从粗放型转向集约型、科技型，用创新驱动经济增长。

金融业是创业创新的重要领域。无论是强化金融业自身发展还是促进社会经济发展，都需要加大供给侧金融改革力度，建立更加完善的金融服务和金融市场体系，推动金融深化。当前，金融市场上各种自主创业方兴未艾，越来越多的人才从非金融部门流向金融部门，从金融管理部门流向金融商业机构，从传统金融机构流向现代新型金融或类金融组织。这种流动反映了市场的结构性变化，有利于各类金融中介的发展并改善金融供给。同时，对于人才过多涌入某些金融细分领域引发过度竞争，国家和行业层面也应给予审慎引导。

社会经济的发展最终依赖于技术进步和制度创新，应引导和鼓励更多人才趋实创业，推动社会进步。这几年我国深化行政管理体制改革，释放了体制活力，调动了大众创业创新的积极性，但仍需加大包括户籍、产权方面的改革，实行更加包容的发展战略，加强政策保障和制度保障，不断改善创业创新的环境和条件，让创业创新成为常态。

（《中国金融》2016 年第 4 期）

用市场完善市场

从管制经济到现代市场经济，是一个漫长的历史进程。利率市场化从启动到最终放开存款利率上限历时 19 年，汇率形成机制改革从建立单一的有管理的浮动汇率机制到现在已有 22 年，资本市场从证券交易所成立至今也已 26 年，但是金融市场的市场化改革依然任重道远。

总体看，我国渐进市场化改革已有三十多年，各种要素、商品基本实现了市场化，形成了比较完善的市场体制机制，并积累了管理市场经济的经验。但通向现代市场经济之路仍然充满挑战，仍然面临诸多复杂性、不确定性。这是一个系统性问题，需要深入的综合改革。股市和汇市的异常波动只是各种矛盾的综合体现。

问题的出现总是伴随着各种争论。有的将这种波动归之于政策，有的认为是市场必要的调整，更多的认为是结构性问题在市场上的反映。这使人们清醒地认识到市场的本质和规律。市场就是市场，市场波动根本上是供求关系及其内在作用机制的反映，也是市场经济的常态。只有从历史、比较和动态的角度分析，才能了解市场所处的阶段；只有用市场机制才能解决市场中的问题。

人们往往把取消或放松价格管制当作市场改革的里程碑，但无论商品市场还是金融市场，放开价格并不意味着市场化改革的完成。真正的市场化应当具有完善的价格形成机制，形成富有深度和广度的市场，横向到边，纵向到底，从而使市场更具弹性和韧性。一个完善的市场，绝非一放了之、一放就灵，而是需要相应的规则，包括准入规则、竞争规则、交易规则和退出规则，也包括规范市场主体活动的各种规章制度，如法律、法规、契约和公约等。同时，还要有合理的市场结构，以利于相互制约和平衡，从而形成统一开放竞争有序的现代市场体系。正因如此，每项重大市场化改革出台后，有关部门都会制定一系列配套实施细则，培育相关主体、客体和中介。就金融市场而言，无论利率、汇率市场化还是资本市场改革，都并非单纯放开管制，而会有一系列配套改革和完善机制。

现行金融制度和金融市场与我国的经济体制和经济结构是相适应的，并且为我国经济快速发展提供了强大动力。但是，面对新的经济环境和增长态势，必须进行相应的改革。改革的着眼点是建立健全金融市场机制，用市场完善市场。从传统的软预算约束到预算硬化，我国市场自我约束能力不断增强，但包括企业和银行在内的经济主体还没有完全摆脱政府依赖和路径依赖。多次的剥离、分离、划转、重整和转换所带来的逆向选择和道德风险不容小觑。用市场办法深化产权制度、契约制度、出清制度对结构性改革尤为重要。这是在去杠杆、去产能、去库存改革中难以回避的，也是政府主导型改革转向市场导向型改革的新命题。

经济资本化是我国市场化改革的重要路径。多层次资本市场是推进经济资本化的关键，也是资本市场发展的动力和潜力。资本化具有多重效应：破解结构性问题，促进经济与金融良性互动；优化金融资源配置，改善企业脆弱的融资结构；带动创业创新，助推经济形成新的增长动力。

一个成熟的市场需要理性的参与者。政府、企业和机构、个人在市场中有着各自的角色和作用。处理好彼此的关系，需要深化对市场的认识，需要加强政策的协调和顶层设计，需要加强投资者和消费者教育，使市场各主体成为理性的市场参与者，共同治理、培育、维护和分享市场。

（《中国金融》2016 年第 3 期）

供给侧金融改革

面对新兴、转轨和经济新常态的复杂环境，我国将加大供给侧结构性改革力度。这是相当一段时期经济改革发展的政策导向，也是金融工作的着力点。

供给侧改革是结构性改革在供给侧的进一步深化和明晰。改革的核心在于真正建立有效的市场出清制度、产权制度和品牌保护制度，并使市场在资源配置中发挥决定性作用。供给侧金融改革，至少包括这样几方面内容：进一步放松金融管制，减少金融扭曲，促进金融创新；适应结构性改革要求，重塑金融服务体系和金融市场体系；围绕去产能、去库存、去杠杆、降成本、补短板的要求，重塑金融资产负债结构，维护金融稳定；进一步改善金融基础设施，加强金融公共产品建设。这是金融管理当局和各金融市场主体面临的共同挑战。

这几年，面对经济下行压力，中央银行运用多元化政策工具进行操作，保持市场流动性合理充裕，从量价两方面保持货币环境稳健和中性适度。在推进供给侧改革中，保持货币政策灵活适度尤为重要，货币政策既要防止顺周期紧缩，也要防止过度放水妨碍市场正常出清，同时加快转向以价格调控为主的宏观调控，合理引导市场行为，增强供给结构适应性和灵活性。

市场化改革是金融改革的重头戏。从资本市场改革到利率、汇率改革，我国已进行了一系列探索，但走向更加成熟的金融市场，仍需要在机制改革上取得更大突破。随着存款利率上限全面放开，利率市场化改革接近完成，接下来的是机制化改革，包括督促金融机构，增强自主定价能力和风险管理水平；培育市场基准利率和国债收益率曲线；加强非理性定价行为的监管。随着汇率改革的推进，市场机制在汇率形成中的作用逐步增强，但仍需推动外汇市场深化发展和对内对外开放，形成境内外一致的人民币汇率。资本市场改革备受瞩目也更为复杂，市场的巨大波动实际上反映了复杂的经济结构和市场结构问题，对此应当保持包容和耐心，应通过结构性改革使之发挥更大作用。

经济环境的改变必将促进商业银行等各类金融机构进行力度较大的适应性调整。一些结构性矛盾不可避免地通过银行资产结构和质量反映出来，这就需要商业银行深化自身改革，优化资产负债配置和管理，激活存量，优化增量，化解风险。这也为推进融资体制改革带来新的机遇，金融管理者和市场参与者应抓住有利时机，有效利用金融市场，重塑金融资源，完善融资体系。

农村金融改革既是一项重要的制度创新，也是金融供给侧改革的重要方面。农村土地承包权和农民房屋财产权是农村最大的存量资产。应继续开展农村两权抵押担保贷款，激活存量资产，缓解融资困境，及时总结试点经验加以推广，进一步深化农村金融供给侧结构改革。

在推进市场化金融改革中，需要深化金融监管协调改革，加强金融安全风险监测评估和金融安全网建设，加强金融基础设施建设，防范跨市场金融风险。同时，通过制度安排和市场治理建设，推动市场多元化发展和经济资本化进程。

供给侧改革要求我们的思维方式和工作方式也进行相应改变。破解金融改革难题需要立足中国国情，立足四个全面建设布局，立足市场化资本化国际化格局，立足大金融理念，改变惯性思维定势，在实践中勇于创新突破，使各项金融改革之间以及金融改革与其他方面改革相互协调。

（《中国金融》2016 年第 2 期）

供给侧改革共识

供给侧改革是决策层、理论界、实业界对我国经济改革发展的新共识。这种共识，并非基于纯粹的经济学意义的理论政策主张，而是基于中国现实经济情况所作出的基本政策，是引导中国经济迈向现代经济的重要行动指引，具有更加丰富的内涵。这样的共识至少蕴含着以下几层内容：

——着力加强供给侧改革。作为对应于需求侧改革的表达，供给侧改革并非排斥需求端改革，而是在供需两端同时发力下更加注重供给侧的改革。我国三十多年的高速经济增长，主要依靠投资、出口带动，但全要素生产率不断增长，表明供需两侧也在同时发挥作用。在经济增速下滑和经济转型的新阶段，需要更加注重供给侧改革，使经济增长更多依靠存量改革、技术、劳动者素质和制度进步，形成需求和供给之间的动态平衡。

——着力加强结构性改革。供给侧改革是结构性改革的重要实现方式，通过推进市场化、资本化、国际化，调整存量，改进增量，在更大范围内配置生产要素，重塑资源配置，逐步解决经济发展中的结构性问题。

——着力提高供给的效率。我国经济发展中的供需结构性矛盾，相当程度上与产品性能和质量有关系，迫切需要创造一批有竞争力、深受消费者青睐的品牌。品牌是重要的生产力和竞争力，我们应从美国、德国、日本、瑞士、韩国品牌建设中汲取经验，创造更多的高附加值产品，不断提高我国产品的供给质量和效率。

——着力培育增长新动力。推动供给侧改革不是生产导向性的发展，也不是简单的去产能、去库存，而是要培育新的经济运行和动力机制，使市场在资源配置中发挥决定性作用，使增长更多依靠资本和技术进步。

这需要力度更大的制度改革与之配套。

可以预期，供给侧改革将对宏观政策、社会经济运行的诸方面带来挑战和影响。适应供给侧改革的需要，全面深化金融改革，使金融制度更有韧性和弹性，也是其中重要的组成部分。

我国金融改革开放的历史，本质上是金融深化、金融结构调整的历史。进入转型期，随着经济环境的变化，我国金融运行中结构性矛盾更加突出。去产能、去库存以及各种存量调整，不可避免地反映到金融领域。在化解现存的结构性问题的同时，改善金融供给，重塑金融市场和金融资源，以适应、促进和引领供给侧改革，又历史性地摆在金融人面前。

深化供给侧金融改革，涉及金融公共产品与一般金融消费品的关系，直接金融与间接金融的关系，传统产业融资与新兴产业融资的关系，以及国有资本和民营资本的关系。这些关系的重塑是艰难的，甚至需要脱胎换骨。为此，需要加强金融基础设施建设，改善金融技术环境和法制环境；需要放松金融管制和市场准入限制，促进市场深化和经济资本化进程，增强金融市场的弹性和韧性；需要促进内生性金融改革、加强监管协调，以优化金融资源和金融风险的配置；需要构建多元化投融资体系，切实缓解企业融资难题，降低社会融资成本；需要促进包括人民币国际化在内的金融国际化，使资源在更广的范围内进行优化配置。

相对需求侧改革，供给侧改革难度和技术含量更大。但开弓没有回头箭，我们坚信立足中国实际，深化改革，攻难克艰，一定能走出结构改革的新路子。

（《中国金融》2016 年第 1 期）

国际货币的责任

　　国际货币基金组织决定将人民币纳入特别提款权（SDR）货币篮子，这是人民币国际化进程中的重要事件。人民币进入 SDR 篮子，将成为与美元、欧元、日元、英镑等同样受关注的国际货币。这对中国来说既是激励也是约束，既表明了国际社会对我国金融改革的认同，也表明人民币将在国际金融贸易中发挥更大作用。

　　加入 SDR，是成为国际货币的重要步骤。自 1969 年 IMF 创设 SDR 以来，其构成多次发生变化。从最初 SDR 价值与黄金挂钩、与美元等值一币独大，到后来选择 16 个成员国货币组成"篮子货币"，再到其成分货币简化为美元、德国马克、英镑、法国法郎和日元，以及欧元发行后变为美元、欧元、日元和英镑，反映了国际金融格局的复杂变化。此次人民币纳入 SDR 既是中国国际金融地位的体现，也是中国持续努力的结果。

　　近几年来，人民币国际化不断取得新进展。中国已经与 30 多个国家的中央银行签订了双边本币互换协议和双边贸易本币结算协议，人民币在官方国际资产已经达到 6700 亿元。我国已批准在境外设立 22 家人民币清算行，区域覆盖亚洲、大洋洲、欧洲、北美洲、南美洲和非洲。2014 年以来，我国在金融领域出台了一系列改革措施，加强了宏观金融稳定，促进了人民币的跨国使用，为人民币顺利入篮创造了良好的基础条件。

　　当前，并没有国际法律或协议对国际货币的权利和义务作出明确规定，但一旦成为国际货币，则意味着该国拥有了事实上的权利和责任。作为国际货币，可以在更大范围内流通、支付、融资、储藏，可以为主权货币贸易、投资带来更大的便利，可以降低交易成本，并为解决国内问题带来更多的回旋余地，但这也意味着更多的国际市场约束。如果滥用国际货币地位，不注意加强国际政策的协调与沟通，过度透支货币信用，最终会损人损己，也得不到国际社会的广泛认同。

回顾 SDR 篮子货币的历史可以发现，在带来诸多便利的同时，成为国际货币也意味着承担相应的责任和义务。国际货币要保持币值相对稳定以发挥其作为计价货币、结算货币、投资货币和储备货币的职能，需要有相应的经济实力作支撑，需要具备与世界主要货币之间保持稳定的能力，并且能够在国际交易中得到广泛使用。由于各国经济势力均衡不断被打破和调整，国际货币在历史上都曾经历不同程度的困境，国际化的道路也并非一帆风顺。

人民币加入 SDR 并不是人民币国际化的全部。正如一些专家所指出的，人民币成为 SDR 货币，主要是象征性意义。成为储备货币，虽然具备国际货币的职能，但与发挥重要国际货币的实质性作用尚有距离。相对于其他 SDR 篮子货币，人民币在全球外汇储备、国际银行业负债、国际债务证券、跨境支付、贸易融资中的比重以及在主要外汇市场的交易体量仍有较大的提升空间。

因此，对人民币来说，确立国际化地位，并最终成为便利而稳定的、被广泛使用的国际货币，从根本上还是要靠改革发展。在新的发展阶段，我们需要通过持续的创新和改革，使更多的商品、产业、资本"走出去"，使更多的中国品牌活跃在全球市场，不断塑造和培育人民币广泛使用的基础，同时建立更加完善的经济金融制度，用制度凝聚国际市场对人民币的信心和力量。

（《中国金融》2015 年第 24 期）

金融消费权益的边界

国际金融危机后，一些发达经济体的货币监管当局相继设立了金融消费者权益保护机构，并颁布了一系列法规。我国"一行三会"也按照分业监管的要求建立了类似机构。

发达经济体设立消费者保护机构，主要是基于对现代金融复杂性的认识。金融混业经营导致的过度杠杆化和创新，造成了误导甚至欺诈，极大地影响了金融消费行为。设立消费者保护机构，既是对金融机构和金融市场的约束，也是对广大公众的公共金融教育。

金融消费者权益保护监管有别于传统意义上的监管，人们称之为行为监管，但它并不是全新的领域，货币监管当局从产生伊始就强调对存款人、保险人、投资人的权益保护。行为监管与其他性质的监管也不是完全并列的，彼此存在交叉和互补。因此，准确界定行为监管与传统监管的边界存在一定难度。不过，作为危机经验教训的成果，设立相应机构以加强消费者权益保护，自然有其必要性和重要性。

越是复杂的市场，越是金融深化，越要强化金融消费者权益保护。与一般商品和服务的消费相比，金融消费更为复杂。普通商品买卖后，同时让渡所有权和使用权，而金融产品买卖和交易后，形成了错综复杂的债权债务关系、股权关系和契约关系，这些关系并不总是透明的、易观察的；金融消费过程也不像商品消费直观，特别是那些金融衍生类、结构性产品，即使有很好的教育和专业背景也难以掌控；此外，金融消费受经济波动影响大，泡沫和缩水都会即时影响权益。因此，金融消费权益保护更复杂、更敏感。

我们可以从广义和狭义两个角度理解金融消费者权益。从广义上看，保持金融稳定，防范金融风险，是对金融权益的最大维护；发展各层次的金融市场，增加金融产品和服务的可获得性、普惠性，促进金融公平，也是维护金融权益；合理把握金融市场主体间的利益平衡关系，同样也是。因此，需要加强监管的顶层设计，强化行为监管与其他监管的协调，为维护金融消费者权益创造良好的制度条件。从狭义上讲，对金融消费者权益的行为监管应着眼于透明、平等、公平和契约。随着金融市场体系、服务体系和调控监管体系的健全，金融公共产品和普惠金融建设会得到加强，金融消费的宏观环境会日臻完善。因此，对金融消费权益保护的关键是加强微观领域的行为监管。

随着社会发展和人们生活水平的提高，金融消费越来越深入到社会经济生活的方方面面，且日益多元化。同时，金融消费领域暴露的问题也越来越多。因此，需要坚持问题导向，抓住金融消费中的薄弱环节和关键问题加强行为监管，完善正面清单管理制度；需要厘清监管边界，不能用行为监管代替其他监管、代替行业自律、代替自主契约，也不能无所作为；需要加强金融行为的分类监管，不断增强全社会的金融知识和意识，增加消费者对不同金融产品的风险识别能力。

消费者和金融商品服务提供者是市场的主体。法人机构和自然人都是具有完全行为能力的市场主体，具有自主判断、选择的权利，理应对自己的消费行为负责，自负盈亏、自担风险。金融产品和服务的提供者与消费者，不是管理与被管理的关系，而是市场经济条件下不同市场主体之间的正常的契约关系，它们在市场交易活动中具有各自的权利和义务，应当通过加强公共教育不断增强社会公众的认知，不断加强金融机构的治理、透明度建设，更好地履行社会责任。

（《中国金融》2015 年第 23 期）

新发展理念中的金融

《中共中央关于制定国民经济和社会发展第十三个五年规划的建议》及习近平总书记关于建议的说明，是指导今后一段时期我国国民经济和社会发展的重要文件，其中所倡导的新发展理念，是把握今后社会经济发展的关键。

准确把握战略机遇期内涵的深刻变化，有效应对各种风险和挑战，是社会、经济、金融等诸方面面临的共同命题。只有坚定改革、有效解决各种矛盾，才能成功跨越中等收入陷阱、修昔底德陷阱，不断开拓发展新境界。规划建议提出的创新、协调、绿色、开放、共享的发展理念，体现了新的发展观、改革观和开放观，对破解发展难题、增加发展动力、厚植发展优势具有重大指导意义。新发展理念也是谋划金融改革发展的政策指南。

创新，是新发展理念中的关键。现行金融体制和金融运行机制是与我国经济长期高增长相伴而生的。这一体制推动了我国经济的长期发展，并积累了市场经济建设的宝贵经验，是进行新的改革与创新的基础。面对新的矛盾和问题，创新金融体制机制、推动社会经济创新，要求金融改革站在更加系统的角度，完善和重塑金融资源配置中的各种关系，构筑更加高效稳健的金融体系。特别是，加大围绕服务实体经济的创新力度，通过发展各类要素资本市场，创新间接融资服务科技方式，以及股权与债券相结合的融资服务方式，为社会经济发展动能转换提供新支撑。

协调，就是着力解决发展中的不平衡问题，促进全面发展。协调发展，应着力解决金融发展中的短板问题，比如，股权融资与债券融资在内的各种结构性金融问题，果断推进关键改革，促进金融深化，解决金融抑制。同时加强监管协调，解决金融体制性矛盾。"十三五"时期，应当在加强宏观审慎管理的基础上，构建统一协调、微观审慎与宏观审慎彼此强化、审慎监管与货币政策协调统一的新框架。

绿色，体现了可持续的发展理念。绿色发展是建设美好中国的必然要求，关系到全体国人的福祉。绿色发展，既是各业发展的约束条件，也是重要的目标。规划建议中所提出的发展要求和目录是绿色金融发展的重要指南，运用金融工具和金融市场推进绿色发展，重点是运用金融机制支持节能减排、低碳循环、环境治理，通过支持经济转型减少资源消耗和环境压力。

开放，体现了我国发展的基本国策。面对新的开放形势，唯有以更宽广的视野和格局开放发展，才能从根本上提高我国的综合实力和国际地位。为此，应尊重现有全球治理规则，推动我国金融治理体系和治理能力现代化，以更加积极和包容的姿态参与全球化；应扩大金融双向开放，持续推进人民币国际化；应把国家总体观思维融入金融发展之中，建立开放条件下我国经济金融安全的预警机制和快速反应体系，守住不发生区域性系统性风险的底线。我国正在积极实施"一带一路"战略和加强自贸区建设，它必将推动我国对外开放水平的深化。

共享，体现了全面小康的必然要求，也是社会主义制度的本质特征之一。共享不是回到低效的平均主义，而是着眼于金融公共产品建设的机会均等。通过加强金融基础设施建设，使社会大众享受金融发展便利，不断满足社会日益增长的金融需求；通过发展普惠金融，改善欠发达地区金融服务条件，同时，扩大金融对内开放，让不同市场主体分享金融发展的机会、机遇、市场和利益。

（《中国金融》2015 年第 22 期）

金融发展的安全观

金融是现代经济的核心，金融安全是国家经济安全的重要方面。把战略安全思维有机融入金融改革开放，使金融发展更好地体现总体安全观要求，体现系统性、竞争性、前瞻性和进取性，既是全面深化经济改革的要求，也是维护国家整体安全的需要。

金融发展安全观，从本质上是其竞争力特别是国际竞争力的体现，并非单纯强调金融的对抗性、排斥性。金融安全观也并非完全着眼于对外方面，而是着眼于境内境外两个市场，重塑金融资源，从而为国内经济发展创造持续的动力和活力。这些都要求在推进金融改革进程中，始终注重市场化、专业化、国际化、信息化，创造金融稳健安全的基础。

我国金融发展综合实力已经取得长足发展，但现存金融体系也存在明显缺陷：当经济顺周期或上行时，过多的利益流向金融部门；当逆周期或经济下行时，过大的风险转向金融部门。新常态下这一矛盾尤为突出。这就要求加强结构性金融改革的顶层设计，建立经济与金融之间有效的平衡机制，从而从根本上维护金融安全。也就是说，通过系统性改革，理顺金融部门与实体部门的关系，使更多人才、资源和比较利益流入实体部门，逐步形成一批有实力有国际竞争力的企业。同时，改善企业融资结构，增强企业发展活力。

把安全思维融入金融开放之中，核心要注意以下几个方面：把握稳健原则，在市场决定与社会经济承受力之间取得平衡；把握对等原则，借鉴国际经验引入负面清单管理制度；把握次序原则，逐步完善市场决定的基础和条件。

金融公共产品建设是金融安全的重要方面。货币、金融基础设施是一个经济体最重要的金融公共产品，关系到一个国家金融公平、效率和国际竞争优势。美国等发达经济体的金融发展有几个重要启示：一是始终维护相对稳定和强势的货币。二战后美元一直是国际上最为稳定的流通货币、储备货币和结算货币，占全球储备货币和结算货币的半壁江山。二是始终重视国际金融规则制定权和话语权。现行的国际金融秩序基本上是在二战前后由美国主导确立的，前不久美国抛出的 TPP，意在主导新的再平衡和国际贸易投资规则。三是始终保持一个充满活力的金融市场和支付体系。这有利于动员全球金融资源，最大限度激发本国经济金融活力。

这些年来，我国稳步推进人民币国际化、加强支付清算体系和金融市场建设、积极参与国际金融治理体系改革，取得明显成效。目前人民币保持全球第二大贸易融资货币、第五大支付货币、第六大外汇交易货币、第六大国际银行间贷款货币地位。同时，我国也在加快跨境支付清算体系（CIPS）建设。但是，我国金融基础设施建设仍相对薄弱，仍需要持续努力。

把握金融改革的前瞻性和机遇期尤为关键。近 20 年全球发生了两次严重的金融危机，即 1997 年亚洲金融危机和 2008 年国际金融危机。我国金融业成功避免了这两次危机的直接冲击，主要源于在危机前几年我国都进行了力度较大的金融改革。1994 年成功进行汇率改革和国有商业银行分离政策性业务的商业化改革；2003 年开始金融管理体制改革，对国有商业银行进行股份制改造，之后大型商业银行陆续上市，我国商业银行市场化、专业化和国际化水平得到提升。这些改革举措都大大提高了我国金融业的内在稳定性。

（《中国金融》2015 年第 21 期）

客观认识 TPP 的双重性

随着 12 个谈判国在美国举行的部长会议上达成基本协议，跨太平洋伙伴关系协定（TPP）作为新的国际贸易投资制度安排引起了国际社会的广泛关注，在中国也成为一个热门话题。

从一定意义上讲，TPP 可以看作世贸组织贸易规则的升级版。TPP 从传统、单一、狭义的贸易协定拓展为现代、广义、综合的贸易协定，突破了传统的自由贸易协定（FTA）模式，达成了包括所有商品和服务在内的无例外的综合性自由贸易协议。除了经济方面的考虑，TPP 还包含了许多非经济元素。TPP 成员不仅要受到贸易机制的制约，而且还要受到法律法规、社会团体、生态环境、商业模式和公众评判等的制约。这是整体、多层次发展的自由贸易新模式。通过制定高标准的贸易协议，从而对全球贸易规则产生影响。TPP 的许多内容与我国新常态下全面深化改革和扩大开放所关注的重点内容相契合，体现了国际贸易规则升级的趋势，也是我国进行适应性改革的方向。

同时，TPP 也有许多充满争议的地方，由于涉及许多非经济领域也被看做是大国博弈的手段。客观来说，撇开现有的世界贸易制度框架，另起炉灶，制定新规则，本身就具有一定的排他性。TPP 在推进零关税及其他各种投资、服务贸易便利措施在成员国之间实现的同时，对区域外经济体设置了更高的准入和经济往来壁垒，其"高标准"体现了限制区域外的意图。尤其是，美国将 TPP 作为其"重返亚洲"战略的重要平台以及实现全球经济再平衡的重要安排，并期望借此主导亚太国际贸易规则制定的主导权，左右国际贸易的新规则。美国总统奥巴马明确表示不能让中国这样的国家制定全球经济规则，至少在一定程度上显示了美国的用意。实际上，美国主导的 TPP 所涉及的内容也更多体现了美国的政策立场和利益诉求，包括农产品准入、劳工权益和环境保护规则、对美国制药和科技企业的知识产权规则以及国有企业行为约束等。

无论怎样的花样翻新，没有中国参与的 TPP 是不完整、不公平的。中国是世界第二大经济体和第一大货物贸易国，已成为许多国家无法忽视的合作伙伴。当前，世界经济日益融合，各经济体相互交叉、相互影响、相互牵制，冷战思维和零和博弈的思维并不可取。我国一直对促进亚太经济一体化的区域贸易安排持开放态度，强调各个自由贸易安排之间应相互促进。如果国际贸易安排不具有包容性，不尊重成员国的多样性，将很难发挥应有的作用和影响力。如果中国不参与，TPP 也很难成为真正意义上的具有世界影响力的贸易安排。

对中国来说，应当理性看待 TPP。TPP 对成员国提供的贸易投资便利以及对非成员国的壁垒，不可避免地会产生贸易转移，从而对我国的出口贸易产生影响。但是，也应该看到，TPP 并不是亚太地区唯一的自由贸易安排。在 TPP 所涉及的 12 个国家中，澳大利亚、新西兰、智利、秘鲁和新加坡 5 个国家已经与中国达成了自由贸易协定，有 7 个国家参与了包括中国在内的"区域全面经济伙伴关系"协定谈判。因此，面对新的贸易投资安排，我们应当以包容开放的心态，坚持深化改革开放的既定方针，保持政策定力，在互利共赢的基础上推进多边或双边自贸区建设，积极推进"一带一路"进程，发挥亚投行、丝路基金、金砖银行的作用，推进负面清单管理模式，积极探索与国际贸易新标准对接的有效机制。

（《中国金融》2015 年第 20 期）

金融是国家安全的重要抓手

——读《金融与国家安全》

最近，中国金融出版社出版了中国工商银行副行长张红力博士的《金融与国家安全》一书。该书以新的视角和专业化视野，分析了金融与国家金融安全的关系，对于研究和制定国家安全战略具有重要价值。

国策，乃立国之本、治国之纲。《孙子兵法》有言："夫为战而庙算胜者，得算多也；为战而庙算不胜者，得算少也。"事实上，国策不仅仅是一种对外战争、扩张的战略决策，更是内部和谐稳定、持续发展的战略纲要。对内而言，国策既为国家的建立创造一种秩序，保障国家在不断的动态发展过程中维持一种平衡与稳定的状态，同时，更为国家机器治理下各领域、各系统的资源配置提供一种优化方式，推动国家社会稳健、快速发展。因此，构成国策的内涵十分丰富，从国防、军队到政治、经济，从人口、教育到社会、文化。在这其中，国家安全问题是国策研究最核心的内容之一。

世界历史上，不乏有在制定国策时忽视国家安全的惨痛教训。"迈锡尼时代"的古希腊曾通过对外贸易积累了庞大的财富，却在多里安游牧民族精良的武器攻击下瓦解，陷入了近400年的所谓"黑暗时代"。19世纪末的中国，"闭关锁国"的清朝政府忽视了周边威胁力量的迅速壮大，在甲午战争中耻辱地败给了经济实力仅为自身三分之一的日本。在20世纪末爆发的亚洲金融危机中，印度尼西亚等东南亚国家过度注重金融市场开放，依靠境外资金发展经济，忽视了安全问题，结果在国际投机资金的冲击下陷入严重的金融危机，并在一些国际金融机构的救助过程中，逐步丧失了对原有国有企业、金融机构和重要工业的控制权，处处受制于人。

古今中外的历史教训表明，国家安全战略在研究与制定国策的过程中，必须放在首位。在中国共产党第十八届中央委员会第三次全体会议后，中央国家安全委员会宣告成立，由中共中央总书记习近平任主席，中央政治局常委李克强、张德江任副主席，下设常务委员和委员若干名。如此"高配"的国安委，向世界展示了我国在捍卫国家安全和国家利益方面的决心和意志。2015 年 7 月 1 日，新的《国家安全法》获正式通过，对政治安全、国土安全、军事安全、文化安全、科技安全等 11 个领域的国家安全任务进行了明确。至此，制定新时期中国国家安全战略也有了明确的法律依据。

然而，要统筹国内和国际两个大局、整合对内对外事务，国家安全战略还需要有灵活、实用的工具。这种工具既能为国家安全战略体系的建设调配资源，为政治安全、国土安全、军事安全、文化安全、科技安全等 11 个领域提供支持，巩固并不断提升一国维护自身安全的能力；也能提供针对危害国家安全行为的监测手段，为维护国家安全建立一种预警机制；此外，还能以更直接的方式限制、制裁各种威胁国家安全的行为，成为维护国家安全与国家利益的关键力量。

2015 年金秋之初出版的一本书，为我们找到了一种在当前极为契合国家安全战略的重要工具：金融。《金融与国家安全》一书指出："作为市场的一部分，金融的首要特征是逐利，即实现主体利益的最大化。现今提金融为社会和实体经济服务，这种服务本质，也是逐利。"在维护国家利益方面，金融与国家安全战略的宗旨"不谋而合"。一方面，金融能够以"资金融通"的方式，将资源营养运输至国家安全各领域，为国家安全体系的建设提供有力支持。另一方面，当国家安全面临威胁时，金融又能通过资金流动的异常数据提前预警风险，有利于及时采取防范措施。此外，金融还能通过金融制裁、提高融资成本、冻结资金、"反洗钱"等方式主动出击。在"走出去"过程中，金融能够引领国家战略，推动体制改革，促进经济影响力转化为政治影响力，为经济外向发展、在经济全球化中赢得主动权提供支持。

围绕国家利益这条主线，抓住金融这个关键点，《金融与国家安全》一书分别以金融与核心价值、军事国防、政治社会、经济体系、科学技术、生态资源等的逻辑联系为切入点，在借鉴其他国家和地区的有益经验基础上，立足中国特色国情，对如何用好金融手段支持国家安全进行了深入探索，提出了金融力促国家安全的核心战略思想——"积极防御、蹄疾步稳、亲诚惠容"，以及从顶层设计到落实细节的一整套政策建议。

中国社会主义改革开放和现代化建设的总设计师邓小平同志曾指出，"金融很重要，是现代经济的核心"。对于新时期下的中国而言，金融产业是社会主义市场经济发展的核心产业，金融对实体经济、产业不仅是服务，更是引领。金融实力是国际竞争与地缘政治博弈的核心实力，胜败之间的须臾转换，利益得失的天壤之别，取决于金融的正确定位和作用发挥。金融战略是国家安全战略的核心战略，金融对外既是构建利益共享、风险分担"命运共同体"的关键利器，也是"不战而屈人之兵"的重要倚仗；对内则是实现国家利益和商业利益高度协同、国家利益和个人利益统筹兼顾的有效手段。可以说，决胜在发展，制胜在金融。

"金融搞好了，一着棋活，全盘皆活。"在中华民族伟大复兴的光荣之路上，金融大有可为。但一直以来，我们对金融的运用仍然较为狭隘，在很长一段时间里主要停留于资金信贷。虽然证券、保险市场也在快速发展，但距离成熟还有明显差距。2015年以来国内金融市场较大幅度的动荡在一定程度上暴露了中国发展的软肋。倘若在身体已经进入金融大时代之后，思维却还轻视金融，仅仅停留在"金融只是一个行业"的小格局内，就很可能会输在起跑线上。总体而言，我们既不能动摇市场化改革的大方向，也不能完全被西方原教旨主义的市场化所绑架，缺乏实践经验的拿来主义很可能同时带来系统性风险，中国金融需要坚定符合国家利益的价值取向。

《金融与国家安全》一书从维护国家安全、最大化国家利益的角度看待金融，通过对国际经验与历史教训的总结，将金融与现代化国家治理有机结合，有高度、有深度，但却没有一些金融学学院派专著的晦涩难懂和故弄玄虚，针对金融与国家安全许多重大理论和实际问题的论述，都是直奔主题、直击要害，并拿出切实可行的对策建议。在我看来，该书通过理论层面、思维层面、战略层面的多重创新，将金融与改革发展稳定、治党治国治军、内政外交国防等方方面面的关系都覆盖到了，对社会各界高度关注的热点、难点问题都有独到的分析，并且毫不避讳地表明了作者的观点。可以说，《金融与国家安全》一册在手，对如何用金融手段力促国家安全、保障国家利益的解读应有尽有。

（《中国金融》2015 年第 20 期）

讲好中国金融故事

——纪念《中国金融》创刊 65 周年

从 1950 年 10 月创刊至今，《中国金融》杂志就与中国金融业相伴成长，已历经 65 个春秋。作为新中国成立后第一本全国性的金融刊物，也是很长时期内金融系统唯一的报刊杂志，《中国金融》始终坚持正确的舆论导向和专业化办刊方向，坚持用中国视角看金融业发展，权威解读金融方针政策，深入研究金融现实问题，密切跟踪金融前沿理论思想，大力弘扬先进金融文化，在不同的历史时期对金融业的改革发展作出了独特的贡献。

透过 65 年来 817 期的《中国金融》，可以清晰地看到中国金融改革的政策轨迹、金融理论的演进历程、金融市场的风云变幻以及金融业态的更新成长。在这样一幅波澜壮阔的历史画卷背后，是一代代金融人不懈的探索与忘我的奋斗。新中国成立以来，金融业发展跌宕起伏，不断面临新的挑战和问题，金融政策的顶层设计者、实践从业者以及理论研究者，基于宏观或微观的不同视角，对经济金融问题进行了大量的深入探究。多年来，这些来自不同层面的观点和思考汇集于《中国金融》，不断地相互促进和影响，并在编者的精心雕琢之下、与读者的沟通交流之中，逐渐形成了推动改革发展的真知灼见。如今，《中国金融》已经成长为国内外有重要影响力的财经媒体，这与长期以来作者的心血倾注、读者的关注支持、编者的专业尽职是分不开的，在此向他们表示深深的敬意！

经过 65 年的风雨洗礼，《中国金融》杂志主流媒体地位进一步巩固，权威、专业、理性、前沿的特色更加突出，成为一本集理论性、政策性、实践性、思想性于一体的刊物，受到读者广泛关注和好评。站在新的历史起点上，《中国金融》面临着巨大的机遇和挑战。一方面，随着经济金融体制改革和文化体制改革的深入推进，金融媒体的市场空间更加广阔，重要性、影响力与日俱增，肩负着推动金融业稳健发展的重任。另一方面，以数字技术和网络技术为代表的现代信息技术迅猛发展，人们获取信息的渠道和手段越来越多，媒体分众化、对象化的趋势更加明显，传统媒体从观念到形态的全面升级转型刻不容缓。面对新形势，《中国金融》既需要顺应数字化、网络化、多媒体传播的发展趋势，加快形态创新，建立多元化的传播渠道，更需要坚持以问题为导向做实内容，把权威、专业、理性、前沿的观点和信息传播给读者，提供独特的精神食粮。

客观阐释金融理论政策

政策的宣传和沟通是政策实施的重要组成部分。作为国内主流财经媒体和金融系统的重要期刊，《中国金融》始终关注金融业发展的新动向，深入思考各个时期金融改革的重点领域和主要任务，力争对各项改革内容和政策目标作出客观权威的阐述和解读，唱响改革时代主旋律，为金融改革营造良好的舆论环境。

从"摸着石头过河"到系统性体制转变，我国的金融改革一直在探索中艰难前行。建立社会主义市场经济体制下的金融体系是一项极富挑战性的创举，需要在理论上阐明改革的必要性和合理性，统一各方认识，凝聚改革动力。为此，《中国金融》及时引介国内外金融改革最新理论成果，积极组织资深专家学者研讨金融改革的相关重大问题，阐释金融改革过程中出现的矛盾和困惑，为我国金融领域持续深入改革提供理论依据。

金融领域出台的每一项改革政策和调控措施，涉及面广、敏感度高，一句谣言、一条误读，都可能引发蝴蝶效应、羊群效应，误导公众心理预期，造成金融市场较大波动，对金融改革和金融稳定带来影响。作为我国金融领域的重要期刊，《中国金融》长期以来与金融管理部门有着天然的密切联系，成为我国各项金融改革政策的重要传播平台。在宣传金融改革政策时，我们始终坚持准确、客观、严肃的立场，约请决策者权威解读各项政策的真实内涵，避免曲解管理层的政策意图，努力为各项改革政策的贯彻落实提供强大的正能量。

作为专业的金融期刊、党和国家宣传金融政策的重要载体和平台，我们需要增强使命感和责任感，在推动国家金融改革中发挥媒体应尽的、独特的作用。随着金融改革的不断向前推进，新现象、新问题不断出现，我们要密切关注金融改革中的新动向，保持敏感性和前瞻性；每一项金融改革措施的出台，都有其特定的背景和目标，读者需要正确理解金融政策的实质，凝聚改革共识，形成合理预期，这需要我们从不同的视角对金融政策进行深入分析和解读，增强政策解读的权威性和专业性；金融政策最终是否达到预期目标，取决于金融政策的落地和实施，金融基层机构是政策的实践者，他们贴近市场、贴近客户，最了解金融改革的效果，因此，推动金融改革，不仅需要传达决策者说，也需要传递草根之音，提高金融改革在实践中的精准性。

传播先进金融思想文化

金融书刊是传播社会主义核心价值观的重要载体和主要阵地。《中国金融》在突出政策性、专业性和知识性的同时，始终保持高度的政治敏感性，以正确的立场、鲜明的观点、坚定的态度在金融系统传播社会主义核心价值观，传播先进思想文化。在媒体多元化、信息碎片化的时代，我们从不跟风炒作，也不追求轰动效应，而是保持清醒头脑，围绕金融改革发展的中心任务，唱响时代主旋律。多年来，《中国金融》组织了大量文章，对金融文化建设的理论和实践进行了深入探讨和交流，每年开辟专栏对金融系统的全国五一劳动奖章获得者和先进工作者进行大力宣传，弘扬了正气，鼓舞了干劲，凝聚了人心，体现了一家主流媒体的社会担当。

党的十八大以来，党中央、国务院高度重视新闻宣传和舆论引导工作。习近平总书记在 2014 年文艺工作座谈会上指出：广大文艺工作者要高扬社会主义核心价值观的旗帜，积极培育和践行社会主义核心价值观。2015 年 4 月，中宣部、国家广电总局发布通知，要求出版宣传工作要着眼"四个全面"战略部署，突出用中国特色社会主义坚定理想信念、凝聚思想共识，坚持价值引领、讲好中国故事，为实现"两个一百年"奋斗目标和中华民族伟大复兴的中国梦提供精神力量。作为一份与共和国同成长、共命运的刊物,《中国金融》将牢记自身的责任感和使命感,密切关注和掌握金融经济领域的新动向,与时俱进、锐意创新,增强金融文化传播的主动性、前瞻性和引导性,把党和政府在经济金融领域的声音传播好,把当代经济社会的主流展示好,把广大金融战线上干部职工的心声反映好。

着力助推金融改革开放

在经济新常态下,社会改革与发展面临的任务更加繁重,各种矛盾将更加尖锐,经济金融运行所面临的挑战日益严峻,人们的思想认识也会受到更加多元化的冲击。在这个充满希望且又夹杂着彷徨的时代,舆论导向的作用倍加显现。《中国金融》将紧紧围绕推进现代金融业科学发展的中心任务,着眼全局,突出重点,精心策划,多出精品,坚定不移地为促进金融业改革发展服务。

当前,在我国经济"三期叠加"的特定阶段、在经济发展的新常态中,党中央提出了"四个全面"的战略部署,围绕市场化、资本化、社会化、国际化要求,加强了重要改革的顶层设计,相继推出了一系列事关全局的改革。在金融领域,包括利率市场化、人民币汇率形成机制改革、人民币国际化、农村金融改革等在内的各项改革正在稳步推进。为此,《中国金融》将深刻认识和把握新时期金融改革发展的中心任务,以专业的视角、客观的立场向社会公众全面解读各项金融政策,为未来金融改革攻坚提供舆论支持。

温故而知新。透过 65 年来《中国金融》的宣传报道,读者可以清晰地看到我国金融改革迈出的每一个足迹。从现代金融体系的建立到金融宏观调控手段的转变,从金融监管框架的改革到各项金融法规制度的完善,从商业银行现代企业制度建立到市场化竞争格局的形成,从金融市场主体的不断丰富到金融产品创新的日新月异,所有这一切都在《中国金融》留下了连续且富有逻辑的轨迹。

维护国家经济金融利益

中国已成长为世界第二大经济体，举手投足都吸引着世界关注的目光，其中有赞誉也有担忧，尤其是在经济增速回调、金融市场出现波动时，更不乏悲观论调甚至唱空中国经济的言论。不同的判断反映了经济体发展本身的复杂性，也反映了利益视角的差异性。这些中国经济发展的悲观论调甚至唱空言论，极大地影响着市场参与者的预期，进而影响着我国未来的经济发展和国家利益。对此，作为主流媒体，我们肩负重任。

仔细分析对于中国的悲观论调，有一部分是由于不了解我国经济发展的实情，他们只是看到了短期存在的矛盾和问题，忽视了我国长期的改革和发展能力，因此，媒体需要发挥好沟通作用，正确解释、解析我国的金融改革。正如李克强总理所言，中国不是世界经济风险之源，而是世界经济增长的动力之源。对于那些悲观论调，还有一部分则是恶意唱空。事实上，中国作为一个拥有13亿人口的最大的发展中国家，经济拥有巨大的韧性、潜力和回旋余地，只要我们坚持遵循发展规律，用更大的努力和耐力来推动改革开放，我们就能够妥善应对各种风险挑战，促进中国经济的长期健康发展，对此，媒体应以高度的历史感、使命感和责任感，引导金融系统广大干部职工增强对于我国改革开放和经济发展的信心。我们将始终把社会责任放在第一位，保持定力，锐意创新，改进文风，用更好的作品增强金融行业的凝聚力、激发金融改革创新的动力。

随着中国日益融入国际环境，中国的发展需要一个更加融洽的国际环境，国际社会也需要进一步深化对中国金融发展和金融文化的认识，我们有责任、有义务加强对我国金融改革和金融文化的传播，以减少误解和偏见，增进共识。讲好中国故事，传播好中国声音，传递出中国梦的世界价值，我们责无旁贷。

（《中国金融》2015 年第 19 期）

市场干预的选择

对前一段资本市场波动的政策干预，社会方方面面给予了高度关注，可谓众说纷纭。不同的认识反映了金融市场的复杂性，也反映了不同环境、不同利益视角下人们认知的差异。

真理总是越辩越明，应当客观看待不同评价甚至是负面的看法。尽管遇到一些困难，我国仍然是世界上经济增速最高的经济体之一，增长潜力大，基本面良好，经济总体向好的方向不会因市场波动而改变，包括资本市场在内的各类金融市场必将在改革中发展。但我们也应适时对干预政策进行反思评估，总结利弊得失，不断完善市场调控的水平和艺术。

不同经济学派在政府与市场的关系上都有各自的主张。我国在二者的关系上也有明确的理论和政策认知。但实践中处理好二者的关系比理论所揭示的要复杂得多，需要持续深化改革，并在实践中不断探索完善。

以常规或非常规形式干预市场，在各个经济体都或多或少地存在。因此，不必对我国的政策干预说三道四。即使发达的经济体，对危机应对或市场救助都是棘手问题。正常情况下，政府通过公共政策，以温和的、常规的形式，对经济活动和市场进行顺周期或逆周期调节；但在危机期间以及市场出现大的波动时，则会引入大量的非常规手段。2008年国际金融危机后，许多经济体采取多轮量化宽松货币政策以及特别救助便是这种情况。

但也要看到，任何非常规手段都是敏感的，不可避免地引发争议甚至批评。因为，危机应对涉及公共利益及选择，宏观管理也不像自然科学试验那样分明，加之人们认知的局限以及调控的不可逆性，自然难以形成一致的判断。但历史地看，每一次金融危机或重大金融事件，都在一定程度上推动了金融制度的完善。

当问题发生特别是可能引发系统性风险时，政策干预是必要的也是必需的。但面对复杂的和不确定的市场，我们应弄清楚政策到底能做什么。任何体制下政府都不是万能的，公众也不应期待一个无所不能的政府。对市场要始终心存敬畏。毕竟，经济问题最终起作用的还是规律，过于依靠行政力量特别是进行选择性干预，存在诸多不确定性和风险。

面对市场，我们能做什么？首先，要有良好的顶层设计。这是一项系统性规划，需要考虑各种因素。比如，要同时考虑顺周期、逆周期情况，构建市场自我约束、自我平衡、自我矫正的机制和功能。另外，引入市场工具和机制不是权宜之计，不是单边影响市场，而是为了更好平衡各个方面的力量，促进市场的可持续发展。如果没有良好的顶层设计，一旦出现问题，就可能延缓改革，甚至出现将婴儿与洗澡水一起倒掉的情况。

其次，要有充足的政策储备。政策研究的核心是坚持问题导向，针对市场运行中的可能情况提出相应的方案，以备应急之需。市场经济下，问题往往比预计的要复杂，这就需要加强相关智库对问题的研究。这种研究是相对独立的，不是一般的解释性研究，而是目标导向、问题导向的研究。

最后，要充分掌握市场信息并增加政策的透明度。资本市场的巨大波动使我们看到了金融市场中错综复杂的关系，内外市场的融合、金融交叉业务的发展以及现代支付的广泛应用都加剧了这种复杂程度。充分掌握和观察各种信息流、资本流，加强大数据分析，是维护资本市场稳健发展的基础。只有充分掌握相关信息，才能科学决策、适时决策，使政策更具透明性、针对性和有效性。

（《中国金融》2015 年第 18 期）

倡导分享的经济发展观

一个颇有实力的单位几年前开办一家企业，银行主动要求贷款，其他企业也希望合办，但该企业拒绝了合作请求。不料想，后来市场变化导致资金困难，企业难以寻找到合作伙伴，不得不承受巨大损失。

这是一个不善分享导致风险集中的真实例子。试想，如果当初该企业有更科学的规划，合理运用自有资本、股权资本和债务资本，情况也许就会不一样。类似的情况，在国际投资、个人投资以及地方经济发展等领域同样存在。

不愿分享成长机会在现实中也时常发生。比如，不能有效利用社会分工与协作，追求大而全、小而全，热衷于另起炉灶，局限在一定区域内配置资源，结果造成重复建设和浪费；不能有效利用金融市场和工具，导致资本和资产结构脆弱单一；不能处理好短期和长期关系，错配机会和风险；等等。

分享是经济理论的重要内容，经济分工协作理论、比较贸易理论、现代治理理论、保险理论等，都体现着鲜明的分享发展观。股份制理论的发展，更是深刻诠释了分享的本质。分享的发展观，强调治理均衡、结构改进和风险配置。在结构转型的新阶段，倡导分享的经济发展观具有重要意义。

它有助于推动我国结构性改革。结构性改革在于最大限度地激发增长的潜力和活力，实现包容性发展。这就要求通过深化改革和完善公共政策，减少、矫正并逐步消除政策性扭曲，改善政策环境，充分调动一切积极的市场因素；要求公平、公开、公正对待不同资本，分享机会，分担风险；要求克服地方主义、本位主义，在更大范围内实现分工协作，更好发挥区位、资源比较优势，实现经济一体化和市场一体化。在结构转型期，各种矛盾交织，分享有助于形成新的改革共识，合力创造新的机会、机制和途径。

它有助于我国有效融入世界经济。当今的国际合作不是零和博弈，那种排他性的安排不符合全球化趋势。"一带一路"构想标志着我国对外开放的全面深化。全面"走出去"并非谋求一己之利，而是要与所有参与者分享世界经济的成长机会，分担各种风险，实现共同利益最大化。因此，无论对外投资还是人民币国际化都是基于公平、分享、互利的原则。我们应通过有效的政策沟通，体现包容和谐的文化，积极与一切先进文化融合，运用各种合作平台、机制、手段开展国际投资与贸易。

它有助于改善我国经济治理。我国社会经济管理中的很多问题，比如就医难、就学难，都与缺乏分享理念不无关系，导致政府对市场过于替代。现代治理强调均等、制衡和效率及其之间的平衡。在社会经济领域，明确不同市场主体的边界、权利、责任和义务是其中的核心内容。政府、监管者和其他各类市场主体的关系，不是简单的行政管理关系，而是在一定制度和法律框架下的法律关系、契约关系、信用关系。发挥市场决定性作用和更好发挥政府作用，关键在于培育有效的市场机制，健康的市场主体，以及健全的保障网络。这需要持续深入的改革和制度演进。

它有助于有效配置资源和风险。无论是国家投资还是企业和个人投资，都需要系统体现分享的理念。资源、资本、资产的过度集中必然导致风险的过度集中。应当看到，不确定性是现代市场经济的常态，应善于利用股份化、多元化、混合化，分享机会、分配利益、分散风险。发展混合所有制经济，发展多元化、多层次金融市场，发展现代保险业务无疑是重要的路径。

分享是一种理念，也是一种治理机制，更是一种文化。将这种文化有机融入社会政治经济生态等方面，有助于丰富政策措施和发展规划，从而更好地推进我国的改革开放。

（《中国金融》2015 年第 17 期）

保持货币政策松紧适度

当前我国宏观经济缓中趋稳：工业生产形势有所改善，内需平衡增长，出口增速由负转正，进口增速降中放缓，房地产销售量价齐升，货币信贷增速回升。这些情况说明，经济增长出现向好势头。但是，经济运行中也出现了一些值得高度关注的问题：微观主体反映困难增强，金融风险逐渐暴露，地方债务增加，下半年经济运行压力依然较大。

面对宏微观之间、实体与金融之间的反差，更加需要坚定信心，加快改革。对于宏观政策而言，应适应种种变化，不断改进和完善金融调控框架，保持货币政策松紧适度。

把握好总量政策的取向、力度和节奏。新常态的核心是经济结构的调整和发展方式的转变，解决结构性矛盾，根本上要依靠推进结构调整和改革。在此过程中，货币政策总体应保持审慎和稳健，为结构调整拓展时间和空间，营造中性适度的货币环境，既要在基础条件出现较大变化时适时适度调整，防止经济出现惯性下滑，也要注意防止过度"放水"固化结构扭曲、推升债务和杠杆水平。

优化金融资源的投向和结构。在保持总量稳定的同时，需要更加精准有效地发力，促进结构优化，支持经济结构调整和转型升级。继续完善货币调控中的正向激励机制，适当运用和完善定向调控，同时，把握好货币政策实施中与结构化调节之间的平衡和协调，防止造成新的扭曲。

丰富和充实政策工具。针对外汇占款变化形成的流动性缺口，人民银行充分发挥公开市场操作的预调微调作用，搭配使用短期流动性调节工具（SLO），普降金融机构存款准备金率，全国范围推广分支行常备借贷便利（SLF）操作，创设中期借贷便利（MLF），大大改善了金融调控的艺术和水平。面对新的变化，应继续探索丰富政策工具，优化政策组合和期限结构，保持银行体系流动性合理适度。

　　着力疏通货币政策传导机制。探索完善价格型调节和市场化条件下有利于稳定预期的货币政策框架，是当前改进和完善金融调控机制的重点。进一步改善短期利率调节和收益率曲线，增加中期和长期利率指导，改善货币市场、债券市场、信贷市场之间的利率传导，以引导市场未来的利率走势。同时，加强货币政策预期管理。

　　继续推进利率市场化和人民币汇率形成机制改革。人民币存款利率上限已由基准利率的 1.2 倍逐步扩大到 1.5 倍，并在全国范围内放开金融机构小额外币存款利率上限。继续培育上海银行间同业拆放利率（SHIBOR）和贷款基础利率（LPR）。健全市场利率定价自律机制，推出了面向企业和个人的大额存单，增加金融机构主动负债能力。加大市场决定汇率的力度，增加人民币汇率双向浮动弹性，保持人民币汇率在合理、均衡水平上的基本稳定，稳定市场信心。

　　进一步健全宏观审慎政策框架。继续改进宏观审慎管理，发挥好其防范系统性金融风险、促进金融体系稳健运行的作用。着眼未来，应前瞻性地研究优化整合监管资源，构建宏观审慎管理和微观审慎监管有效协调的体制机制，强化中央银行的宏观审慎管理和监管职能。金融调控的有效性也离不开良好的外部环境。必须进一步推动结构调整和改革，激发经济活力，尽快形成新的增长点，并改善金融生态环境，拓展金融资源有效配置的空间，从而为疏通政策传导创造更好的条件。

（《中国金融》2015 年第 16 期）

经济增长的逻辑

对于经历长期高增长的中国经济而言，我们可能更能感受到高增长的利弊，因而对转变发展方式也就更加渴望，迫切希望经济呈现有质量、可持续的增长。

从社会、经济和生态角度看，增长的可持续性包含三个层面：一层是经济学意义上均衡或平衡的概念，一层是基于环境资源承载能力的可持续性，还有一层是社会管理意义上的可持续性。这几个层面的有机统一，是可持续性的完整内涵。它不是一个笼统的概念，可以通过杠杆率、赤字率、就业率、通胀率、PM2.5等指标表达出来。统筹兼顾这几方面，需要摆脱对过去高增长的路径依赖，这对宏观政策和经济改革提出了更高的要求，对国家治理能力也是严峻的考验。

经济发展有其内在规律。客观认识和把握规律，把握好增长、改革、稳定之间的平衡，有助于运用新的机制，实现经济发展动能的转换，平稳换挡。对于新常态下的经济增长，我国宏观政策目标和框架是清晰的、一致的，即在"四个全面"和"五位一体"的总体布局下，依靠改革创新和区间调控，促进经济运行处于合理区间。这既不同于过去片面追求增速，也不是缺乏底线思维的自由放任。

应当看到，高增长对任何经济体都是阶段性的现象，并非经济发展的常态。第二次世界大战以后，有13个经济体利用后发优势，将年均7%或更高的经济增速维持了25年或更长的时间，之后，这些经济体先后进入中高速或低速增长。从更长时间跨度看，中低速增长是经济发展史上的常态。根据经济学家麦迪森的测算，过去100多年中，发达国家人均收入水平的年均增幅仅2%。在我国经济保持近两位数的高速增长时期，世界经济年均增速仅为2.8%，这也说明，我国出现经济增速调整是必然的，带有一定规律性。

因此，不必过于纠结经济增速的下滑。当然，对此也不应无所作为。应树立底线思维和区间管理的理念，防止增速下滑过快。当前我国一些区域经济增速下滑过快，值得警觉。面对同样的环境和市场，以及类似的资源禀赋，增长差异如此悬殊，应多从区域管理、体制、发展战略上寻求突破。

我国完全有条件保持长期的中高速增长。许多经济学家研究表明，我国未来若干年经济潜在增长率依然在7%左右，主要因为：我国存在二元经济结构，经济体制和结构改善仍有很大空间，体制红利、改革红利、开放红利依然存在；持续的技术创新和产业升级，使我国经济依旧具有后发优势；我国金融稳健特别是银行资产负债表健康，财政和中央银行政策能力和政策工具储备充足。我国完全有能力、有信心创造新的增长条件，保持长期中高速增长，跨越中等收入陷阱。

经济增长方式必须改变，这是硬约束。全面深化改革以来，我国经济发生许多积极的变化：新的经济主体、经济动力正在改变GDP的结构和生成方式，服务业增加值的比重不断提升，使得同样的GDP提供了更多、更友好、更便利的价值和服务；经济增长开始从过去过度依赖投资和外力转向倚重消费和其他新的动力，以创业创新为标志的增量改革与以存量资产证券化为标志的存量改革的有机结合，将改善经济治理结构和经济资本化进程，从而更好地迸发要素活力和资本力量。而这些正是可持续增长的制度基础。

把握改革、增长、稳定之间的平衡至关重要。这要求合理把握去杠杆的方式和节奏，运用市场机制，重整地方政府和企业债务，改善资本结构，有序降低杠杆率；稳步推进中国经济资本化进程，使资本化与实体经济发展水平相适应、相协调，及时处置资本化过快的风险；着力改善宏观调控水平，注重加强市场治理和改革发展的顶层设计，为改革和发展创造良好的环境。

（《中国金融》2015 年第 15 期）

走向理性的资本市场

我国股票市场的剧烈波动再次成为关注的焦点。一段时期以来，人们围绕救市与不救市、做空与做多、配资与股指期货等诸多问题展开了热烈讨论。这轮波动尚未完全过去，但它注定成为我国资本市场发展史上的重要事件，对政府、监管者、媒体以及其他市场参与者都是一次深刻的教育。

这并非完全是坏事。在实现中华民族伟大复兴中国梦的征程中，一些坎坷和磨砺不可避免。这轮股价波动告诫我们，通往成熟资本市场的道路注定是不平坦的，需要在实践中不断总结教训，走出一条符合中国实际的资本市场发展道路。这次资本市场波动说明了以下的道理：

第一，对市场要心存敬畏。实体经济始终是资本市场发展的基础，股市价格的变化最终要受经济基本面和供求关系的影响。健康的资本市场有利于我国全面深化改革，有利于资源有效配置，有利于经济转型升级。但资本市场也是"双刃剑"，必须自觉遵循其发展规律。年初以来，各种非理性观点充斥资本市场。当市场上升之时，它便被贴上许多标签，比如改革牛、转型牛等；而当市场下跌之时，又出现了阴谋论、做空论等。这些言论经过传播发酵，助长了暴涨与暴跌。对此应当汲取教训。

第二，要更加重视市场治理。市场治理应始终着眼于提升资本市场基本的融资功能和长期投资功能。重视市场内在机制建设，增强市场自我修复、自我矫正、自我调节的能力。加快注册制改革。及时收集并公布市场信息，增强信息的透明度。本次股市下跌中股指期货做空、两融及配资放大了金融杠杆，从而引发风险。这提醒我们，引入新的市场工具必须同时加强监管、加强政策储备。在股票市场出现非正常波动时，及时出台政策保障投资者的利益是政府职责所在，是必要的，也是国际惯例。但是，要时刻保持清醒的是，政府出台措施主要是恢复市场信心，维护市场主体的良性运行。

第三，加强对投资者的风险教育不能放松。股票市场的发展需要有成熟的投资者。成熟市场的经验告诉我们，机构投资者更加注重价值投资，是市场投资的主体。与发达市场相反，我国散户投资者交易量占主体。由于缺乏必要的专业知识、必要的避险工具以及必要的信息，散户投资者往往面临更大的风险。这次股市震荡中，一些中小投资者盲目追求高收益，在场外狂热配资，超出其承受能力，酿成巨大风险。对此，要给予更加广泛的投资者教育，增强投资理性和审慎。

第四，要善于从历史角度把握和分析问题。历史是一面镜子。历史上出现过多次金融危机和资本市场危机，危机形式千差万别，但一些共性的东西值得汲取。比如，所有的股灾均发生在股票价格偏高时期，而且泡沫化程度越高，跌幅越深；杠杆工具会放大股市的波动，如美国1929年股灾、1987年股灾等；经济转轨过程中更容易出现股灾，如1989年日本股灾、1990年我国台湾股灾、1997年亚洲金融危机等。这些教训与我们当前何其相像，值得镜鉴。

第五，要善于从国际比较的视野看问题。与发达国家相比，我国经济资本化水平尚有差距。如果以股票市场和债券市场市值总额与GDP之比作为经济资本化的直观指标，美国、英国、日本近几年都超过了300%，德国在多数年份也超过了150%，而我国该指标不仅波动幅度较大，而且多数年份在100%以下。特别是，在资本市场结构中，我国债券市场发展依然相对落后。这表明，我国经济资本化水平还有提升空间，还需要稳步有序推进，但同时应更加重视债券市场的发展。

资本市场的健康发展取决于经济的基本面和良好的制度设计。我国经济改革正在全面深化，经济运行格局也在发生积极变化，经济将长期保持中高速增长，我们有信心、有能力应对各种风险挑战，推动经济持续健康发展。

（《中国金融》2015年第14期）

创业创新的金融支持

最近，国务院颁布了《关于大力推进大众创业万众创新若干政策措施的意见》。这是一个具有里程碑意义的指导性文件。在经济形势错综复杂、新旧体制转换艰难的背景下，大力倡导大众创业、万众创新对于推动经济结构调整、打造发展新引擎、增强发展新动力无疑具有重要意义。大众创业、万众创新离不开有效利用金融市场和金融资源。从一定意义上讲，搞活金融市场、实现创业创新便捷融资也是金融改革的重要内容。该意见清晰地勾画了金融支持创业创新的基本方向：

——优化资本市场。支持符合条件的创业企业上市或发行票据融资，并鼓励创业企业通过债券市场筹集资金。积极研究尚未盈利的互联网和高新技术企业到创业板发行上市制度，推动在上海证券交易所建立战略新兴产业板。加快推进全国中小企业股份转让系统向创业板转板试点。研究解决特殊股权结构类创业企业在境内上市的制度性障碍，完善资本市场规则。规范发展服务于中小微企业的区域性股权市场，支持股权质押融资。

——创新银行支持方式。鼓励银行提高针对创业创新企业的金融服务专业化水平，不断创新组织架构、管理方式和金融产品。推动银行与其他金融机构加强合作，对创业创新活动给予有针对性的股权和债权融资支持。鼓励银行业金融机构向创业企业提供结算、融资、理财、咨询等一站式系统化的金融服务。

——丰富创业融资新模式。支持互联网金融发展，引导和鼓励众筹融资平台规范发展，开展公开、小额股权众筹融资试点，加强风险控制和规范管理。丰富完善创业担保贷款政策。支持保险资金参与创业创新，发展相互保险等新业务。完善知识产权估值、质押和流转体系，依法合规推动知识产权质押融资、专利许可费收益权证券化等服务常态化、规模化发展，支持知识产权金融发展。

——不断完善新兴产业创业投资政策体系、制度体系、融资体系、监管和预警体系，加快建立考核评价体系。加快设立国家新兴产业创业投资引导基金和国家中小企业发展基金，逐步建立支持创业创新和新兴产业发展的市场化长效运行机制。推动发展投贷联动、投保联动、投债联动等新模式，不断加大对创业创新企业的融资支持。

——推动创业投资"引进来"与"走出去"。按照内外资一致的管理原则，放宽外商投资准入，完善外资创业投资机构管理制度，简化管理流程，鼓励外资开展创业投资业务。放宽对外资创业投资基金投资限制，鼓励中外合资创业投资机构发展。引导和鼓励创业投资机构加大对境外高端研发项目的投资。按投资领域、用途、募集资金规模，完善创业投资境外投资管理。

这些政策涉及直接金融、间接金融、产业基金、外汇管理等方方面面，有许多新的课题和任务。金融业应当从全面落实"四个全面"战略布局的高度，从推动经济转型和金融转型有机统一的高度去认识、落实意见精神，不断在推进大众创业、万众创新中提质转型。

我国经济已经进入新常态，要素的规模驱动力减弱，传统的高投入、高消耗、粗放式的发展方式难以为继，需要从要素驱动、投资驱动转向创新驱动。金融支持创业创新，核心是推动储蓄有效转化为资本，重点是推进经济资本化进程。这就要求实行更加包容的金融政策，着力探索储蓄转化为资本的有效机制、方式，不断改善创业创新的金融环境。

金融与经济是相互依存、相互促进的统一体，以创业创新为契机，改革和完善金融市场体系、金融服务体系、创业监管调控体系，是金融发展的题中应有之义，也是必须做好的大文章。

（《中国金融》2015 年第 13 期）

推进经济资本化进程

从自然经济到商品经济是一次质的飞跃，同样，从经济货币化到经济资本化也是一次伟大的变革。

金融改革以来，我国经济货币化发展迅速，以 M2/GDP 衡量的货币化水平不断提高，2014 年达到 1.93。与此同时，经济资本化的进程也在不断加快。1990 年 12 月和 1991 年 7 月，上海证券交易所、深圳证券交易所先后成立。之后，B 股市场、银行间债券市场、中小企业板、创业板、新三板等先后开市，多层次的资本市场不断发展。2014 年底，中国股票市场成为总市值仅次于美国的全球第二大证券市场；全国债券市场总托管量全球第三。中国资本市场从无到有、从小到大，经济资本化水平不断提高。

但是，与发达国家相比，我国经济资本化水平尚有差距。世界银行和国际清算银行的数据显示，美国、英国作为典型的市场主导型经济体，股票市场市值与 GDP 之比在通常年份均高于 100%；而德国以银行为主导的金融体系特征使其股票市场规模处于相对低的水平。我国资本市场规模在不同年份虽有起伏，但大多数年份股票市值占 GDP 的比重均低于英国、美国、日本等国家，而高于德国。相比较而言，各国债券市场市值与本国 GDP 的比值则比较稳定。如果以股票市场和债券市场市值总额与 GDP 之比作为经济资本化的直观指标，那么美国、英国、日本近几年都超过了 300%，德国在多数年份也超过了 150%，而我国不仅波动幅度较大，而且多数年份在 100% 以下。这些表明，我国经济资本化水平还有较大的提升空间。

当然，经济资本化的程度并不是越高越好。如日本维持着很高的经济资本化水平，但 20 世纪 80 年代中后期股票市场和房地产市场泡沫破灭之后陷入长期低迷。过度资本化使得资源价格过度贴现未来现金流，助长经济泡沫，加剧实体经济和虚拟经济的脱节，使金融资源配置失当，使经济在虚假繁荣中丧失增长动力和成长机会。

总体看，我国资本化尚处于正常发展阶段，推进经济资本化进程利大于弊。第一，与其他经济要素相比，资本的显著特征在于能够跨行业、跨部门、跨区域、跨市场配置，辐射更大的经济范围。第二，经济资本化可以改善经济运行主体的治理结构。企业投资者的所有权和企业法人财产权分离，有助于企业改善治理结构，提高其透明度和市场竞争力。第三，经济资本化可以发现经济中受到压制和抑制的因素，如农村地区的资本化程度较低，房产和土地所有权等财富不能有效转化为资本，也不能创造新财富以及参与新财富的分配。第四，经济资本化可以改善市场主体资产负债结构，增强融资能力。第五，经济资本化能够为经济增长提供持续的动力。经济资本化还可以通过降低资源配置成本，提高资源配置效率，提升市场微观经济主体活力和效率。

爱德华·肖和罗纳德·麦金农认为，发展中国家经济欠发达的原因在于"金融抑制"的存在。金融深化能够通过储蓄效应、投资效应、就业效应和收入分配效应，增加私人与政府的储蓄和国际资本的流入，优化投资流向，增加就业，促进收入分配的公平，从而使经济跨越发展瓶颈。推进经济资本化，是解决金融抑制、实现金融深化的有效方式。

现代经济要经历货币化、资本化的发展进程，经济资本化是经济发展不可逾越的阶段。在经济资本化的过程中，我们要吸取现有经济发达国家的经验教训，有序推进资本化进程，使经济资本化与实体经济发展有机统一，防止资本化过快导致金融泡沫和架空实体经济带来的风险。

（《中国金融》2015 年第 12 期）

经济运行格局的积极变化

面对新常态下我国经济的一系列非常态变化，国内外专家、媒体从多种角度进行了解读，其中一些观点略显偏颇和悲观。在我们看来，目前我国经济正在经历改革开放以来最复杂的时期，有一些新的现象、矛盾和不确定性，也有许多趋势性变化，需要以新的视角和框架来认识。

概括起来，我国经济运行格局正在显现六方面的积极变化：

第一，从局部和区域经济改革向更加全面系统改革转变。党的十八大、十八届三中全会以来，全面深化改革成为"四个全面"战略的重要组成部分，中央围绕市场化、资本化、社会化、国际化要求，加强重要改革的顶层设计和法制建设，加强改革项目规划和时间约束，相继推出了一系列带动全局的改革。与过去渐进式改革相比，新的改革更加注重市场力量，更加注重标准提升，更加注重经济结构调整，更加注重系统性体制转变。

第二，从注重增量改革向注重存量改革转变。三十多年的改革开放，我国积累了大量的存量资产和资本。对原有存量进行结构化改革，同时通过有效途径使社会资本参与现有存量改革，日益成为改善经济金融运行的方向。从混合所有制改革到扩大社会资本准入，从发展多元股权市场到多元债券市场，从政府债务置换到信贷资产证券化，存量改革正在逐步成为改变经济治理和金融市场结构的重要推动力。

第三，从接受性开放向主动融入性开放转变。这几年来，我国开放呈现出许多新的特点：更加开放国内各种要素和主体。随着行政管理体制改革力度的加大，政府与市场的边界更加清晰，为各类主体、各种要素公平、公开、公正参与市场提供了更多机会和条件。对外开放更具战略性和主动性，通过扩大资本和优势产业"走出去"，对外开放不断深化；通过"一带一路"、扩大人民币跨境使用、自贸区建设、设立亚洲基础设施投资银行和丝路基金等务实战略，把我国对外开放提升到一个新的水平。

第四，宏观政策从着眼于松紧调控到着眼于整体资源配置转变。在转型期以及开放经济条件下，我国宏观政策面临更加复杂的环境，既要考虑市场流动性的松紧以及不同政策目标间的平衡，又要致力于形成一个更加有效的市场和结构，还要应对国内外无处不在的博弈。一段时期以来，我国保持宏观政策定力，加快调控机制改革，运用丰富的政策手段，创造更加平衡的环境，给市场以充分选择和试错的机会，体现了政策的包容性和前瞻性。

第五，从"＋互联网"到"互联网＋"转变。这个转变是近几年我国经济生活中最突出的变化。仅仅几年的时间，互联网技术便逐步渗透到各个领域，模糊了原有各种业态的边界，改变了人们的观念，为社会各个方面实现非常规性发展提供了各种可能，也深刻改变着我们的生活方式、生产方式和社会管理方式。

第六，GDP 增长从"重增长"向"轻增长"转变。当国内外对我国GDP 增速下滑担忧时，也许可以换个角度来认识。一些可喜的现象值得我们重视：GDP 结构的调整力度在加大，第三产业和服务业分量更重；GDP 的形成更多依赖于技术进步和制度演进，不需要过高的增长率就能创造同样的商品和服务。互联网的发展，使社会公众享受到了更多的选择和更便利的服务。这表明，结构改革和信息技术一定程度上改变了 GDP 的生产、流通和再生产过程，并促进 GDP 增长由"重"向"轻"转变。

这些变化虽然是初步的、格局性的，但却给未来发展带来了更多的信心和力量。

（《中国金融》2015 年第 11 期）

"互联网+" 影响有多大

数年前，当网购兴起时，很多人认为它对实体店的影响是短期的，其后的发展却远远超出预料。类似地，当新型支付走进传统的支付市场，很多人同样认为不过是规则套利和市场套利，难以撼动传统金融的优势。未来发展还需要观察，但情况也许会超出预期。

"互联网+"对社会方方面面的影响刚刚开始。从今年将"互联网+"列入政府行动计划以来，短短几个月就带来理念和市场的巨大变化，它以几何级的速度融合渗透，几乎所有领域都在思考和对待其融入所引致的变化。现在看来，从"+互联网"到"互联网+"是一步历史性跨越，或将引发一场革命性的变革。这场变革将逐步改变着我们的生活方式、生产方式和社会管理，也给新常态下的中国经济带来缕缕春风。作为互联网与传统行业融合发展的新形态、新业态，"互联网+"旨在将互联网有机融合于经济社会各领域之中，提升经济的创新力和生产力，形成更广泛的以互联网为基础设施和实现工具的新形态。这种以云计算、物联网、大数据为代表的新一代信息技术与现代产业的融合创新，有利于发展壮大新兴业态、打造新的产业增长点，有利于为大众创业、万众创新提供环境，有利于为产业智能化提供支撑，增强新的发展动力。

从经济学角度分析，"互联网+"至少有以下作用：它有助于在更大范围内实现和优化生产要素的配置，从而提高社会劳动生产率；它克服了地理和物理的限制，缩小了人与人、人与物、人与信息的距离，增加了选择机会，减少了交易成本；它改变了社会商业模式和生产方式，从供给和需求两端影响商品和服务的再生产过程；它可以通过大数据分析，减少信息不对称的风险，加强风险管理；它可能改变GDP的生产方式和结构，促进经济发展方式转变，并使同样的GPD产出对应更多更好的商品和服务；它有助于树立新的改革开放思维，带动和推进改革的全面深化。

"互联网＋"的影响是全方位的，不仅是技术性的、渠道性的，而且是机制性的、体制性的，它使生产交易流通融资更加便利高效。在"互联网＋"的框架下，互联网的影响不仅体现在流通服务领域，也体现在生产制造领域，它本身所具有的规模经济效应、平台经济效应，使得相关产业通过互联网平台，可以在边际成本很低的情况下实现质和量的飞跃。

"互联网＋"对宏观经济政策和社会管理也会产生影响。政策形成的基础与社会经济运作方式与结构紧密相关。"互联网＋"的融入，改变了不同主体的行为，强化了技术和组织管理在经济增长中的分量，必然带来经济发展方式的相应转变；可以改善资本和融资结构，加速资金的循环和周转；可以改变政策决策过程，改善政策传导机制和方式。在"互联网＋"的框架下，不必依赖大规模的固定投入，就能提供更丰富、更便利、更低廉、更优质的商品和服务，可以形成以市场需求为导向的生产供给，使产业增长和市场需求更加均衡。所有这些都会影响宏观政策。

技术、资金和渠道是金融发展之基。"互联网＋"与金融业具有天然的基因联系，把"互联网＋"的思维有机融入金融发展的全过程，有助于重塑金融结构和金融活力。面对移动支付、第三方支付、众筹、P2P网贷等互联网金融模式，"互联网＋金融"可以更好地提升金融服务和竞争力。

当然，也应看到，"互联网＋"作为新生事物，有其自身的发展规律，对它的认识需要随着实践和时间去深化。特别是，应防止"互联网＋"作为一个概念炒作，而应把它作为一种战略、一种行动去实践；也不能用之代替各种改革。我们需要在果敢行动和理性思维间把握平衡。

（《中国金融》2015 年第 10 期）

人才不宜过多流向金融领域

与几个朋友聊天，谈到一些顶尖大学理工类博士生希望改行做金融。类似的情况近几年不时遇到。市场经济条件下，个人选择是自主的，无可厚非，但还是为这些人舍弃多年辛苦奋斗的专业选择金融而感慨。

当前，金融行业成为高校毕业生和海外归国人员就业的重要选择。《中国海归发展报告（2013）》国际人才蓝皮书显示，有48.5%的海归进入金融及相关服务业工作，几乎占海归就业选择的半壁江山，而其他各行业对海归就业的吸纳均未超过10%。

人才向金融等服务业转移从本科教育就开始了。全国许多大专院校开设了金融学院、金融系或金融专业；每年全国高考最出色的学生，选择经济金融专业的越来越多；许多理工背景的人才也陆续加入金融行列。中国教育在线《2013年全国研究生招生数据调查报告》显示，社会学科录取中金融人数呈现激增态势，而理工类院校招到高素质考生的难度越来越大。教育部《关于公布2014年度普通高等学校本科专业备案或审批结果的通知》显示，仅2014年，全国就有60多所高校新增了金融学、金融工程、金融数学、投资学等金融相关专业。

对金融业的追逐是我国金融产业快速发展的必然反映。我国金融业总资产已上百万亿元，各类金融机构飞速发展，金融增加值对GDP的贡献也越来越大。金融的快速发展需要大批金融人才，但进入经济新常态后金融人才结构也会逐步调整，需求总量相对下降。

人们的教育选择和职业选择，很大程度上是产业级差和劳动力价格的反映，人才向高收入行业的集聚，是市场配置人力资源的自然结果。每个人都希望在市场竞争中寻找更好的机会和比较利益，但也不能忽视其中的从众心理和不合理因素。从人才供求看，我国金融行业人力资本总量上已供过于求，而基础科学研究和制造业特别是高端制造业尚需要大量的研究积累和人才储备。从社会发展看，衡量人才的价值并非单单看短期利益，还要看其社会价值，过度追求短期利益不利于自身成长，最终会影响国家的整体竞争力。因此，应当正视这些问题，加大教育和科技体制改革力度，建立正向激励机制，引导更多的优秀人才进入科研领域和实体经济。

人才自由流动是市场经济的重要规律，但有些流动带有不可逆性。金融虽具有很强的专业性和技术性，但与高精尖技术和工业部门相比，金融门槛相对不高，各种学历层次的就业者都可以找到相应的职位，因此金融职位具有较强的替代性。而一般职业向科技部门流动则有很大难度。

金融业是劳动密集型产业，也是技术密集型产业，随着大数据时代的来临以及经济转型升级步伐的加快，金融业吸纳的人力会呈边际递减甚至绝对减少。中国教育在线《2013 年全国研究生招生数据调查报告》显示，有些学校金融学院和金融专业的报录比远远超过其他专业；而在就业方面，人才求职投递量也远大于企业岗位需求量。目前，我国金融人才在整体结构上，具备创新能力的金融精英明显不足，缺乏具有全球视角的金融人才。

正如资金和资本不能过多集中于金融市场，人才也不能过多流向金融领域。资金过多游走于金融市场，会造成虚拟经济与实体经济偏离，最终可能引发金融风险；人才一窝蜂地涌入金融业，会造成人力资源的浪费。正视这些现象，有利于更好地发挥市场的决定性作用和政府作用，在宏观上合理引导、科学规划，从而促进我国人力资源的有效配置。

（《中国金融》2015 年第 9 期）

盘活资产存量重在市场化

存量改革是最复杂最艰难的改革，它既涉及既得利益和惯性思维的调整，也涉及新的体制机制创新。

当下人们最关注的存量，主要是公共资产存量、财政资金存量、金融资产存量、社会融资存量等。有关方面统计，2013 年我国公共部门总资产在 295 万亿元左右，2014 年末社会融资规模存量为 123 万亿元，2012 年末我国金融资产总量为 160 万亿元。这些数据反映了我国的调控能力以及融资能力，但其所隐含的结构性问题更需关注。为什么财政资产剧增与公共产品的缺失并存；为什么信贷存量扩张与贷款难长期并存；为什么企业融资结构长期处于脆弱和徘徊的局面；为什么社会资金不能最大限度转化为投资；等等。这些都是新常态下需要加快解决的问题。因此，在全面深化改革中，重视存量的调整和改革显得更为迫切。

存量问题折射了经济结构调整的矛盾，体现了各类经济主体在经济发展中逐步形成的复杂关系。伴随过去几十年的经济高速增长，我国财政、金融保持同步增长。但对公共职能的定义过宽，边界模糊，不同程度存在与社会资本争项目、争资金、争市场的现象，导致公共部门商业性资产迅速增长，而一些公共服务相对不足。金融业发展得益于高增长的红利，积累了大量的存量资产，但始终难以摆脱脆弱的资产和资本结构。在经济增速下滑背景下，财政、金融、经济不可避免地面临结构性困境。

存量矛盾解决有赖于改革的全面深化，需要在"四化"上下工夫，即公共化、资本化、证券化、国际化。而"四化"的基础在于市场化。

公共化。长期以来，我国政府用于建设性或投资性支出较多，用于非生产性支出较多，这与发达国家的公共财政有较大差异。盘活财政存量的核心在于发挥市场在资源配置中的决定性作用，将有限资金集中在公共产品和服务的建设方面，最大限度地发挥政府投资的杠杆效应。对国有企业和国有金融机构改革，也应更新观念，不断深化治理和结构化改革。

资本化。尽快推动混合所有制改革，培养有竞争力和创新力的治理体系。改变"玻璃门""弹簧门""旋转门"的现象，允许民营资本进入基础产业、基础设施、社会公共服务和金融领域，把蛋糕做大做优。积极拓展混合所有制经济的实现方式、路径，通过外部合作合伙、联合兼并，股份制改造，交叉持股，构建混合型企业。充分发挥境内外多层次资本市场在混改中的作用，改善企业资本结构。

证券化。信贷资产证券化，是落实金融支持经济结构调整和转型升级的具体措施，也是发展多层次资本市场的改革举措。我国信贷资产证券化自 2005 年正式启动以来，历经几个阶段，产品发行逐步规模化，发起机构、基础资产、投资人逐步多元化。我国金融资产存量中，信贷资产尤其是长期贷款比重很高，证券化是活化存量市场的重要出路。证券化同样适用于政府资产存量的调整。政府存量资产中，相当一部分是商业性和市场性的，可通过证券化和直接出售激活存量资产，改善政府的资产负债状况，以应对经济波动对政府债务带来的风险。

国际化。近年来，以五大国有银行为代表的银行业境外机构发展水平和国际化程度有了显著提高：境外机构资产规模扩大，海外分支机构对银行的利润贡献提高，境外机构布局和人民币业务全球清算网络拓展，人民币债券发行业务不断发展。适应我国经济更好参与国际分工合作需要，推动金融国际化无疑是优化存量和增量资产的战略性选择。

（《中国金融》2015 年第 8 期）

理性认识亚投行

中方倡议筹建亚洲基础设施投资银行（亚投行）近日引起国内外的广泛关注。2014 年 10 月 24 日，包括中国、印度、新加坡等在内的 21 个首批意向创始成员国的财长和授权代表在北京签署《筹建亚投行备忘录》，标志着设立亚洲区域新多边开发机构的筹建工作进入新阶段。随着英国、法国、德国、意大利、卢森堡和瑞士申请加入亚投行，亚投行意向创始成员国扩大至 33 个，预计最终亚投行意向创始成员国会超过 35 个。

中国倡议成立亚投行，意在探索新的融资机制，将储蓄有效转化为投资，弥补亚洲发展中国家基础设施投资的不足。亚洲许多发展中国家长期存在的基础设施投资资金缺口，限制了当地经济发展。单纯利用现有的多边国际组织和私人部门投资难以解决。亚投行设立后，将和现有的多边开发银行密切合作，有效动员私营部门的资金，合理分担风险、共享利益，促进亚洲资本利用优化和经济建设。

亚投行的倡议，体现了中国新的改革开放思维，有助于在更大范围内配置各类资源，拓展国际合作领域，促进产业升级。亚投行作为多边开发机构，与丝路基金等组织合作，既贯彻中国新的国家发展和对外开放战略，又为不同发展阶段的国家提供多赢选择，体现中国开放共赢的发展理念。这不仅有利于亚洲的发展，也有助于促进世界经济的稳定增长。

一些国家担心亚投行会引起涟漪效应，认为它与亚洲开发银行的功能重复，并挑战现有国际金融秩序；甚至在治理能力、环境标准、公平竞争、贷款规则和社会保障等方面表示担忧。这完全是一种惯性思维。中国一直是世界秩序的积极维护者，一直注重发挥现有国际组织和机制的作用。亚投行体现了中国更大的责任担当和开放思维。

亚投行对现有的国际金融组织而言，是互补而不是替代。据亚洲开发银行预测，2010～2020 年，亚太区域基础设施建设需要投入 8 万亿美元。而亚洲开发银行每年提供的基础设施项目贷款仅为 100 亿美元。目前世界所有多边开发银行每年在基础设施上的投入仅占全部投资的5%～10%。总需求与总供给的缺口依然很大。亚投行作为国际发展领域的新成员、新伙伴，由于定位和业务重点不同，将会与现有多边开发银行相互弥补、良性竞争。

亚投行是开放而不是封闭的，不搞一股独大。亚投行秉持开放包容的态度，域外国家符合条件均可申请成员资格，并欢迎北美、欧洲和其他地区的金融机构和投资者一起合作，共享亚洲地区发展的成果。中国"第一大股东"的地位不是特权，而是责任、担当。中国承诺，随着更多国家的参与，中国将会单方面稀释自己的股份。即使在初期，作为一个在国际社会中负责任的大国，中国将遵守国际通行准则，平等待人，以达成一致的方式决策。

亚投行是透明的，不搞暗箱操作。作为区域金融组织，其创立一开始就以高标准为起点，无论在架构和管理机构、人力配置方面都体现了透明度和与国际接轨的理念。欧洲主要发达国家的参与，也表明这些国家相信亚投行将会建立良好的治理框架，会按照多边机构的规则和国际惯例来办事。而亚洲地区的经济发展，也必将为这些区域外的国家带来发展机遇。

积极探索与创新的亚投行，不是对现有体制机制的简单复制，不是所谓的资本输出和零和博弈，而是一种新的融资机制的探索，是促进亚洲共同繁荣和世界经济稳定发展的历史选择。中国作为发起国和推动者，将积极承担发展中大国的责任和义务，努力实现可持续发展、包容性发展、公平性发展。

（《中国金融》2015 年第 7 期）

最终起作用的还是规律

这些年，一些地方的民间金融和互联网金融活动十分活跃，一定程度上弥补了正规金融体系的不足，满足了多样化金融需求，但由于缺乏规范和透明，也隐含着较大风险。

过度金融活动造成的风险案例时有发生。一些人为了追求高额利息，把钱放在不规范的中介机构或投资于高风险的金融工具，导致本息两空；一些民营企业，有了一定积累后放弃主业，转向金融和房地产，摊子铺得很大，出现资金链条断裂；有些地方不切实际造新城，搞所谓区域经济金融中心，而产生的新价值微乎其微；等等。这些情况虽然是个别的、局部的，但也值得思考。

对金融抱有不切实际的愿望在社会上具有普遍性，也是长期存在的现象。过度依赖金融、滥用金融，希望短期内找到致富的捷径，自然人有之，企业有之，地方政府亦有之。热衷于倒腾资金、进行高风险投资、企业办金融、地方争办金融中心等，便是这种思想的突出表现。

问题是最好的教科书。在逆境、风险、危机中，往往能看清更多的东西。

金融的确很重要，也很诱人。有效利用金融资源和金融市场是金融意识提升的标志，但应遵循经济金融发展规律和基本的经济原理。一些本原性的东西不应遗忘，比如经济决定金融、金融发展和创新受制于实体经济的发展、社会资本的平均利润率决定利率整体水平、金融市场具有统一性和不可分割性、利率终究是未来不确定的反映，等等。资本的本质就是不断在运动中实现保值增值。追逐利息、利润无可厚非，但如果不考虑客观规律、不把握风险与收益之间的平衡，就只能适得其反。

从长期看和总体看，最终起作用的还是规律。对地方来说，无论建多少金融街、金融中心，如果不深化改革，不下工夫改善经济结构、提质增效和改善环境，就难以形成资本和资金洼地；对于企业来讲，如果不致力于品牌的持续性建设，脱实向虚，丢掉自身的比较优势，就难以基业长青；对于自然人而言，如果不靠智慧和诚实劳动，指望一夜暴富，就只能事与愿违。历史一再证明，脱离客观现实的金融活动终究是靠不住的，必然受到规律的惩罚。

利率是资金或资本的价格，是对未来风险的溢价。一些类金融活动充满诱惑，利率高出正常利率好几倍，严重偏离平均利率水平，严重脱离实体经济增长，其中的风险不言自明。一有风吹草动，必然会以各种剧烈方式进行调整，要么有本无息，要么血本无归，要么本息折损。因此，从全社会看，无论资金成本多么五花八门，最终社会资金平均利率不会与社会正常利率出入太多。这就是规律。

因此，有必要通过广泛的公共金融教育，使每一位市场参与者都认识到经济金融发展中那些规律性的东西，进行理性的决策和选择。一些规律虽然会随着实践的发展有不同的表现形式，但本质的东西最终会发挥作用。经济的发展和财富的积累需要有效利用金融，但没有捷径和偏方，也没有免费的午餐。

从制度上看，我们需要以包容的态度对待社会金融活动，使之成为社会经济发展的有益补充，但也应倡导社会理性参与金融活动，以防范各种风险。从管理当局角度，应通过改善金融基础设施，减少信息不对称性，加强行为监管，减少欺诈，同时加快改革，减少管制，不断释放体制活力，丰富金融市场，最大限度地满足社会经济发展日益增长的金融需求。

每一次金融危机都有深刻的教训，但危机后许多问题很快又被淡忘，利益与人性的弱点会驱使非理性重新占据上风，并最终引发新的潜在危机。我们需要通过各种方式引导社会公众抑制冲动和贪婪，适应规律，走向更多的理性。

（《中国金融》2015 年第 6 期）

让改革政策落地生根

这是我国现代发展史上波澜壮阔的时期。党的十八大以来，以习近平为总书记的党中央以非凡的胆略和历史担当，用短短两年的时间描绘了未来中国发展的壮丽蓝图。全面建设小康社会、全面深化改革、全面依法行政、全面从严治党，日益成为国人的共同行动指南。人们对我国未来发展的方向、目标和格局更加清晰。

政策方略确定以后，执行就成为改革成败的关键。让好的改革政策落地生根、进而形成新的体制和机制依然任重道远，迫切需要广泛凝聚共识，着力解决改革的执行力问题。正如党中央反复强调的那样，通过加强责任、形成合力，使改革政策真正落地。

当前政策实施中梗阻和拖沓现象还大量存在，其原因有多种：改革本身十分复杂，往往牵一发而动全身；改革具有长期性，短期内难以量化和比较；改革涉及既得利益调整，故而阻力重重；改革多以政策要求体现，而不是以法案形式推进，硬约束不够；改革缺乏明确的时间表，快一点、缓一点，轻一点、重一点难以有效约束；一些部门、一些环节、一些人存在不愿担当、不敢担当、不能担当的问题；如此种种。这其中既有客观因素也有主观因素。但不论何种情况，这些问题都是必须克服的瓶颈。

毋庸回避，在我国经济和世界经济再平衡的双重压力下，国内改革需要适应内外新常态。复杂的环境考验着我们的定力、智慧和韧性。改革涉及政府的公信力和治理能力，涉及国际竞争力，涉及每个国人的福祉，把握好窗口期和执行力尤为重要。

当前，需要营造良好的改革氛围。好的改革氛围包括有效沟通、政策激励、法律保障以及社会的开放包容。有效沟通是政策实施的重要组成部分。无论何种经济体，在重大改革政策出台前，都重视媒体、智库的沟通和引导，让公众充分了解改革的利弊得失，从而最大限度地调动一切积极因素支持改革、参与改革、投身改革。这种软环境建设与改革本身同等重要，从一定意义上讲也是生产力。我们要适应经济新常态，以法治思维认知和解决改革进程中的矛盾，保持改革理念的一致性和包容性，引导和鼓励创新、创业、创造，为改革营造宽松的社会环境。

完善治理是提高改革执行力的保障。利用我国的制度优势，通过适当的安排明确相关部门在推进改革中的主体责任，落实分工和传导，保持改革协同性等有助于各项改革政策真正落地生根。同时，对每项改革要有顶层设计，有明确的目标、措施和时间，并定期作出评估，以增强改革的透明度和硬约束。

坚持问题导向是有效解决矛盾的关键。一些经济运行中的老问题之所以长期得不到解决，根本原因在于没有抓住主要矛盾和矛盾的主要方面；还有就是患得患失，缺乏足够的责任担当。坚持问题导向，贵在贴近真实需求，贴近市场，贴近实践，真正做到问题延伸到哪里，改革就跟进到哪里。坚持系统思维和战略思维，避免头痛医头、脚痛医脚，最大限度地发挥改革的杠杆效应和引致效应。

而核心是要发挥市场的力量。脱离市场的改革不是真正的改革。市场始终是重要的机制和手段，是解决问题最有效的力量。相信市场，依赖市场，用市场创造市场，用市场化解矛盾，可以解决扭曲，优化资源配置，让一切要素的活力竞相迸发。而更好地发挥政府作用，重中之重是加快和深化行政管理体制改革，加强公共产品建设，并以此促进社会主义市场经济体制的完善。

（《中国金融》2015 年第 5 期）

互联网金融宜因势利导

互联网金融创新的浪潮仍在继续。以支付宝、P2P、众筹和余额宝为代表的互联网金融模式、产品和活动迅速发展。有人将非金融机构从事的互联网金融平台称为互联网金融。这类金融活动的存在，不仅反映了旺盛的市场需求，折射了传统金融供给的缺陷，同时也与社会脱实向虚的取向不无关系。

互联网金融的发展，丰富了金融市场主体，促进了传统金融升级，满足了多样化的信贷需求。作为顺应大数据时代和金融信息化发展趋势的新兴业态，互联网金融是未来金融发展新常态中不可或缺的部分。对互联网金融活动，应秉持包容、审慎、自律、治理和融合的发展理念，引导其更好地服务于实体经济，同时有效防范其潜在的风险。

包容。包容性是现代金融发展的基本原则，旨在通过更加市场和开放的政策激发不同主体积极参与金融发展，形成更有活力、更有效率、更加有序的市场。我国是对互联网金融活动最具包容性的经济体之一。近几年来，金融管理当局秉持创新监管和适度监管原则，为互联网金融发展创造了适宜的空间。包容，就是坚持开放思维；坚持底线思维，明确"红线"、坚守"底线"、筑好"高压线"，允许互联网金融在发展中试错；坚持法治思维，法无禁止即可为；坚持负面清单管理。这些都为互联网金融创新奠定了良好的基础。

审慎。互联网金融在发展中也暴露出许多问题，资质风险、管理风险、资金风险、法律风险、技术风险日渐显现。一些网络平台不满足于信息中介身份，介入多种业务，游离于监管之外，造成市场套利和监管套利。因此，审慎管理是必要的。互联网金融发展要有相应的资本和风险管理约束，不能带来系统性金融风险、损害整体金融市场的稳定。我国要积极借鉴国际经验，通过必要的功能监管和行为监管，按照业务行为的性质、功能和潜在影响，确定相应的监管部门及监管规则。

自律。自律的核心是加强各类平台的内部治理，通过完善章程和制约，防止内部人控制。同时，加强信息披露，形成有效的社会监督。国际上普遍重视发展各类互联网金融的行业自律监管组织，通过小额贷款行业协会、众筹行业协会等推动同业监督。我国正在逐步建立起相应的自律组织，应充分发挥各种协会的自律管理作用，推动形成统一的行业服务标准和规则，引导互联网金融企业履行社会责任，在建立行业标准、服务实体经济、服务公众等方面起到引领作用。

治理。引入现代金融治理是互联网金融可持续发展的关键。要利用大数据优势，逐步将互联网金融活动纳入现代征信体系，减少信息不对称带来的欺诈问题，实现征信系统的互惠原则和全面共享原则。同时，更加重视消费者保护。互联网金融活动后台性明显，投资者对金融业务风险的认识不足，在风险揭示、资金安全、银行账户信息安全和消费者隐私保护等方面存在局限，应以更严格的标准强化投资者保护、风险意识和金融教育等功能。

融合。在较长一段时期，非金融机构的互联网金融活动将与传统金融并存发展。但也要看到，互联网金融是传统金融业务信息化的产物，重在渠道升级，而非产品与内涵创新，因此互联网金融并未改变金融的本质。国际上普遍将互联网金融纳入现有监管框架，不改变基本的监管原则。同时，世界各国也在根据形势发展，不断创新监管理念，针对互联网金融领域可能出现的监管漏洞，通过立法、补充细则等调整和完善现有监管法规体系。我们相信，随着现代市场经济的发展，社会金融基础设施以及监管制度的完善，传统金融与新型金融会逐步走向融合。

（《中国金融》2015 年第 4 期）

充分认识金融新常态

我国经济已经进入新一轮非均衡运行的新常态。充分认识新常态的内涵，有助于把握我国经济发展基本逻辑，更好地把握新阶段金融运行的趋势和规律，从而培育金融发展的新动力。

习近平总书记在中央经济工作会议上从九个方面阐述了新常态的趋势和特征，描绘了未来我国改革发展的着力点，概括起来主要是：释放消费潜力，创新投资方式，培育新的比较优势，优化产业结构，提高人力资本质量和技术进步，建立统一透明、有序规范的市场环境，形成绿色低碳循环发展新方式，建立健全化解各类风险的体制机制，科学进行宏观调控。这些趋势性变化说明，经济发展动力正从传统增长点转向新的增长点。经济决定金融，经济变化趋势不可避免地影响和反映到金融上来。可以预计，未来我国金融将发生以下深刻变化。

——随着经济增速下降和经济发展方式转变，金融发展模式将逐步调整，由"讲增速"向"讲转速"转变，由"讲数量"向"讲质量"转变。特别是随着存贷利差收窄的趋势，金融盈利模式相应变革，更加注重向管理要效益，向定价要效益，向风控要效益，向服务要效益。

——随着经济发展内外部环境的变化，政策博弈将更加普遍，金融调控、监管和服务将面临一系列新的机遇和挑战，相机抉择、审慎管理、包容开放、把握平衡将成为重要的政策理念和管理艺术。

——随着关键领域金融改革进入"最后一公里"，金融发展将更加重视顶层设计和基层的首创精神，要求各市场主体加快进行适应性改革，加快市场化、专业化、国际化步伐，加快资产结构和负债结构改革，加快治理改革和流程改革，以应对全面市场化时代的到来。

——随着金融供给和需求结构的变化，金融发展将更具包容性，金融管制放松，社会融资方式不断变化，多层次金融市场迅速发展，民营金融、互联网金融、普惠金融、社会金融与正规金融并存发展，金融竞争加剧，迫切需要建立更加透明和规范的金融制度。

——随着大数据、云计算和移动互联的发展，金融信息化将加快向信息化金融转变，信息和技术更加有机地融入经营管理全过程，金融基础设施建设更加重要，并在金融发展和竞争中发挥关键作用。

——随着国家现代治理的完善和结构性改革的推进，金融混合所有制改革将成为改善金融治理、激发金融活力的关键。金融资本结构改革是适应社会经济结构变化的必然要求，进一步改善资本结构、进行结构性再调整是未来深化国有金融机构改革的重要方面。

——随着金融市场多样化发展和金融创新的加快，将更加需要加强功能监管，金融稳定协调机制更加重要。

——随着涉农改革的深化和城镇化建设的推进，农村市场活力必将进一步释放，涉农资产价值重新发现和评估，农村金融市场可能成为未来金融布局的重要领域。抓住有利时机，改善和创新涉农金融服务，深耕农村市场，有望成为新的金融增长点和新的商业机会。

——随着我国国际发展战略调整，对外投资增加，以及资本项目开放和人民币国际化进程加快，将加快离岸金融市场的发展和大型银行的国际化，企业、个人的境外投资将更加便利，我国在国际金融治理中的话语权将稳步提升。

从一种常态走向另一种常态，并非总是自然的、平滑的过程，有时是一种跨越甚至是惊险的跳跃。充分认识和适应新常态，坚持用深化改革的办法推动金融改革，是实现经济金融平稳运行的关键。

（《中国金融》2015 年第 3 期）

新常态下的金融调控

面临新常态下复杂的经济环境，实施稳健的货币政策、保持松紧相宜的调控力度，无疑是保持我国经济稳健增长的重要条件。

当前我国经济下行压力加大，企业经营困难增多，社会上希望放松货币政策、加大定向刺激的声音增多。这反映了人们对经济增速下滑的担忧。但也要看到，我国经济领域的结构性问题，是难以通过货币政策放松来加以解决的。而且，我国货币信贷总量和企业杠杆率总体已经偏高，采取流动性"放水"，不仅不利于经济结构的转型，而且还会带来金融稳定隐患。

面对新形势，当务之急是加快探索新常态下宏观调控的方式方法，积累经验，充实货币政策工具箱，以结构调整促总量平衡，提高货币政策的针对性和有效性。

更加注重政策松紧适度。这是中央银行考虑当前经济运行的复杂性和不确定性所采取的政策取向。松紧适度，就是要根据经济基础条件的变化适当调整政策力度和节奏，既要防止过度宽松固化结构扭曲、推升通胀和杠杆水平，也不能在经济基础条件出现较大变化时不作适应性调整；既要防止经济增速过快下降带来风险，也要防止政策失当导致路径依赖和道德风险。要通过政策的松紧适度，实现结构优化、环境友好、增长适度的政策目标，更好地激发经济增长的内生动力。实现好松紧适度的要求，既是一种科学判断，也是一门艺术，是对新时期金融宏观调控能力的严峻考验。

更加注重政策工具创新。这几年，中央银行在实践中探索和设计了丰富的政策工具和手段。这些工具和手段对于适时适度调节流动性发挥了积极作用。随着经济结构的调整和外部环境的改变，我国基础货币供给渠道发生了较大变化，中央银行及时创新政策工具进行有效调节，创造性地构建了差额准备金动态调整机制；综合运用公开市场操作、常备借贷便利和中期借贷便利等多种货币政策工具进行逆周期调节，促进了货币市场稳定运行。面对新的环境，可以预见，中央银行将继续加大货币政策工具创新力度，以适应供给和需求结构的变化。

更加注重定向调控。定向调控是结合我国实际，引导和发挥金融机构更好支持实体经济的有益尝试。面对新常态，中央银行将继续坚持区间调控和定向调控原则，促进信贷结构优化；继续发挥定向降准、差额准备金动态调整、再贷款、再贴现等政策工具优化信贷结构的作用，引导货币信贷和社会融资规模平稳适度增长，引导金融机构增加对小微企业、"三农"、中西部与欠发达地区的信贷支持。

更加注重货币政策传导效率。中央银行继续推进利率和汇率市场化改革，充分发挥价格在资源配置中的决定性作用。推出面向企业和个人的大额存单，扩大金融机构负债产品市场化定价范围，健全利率市场化形成机制。加强金融机构基准利率体系建设，继续发挥市场利率定价自律机制作用，完善利率传导机制。建立健全中央银行政策利率体系，保持合理的实际利率水平，完善利率调控机制。加大市场供求决定汇率的力度，实现人民币双向浮动弹性，建立有管理的浮动汇率制度，促进国际收支平衡。同时，更加注重金融业的稳健，特别是关注银行资产负债表的健康，保持和巩固金融机构和金融市场有效的传导功能和融资功能。

有效实施货币政策，离不开健全和完善的市场环境。要通过全面深化改革和法治建设减少各级政府的不自觉、不合理干预，减少市场分割，防止金融业脱实向虚。通过建立完善的市场出清机制，激发微观活力，从而为货币政策实施创造有利条件。

（《中国金融》2015 年第 2 期）

自贸区扩容的溢出效应

中国决定在更大范围推开上海自贸区建设经验，在广东、天津、福建特定区域再设三个自由贸易园区，推动实施新一轮高水平对外开放。

这是一个战略性决定。在国家整体发展布局确立后，自贸区扩容成为我国全面深化改革的又一重要标志。设立上海自贸区的重要目的是创造可借鉴和可复制的经验，为全面深化和完善社会主义市场经济体制创造更强的动力、示范和机制。从 2013 年 8 月 22 日国务院正式批准设立上海自贸区到现在，已相继推出一系列改革举措并取得初步成效：企业投资入驻加快，新金融机构加快聚集，促进了上海及其周边地区对外开放的广度和深度的拓展。在这样的背景下，自贸区扩容必将为全面深化改革，以及实施"一带一路"战略带来积极的溢出效应。

当前我国经济发展进入新常态，经济增速放缓，各种矛盾交织，改革步入深水区，迫切需要从内外两个方面发力，加强战略布局、更新改革思维、建立新的机制，为实现社会经济发展新目标注入新的活力。设立自贸区无疑是重要布局和抓手，有助于将改革与开放有机融合起来，发挥辐射和带动作用。

以开放促进改革，是我国过去几十年发展的重要经验。自 1979 年以来，我国实行的是从沿海到内地、从东向西、由局部到全面、逐步推进的渐进式开放战略。我国的对外开放从试办经济特区起步，进一步开放沿海 14 个城市，又扩大到沿江、沿边地区，不断向纵深发展，30 多年来，我国建立了 5 个经济特区，开放了 14 个沿海港口城市，开放开发了上海浦东新区，建立了 15 个保税区、215 个国家级经济技术开发区、115 个高新技术开发区、63 个出口加工区，16 个边境经济合作区，相继开放了 13 个沿边、6 个沿江和 18 个内陆省会城市，已形成全方位、多层次的开放格局。

开放使我国把握了前所未有的机遇。从当初注重吸引国外资本、引进国外先进技术和经营管理经验、创造就业机会、增加国家外汇收入等，到如今致力于全面建设社会主义市场经济，我国对外开放经历了历史性变化。这种渐进式开放减少了体制转换风险，促进了国内各项改革，优化了资源配置，促进了经济增长。同时，开放也促进了世界经济的稳定发展，取得了双赢格局。

自贸区的溢出效应将集中体现在几个方面：示范复制效应，通过开放、试错、矫正、总结，创造可传播、可复制的模式和经验；辐射带动效应，可以带动和影响周边区域，促进区域市场一体化，更好优化资源配置；制度创新效应，可以打破惯性思维，吸纳现代市场经济的先进制度、规则、机制和理念，促进改革沿着科学的轨道前进；平稳转型效应，在区域内推进自由化、市场化、国际化，可以在最大范围内减少震动和风险；国际对接效应，在条件成熟时实现与国际其他自贸区的有效对接。

未来我国要进一步优化经济发展空间格局，重点实施"一带一路"、京津冀协同发展、长江经济带三大战略。通过改革创新打破地区封锁和利益藩篱，全面提高资源配置效率，是全面深化改革发展的根本要求。"一带一路"和自贸区扩容将成为我国新一轮对外开放的战略支点。

但同时也要看到，自贸区建设重在探索先行先试的经验，是全面深化改革的题中应有之义，但并不能代替全面改革。自贸区建设不是简单的政策优惠和规则套利。我们既要积极借鉴自贸区改革经验，也要主动探索和实施相应领域的改革，不应把眼光过分盯在自贸区和区域改革试点方面。我国已确立全面深化改革的目标框架，完全有能力、有条件进行广泛而全面的改革。

（《中国金融》2015 年第 1 期）

显性存款保险制度的优势

二十年磨一剑。我国建立存款保险制度从 1993 年酝酿到人民银行发布征求意见稿，历经二十多个春秋，多方论证，即将破壳。这是我国金融稳定制度的重大改革，也是全面深化改革新的突破。

从 1933 年美国建立世界上第一个存款保险制度以来，世界上已经有 110 多个国家和地区建立了存款保险制度。实践证明，存款保险制度在保护存款人权益、及时防范和化解金融风险、维护金融稳定方面发挥了重要作用，已成为各国普遍实施的一项金融业基础性制度安排。

实施存款保险制度有利于加强和完善对存款人的保护。我国通过制定和公布《存款保险条例》，以立法形式为社会公众的存款安全提供明确的制度保障，可以加强对金融机构的市场约束，促使金融机构审慎稳健经营，从而更好地保障存款人的存款安全。存款保险制度的建立，有利于我国金融安全网的进一步完善和加强，有利于促进银行体系健康稳定运行，更好地保障存款人权益。

隐性保障一直饱受诟病，也不符合现代市场经济的要求。存款保险制度作为一种显性的或明确的保障机制，具有比隐性保障明显的优势。它有清晰透明的覆盖范围，对存款人、市场、监管者和金融体系都有明确的界定，这对维持存款人对银行体系的信心非常重要；它有明确的保障上限，可以最大限度地避免道德风险，也促使金融机构更有效地管理自身面临的风险；它为金融机构制定了标准，确保它们符合存款保险的保障范围所要求的条件，也就是说，它提供了针对银行和银行体系的重要纪律标准。透明度、有限存款保障以及对银行的纪律约束，有利于从多方面加强银行体系的稳定性。正因如此，显性存款保险制度已经成为广泛接受的国际准则。

银行业是我国金融业的主体，存款是银行业资金来源的主要组成部分。

切实加强对存款人的保护，对于维护金融稳定、促进银行业健康发展十分重要。当前我国银行业经营状况良好，银行体系总体运行稳健，银行资本充足率等主要财务和监管指标总体健康，同时银行业监管质量和水平不断提高，银行抗风险能力大大增强。存款保险制度建立后，现有金融安全网的效能将得到提升。同时也将进一步改善金融治理，增强处置金融风险的能力。

存款保险制度的实施有利于我国中小银行的稳健发展。存款保险度制可以增强中小银行的信用，为大、中、小银行创造一个公平竞争的环境，推动各类银行业金融机构同等竞争和均衡发展。通过加强对存款人的保护，存款保险可以有效地稳定存款人的预期，进一步提升市场和公众对银行体系的信心，增强整个银行体系的稳健性。从各国经验看，建立存款保险制度是发展民营银行、中小银行的重要前提和条件。美国社区银行的健康发展，在很大程度上得益于美国存款保险制度的建立和完善，它使小银行具备了与大银行平等竞争的制度基础，维持了整个金融体系的多样性。

存款保险制度可以为全面深化改革创造更加有利的条件。目前，我国正在按照全面深化金融改革的要求，稳步推进利率、汇率和金融市场制度改革，存款保障制度的实施，可以使各项金融改革相互支撑、相互促进、相得益彰。

存款保险制度并不是万能的。从历史看，存款保险制度因危机而诞生，每次危机都强化了存款保障制度的功能与机制，从而减弱了危机的冲击，并带来信心和力量，但它并不能消灭或阻止危机的发生。因此，维护金融稳定从根本上要保持经济基本面的健康，同时完善金融治理、建立更加审慎的金融经营管理制度，促进经济与金融的良性互动。

（《中国金融》2014 年第 24 期）

智库也是软实力

智库是一个国家重要的软实力，也是生产力。加强智库建设有利于决策的科学化和民主化，也有利于提升一国的国际影响力。在国家硬实力提升的同时强调软实力建设，是我国更好地参与国际分工协作、促进国家治理现代化的必然要求。

最近，习近平总书记就智库建设发表了重要讲话，把智库建设提升到新的高度，体现了中央对智库建设的重视，也为各方面智库建设创造了良好的政策环境。

智库是现代社会治理和政策体系中的重要组成部分，许多发达经济体都重视和依赖智库的作用。但由于体制的差异，各国智库存在形式有所不同。一般而言，国外智库多由政府部门或相关研究机构、基金会来担纲，既有国家智库也有民间智库。我国智库主要由政府背景的研究院（所、中心）、大学、政府部门内设研究机构以及各种论坛组成。一段时期以来，我国不同方面也对智库建设表现出极大的热情，令人欣喜。但也要看到，智库作为政策性、系统性、战略性很强的工作，需要细致的目标和规划，需要长期的坚守，仅有热情远远不够。我们应积极借鉴国外智库建设的先进经验，结合我国实际，逐步形成自身的优势和品牌。

智库研究应坚持问题导向。智库研究应适应政策需要，但不是简单地迎合政策，应坚持问题导向性原则，通过问题研究促进政策和决策的科学性和民主性，促进矛盾和问题的解决。新常态下，我国社会经济发展面临许多新的问题和挑战，无论是国内社会经济结构的转型升级还是"一带一路"新的战略布局，都有许多难题待解，迫切需要凝聚更大的智慧和力量来进行研究和探讨。

智库研究应坚持战略思维。智库的研究既要关注现实需求，更要侧重中长期课题。特别是要围绕全面深化改革和全面依法行政的要求进行研究。这就需要用系统思维和战略思维指导研究规划，把顶层设计的理念贯穿始终，把握不同期限目标的内在联系和协同性，提出科学的对策建议和切实解决问题的方案。

智库研究应坚持特色研究。目前研究领域比较突出的问题，就是重复研究非常多，浪费很多研究资源，很多问题的研究缺乏继承性和一致性。智库研究应有自己鲜明的特点和比较优势，避免一般化、雷同化的重复性研究。只有坚持特色研究，才能形成独特的品牌和优势，才能促进智库成果的专业化发展。在这方面应注重强化人才资源库和信息资源库建设，确保智库的可持续发展。

智库研究应保持相对独立。研究不可避免地具有一定的角度和立场，即使民间智库也难以完全避免。但能否站在客观立场上进行研究咨询，是一个智库基业长青的关键。研究，只有保持一定的独立性，只有公正客观才能形成独特的价值，才能保持研究工作的科学性，才能经得起历史和实践的检验。

金融系统是技术和知识密集型领域，研究队伍庞大，中央银行、监管部门和大型金融机构都有很强的研究能力，是金融智库建设的中坚力量。最近，国家开发银行提出要加强智库研究工作，这无疑是积极的有益的尝试。

（《中国金融》2014 年第 23 期）

新常态更需非常态改革

新常态，是党中央在深刻认识我国经济发展处于增长速度换挡期、结构调整阵痛期、前期刺激政策消化期"三期叠加"阶段特征后作出的总体判断。这一判断有利于稳定社会预期，有利于以新的框架和逻辑谋划改革，也有利于转方式、调结构目标的实现。

党的十八大之后，我国把全面深化改革和依法治国作为现代化进程的重要驱动。一段时期以来，我们保持宏观经济政策的连续性和稳定性，创新宏观调控的思路和方式，坚持用改革的精神、思路、办法改善宏观调控，坚持区间调控，创新实施定向调控；按照严控增量、区别对待、分类施策、逐步化解的原则，研究和区分过剩产能行业、房地产、地方政府性债务、影子银行等不同领域的潜在风险状况；全面深化农村改革，实现承包权和经营权分置并行；深入实施区域发展总体战略，探索多元化的城镇化发展机制；稳步推进多边和双边谈判，推动上海自贸区建设等，这些改革措施都取得了实质性进展。

党的十八届四中全会明确了依法治国的方略，以法治思维和方式改善国家和社会经济治理，是我国现代化进程中新的里程碑。

政策和方略确定以后，执行就成为决定性因素。需要把好经念好、学好、做好，使之真正内化于心、外化于行。我国以往发展中，政策和规划出台后束之高阁的例子有之；执行过程中大打折扣，有利则通、无利不行的例子有之；只闻楼梯响、不见人下来的例子有之；部门间相互扯皮、按兵不动的例子有之，凡此种种。应当汲取这些教训。喊破嗓子不如甩开膀子，执行就是生产力，在新常态下，更需拿出非凡的勇气和历史担当，硬化改革约束。

明晰改革实施的时间表。机不可失，时不再来，所有的改革都有窗口期。回顾我国改革发展历程，凡是短期内有所突破并在长期社会经济生活中发挥正向作用的改革，都与能抓住时机、果断行动有关。像国有商业银行改革、债券市场改革等莫不如此。不能在患得患失、推诿扯皮中丧失改革时机，对那些已经明确的改革目录，应加强顶层设计，明确改革规划、时间、步骤，以只争朝夕的精神、更大的勇气和毅力去推进。

用法治方式推进改革。长期以来，我们习惯于用文件和会议表达导向、意见、政策，习惯于以文件贯彻文件、以会议贯彻会议，改革约束软化，很多政策没有真正落地。我国已经确立依法治国的方略，这为以法治方式推进改革创造了良好的基础和保障。用法治促进改革和各项工作应当成为社会经济治理的新常态，应当把那些关系全局的改革通过立法，明确不同管理主体的责任和义务，强化改革的执行力。同时，建立改革的督办评估机制，促进系统性和阶段性改革的适时推进。要勇于超越部门利益和惯性思维，引入第三方论证评估机制，增强改革的广泛性和科学性。

保持充足的政策储备和应急能力。改革的硬约束并不意味着没有弹性，应建立改革的动态调整完善机制，适时对新情况作出反馈，保持改革的连续性、继承性和开放性，既要一张蓝图绘到底，也要不断适应变化的环境；既要有大格局、大布局的战略考量，也要一步步、一件件去务实行动。在转型期，面对的困难、矛盾很多，需要坚持战略思维和系统思维，谋定而后动，同时要有针对各种情形的预案和办法，牢牢掌握改革的主动权，适时矫正不合理的偏差，始终使改革在合理的轨道和区间前行，不断迸发改革的积极效应和活力。

（《中国金融》2014 年第 22 期）

外汇储备管理研究的力作

——读《中国外汇储备研究——考量与决策》

截至 2014 年第三季度末，中国外汇储备已接近 4 万亿美元，继续高居全球榜首。巨额的外汇储备引发了理论界与实务界、市场与决策层对外汇储备管理的新一轮讨论。在这一关键时刻，我国著名国际金融学家吴念鲁的专著《中国外汇储备研究——考量与决策》（中国金融出版社，2014 年 8 月）正式出版了。应该说，这本专著的问世恰逢其时。

《中国外汇储备研究——考量与决策》一书从国际储备的变迁史入手，深入分析了主要经济体外汇储备管理的原则与理念；系统地梳理了新中国外汇储备管理制度与外汇储备数量的变迁历史，反思了其蕴藏的经济学逻辑；以我国外汇储备形成机制为切入点，剖析了外汇储备的本质；以我国外汇领域的新变化为背景，对外汇储备的相关风险进行了阐述。作者还详尽地阐述了发达国家、发展中国家外汇储备管理的特点，指出其对中国的借鉴意义。作者对后危机时期中国外汇储备的转型与创新进行了阐述，深入地回答了如下问题：一是在解决全球经济失衡和我国全面深化改革进程中，4 万亿美元外汇储备，究竟何去何从？二是如何借鉴国外管理经验，对中国的外汇储备管理体系进行卓有成效的改革？三是如何重新设计符合中国实际的外汇储备战略决策及运营架构，如何更加有效地使用外汇储备？作者指出：中国外汇储备管理改革必须服从于国家整体长期战略，服务于国家富强、百姓安康。如果在外汇储备管理上缺乏大战略、大思想，不仅有损于改革成果，还会对今后改革进程产生不利影响。

该著作具有如下突出特点。一是研究问题视野开阔。作者为了研究中国外汇储备的管理问题，分析了 IMF 外汇储备管理指南和主要经济体（包括发展中国家和发达国家）外汇储备管理的原则和经验，进而提出了新时期中国外汇储备管理转型与创新的对策。二是分析问题求真务实。作者在分析中国外汇储备的管理问题时，充分注意到了中国外汇储备形成的历史原因，并放在新的历史时期、放在打造改革开放升级版的大背景下，重新审视和解读了我国外汇储备的形成、特点、本质、作用、风险、管理原则及其运用，并对其作了全面、科学、系统、深入、实事求是的考量。三是突出了严谨的系统性思维。作者不是孤立地看待外汇储备管理的问题，而是将其放在国内外经济发展变化的大背景下，放在各类政策相互影响的大背景下进行分析。作者充分注意到了外汇储备管理与汇率政策改革、外汇市场建设、货币政策、国际收支政策、人民币可兑换与国际化等重大问题之间的互动关系。四是突出了研究成果的实用性。作者亲历了改革开放以来中国外汇管理领域许多重大的制度变迁，多次就外汇储备与人民币汇率等问题向决策高层建言献策。他的研究成果一贯注重实用性，一贯注重政策建议的可行性。本书中许多关于改革与转型的观点也具有很强的可操作性。五是突出了研究成果的创新性。作者在全面考量当前我国外汇储备管理体系的基础上，提出了外汇储备管理的一系列创新主张与对策。作者指出要树立外汇储备管理的新思维，即以实事求是为指导理念的思维、战略管理与顶层设计的思维、发展性储备的思维、积极管理与主动管理的思维、市场化与专业化的思维、精细化管理的思维、藏汇于民的思维、借鉴与创新的思维、系统推进的思维。特别是，作者从后危机时代的国际以及中国打造改革开放升级版的国内背景出发，从数量管理、结构管理、运营管理和风险管理方面，探讨了中国外汇储备管理的转型与改革。

不久前，李克强总理指出，比较多的外汇储备已经是我们很大的负担，释放出进一步推进外汇储备管理改革的信号。我们相信，作为新一轮改革开放的一部分，外汇储备领域的重大改革将渐次推出。这部专著对于从事外汇储备管理研究的学者、从事外汇管理的实务工作者、对外汇储备管理有兴趣的经济金融工作者，以及广大经济金融专业的在校学生等都具有较高的参考价值。我相信，《中国外汇储备研究——考量与决策》一书丰富的内容、翔实的资料和创新性的观点主张，必会对关注、关心和想了解中国外汇储备有关问题的人们有所启迪和帮助。

（《中国金融》2014 年第 22 期）

树立金融法治思维

党的十八届四中全会通过了《中共中央关于全面推进依法治国若干重大问题的决定》，提出要建设中国特色社会主义法治体系和法治国家。这是我国法制建设进程中新的里程碑。运用法治思维和法治方式推进国家现代化，是全面深化改革的基本要求，是实现中华民族伟大复兴中国梦的重要保障。

随着社会主义市场经济体制的完善和金融改革的深化，我国逐步建立了比较完善的金融法律体系，金融业发展步入法制化、规范化的轨道。但金融法治建设方面也存在许多薄弱环节，有法不依与无法可依，以及过度管制与管制不足现象一定程度存在。当前我国经济运行已经进入新常态，金融改革也逐步驶向深水区，牢固树立法治思维、促进金融治理的现代化无疑是全面深化金融改革的关键。

树立金融法治思维，核心要坚持法律至上，把法治思维贯穿于金融运行和管理的全过程，用法律规范金融关系，真正做到依法行政、依法监管、依法经营。正如习近平总书记所指出的，"政府职能转变到哪一步，法治建设就要跟进到哪一步"。金融业发展到哪一步，金融法治建设也要跟进到哪一步。对于金融领域新生事物，应提前规划，适时出台法律法规，对不适应当前形势的金融法律制度要加以修订或清理。同时，应严格按金融法律规范办事。任何人、任何部门都不应超越法律干预金融事务和活动，真正把金融管理的公权力置于制度笼子之中。要以法律规范和调整金融监管者、金融机构、金融市场、金融客户之间的关系，以法律手段保障和规范金融创新，以法律思维处理金融风险，切实保护投资人、债权人、存款人、保险人的权益，维护良好的金融秩序和金融稳定。

树立金融法治思维，应正确处理行政、法律与市场之间的关系，在法律范围内给市场足够的空间和弹性。必须认识到，法律有时会相对滞后于金融创新和实践，特别是我国正处于社会转型期，社会主义市场经济体制和机制尚不完善，许多改革处于探索之中，不能墨守成规。无论是立法还是执法都应适度包容风险和创新，给金融改革留有空间和余地。现阶段尤其要处理好政府与市场的关系，处理好有形的手和无形的手的关系，注重市场调节和法律调节，既要防止监管不足，也要防止过度监管，引入正面清单与负面清单管理制度，真正做到对市场主体来讲"法无禁止即可为"，对政府来讲"法无授权不可为"。

树立金融法治思维，应勇于超越部门思维和惯性思维，提高金融立法的科学性、独立性和公正性。科学立法是全面推进金融法治的前提条件。完善金融立法，应使金融法律法规客观反映经济金融发展要求，有效规范和调整各种利益关系，逐步打破"部门立法"，防止法律制定过程中过多考虑部门利益，防止因部门利益之争影响立法和改革进程。充分体现功能性立法，积极推行"开门立法"，凡涉及诸多部门的法律，应委托地位相对超脱和独立的专家和机构实施，适时引入第三方立法和评估制度。

树立金融法治思维，需要社会公众自觉树立遵纪守法的意识，使法治真正成为全社会的一种习惯、一种信念和一种价值，让法律至上理念深入人心。徒法不足以自行。法治观念内化于心不仅仅是挂在墙上和写在纸上，而且是一种普遍的价值追求和行为规范。在法律面前没有例外，法治思维不仅是金融管理部门的事，而且是社会各界的共同遵循。只有这样，才能在全社会营造良好的金融法治环境。

（《中国金融》2014 年第 21 期）

永远的麦金农

半个月前，闻悉麦金农教授不慎摔倒，正在医院抢救。我们在心中默默祈祷，希望这位长期关心中国金融的老人早日康复。不曾想，事隔几天，他却撒手人寰、与世长辞，令人遗憾和沉痛。

麦金农教授是现代金融发展理论的奠基人，也是国际上备受尊重的经济学家。他在1973年出版的《经济发展中的货币与资本》，使得"金融压抑"的术语深入人心，强调失效和扭曲的国内金融市场会阻碍经济的可持续增长。之后，他又出版了《国际交易中的货币：可兑换货币体系》《经济自由化顺序：向市场经济过渡中的金融控制》《博弈规则：国际货币与汇率》《美元与日元：化解美日两国的经济冲突》《美元本位下的汇率：东亚高储蓄两难》等著作，对发展金融、转型金融和国际货币等进行了深入研究，并提出了一系列具有广泛影响的成果。麦金农教授并非着力于纯粹的理论演绎，而是关注不同经济体以及国际经济往来中的现实问题和矛盾，致力于应用性经济研究，特别是在货币金融理论方面独树一帜，因此，他的理论有力地促进了人们对复杂的金融世界和金融结构的认识，对许多发展中国家和地区的金融改革和发展具有重要的启示和意义。

麦金农教授对中国十分友好，多次来华访问讲学，在多种场合能够以客观公正的立场看待中国经济金融问题。他关于金融压制与金融深化的理论在中国理论界和决策层面都有广泛认知，对金融改革和发展产生了深刻影响；他主张改革应按照一定次序进行，理解和赞赏我国渐进式改革路径和策略；针对一些政客和西方媒体在人民币汇率上的喧嚣，他认为人民币汇率应保持相对稳定；他理性看待人民币的崛起，认为人民币和美元的合作有利于国际货币体系，有利于世界经济的发展；他对东亚特别是中国巨额贸易顺差也有公正、客观的分析，并建设性地提出了不同经济体在全球再平衡中的责任。

麦金农教授是中国金融出版社的老朋友。长期以来，我们一直密切关注麦金农教授的学术成果，与教授建立了相互信任和友好的合作关系，适时引进出版教授的最新理论著作。2006 年中国金融出版社出版《麦金农经济学文集》（六卷），并安排麦金农教授在北京、西安、成都、上海的金融机构和高校访问、演讲。麦金农教授精力充沛，总是兴致勃勃地与中国读者沟通，分享他对发展中国家经济金融发展的观点和看法，也乐于听取和解答读者的反馈或疑问，并为中国读者对他研究的深入理解而高兴不已。

他关注中国的发展，真诚地希望能为中国经济金融发展建言。一有关于中国的最新研究完成，他就会毫无保留地发给中国金融出版社。2013 年他的新作《失宠的美元本位制：从布雷顿森林体系到中国的崛起》中文版在中国金融出版社出版，这本书对第二次世界大战后美元本位制的存在和延续提供了具有历史纵深感的分析，是宝贵的精神财富。他还多次接受《中国金融》杂志采访并为本刊撰写文章，就在近期还应邀撰写了《人民币与美元的未来》一文，刊登在 10 月 1 日出版的第 19 期杂志上，未曾想竟成绝笔。

斯人已去，精神永存，麦金农教授对社会经济发展的贡献必将成为恒久的记忆。今天，在全面深化市场化改革的征程中，仍需借鉴大师的思想和智慧，坚定不移地推进改革，减少金融压抑，促进金融深化，不断凝聚经济可持续发展的市场动力。

让我们用一首小诗表达对这位大师的情怀与追思：麦先生/并未走远/只是到了一个安静的世界/不必哀伤/让大师一路走好/那和蔼的音容/定成为美好的记忆/那智慧之光/将化为春雨/滋润金融业成长/那学术精神/如不灭的灯塔/照耀世界/指点迷津。

（《中国金融》2014 年第 20 期）

银行转型与监管的新视角

——读《变革与稳健》

作为金融领域的重要支柱，银行业在促进经济增长、改善社会民生方面发挥着重要作用，其健康发展是经济和金融体系稳健运行的基石。近十年来，我国银行业完成了脱胎换骨的全面变革，公司治理机制逐步健全，运行机制和管理方式日益优化，盈利能力、全面风险管理能力明显提升。银行监管的理念和手段同样实现了跨越式发展，监管政策的前瞻性和有效性持续增强。在 2014 年英国《银行家》杂志发布的全球1000 家大银行资本实力和盈利排名中，我国五家大型银行均跻身前列，中国银行业利润已占全球总利润的三分之一。然而，随着银行业的快速发展，一些问题也暴露出来，特别是金融风险日益突显，迫切需要有关方面加强对银行监管和银行转型中重大问题的研究，做好顶层设计，深化重点领域改革，提高银行业运行效率，切实防范系统性风险。

张晓朴博士的专著《变革与稳健》（2014 年 3 月，中国金融出版社出版）正是一本深入研究上述问题并提出解决方案的力作。作者具备扎实的宏观经济理论研究功底，且长期从事银行监管实务工作，对金融改革发展历程有着真切而深刻的认知。本书主要收录了作者十余年来的文章和研究成果，汇集为银行监管理论与实践、国际金融监管改革、银行业改革与转型、银行风险管理、人民币汇率与跨境资本流动管理以及货币政策与金融调控六个专题。本书紧扣金融发展重点和难点问题，探寻解决方案，并提出深化改革的路径建议。无论是对于金融从业者还是学术研究者，都具有很高的参考价值。

系统阐释新的监管理念

国际金融危机以来，一些新的金融监管理念（有些理念并不是新提出的，而是危机后才受到重视）在业界和学术界受到广泛关注，加强影子银行监管、防范系统性风险等一时间成为热门话题。但是影子银行、系统性风险等概念往往较为复杂，很容易出现理解上的偏差，甚至在国际上也没有统一的、被普遍接受的定义。为此，本书梳理了有代表性的研究成果，结合理论和实践解析相关问题。以系统性风险为例，作者在分析四类代表性观点的基础上，将其定义为整个金融体系崩溃或丧失功能的或然性，具有复杂性、突发性、传染快、波及广、危害大五个基本特征，并从演进过程、成因、评估与监管等角度进行全方位阐释。这一领域的系统研究在国内并不多见。

近年来，在二十国集团的推动下，国际金融组织和各国监管当局对金融领域存在的缺陷进行了深刻反思，相继推出多项改革措施，主要包括以下方面：建立宏观审慎监管制度，将系统性风险纳入金融监管框架，加强对系统重要性金融机构的监管；强化金融市场建设，加强对影子银行、外部评级机构监管，改革会计体系，统一监管标准；推进巴塞尔协议第三版的实施，引导金融机构提升风险管理能力，完善公司治理机制。金融监管改革的国际实践经验是本书的重点内容之一。十年来，作者密切跟踪国际监管改革实践，长期关注监管体制选择、资本监管、银行控股公司监管、金融消费者保护机制建设等问题。特别是对于危机以来的监管改革、美欧等国的救助措施，作者做了重点介绍和深度剖析，这对国内的监管政策研究很有借鉴意义。

探寻金融规律和解决方案

随着我国经济步入新常态，利率市场化改革持续推进，资本监管日趋严格以及互联网金融等新兴业态蓬勃发展，我国银行业经营的外部环境发生了巨变。在这样的形势下，我国银行业亟须加快转型，并有效防控金融风险。本书立足于国际一般经验和国内具体实践两个层面，在过往的金融危机和银行业变革中寻求规律，探求银行业可持续发展、化解风险之道。

作者针对金融管理和金融监管的难题提出了政策建议。书中介绍了多个国家的金融管理和监管实践，并全面审视了本轮国际金融危机暴露的缺陷，对美欧等国货币政策、监管政策、金融市场发展和风险防范机制进行反思。作者在总结一般规律的基础上，进一步结合国内的实际情况，在货币政策、汇率政策、跨境资本管理、银行监管等领域，提出了相应的思考与建议。

作者针对银行发展中的问题，也提供了切合实际的解决方案。作者指出了银行业在对外开放、公司治理、风险管理、业务发展方面面临的新挑战，并借鉴国际先进银行的经验，提出具体的应对策略。特别是在风险管理领域，详细分析了信贷风险管理、操作风险管理、合规风险管理、集团并表管理的不足，并提出改进举措。

设计改革路线图

党的十八届三中全会明确了全面深化改革的总体思路，对金融改革也提出了一系列新要求。全面推进金融改革、提升金融运行效率和服务实体经济水平，成为新时期重要的任务。当前，需要顺应经济规律，科学合理地设计改革路线图，实现各项措施的协同和配合，守住不发生系统性风险的底线，才能保障我国经济社会在改革的深水区稳健运行。本书对推进利率市场化改革、完善金融监管和推动银行转型等提出了路径建议，并充分强调了加强监管和风险管理的重要性，即"在变革中追求和实现稳健"。

以利率市场化改革为例，作为我国金融改革的重要组成部分和关键环节，利率市场化改革近年来已取得重要进展。从宏观经济、微观主体定价能力、金融市场环境、调控能力等方面来看，改革的条件已基本具备。本书对利率市场化改革有多篇论述，详尽评述了印度利率市场化的步骤与效果，提出了我国利率市场化改革的方案设计。作者对于改革过程中的风险防控非常重视，认为风险防控的政策安排应当从金融监管、金融改革顺序、金融基础设施、宏观经济环境四个维度来规划。相应提出以下建议：加强利率市场化进程中的银行监管，在利率市场化改革较为成熟的基础上推动资本项目可兑换，稳步推动存款保险制度相关配套改革，大力发展直接融资市场。

作者以理论者和实践者双重身份研究银行监管和银行业的发展变革，

使得本书具有更加广阔的视角。一方面，作者以理论研究者的身份，客观地评述金融政策、金融监管的难题和不足；另一方面，监管工作中的切实体验，使得作者能够更清晰地观察银行业存在的问题。作者在此基础上提出的建言，可以说具有更大的借鉴意义和实践价值。

（《中国金融》2014 年第 20 期）

金融的属性

从人类社会有金融活动到现代金融体系的形成，金融已由简单的融资工具成为现代经济的核心，其形态、性质、功能经历了许多深刻的变化，在社会经济历史进程中的作用日益增强。

同任何事物一样，金融活动也是基于现实需要而产生的，并在一系列变革和危机后逐步完善，不可避免地会打上经济、文化、历史和制度的烙印，具有自然、文化以及社会等多重属性。

自然属性。自然属性是对自然界事物面貌、规律、现象以及特征的本质的描述说明。借用自然属性阐释金融，意在揭示金融最根本的特征。金融在不同社会阶段、国家和区域存在差异，但它们具有共同或类似的功能、作用、现象和规律，即具有一些共同的属性。这些属性是金融有别于其他领域比如财政、工业、农业等的基因。因此，谈及金融，人们会自然想到融资、契约、信用和风险之类的概念；谈及商业银行、投资银行、保险公司，也会想到它们各自的属性和功能。正是基于金融的自然属性，不同经济体对同类金融机构才有相似的管理制度，才有很多共识并在全球范围内实行相对通行的规则指引。金融的自然属性是我们认识和行动的基本遵循，偏离了自然属性，就可能导致扭曲的金融行为。当然，随着社会的发展以及生产力和科学技术的提高，金融的自然属性也会相应发展，这就需要我们在实践中不断丰富认识。

文化属性。文化是一个国家和民族最重要的东西，是渗透到骨子和血液里的东西，也是最难改变的东西。任何国家或民族都有其独特的文化特点和认知，虽然全球化和自由市场经济对文化的渗透和影响不断加大，但文化差异始终存在。宗教、种族、语言、政治、修养、认知等都会导致文化差异。文化的差异必然会影响到金融，中国、美国、德国、日本等经济体，由于文化、历史、法律等差异，在金融体系、金融结构、金融文化等方面存在明显差异。因文化差异相伴的大陆法系、英美法系、伊斯兰法系、印度法系、中华法系等，也直接或间接地影响到金融模式。美国文化崇尚自由、开放、创新，因而资本市场发展充分；德国文化崇尚严谨、契约、务实，因而注重金融机构公司治理和风险控制；中国文化崇尚信义、包容、忧患，因而善于学习和危机管理。因此，理解和比较国际主要金融制度不能脱离文化属性。

社会属性。社会性也是金融与生俱来的特性。随着市场经济的发展，国民收入结构的变化，以及居民金融资产和负债不断增加，金融与社会公众的联系更加紧密，金融的社会性更加凸显。这是因为，金融基础设施是社会经济运转最重要的基础设施，是社会经济高效运转的关键环节；金融与社会有着千丝万缕的联系，涉及资源配置效率、公平正义，涉及债权人、投资人的权益，资本的积聚和集中可以提高效率也容易加剧社会不公，特别是金融泡沫和风险会对社会和公众造成危害。因此，把握金融的社会属性，核心要注意风险、公平。正因为如此，许多经典著作都非常关注金融的社会性。从马克思的《资本论》，到希勒的《金融与好的社会》以及皮凯蒂的《21世纪资本论》，都研究和关注金融的社会属性。普惠金融和消费者权益保护活动的兴起，一定程度上也是金融社会性的体现。

金融的自然属性、文化属性和社会属性是相互联系、相互依存的有机统一体，把握这些属性有助于深化对现代金融的认识，更好地遵循金融发展规律，更好地发挥金融在社会经济发展中的作用。

（《中国金融》2014 年第 19 期）

从不良贷款上升中寻求变革

在外部环境趋紧、内部增速下滑以及经济进入新常态下，银行不良贷款上升不足为奇。

不良贷款上升，是前一轮我国经济扩张和信贷扩张的滞后反应，是社会资本与负债不匹配的必然结果，也是一些改革不到位的机会成本。从一定意义上看，金融资产质量的变化反映了金融与经济关系重整和周期性波动。对于不良贷款上升，既不必夸大其词、肆意渲染，也不能无动于衷、无所作为。对一些媒体危言耸听的报道，应当抱以冷静和客观的态度。尽管银行不良贷款连续数月上升，但仍处于较低水平和合理区间。我国经济仍将保持较快增长，银行有足够拨备、资本和防控能力化解风险，中国银行业仍是全球最具活力的产业。关键是从不良贷款上升中汲取教训，寻求变革。

银行已逐步成为真正的市场主体，理应对其资产负债行为负责，从银行自身寻找原因和办法更接近问题的实质。每次危机和风险之后，人们会进行反思并因此建立一系列风险管理制度。金融发展史上许多重要的制度大都是在危机后确立的。我国一系列审慎管理制度的引入大大改善了银行的治理和抗风险能力。但这几年也是经济环境颇为复杂的时期，国内及国际经济都在深度调整和再平衡，带来了一系列不确定性。银行盈利能力和资产质量的下滑，促使人们深入思考银行的盈利模式和资产负债结构的稳健性，以及产业波动、变迁对银行的冲击和影响。实践表明，无论是顺周期还是逆周期，无论扩张期还是收缩期，银行都应保持资产负债行为的理性平衡，把握刺激与改革的平衡，超贷和惜贷都不符合转型升级的要求。不良资产的上升警示我们，加快改革，转变商业模式，重塑资产负债结构，增加风险约束，是商业银行应对严酷竞争和不确定环境的永恒命题。

不良贷款上升显示了重塑社会融资结构的重要性，用信贷替代资本仍是风险积聚的关键因素。我国政府、企业、银行资产负债的现存问题本质上是不合理的融资结构和机制问题。贷款、债券、股票都是重要的融资手段，它们在配置资源和金融治理中有着各自的功能和作用，不能相互过度替代，否则会导致企业负债率、杠杆率过高，长期贷款比重过大，以及银行过多分享经济增长的利润等，相应也给银行带来巨大的潜在风险。因此，应当综合考量融资结构重塑的相关法律和政策，促进多层次资本市场发展，加快信贷资产证券化，改善地方融资机制和制度等。我们高兴地看到，所有这些相关改革已提上日程，应当不失时机地加大力度、寻求突破。

金融始终是缓释经济矛盾的有效手段，但历史一再证明，不恰当地使用金融、过度透支信用会造成市场扭曲和风险。因此，减少对金融活动的行政干预，让市场在金融资源配置中发挥决定性作用仍是改革的重中之重。在这方面，应着重通过全面改革厘清四个边界：管制与市场的边界，宏观与微观的边界，财政与金融的边界，中央与地方的边界。全面深化金融改革的目标和要求已经明确，我们相信，随着各项改革措施的落实和到位，不同主体的权责会更加明晰，市场的决定性作用会更加突显。

大数据时代给金融风险管理带来了前所未有的便利，使风险管理的信息化、科学化、适时化成为可能和现实，但大数据并不能洞悉市场和实体所有复杂关系，重要的是把先进的金融风险理念有机地融入流程管理和系统管理，适时分析和吸收经济活动的各种有效信息。我们相信，随着金融管理部门和金融机构的共同努力和探索，我国的金融制度和金融运行机制将更加完善。

（《中国金融》2014 年第 18 期）

新常态下的系统改革思维

新常态是人们对这一时期经济运行状态的基本判断，预示着我国经济发展正在进入新的阶段，需要以新的思维和行为去适应这种改变，并不失时机地构建新的体制机制。

在经历了三十多年的高速增长之后，国内外对中国经济高速运行已经形成了思维定势，一旦增速放缓，便显得很不习惯，甚至作出一些危言耸听的判断。这并不奇怪。新常态的提出，有利于调整思维、增强信心、保持政策的定力，也有利于以新的视角谋划中国经济的未来。

但也应看到，新常态只是新的转型和改革的开始，保持新常态的稳定、协调和高效仍然是紧迫而艰巨的任务。经济运行中的矛盾、问题和风险并没有因新常态的出现而消失，相反，在一些领域和环节甚至更加突出，因而不能有丝毫的懈怠。唯有在新常态下果断进行系统改革，才能真正使经济发展走上全面、协调、可持续的道路。

从短期看，应谨慎观察新常态下的各种矛盾，既要保持政策定力、避免手忙脚乱，也要主动作为、相机抉择，实行更加务实的政策，防止经济运行偏离合理区间。从中长期看，应以科学的历史观、时空观和内外观，从战略和系统角度推进改革。

历史使人明智。我国经济发展史是经济不断调整和改革的历史，也是思想认识不断深化的历史。正是持续的改革开放，我们对社会经济发展规律和现代市场经济的认识得以不断深化，并创建了独特的经济发展模式和治理方式。这种发展体现了解放思想、实事求是的思想追求，体现了我国的制度和体制优势，也体现了兼容并蓄的文化。今天，面对改革发展中的复杂矛盾，更应从历史经验教训中汲取智慧，注重解放思想，按照党的十八大、十八届三中全会和即将召开的十八届四中全会精神，通过顶层设计和大胆实践，逐步探索新常态下经济改革发展之路，构建更加完善的社会主义市场经济体制。

高度决定深度。科学的时空观是把握经济改革方向的关键，改革之所以复杂就在于其受多种因素的制约和影响，在于存在不确定性。科学的时空观有助于判断天下大势，从而更好地把握改革规律和目标。空，就是宽广的视野。我们既要善于从自身角度和历史角度看待我国经济当前所处的方位、问题、目标和方向，也要善于从全球化角度把握我国的发展坐标，从多元和多维的视角去规划和行动。没有科学的时空观，就难免会坐井观天、一叶障目。改革开放之始，正是在全面考察发达国家的情况中找到了差距，找到了我们国家和人民所真正需要的东西，从而明确了改革的目标和方向。今天，在全球化的背景下，我们已经建立了更加广泛的国际关系，更应把握国际经济格局和趋势，认清我们在诸多方面存在的差距，用更高的标准和要求推动我国社会经济包容性发展。

立足自身改革。我国经济发展的主要矛盾是，我们的发展方式已经不适应社会全面发展和中国梦的要求，外部因素只是影响经济平衡的因素之一。过去几十年，我国对外贸易条件和环境相对宽松，通过扩大对外开放推动了国内改革，也为经济增长注入了活力。面对日益变化的环境，我们一方面要不断提高对外开放水平，另一方面应更注重向内看。没有人比我们更清楚自身的问题。我国有良好的经济基础、稳定的政治环境和日益健全的金融体系，有条件、有能力处理好长期积累的各种矛盾和问题；我国已经制定了全面深化改革特别是经济改革的各项政策，正在进行不同方面的顶层设计，相信这些改革政策的逐步落实，必将激发经济发展的内生动力，推动社会经济健康发展。

（《中国金融》2014 年第 17 期）

流动性调节的艺术

在保持流动性合理增长的同时，运用各种流动性管理工具，灵活调节各种政策工具操作的方向和力度，保持货币市场的平稳运行，是当前我国实施稳健货币政策的总基调。

货币政策应保持定力，处变不惊，处惊不乱。这既是货币政策的本质要求，也是新常态下区间目标管理的基本导向。货币政策始终是平衡的艺术，其基调和方向理应体现货币政策的性质和作用，保持政策的相对中性、一贯性和持续性，除非出现大的扰动和外部冲击。因此，面对新的形势，货币政策的关键仍在于运用好各项政策工具，调控好流动性，保持货币、信贷以及融资规模合理增长。

在复杂的国内外环境下，货币政策的影响因素越来越多元、非常规和不确定。这为决策者带来了前所未有的挑战。如何在保持流动性总体稳定的同时，体现货币政策的精准性和结构性，是一个颇具挑战性的理论实践课题。

人们已经习惯了对市场经济下货币政策非选择性和非结构性特征的认知，但国际金融危机后，货币政策的非常规性和结构性发展，丰富了对货币政策的认识。面对货币政策的国际发展趋势和我国经济"三期叠加"的影响，同样需要调整一些固有观念和认识，在技术性调控上不断进行新的探索。

这几年，我国成功将宏观审慎管理引入流动性管理，适时推出了一系列货币政策操作工具和方式，差别调节和定向调节成为其中重要组成部分。在新的政策导向下，继续探索流动性定向调节的有效途径，既是实体经济发展的要求，也是货币政策结构性调节的尝试。我们注意到，人民银行已经宣示一系列政策引导：通过有效发放再贷款和其他定向调节工具优化基础货币流向；探索将信贷资产抵押后续再贷款试点与建立企业的信用评级体系有机结合起来；引导金融机构特别是区域性金融机构在放贷时更加关注资本充足率稳定的情况，以改善货币政策传导。定向调节是总量保持稳定前提下的动态性政策措施，旨在引导金融机构加强对小微企业和"三农"的融资问题，不是流动性的全面放松，也不是直接干预，而是一种正向激励，促使信贷资源更加合理配置。

关注社会融资环境是有效实施货币政策的重要方面。小微企业的融资难、融资贵是当前社会普遍关注的问题。国务院已经出台了一系列政策指引，有关监管部门和金融机构也采取了相应的措施。在货币总量相对充裕的情况下，症结不在总量而是在微观层面，因此，不能靠总量全面放松来解决局部结构问题。影响融资价格的因素是很多的。既要看到融资成本下行的政策因素，也要看到融资成本上行的因素，不良贷款率、风险溢价、存款成本等因素上升都会影响企业融资成本。解决这些问题，关键是加快和深化金融改革，改善企业融资结构、环境和条件。

把握流动性管理艺术，应更加注重价格调节。目前多数经济体的中央银行都建立了价格型政策操作框架。其核心是通过宣布和调节政策利率和利率走廊，并通过货币政策工具使市场利率围绕政策利率变化来稳定预期，并向其他品种和期限的利率传导，进而影响全社会投资、消费行为。随着我国流动性格局的变化、金融创新的发展以及金融改革的深化，运用价格型工具调节的环境正在完善，但仍然存在一些现实约束，需要进一步加快结构调整和改革步伐，硬化经济主体的财务约束，逐步疏通以利率为核心的货币政策传导机制。

（《中国金融》2014 年第 16 期）

设立金砖国家开发银行的意义

7月15日，在金砖国家领导人第六次会议上，五国领导人签署《福塔莱萨宣言》，决定成立开发银行，并建立应急储备基金。设立金砖国家开发银行是2012年3月在印度新德里举行的金砖国家领导人第四次会晤期间提出的，经过南非第五次峰会、圣彼得堡二十国集团峰会金砖国家领导人反复磋商和推动，终于取得实质性进展。

金砖国家开发银行初始资本为1000亿美元，初始投入500亿美元，由5个创始成员国平均出资。同时，建立达1000亿美元的应急储备安排。各国最大互换金额为：中国410亿美元，巴西、印度和俄罗斯各180亿美元，南非50亿美元。金砖国家各成员国平均分配股权和投票权，轮流提名金砖国家开发银行行长。金砖国家开发银行总部设在中国上海，是由于中国拥有领先的经济总量、巨额外汇储备以及同各国密切的经贸联系和较为完善的金融体系等。

设立金砖国家开发银行，不仅有利于金砖国家的经济发展，也有利于世界经济的稳定发展。金砖国家国土面积占全球的29.6%，人口占世界人口的42.6%，经济总量占到全球的21.25%，过去十年对全球经济增长的贡献率超过50%。与其他许多国家相比，金砖国家具有人口优势、市场优势，同时，金砖国家的经济发展也具有较大的差异性和互补性。国际金融危机爆发后，金砖国家经济增速放缓，甚至一些国家出现负增长。成立金砖国家开发银行，不仅有助于解决金砖国家在基础设施等领域的资金短缺，而且有助于新兴经济体抵御市场的波动性和不确定性，增强发展的信心，同时，对全球经济的稳定发展也将起到重要作用。

金砖国家开发银行是对现有国际金融体系的有益补充。金砖国家倡导建立的开发银行是对其他现有多边机构的有效补充，并为满足金砖国家和其他发展中国家的特定投资需求提供了新的选择。国际金融组织的多元化发展，是适应现有国际经济格局变化的必然选择，有助于推动建立公正平等的国际经济金融新秩序，并以此推动世界经济的多极化发展。金砖国家开发银行作为一个国际性机构，业务覆盖全球，既可以对现有多边开发银行形成有效补充，也可以对现有多边开发机构的治理结构和业务决策产生影响，逐步改变新兴市场和发展中经济体的国际金融环境。

金砖国家开发银行体现了当代世界国与国之间经济金融合作的典范：它体现了平等共赢的合作理念——实行平均投票权，坚持平等的多边合作机制，这种制度创新倡导的是一种平等的合作理念，可以为其他国际金融合作机制的改革与发展提供借鉴。它体现了包容性原则——金砖国家开发银行在成立之初就显示出开放的姿态，它不会仅限于向金砖五个国家的基础设施项目投资，未来也可能向其他国家开放成员国身份；金砖国家开发银行的初始 500 亿美元资本由五国平均出资，而剩余的 500 亿美元资本可能会留给其他的非金砖国家成员。它体现了互补性原则——金砖国家开发银行建立的初衷是为了弥补现有国际多边开发银行的不足，为发展中国家的发展作出切实贡献，特别是基础设施建设领域的融资支持，从而维护以金砖国家为代表的新兴经济体的经济金融稳定与合作发展。

设立金砖国家开发银行，标志着以金砖国家为代表的新兴经济体的金融合作取得实质性进展，表明金砖国家合作由过去的宏观层面的磋商转入经济金融层面的务实合作。中国是世界第二大经济体，积极参与和推动设立金砖国家开发银行，彰显了中国负责任的发展中大国形象，这必将推动我国对外开放水平的提高，以及国内经济改革的全面深化。

（《中国金融》2014 年第 15 期）

技术性金融调节的合理性

金融调控监管中越来越多地引入技术性因素，包括：重新定义有关经济金融变量、运用参数进行差额调整、修正模型和计算办法、进行结构性操作，等等。可以简单回顾一下近年来我国的技术性调节，比如，差额准备金率动态调整制度、贷存比计算方法的调整等。

这些变化并非权宜之计，它反映了我们对经济金融认识的深化，同时也体现了鲜明的政策导向。技术性调节，是对过去范式的矫正和补充，体现了金融宏观管理制度的创新；体现了新的调控理念。几乎所有的技术性调节，都融入了动态调整和周期性调整的概念，以及结构性改革观念；体现了对市场主体激励和约束相容的机制和导向；同时，技术性调节致力于改善对中小金融机构、中小企业、"三农"的政策环境。

技术性调节，不同于成熟市场上广泛使用的数量调节和价格调节，旨在寻求与现存经济金融结构相适应的有效方式。

金融调控监管既是一种制度，同时也是技术和艺术。在经济调整和社会转型时期，引入适当的调控监管制度始终是艰难的选择和过程，需要在短期和长期、总量与结构、因循与改革、管制与市场中作出权衡。这种选择是一种判断，也是不同力量的博弈。特别是，对于像我国这样的经济体，没有国际上现成的可资借鉴的宏观调控范式和模式，更需要综合考虑和兼顾各种因素。

在国际金融危机后，金融改革方兴未艾，运用各种金融技术重塑金融调控和监管以适应市场变化十分普遍，包括对贸易顺差的计算、对资本和风险的界定、逆周期调节，以及美国近期重新定义 GDP 等。这几年来，我们积极借鉴国际经验，结合自身实际，改革金融宏观调控与监管理念和技术，引入了一系列有技术含量的制度，一些方面走在很多经济体的前列。

　　政策的选择不能也不可能代替市场的选择。技术性调节的效果最终取决于市场的深度和韧性，以及微观主体的适应性。毫无疑问，技术性金融调节比简单放松流动性更科学也更有针对性，但也存在争议。其中的疑虑有：这种结构性放松是否能够解决结构性问题，使所释放的流动性进入最需要的实体经济；这种放松是否会打破微刺激与改革的平衡，最终演变为整体宽松，进而影响改革的动力。这些担心不无道理，但也不必过于忧虑。这些技术性调节并非行政性的，而是根据经济周期和市场情况作出的调整，客观上会起到减少扭曲和降低社会资金成本的作用，对经济无疑具有正向激励。

　　经济结构调整既是供给、需求调节的过程，也是市场机制完善的过程。技术性调节不是改革的全部，虽然可以助推结构性改革，但不能从根本上解决结构问题。唯有加大经济金融改革的力度，拓宽市场的广度、宽度和厚度，加大价格性调节工具的作用，才能使政策效果更加充分，并抵御一轮又一轮的市场压力。

　　我国有较高的储蓄率和货币余额，经济发展逻辑上不应缺乏流动性支持，资金困境缘起于我国的经济机体和市场结构，说到底是一种体制现象。因此，在积极运用技术政策手段的同时，应坚定不移地把改革放在重中之重。特别是，加大国企改革和政府职能改革力度，深化对内开放，让整个社会资本活力竞相迸发，最大限度释放市场活力，创造我国经济良性循环的基础。

（《中国金融》2014 年第 14 期）

建设一个好的金融制度

金融改革正在循着市场化、专业化、综合化、国际化的方向稳步前行。从存款利率改革到基准利率培育，从资本项目开放到汇率波幅的扩大，从银行资本风险管理到公司治理重构，从资本市场准入改革到多层次资本市场建设提速，从费率市场化到保险资金运用调整，从区域金融改革试点到自贸区综合改革，银行业、证券业、保险业等正在加紧布局和调整。

这些改革有些是政策推动的，有些是金融机构的自主性改革，也有的是倒逼型改革。改革的共同目标，就是建立一个好的金融制度。

什么是好的金融制度？它不是抽象的，应当体现现代金融的基本功能，体现服务实体经济的基本原则，体现市场配置金融资源的决定性作用，体现包容性金融发展战略。

现代金融的基本功能概括起来，即融通、保障、治理、调控。融通，就是媒介资金供给与需求，以更好地管理现在和未来；保障，管理不确定性和风险；治理，改善结构与制衡；调控，审慎管理与周期性调节。这些都是现代金融的精妙之处和核心功能。从最初的短期资金融通、海上保险发展到今天，金融功能的演进经历了漫长的社会经济历史过程，每次金融危机都推动了金融制度的完善，存款保险制度、中央银行制度、现代治理制度等的引入，莫不是与危机相伴而生。经历三十多年改革后，我国基本解决了金融发展中的基础性、功能性问题。但从全面深化改革角度看，对比现代金融功能，我国金融制度在融资、保障、治理、调控等方面仍存在诸多缺陷，需要持续完善和改革。

金融发展的目的是为实体经济服务的。这是总结国际金融危机教训后所确立的金融发展基本原则。它要求：金融不能脱离实体经济，应建立与经济相适应的金融服务体系；引导和鼓励社会资本进入实体部门，避免过多资金流入虚拟领域；金融创新应围绕实体经济发展进行，避免自循环式的发展；减少不同资本收益率的差异，强化实体经济发展的动力。这些年，我国实施了一系列金融政策指引和调控制度，旨在引导金融业更好地服务于实体经济，但当前仍然存在金融自循环、资本脱实入虚、企业融资难等问题。解决这些问题根本在于加大结构性改革和市场化改革力度，促使金融机构进行战略性调整。

发挥市场对金融资源配置决定性作用是金融改革的核心要义。市场化过程是行政管制放松的过程，也是强化风险监管的过程。金融市场化，涉及投资人、债权人和存款人的利益，涉及企业和金融机构自身的适应能力以及国家经济安全，准入、退出、功能监管需更加审慎，需要把握去管制化和市场化间的平衡。因此，我国一方面应继续完善利率汇率的市场化形成机制、逐步放开存款利率管制，加大市场决定汇率的力度。同时，健全市场利率定价自律机制，提高金融机构自主定价能力。另一方面，也要加强风险监管和金融治理，加快建立存款保险制度，健全金融机构市场化退出机制。

包容性是金融发展的重要战略。包容和开放有助于在更大范围、更宽广的市场释放资本的力量，从而为经济发展提供强大动力。我国应放宽准入，允许各类资本平等参与市场竞争，允许各种资本通过不同方式参与结构性金融改革包括设立中小型银行等金融机构，扩大金融业对内对外开放；应进一步解放思想，支持符合实体经济需要的金融创新，鼓励新兴金融业态发展；应大力发展普惠金融，不断提高金融服务的可获得性，使金融改革与发展成果更多惠及社会公众。

（《中国金融》2014 年第 13 期）

微刺激与改革的平衡

人们把宏观政策的温和放松或结构性变化称为微刺激。这不是一个新名词，在各国宏观政策史上或中央银行调控史上，也有类似涵义的词汇。像西方学者常说的"fine tuning"政策，便有细调、微调之意。

微刺激，是相对于力度较大的刺激政策而言的。总量适度放松也好，结构性调节也好，定向调节也罢，本质上都是一种适时适度的调节，是市场经济条件下的政策常态。我国最近实行的针对特定实体的定向调节，并非广泛的放松流动性，而是一种结构性放松，是多元经济条件下的选择性调控，也可看作中国式微调。

政策说到底是为实体经济发展服务的。面对错综复杂的经济环境，所有的政府和当局都不会放弃任何可能的政策选择，通常都会采取更加务实的做法，甚至是一些非常规的措施。否则，就会犯教条主义错误。类似的情况，在国际金融危机应对中屡见不鲜。因此，针对经济发展中的不确定性可能趋势，我国政府和货币当局及时采取预调微调措施，既是宏观政策的基本职责使然，也是实体经济健康发展的必然要求。

微刺激是否影响政策定力？新一届政府引入了区间目标管理，即只要经济运行在合理区间，就应保持政策定力，保持宏观政策的稳定性、连续性。区间目标管理的核心是致力于平衡基础上的适度增长，以及深化改革基础上的有质量增长。这对宏观政策提出了更高的挑战，要求增加宏观调控的前瞻性、科学性和艺术性。如何适应转型期复杂的经济金融结构，更好地满足实体经济需要，实现动态管理，防止经济偏离合理区间，成为新的课题。微刺激，旨在保持政策整体稳定前提下加强薄弱环节的金融服务，防范经济偏离区间目标的风险，这和保持政策定力并不矛盾。

中国经济巨轮已经融入世界经济的汪洋大海之中，保持这艘巨轮稳健前行，需要从整体上保持平衡，需要激发前行的内在动力，同时也应关注船体各个部分特别是薄弱环节的稳定性。微刺激，在一定意义上正是对经济中短板的支持。这种微调不会损害整体的平衡，不会损害改革，相反可以最大限度地避免经济运行中的短板效应，更好地体现政策的综合效应。

微刺激是否加剧道德风险？微刺激体现了一种政策导向，不是对困难金融机构的救助；是杠杆的定向调整，不是简单的流动性注入；是为实体经济注入动力，不是金融的自我循环。因此，微刺激不会引发道德风险，相反，会激励金融机构对"三农"和小微企业的关注。但也要密切关注微刺激的可能效应，引导中小金融机构更加关注自身资产负债表的健康性。

微刺激是否影响货币存量调整？单从 M2 和 M2/GDP 的比率看，目前我国存量并不小，货币环境是宽松的，局部流动性问题更多体现为结构现象。但也要看到我国金融的结构性矛盾，直接金融不发达，多层次资本市场体系依然薄弱，在经济结构和金融结构调整不到位的情况下，微刺激存在加剧总量扩张的可能性，但只要引导得当，标准透明，监管严格，它无疑也是缓解融资结构矛盾的有益补充。

必须强调，微刺激、改革都是手段，它既不妨碍改革也不能代替改革。微刺激，可以为改革创造更好的环境和空间，但它不能从根本上解决经济结构问题，只有建立在改革基础上的刺激才会实现预期效果。因此，我们必须在二者间把握平衡，不能指望用微刺激代替改革。越是面临困难的形势，越要强化改革，不断增强改革的紧迫感，不断提高改革的执行力，以改革促进改革。

（《中国金融》2014 年第 12 期）

机会总是给有准备的银行

如果经济不能延续过去几十年那样的高速增长，如果利率完全市场化，我国的银行业会面临什么样的经营环境？类似的问题已经被反复提出和讨论。这已不单单是理论问题，而是渐行渐近的现实问题。对于银行特别是中小银行来说，现在到了必须认真对待这一问题的时候。凡事预则立，不预则废。从现在开始，所有银行就应准备模拟和应对各种可能的情形和挑战，未雨绸缪，加快改革。

在经济快速增长时期，我国成功化解了银行业发展中一个又一个矛盾，也创造了诸多奇迹。银行业的发展充分体现了我国经济发展的历史进程和成就。正是由于经济高速成长、包容进取的金融文化以及不失时机的改革，才造就了我国银行业的繁荣，才使一个又一个唱衰中国银行业的预言破产。如今，我国依然是世界上最具活力的经济体，促使金融继续向好的健康基因仍然存在。但也要看到，国际金融危机后我国金融环境正在发生深刻的历史性变化。一方面，金融危机迫使主要经济体进行结构性调整并采取一系列新的经济贸易战略，这使我国经济发展的外部环境有所变化；另一方面，我国转变经济发展方式，全面加快经济改革和经济调整，加之要素条件变化，我国进入经济增速的换挡期。各种因素叠加在一起，大大改变了银行发展环境。

可以预测，未来经济金融会发生一些变化：随着要素成本的提高，我国经济的国际比较优势将有所弱化；随着储蓄率和投资率的下降，经济增速会逐步减缓；市场化改革的推进以及金融管制的放松，会使利差缩小，导致金融创新和金融竞争加剧，加大银行业的经营压力。这些变化看上去是渐进的，但从金融史的角度看，有时候会比人们预想的发展节奏要更快更猛烈些。很多国家和地区在完全取消利率管制后就发生了许多难以预知的变化，并对银行业带来深刻影响。因此，适应各种变化采取相应改革尤为重要。

　　与很多国家和地区的银行业相比，我国银行业规模并不小，但银行发展的质量与成熟经济体的银行相比，在资产、负债以及中间业务诸方面，存在许多结构性差异，比如，商业模式同质化、客户管理与成本管理粗放、结构转型中人力资源不适应等。这些问题是伴随着我国 GDP 规模的长期扩张出现的。解决这些问题非一日之功，但必须只争朝夕。虽然说，车到山前必有路，但对于经营信用和风险的银行业而言，应当更加谨慎地把握这句话，主动作出改变、改革和调整。通过持之以恒的改革，实现以规模为中心到以利润为中心、以生产配置金融资源为中心到全面客户营销、从重视资源配置向重视风险配置、从部门管理制向事业管理制的转变。这些转变是银行业可持续发展的必然要求。

　　机会总是给有准备的银行，所谓准备就是及早应对各种不确定性和挑战的行为。我国许多银行特别是大中型银行，对于环境的可能变化，反应是积极的主动的，已经陆续出台一些力度较大的改革调整措施，体现了宽阔的视野和前瞻性。但对于许多小型银行而言，应更加重视未来的各种可能挑战，并在理论上、观念上、规划上、技术上做好充分准备。从国际经验看，金融的市场化、自由化往往会使银行产生分化，并且对小银行冲击更大。因此，不能有任何疏忽、麻痹以及盲目乐观。我国经济体量越来越大，市场有充足的回旋余地和韧性，有关金融管理当局正在积极研究并陆续推出全面深化改革的措施，银行机构正在进行战略战术上的准备和调整，这些都是银行应对未来一切改变的基础。我们始终对中国银行业充满信心。

（《中国金融》2014 年第 11 期）

改变惯性思维定势

一些境外媒体和学者在预测我国经济金融前景时，经常用一些危言耸听的观点唱衰中国，如一度出现的"中国即将崩溃""中国国有银行技术破产论"，以及当前"中国经济衰退论"等。类似的预测屡屡失准，但它们依然乐此不疲。这些推论未必出于恶意，也非空穴来风，也可以使我们加以警觉和应对，但用西方的思维逻辑套用中国实际并不科学，也体现了西方看待中国的惯性思维。

类似的惯性思维在我国也普遍存在。特别是在涉及社会经济变革问题时，不少人往往不自觉地陷入思维定势，习惯于把一切存在解释为合理的东西，习惯于从外部而不是自身寻找问题，习惯于"穿新鞋走老路"，结果往往是裹足不前，丧失改革时机和动力，难以在一些关键和难点领域实现突破。

思维的形成是社会、历史、环境、文化等诸要素长期影响和作用的结果，因此，思维的改变是社会经济发展中最艰难的选择，指望短期内实现真正思维转变是不科学的，也是不现实的。一个人长期处于同样的环境、文化、职业中，很容易形成惯性思维定势。惯性思维并不总是贬义词，透过这种内化于心的思维方式，我们可以了解一个人的文化背景、逻辑、方法、角度和特点，但惯性思维也有消极的一面，就是容易引起固执和排他性，导致思维依赖和路径依赖。

在全面深化改革的新阶段，惯性思维是改革的障碍，是我们必须注意改造的方面。改进惯性思维，要有学习的态度、开放的思维、超越局部利益的视野以及改革的勇气。

学习已成为当今时代重要的生活方式。在全球融合和信息日益丰富的时代，影响发展的因素越来越多样化、复杂化，很难想象仅靠已有的知识和经验就能作出正确判断和决策。这要求我们利用一切渠道和方式持续不断地学习、沟通，从不同方面和角度汲取营养，不断丰富自己的思维和认知能力，不断提高实践能力，不断更新和改造我们自身的思维习惯。

同时，要有开放的思维。开放是消除无知和偏见最有效的途径。观点的差异有时体现了制度、结构、文化的差异。一些西方学者不了解中国的具体情况，又不愿主动进行有效沟通，把一般模型方法用于对中国的预测，自然产生很大偏差。在研究探索改革问题时，我们既要对不同观点甚至偏见及时沟通和回应，也要把观点的差异看做改变惯性思维定势的力量。既不应把一种逻辑和推理当做标尺去套用所有问题，也不应排斥和抵御不同意见和观点，要以开放的心态，认真分析差异背后的原因并汲取合理的内核，从中为我国的改革发展寻找有益的启示和借鉴。

敢于超越局部利益也是矫正思维惯性的关键。在现存体制下，部门之间、总体与局部之间存在明显的博弈，改革部门化、观点部门化不同程度地存在。这种情况在国家行政管理部门尤为突出。这种思维惯性是全面深化改革的绊脚石。我们知道，顶层设计的重点是，从国家、人民和长远的利益出发，寻找部门管理有效的合理边界，最大限度地减少权力寻租，促进市场在资源配置中发挥决定性作用。这要求我们用超越部门的思维谋划改革、推动改革。我国正致力于加快行政管理体制改革，引入正面清单管理制度和现代治理制度，这将有利于消除惯性思维定势的土壤。

改革惯性思维定势，本质上需要深刻的思想解放，树立强烈的改革目标意识和约束意识，只争朝夕。要坚持问题导向的改革思维，探索科学有效的改革方法，少走弯路；要有很强的改革执行力，有持续推进改革的恒心和毅力，确定时间表和路线图，不能总停留在口头上和认识上。锲而不舍，金石可镂。同时，还应不断加强改革的协调性，不断凝聚改革的共识和合力。

金融从业者的榜样

今年，金融系统共有 18 名同志获得"全国五一劳动奖章"，有 230 名同志获得"全国金融五一劳动奖章"。这些劳动模范在平凡的岗位上作出了不平凡的业绩，是 260 万金融从业者的杰出代表，是我们学习的榜样。

从 2001 年到 2014 年，我国金融系统有 2700 余人荣获"全国五一劳动奖章"和"全国金融五一劳动奖章"。劳模精神薪火相传，这些同志以各自独特的贡献、高尚的人格和鲜明的时代特点，激励着一代代金融人为金融事业的发展而努力拼搏。在五一劳动节到来之际，我们向全国金融系统的劳动模范，以及所有为我国金融发展付出辛勤劳动的工作者致以崇高的敬意！

金融与社会经济生活的方方面面息息相关。随着社会主义市场经济体制的逐步完善，包括银行业、证券业、保险业、信托业在内的金融各业蓬勃发展，金融从业者队伍不断壮大。在这个庞大队伍中，有这样一批人，他们勇于创新、脚踏实地，是不同岗位上的业务尖子、岗位能手以及领军人物，是我国金融业的实践者和开拓者。这些劳动模范是我国金融体系的脊梁和骄傲。他们对金融事业有着执着的信念，有的长年扎根基层，在本职岗位上兢兢业业、恪尽职守，为钟爱的事业无怨无悔地奋斗；他们勤于思考、善于创新，刻苦钻研业务，敢打硬仗，勇做攻坚克难的排头兵；他们怀揣用心服务的理念，对客户充满真情，情系员工，善于凝聚团队的力量，打造高绩效团队；他们拥有崇高的人格魅力、娴熟的业务技能、求新求变的态度、凝聚人心的力量，以满腔的热情为企业改革发展贡献智慧和力量。

这些劳模有一些共同的特点：坚韧、创新、奉献。他们中很多人受过良好的教育，完全有条件到大城市工作，但却心甘情愿，长期在金融系统的基层和艰苦地方工作，不屈不挠，坚韧不拔，锻造了可贵的品质；他们贴近市场、贴近基层、贴近群众、贴近实践，用自己的勤劳、智慧和行动，化解了工作和生活中的一个又一个矛盾，推动金融转型，改善金融服务，让金融服务普惠和渗透到每个地方，有力地促进了社会效益和经济效益的提高。这种劳模精神是我国现代金融发展中最宝贵的财富，是激励金融从业者团结奋斗、勇往直前的强大精神力量。他们是我们这个时代最可爱的人。

这些劳模是我国先进金融文化的代表。人是先进文化中最活跃最重要的要素，在崇尚价值、崇尚物质之风盛行的当下，金融劳模用行动铸就了金融系统最靓丽的风景，树立了金融从业人员追求健康工作生活志趣的重要标杆。他们讲法纪、讲诚信、讲创新、讲合作、讲奉献、讲服务，用不懈努力诠释先进的金融文化，以高尚的品格和人格塑造行风行貌，用真诚和奉献体现社会主义的核心价值理念，把先进文化内化于心、外化于行，从整体上带动了我国的金融文化建设。

榜样的力量是无穷的。今天我们学习和发扬劳模精神，就是要在社会上和金融系统中形成尊重劳模、崇尚劳模的价值取向和风尚，树立劳动最光荣、劳动最崇高、劳动最伟大、劳动最美丽的观念，不断提高金融从业者的职业素养和道德修养，培育正确的劳动观、价值观、人生观和发展观，争当知识型、复合型的高素质金融从业者。同时，在我国金融改革与发展的关键阶段，在金融系统大力提倡和弘扬劳模精神，就是要尊重基层的首创精神，最大限度地调动金融从业者的积极性、创造性，推动区域金融改革，推动改革全面深化和金融创新能力、金融服务水平的全面提升。

（《中国金融》2014 年第 9 期）

客观认识民营银行

在民营银行发展问题上，存在着两种观点：一种观点认为，银行业是赚钱的行业，拥有了牌照，就拥有了赚钱的手段，这也是社会上多数人的看法；另一种观点则认为，银行业是特殊产业，并非"一民（私）就灵"，也并非只赚不亏。

这显然是两种不同的观察角度，可以将之概括为"社会视角"和"银行视角"。我们理解这两种视角所释放的热情与理性，但必须看到银行的本质。银行业作为社会经济运行中的特殊产业，有其发展规律，也有其独特的功能和责任。办银行不是简单的资本投资、工商投资，而是管理和经营不确定性的风险行业。这要求银行业应始终做到审慎和自律。也正因为如此，世界上没有一个经济体对银行准入是完全自由和开放的。同时，我们也不应仅从银行角度看民营银行，把银行神秘化，以防御的心态看待民营资本的进入，甚至对民营金融持怀疑和排斥态度，而应从全面深化改革的角度去把握创建民营银行的意义。

市场经济的发展要求深化经济金融的对内开放，为不同要素、不同资本提供公平参与市场的政策和机会，以最大限度地激发体制和市场活力。设立民营银行是全面深化金融改革的题中应有之义，也是基本的经济政策，不是权宜之计，更不是不同资本的博弈，而是为了丰富市场要素以及改善金融结构和金融服务。

民营银行作为我国改革开放的产物，已有成功的案例。民生银行在短短十几年实现了跨越式发展，显示了民营资本在金融发展中的巨大活力和生命力。我们有理由相信，民营银行完全有条件、有能力在社会经济发展中担当重任。民营银行的发展是一个长期的过程，不单单是资本问题，也需要管理、文化、时间的积累，不能贪大求快、贪大求洋，一定要接地气。设立民营银行，是为了满足多层次实体经济发展需要，应防止民营企业把过多的资本投向银行业，一哄而起。既要大胆推进，也要循序渐进，不能毕其功于一役。我们注意到，有关部门正在按照全面深化金融服务体系改革的原则以及差异化要求，研究制定民营银行的政策和顶层设计，无疑是必要的、审慎的。社会不同方面应当对民营银行持有合理的预期并给予足够的空间，让民营银行在良好的政策环境和土壤里有序成长。

应当看到，民营资本在金融领域的商业存在有多种方式，直接发起设立银行只是其中一种形式，积极利用资本市场、银行股份制改造参与金融发展，发展混合所有制金融企业，既是我国实行的重要政策，也是有效的市场化实现方式。我国银行业经过多年的改革和发展已经发生质的变化，银行业国内国际地位显著提升，但结构单一问题依然突出。利用银行业改革的有利时机，引导和鼓励民营资本参与现有银行资本结构调整大有可为，也是最大限度发挥国内资本效应的必然要求。这种存量调整和改革，有利于充分利用先进的金融管理技术，有助于发挥现有机构的网点优势和规模效应，有助于改善金融业法人治理，有利于从战略上发挥不同性质资本的功能。

民营银行、国有控股银行以及其他各种形式的商业银行都是我国银行体系的重要组成部分。我们应跳出传统思维的定式，以包容的心态对待民营银行的发展，统一国民待遇，统一宏观政策，统一监管标准，不断培育开放、平等、健康的金融文化。

（《中国金融》2014 年第 8 期）

区间目标的改革导向

2013 年以来，我国政府在宏观管理中引入区间目标调控制度。根据转型与改革的需要，把宏观发展目标统筹为区间调控范式。这是一项理论突破，也是重要的体制和政策创新。

所谓区间目标，就是明确上限、下限的界定。下限主要是经济增长和就业，上限指的是物价，经济只要在上下限的合理区间内运行，政府就要管住有形的手，保持宏观政策的定力，让改革和市场发挥作用。实行区间目标，体现了新的管理调控理念，体现了灵活性、动态性和一致性的统一，体现了底线思维的逻辑，同时也是对政府行为的硬约束。它表明，经济发展不能再靠增速稀释和掩饰矛盾，而要实实在在地以变革促进可持续发展。决策者从社会经济发展的整体出发，把实现区间目标的基本政策概括为"三位一体"：宏观政策要稳，微观政策要活，社会政策要托底。

区间目标既是我国社会经济发展的重要目标，也是货币政策、财政政策等宏观政策的最终目标。面对区间目标管理制度，政府主要部门特别是宏观调控部门，需重新审视和完善政策目标框架，确立新的政策规则。区间目标不单单是数量指标，它是着眼于全面发展和改革的要求提出的，蕴含了丰富的内容和改革导向，有很多质的要求；区间目标也不是单一目标，而是多目标的组合，要求正确处理各种政策目标、变量之间的关系，全面落实"三位一体"要求，兼顾和权衡不同政策目标的利弊得失，从而持续提升政策实施效果。

这种制度安排是我国政策公开透明的重要标志，体现了政府经济治理的新理念，对于强化预期管理、稳定投资者和公众信心具有重要作用。我们注意到，今年的国民经济计划与发展报告、财政预算报告，以及货币政策报告已有机地体现出新的政策变化。在党的十八届三中全会前后，各方面的改革风生水起，行政管理体制改革率先启动，中央果断清理不合理的干预市场行为，逐步对行政行为实行正面清单管理、对市场实行负面清单管理，给市场带来一缕清风。金融与其他方面改革加快推进，围绕市场性、包容性和审慎性原则，相继在金融结构与金融市场方面有所突破，一些重要改革都有了明确的时间表。我们相信，随着改革的全面深化，我国的政策工具和手段会更加丰富，政策传导会更加顺畅，以市场为基础的宏观政策体系会得到进一步完善。

实施区间目标，仅靠宏观政策"龙头"的调节远远不够，其他市场参与者等"龙身"也要动起来。区间目标，并非仅仅是对宏观政策的要求，必须通过有效沟通，使社会不同方面特别是地方政府充分认识区间目标管理的要义，科学规划区间目标，减少与中央的博弈，在总体目标框架下谋划区域经济发展。中央反复强调不唯 GDP 增长论英雄，应更加注重政治、社会、经济、文化、生态协调发展，地方政府具有很强的投资能力、融资能力和管理经济事务能力，合理划分地方事权，对于理顺政府与市场关系至关重要。地方政府充分理解区间目标管理的新内涵，创新理念和机制，致力依靠科技进步和改革促进区域社会经济转型升级，致力深化地方财政改革和融资改革，更加关注自身资产负债表的健康，把有限的资金用于公共产品建设方面，把更多的市场空间留给市场主体。

区间目标管理考验政策的定力，也考验全面深化改革的力度和强度。改革规划已经确定，集结号已经吹响，现在是考验执行力的时候，我们期待所有要素都能通过改革竞相迸发活力，促进我国经济有质量的增长。

（《中国金融》2014 年第 7 期）

理性看待余额宝

余额宝以其便利和诱惑激起层层波浪，成为当下经济金融热门话题。这并不奇怪，有利益的地方就有争议，利益越大，争议越大。余额宝的发展速度是惊人的，不到半年，规模就突破 4000 亿元，客户超过 6100 万。这种速度是包容性金融政策和市场力量共同作用的结果，正是管理当局的包容以及多元化的金融需求，才造就了互联网金融的高速成长。

余额宝是阿里巴巴集团支付宝上线的余额增值服务，通过它可获得比活期存款利息高的收益，并能随时消费支付和转出。目前市场上各种"宝"类产品或投资货币基金，或进入协议存款，收益虽有波动但处于较高水平；准入门槛低，存取灵活，使用便利，电商推出的产品可直接与其支付工具对接，即时实现消费支付、转账等。这些特点契合了互联网时代的金融消费需求。

余额宝爆炸式的增长引发了激烈争论：有观点认为，余额宝折射了现有金融体制的缺陷和金融供给的不足，倒逼存款利率市场化，强化了改革的动力和方向；也有观点认为，余额宝持有第三方支付牌照，却同时具有支付转账和投资货币基金功能，游离于传统监管之外，造成了不平等的竞争；还有观点认为，用户将资金转入余额宝，购买货币基金，由基金公司进行管理，是重要的市场创新；更有观点认为，余额宝一类的产品无异于"寄生虫""吸血鬼"，应予以取缔。

毋庸置疑，这种跨越货币市场和资本市场的金融模式的确存在潜在风险：货币型基金的收益并不是固定的，会随货币市场波动而变化，一旦基金缩水或投资者集中赎回，而基金流动性不足时，会面临被动局面；余额宝使部分活期存款转移到货币基金，再进入银行协议存款，既造成存款流失，加大经济发展的融资成本，也带来一定量的货币空转。另外，互联网金融监管正在探索，相关政策的走向也给余额宝的未来发展带来不确定性。

　　所有的金融活动都存在风险，但风险不应成为创新的障碍。技术进步带来了难以想象的便利也带来了新的挑战，对技术与金融结合孵化的新型服务，既需要有包容、开放，也需要审慎。因此，对不同观点应进行理性分析，既要看到余额宝带来的机遇和活力，也要正视其潜在风险。从全面深化改革和发挥市场决定性作用的要求出发，统筹规划传统金融和互联网金融，引导新兴金融稳健发展。

　　微观上，金融机构、互联网企业和社会公众应理性对待余额宝等新业态。商业银行应客观分析互联网金融的冲击，加快改革创新，更好满足市场需求；互联网企业应强化自我约束，做好风险准备，加强风险提示，防止误导和欺诈行为，有效防范道德风险和市场波动风险；社会公众及投资者应科学判断产品及自身行为的利弊得失，在利益和风险中把握平衡。

　　宏观上，要加快利率市场化改革和金融治理改革，加强监管协调，减少规则套利，强化功能监管。这既是全面深化金融改革的要求，也是余额宝的重要启示。今年政府工作报告指出，促进互联网金融健康发展，完善金融监管协调机制。人民银行多次表示，应增加容忍和观察，呵护创新，逐步完善相关的政策；银监会表示，密切关注互联网金融风险，减少监管套利；证监会也认为，余额宝及相关货币市场基金产品的推出是市场创新的积极探索。相信"一行三会"通过积极磋商和协调，会完善互联网金融发展的政策，增强监管的包容性、一致性和审慎性，有效防范金融风险。

　　余额宝的问题不仅仅是余额宝的问题，余额宝的机遇也不仅仅是余额宝的机遇。走出零和博弈的思维，以技术革命和支付革命的视角，谋划和推动中国金融业升级和变革会更有意义。

（《中国金融》2014 年第 6 期）

把现代治理融入金融改革

在全面深化改革框架下，以市场为核心的金融改革正在稳步推进，围绕放松管制、改善治理、重塑流程、提高效率等环节的改革风生水起。

金融治理是现代社会治理体系的有机组成部分，没有现代金融治理，就没有现代金融体系。这些年，我国金融治理建设取得长足进展：金融制度逐步完善，金融政策与监管的透明度增强，金融机构法人治理结构改善。但金融治理从形似到神似依然任重道远。

"治理"一词为世界银行首次使用，用以表示政治经济制度的健全程度。之后，这一概念逐渐扩展，并运用于政治、行政、社会管理、经济改革等领域。现代治理强调管理和制度的透明化和市场化，强调效率与弹性，强调不同主体的相互合作与协调。治理也用于全球金融制度与秩序的重塑，国际金融危机的爆发使得人们从治理的视角反思危机。

治理的理念在近几年经常用于我国各领域体制机制建设。十八届三中全会通过的《中共中央关于全面深化改革若干重大问题的决定》，提出推进国家治理体系和治理能力现代化，改革不适应实践发展要求的体制机制、法律法规，使各方面制度更加科学、更加完善，实现党、国家、社会各项事务治理制度化、规范化、程序化。这是改善我国金融治理的重要政策基础。

金融治理包含宏观、微观两个层面。宏观上改善治理，核心是加强金融政策、制度和法律建设的整体规划、协调，全面提升宏观金融治理能力，优化金融布局和结构，提高金融业的国际竞争力，有效维护国家金融安全，促进金融业可持续发展；微观上，改善治理就是改善公司治理，优化金融资本结构和市场结构，完善以市场为基础的经营管理机制和流程，增强金融市场主体自我发展能力。

同其他改革一样，金融改革进入攻坚阶段，存量与增量矛盾交织，各种力量相互博弈。把治理融入金融改革，就是要着眼于"五位一体"

发展和全球金融格局的变化去谋划和推进改革，把战略思维和系统思维融入金融发展；要加强金融改革政策的协调，减少摩擦和博弈，增强改革的整体性、协同性；要按照市场发挥决定性作用的要求，改革不合理的金融体制、政策和法规，建立更加文明的金融制度。这些年来，我国积极参与和借鉴国际金融治理，引入了宏观审慎管理和微观审慎监管制度，金融管理制度更加完善。在深化改革的新阶段，迫切需要强化政策协调水平，推动重大改革的突破。我国已建立金融监管协调部际联席会议制度，形成了跨部门金融监管协调机制。在中央成立全面深化改革领导小组后，金融管理当局也成立了相应的改革领导小组。金融管理当局的合作与协调，有利于完善改革的顶层设计，强化中央银行和监管机构各自的职能，进而提升国家整体金融治理水平。

良好的金融公司治理是金融健康发展的基础。过去十年，我国金融公司治理明显改善，一批金融机构成功进行股份制改造并上市，法人治理结构、资本管理、风险管理和流程管理制度更加健全。我国认真汲取国际金融危机教训，金融经营管理制度、金融市场制度不断完善。我国金融业在世界金融格局中的地位和国际形象发生了质的变化。在新的历史起点上，各金融主体正在按照全面深化改革的原则、目标和要求深化结构性改革，完善法人治理，重整内部组织结构和流程，以适应市场化、国际化、专业化的要求，更好服务于实体经济，更好体现社会责任。

治理建设本质上是制度建设，在推进金融治理改革时，我们既要充分考虑我国的社会制度和发展阶段，又要充分借鉴国际先进治理经验和文明成果，不断丰富自身的理论和实践。

（《中国金融》2014 年第 5 期）

区域金融改革的着力点

当前，一些地方正在努力探索区域金融改革的有效途径，比如，珠江三角洲、浙江温州、福建泉州，还有一些边境地区也在开展一些有特点的试点。试点或侧重于农村金融，或侧重于跨境金融、综合性金融，或侧重于自贸区金融。这些深化金融改革的尝试，有利于激发区域经济改革活力，有利于探索和积累改革经验。

区域金融改革不是金融特区，也不是政策博弈的手段，允许一定范围内对一些方面先行先试，是为了更好地适应实体经济发展的差异化需要，同时也是给全面改革探索可复制、能推广的经验。

顶层设计和基层首创精神相结合，是全面深化改革的一项重要原则。我国幅员辽阔，经济发展不平衡，区域经济存在明显差异，尝试在不同区域率先进行金融改革与创新，有利于更好满足实体经济和消费者的金融服务需求。但也要看到，金融固有的市场性、统一性和开放性，决定了区域金融改革的复杂性和敏感性。这就要求在推进区域金融改革时处理好进与稳的关系，既要因地制宜、大胆创新，又要有系统思维和全局概念，最大限度减少博弈，增加透明和公平，避免造成新的扭曲；不能依靠特殊政策和规则，"跑部前进"，要政策、要机构、要资金，而应眼睛向下，贴近市场、贴近基层、贴近消费者。

市场和基层是创造力的重要源泉。区域金融改革要善于从实践中找答案，尊重基层的首创精神，鼓励各地大胆尝试、开拓创新。只要不扰乱统一市场、造成扭曲，就不应使用各种紧箍咒，对改革加以种种限制。改革没有现成的模式，墨守成规、闭门造车，难以找到有效的办法，应坚持问题驱动，务实创新，从问题中找到解决问题的办法。但在设计具体改革方案时，应树立国际视野和宏观视野，树立专业的态度，树立风险防范意识，树立权利与责任对应的意识，把握好金融规律和金融特点，使改革经得起实践和历史的检验。要重视用市场力量激发金融机构的动力和活力，重视体制、机制和业务创新，创造可持续发展模式。我国金融改革和开放已进行了几十年，人们在金融发展方面积累了丰富的经验和教训，完全有能力掌握区域改革的区间和底线。

区域金融改革归根到底要体现服务实体经济的原则。金融改革，不是技术游戏，不是形象宣示，不是自娱自乐，而是务实的工作；金融改革，也不是单纯的融资问题，同时也是创新机制。应在充分调研的基础上，围绕区域经济发展中亟待解决的融资问题和消费者的金融需求，着力在薄弱环节金融服务、普惠金融以及其他改革难点上探索，在促进经济转型升级和企业"走出去"的金融服务上创新，在发展区域金融特色上下工夫。

我国在区域金融发展中有过深刻的教训，一些地方过于看重融资权利，投入人力、财力和物力建立所谓的区域金融中心，把市场看成是分割的市场，着力在吸引资金流入上做文章，而相对忽视市场的规范及其隐含的风险，最终背上沉重的债务负担。应认真汲取以往的经验教训，防止把区域金融改革当成形象工程，一哄而起。

推进区域金融改革，应深化对金融市场本质和规律的认识，注意与国家金融改革的整体推进相衔接，注意区内区外相衔接，注意与其他方面经济改革相衔接，注意短期与长期相衔接，防止政策博弈和监管套利。要紧密围绕"五位一体"建设需要，不断提高区域金融服务的广度和深度，减少金融抑制，延伸金融服务，不断适应全面深化改革的要求，使各方面改革相互促进、相得益彰。

（《中国金融》2014 年第 4 期）

系统理解市场决定性作用

十八届三中全会后，很多人都在从不同角度诠释市场决定性作用的涵义。的确，在全面深化改革进程中，准确理解这一提法的含义，对于把握改革的精髓具有重要的理论意义和实践意义。

《现代汉语词典》对"决定性"的解释为，"对产生某种结果起决定作用的性质"；《牛津高阶英汉双解词典》则解释为，"对某种情况的最后结果起重要作用"。这二者并无实质性区别。

从经济学角度看，市场的决定性作用，主要是指商品、劳务以及各种要素的价格由市场决定，在正常状态下不存在任何形式的行政干预。这种纯粹意义上的"决定性"暗含了市场有效性等诸多假设。而在现实世界中，即使成熟的市场经济，为了矫正市场的失灵，也时常出现对市场的干预。

谈到市场的决定性，人们往往会想到商品、劳务、资金的价格生成。实际上，市场决定性并非仅仅表现为价格决定，而是一个更具系统性的概念。这种系统性，从根本上表现为制度、体制和机制的市场化。也就是说，市场的决定性并不局限在狭义上的市场层面，在生产、流通和再生产过程的各个环节，在实体和虚拟经济领域以及在宏观、微观运行的各个层面，都体现着市场的决定性作用。一句话，社会经济运行的全过程及其各个细胞都渗透着市场的基因和血液。当然，发挥市场的决定性作用并非不要政府的作用，无论任何制度形态的经济体，都需要政府对社会运行进行必要的调节。因此，从系统角度看，有效发挥市场决定性作用，必须进行深入、全面、系统的体制机制改革，努力使微观主体和宏观管理成为市场化运行的有机组成部分。

市场决定性作用同时也是一个开放的概念。市场能否有效配置资源，在很大程度上要看配置资源的范围和结果。我国在这方面有着深刻的教训。过去，一个省、一个地区甚至一个县都追求 GDP 的最大化，着眼于局部配置资源，结果造成重复建设和浪费，最终使区域经济发展难以持续。这不是真正的市场化。固然，由于管制、壁垒、非交易性、文化习俗等因素，在理论和现实层面上存在局部市场，但随着对内对外开放的深化，市场的决定性越来越具有统一性、开放性和国际性。对金融市场而言尤为如此。这也是各国越来越注重在全球范围配置资源的重要原因。特别是随着全球化的深入发展，要求以更加宽广的视野，实现要素配置的一体化，以及产品的一体化。我国政府已经反复强调不以 GDP 论英雄，这为在更大范围内配置资源实现充分的社会分工创造了良好的制度条件，同时也是发挥市场决定性作用的题中应有之义。

发挥市场的决定性作用，核心要处理好政府与市场的关系，最大限度地释放微观主体的活力，并恰当发挥政府的作用，让更多的企业和公众参与到经济创造中来。这要求正确划分政府与市场的责任与边界。正如一些经济学家所言，如果要发挥市场的决定性作用，让政府更好地发挥职能，就要对企业和市场实行负面清单管理，对政府实行用正面清单管理。也就是说，对企业和市场除了规定不能做的外都能做，对政府除明确能做的外都不能做。

发挥市场的决定性作用，并非一放了之，而应建立相应的保障制度。我国在一些领域的隐性担保一直受到质疑，至今一些经济体尚不承认我国的市场经济地位。在这方面，应在加快市场化改革的同时，不断改善社会经济治理，增加透明度，加强市场配套制度建设，从隐性保障逐步走向显性保障，有效配置资源和防范风险。

（《中国金融》2014 年第 3 期）

金融市场化改革的新突破

　　我国金融改革发展已经取得巨大成就，与社会主义市场经济相适应的金融体制基本建立并不断完善。但是，一些深层次的、难度较大的改革诸如金融市场准入、利率汇率市场化改革等还没有完成，使市场在金融资源配置中发挥决定性作用面临诸多制约。

　　十八届三中全会作出了全面深化改革的决定，对金融改革提出了新的任务和要求。围绕新的决策部署，努力在金融重点领域和关键环节改革上取得突破，对于进一步扩大市场在资源配置中的作用，提升金融运行效率和服务实体经济水平具有重要作用。

　　发挥市场在金融资源配置中的决定性作用，应准确把握市场经济的基本特征：市场进入或市场准入是自由的，不存在政府管制；市场竞争是充分的、有效的；市场主体是自主的，能够独立选择与决策；市场决定价格的形成和水平；市场能够有效配置资源；市场具有良好激励约束，以及有效的退出机制安排。围绕这些要求，金融改革应在以下领域实现新的突破。

　　扩大金融业对内对外开放。应放宽准入，取消各种不必要的管制，允许各类资本平等参与市场竞争，形成合理价格；允许具备条件的民间资本依法发起设立中小型银行等金融机构，满足经济主体的多元化金融需求；进一步推进金融业对外开放，更好地利用两个市场、两种资源；适应经济社会发展需要，支持金融组织、产品和服务创新，鼓励新兴金融业态发展，拓展金融市场的广度和深度。同时，要进一步完善金融监管体制，加强金融监管协调，建立存款保险制度，健全金融机构市场化退出机制，界定中央和地方的金融监管职责，不断提高金融监管有效性，保障金融市场安全高效运行和整体稳定。

　　实现金融要素市场化定价。完善利率汇率的市场化形成机制，逐步放开存款利率管制，加大市场决定汇率的力度，由市场供求决定利率和汇率水平，同时更好地发挥金融宏观调控对价格的引导作用。特别是，要健全市场利率定价自律机制，提高金融机构自主定价能力。要从优化资源配置的高度来理解和把握利率市场化改革的重大意义。完善人民币汇率市场化形成机制，有序扩大人民币汇率浮动区间，增强人民币汇率双向浮动弹性。利率和汇率都是重要的货币政策工具，会影响货币条件松紧及政策传导机制的变化，应统筹考虑、协调推进利率市场化和汇率形成机制改革。

增强市场主体对金融服务的自主选择权。现代市场体系的基本特征是企业自主经营、公平竞争，消费者自主选择、自主消费，商品和要素自由流动、平等交换。要实现这一目标，在金融领域要着力推动多元化资本市场发展，加快信贷资产证券化改革，优化金融资源配置结构；加快推进人民币资本项目可兑换。目前，大部分项目已经打通了资本自由流动渠道，但在个人资本交易和资本市场开放等方面的限制仍然较多。要在统筹国内需求和国际形势的基础上，进一步扩大资本市场和货币市场对外开放，有序放宽个人项下资本流动的限制。我国金融总量已经很大，但结构不尽合理，特别是广大农村地区、贫困地区的金融供给不足，无法满足企业和个人对金融服务自主选择、自主消费的合理需求。要大力发展普惠金融，不断提高金融服务的覆盖面和可获得性，使金融改革与发展成果更多惠及广大人民群众和经济社会发展薄弱环节。

还应密切关注新型城镇化、农村经济、财税体制、社会保障、国有企业、科技体制等领域改革对金融改革的需求及其对金融业的影响，提高金融改革的系统性、整体性和协同性。

（《中国金融》2014 年第 2 期）

不唯银行资产规模论英雄

很多银行特别是中小银行都非常看重资产规模，原因很简单，资产运用是主要的利润来源。加之，社会对信贷的强劲需求以及市场的激烈竞争也加剧了资产规模扩张。

"大银行"情结也是银行推崇资产的重要因素。在"大银行"目标的驱使下，一些银行热衷于跨区域设立分支机构、跑马圈地，热衷于再融资、资产与负债的交互扩张，热衷于对存款、贷款规模的考核，热衷于构筑垂直的管理体系，千方百计变成大银行。但是，这种发展理念并不适应多层次经济发展的需要，也隐含着一定的风险。

适度追求资产增长无可厚非。这些年来，伴随经济高速增长，我国银行业资产高速增长，特别是近十年来，银行资产更是一年一个台阶。2003年底，银行业金融机构资产总额为276394亿元，2012年底为133.6万亿元，年均增长19%左右。我国银行业的国际排名也迅速提升。近期，英国《银行家》杂志发布了2013年度全球银行排名，我国有许多银行位列其中，工商银行、农业银行、中国银行、建设银行进入全球资产排名前25位，其中工商银行在2012年首进前三之后，2013年位列千家银行榜首。这种变化，反映了世界经济格局的变化以及我国金融经济改革的深化。

大固然可喜，小同样美丽。不唯规模论英雄，就是要求我国银行业适应我国结构性经济改革和金融改革，以及现代银行发展趋势，追求适度的可持续资产增长，更加注重发展的质量和内涵，注重软实力的提升。大型化、全国化、国际化不是所有银行的必由之路，对多数中小银行，不应盲目走大型银行之路，而应坚定走差异化的发展道路。

我国银行资产的快速增长有着深刻的历史和体制背景，带有一定的脆弱性。经济的长期高速增长为银行发展创造了良好的基础；适时的金融改革有效释放了银行活力和潜力；宽松的宏观经济政策所带来的流动性环境，助推了银行资产的扩张；资本市场的不充分使银行同时充当了提供长期资本和短期融通的功能。所有这些会随着经济调整和改革深化而相应改变。

追求适度的资产规模是经济发展方式转变的客观要求。虽然我国银行业仍处于良好的战略机遇期和成长期，但银行业发展的国内外经济环境出现了新变化。无论国际经济还是国内经济都处于调整和平衡之中，我国经济仍面临诸多矛盾和壁垒。中央已明确，不以 GDP 增长论英雄，注重经济发展的质量和效应；促进多层次金融市场发展，重构资本、债务关系，优化资源配置。在这种背景下，银行业发展环境和发展方式理应进行调整。

银行资产扩张隐含着风险。金融市场曾出现的流动性紧张已经警示：不能指望不断融资和扩大理财产品规模，交互扩张银行资产负债规模，而应构筑稳健的可持续的商业模式。积极调整资产负债结构，既是银行业的责任和使命，也是银行业自身发展的需要。随着未来存款保险制度和金融机构市场退出机制的建立和完善，应打破"大而不倒"的迷思，使所有银行真正成为市场主体、责任主体，并认识到：只有改进银行治理，改善资本结构，才能提高资本对风险的抵御和缓释能力；只有加强资产结构的调整，降低长期资产比重，增强资产结构和负债结构的匹配性，才能基业常青；只有加强市场纪律约束，改善微观机制，才能适应利率、汇率等市场化改革的需要。

银行对资产规模的追逐也有着深刻的体制原因。经济发展过于倚重银行，银行利润过于依赖利差收入，银行发展缺乏差异化的制度安排，对银行中间业务收费的管制，利率非完全市场化以及金融管制过多，都在一定程度上加剧了银行资产的扩张。因此，必须加快改革，为银行业发展创造良好的制度和政策环境。

（《中国金融》2014 年第 1 期）

做好金融改革的大文章

十八届三中全会发出了全面深化改革的动员令，对金融改革也提出了一系列新要求。抓住战略机遇期和窗口期，全面推进金融改革，加快金融业转型升级，成为新时期重要的历史任务。

"一行三会一局"是我国金融改革的重要组织者、发动者和参与者。在十八届三中全会后，金融管理当局只争朝夕，围绕放松管制、市场化改革、自贸区建设相继表态，并开始实施力度较大的改革措施，给市场带来一缕清风。

我国金融改革从来就没有停止过，但可以预见和肯定，未来改革的步伐将会比以往更快、更坚定。

这种坚定来自更明确的改革目标和勇气。十八大、十八届三中全会以及近期的中央政治局系列会议指出了全面深化改革的指导思想和目标，也勾勒出深化金融改革基本的逻辑、方法和路径。这就是：发挥市场在资源配置中的决定性作用，同时更好发挥政府的作用；着力解决发展中的问题，用问题驱动改革；坚持顶层设计和摸着石头过河的有机结合，以及自上而下和自下而上的有机结合。这要求把金融改革置于更加系统的战略框架内，努力使金融改革与其他改革协调推进。

金融改革是所有改革中最敏感、最重要、最复杂的组成部分。这是因为金融具有广泛的关联性，涉及错综复杂的关系，包括金融内部不同方面之间以及金融与社会其他诸领域之间的关系。这其中不同系统、不同层次的关系，有些是关乎整体和全局的，具有广泛的影响力和渗透力；有些是局部的甚至是技术性的关系。改革，就是要正确认识和理顺这种复杂的关系，最大限度地发挥金融在现代经济发展中的作用。

从问题出发探索解决之道是推进金融改革的关键。在经历三十多年改革后，我国基本解决了金融发展中的一些基础性、功能性问题，已建立起基本的金融调控监管体系、金融服务市场体系、金融基础设施体系，对金融发展规律的认识逐步深化。但从经济转型升级、资本配置效率以及全面深化改革的角度看，我国的金融制度仍存在诸多问题，金融市场的统一性、透明性、有效性以及金融治理还存在缺陷，薄弱环节金融服务尚缺乏有效的制度安排，等等。

金融改革的核心是让市场起决定性作用。十八届三中全会把市场的作用由"基础性"提升为"决定性"，这是一篇需深入思考并务必做好的大文章，需要理解其中的内涵和外延，并体现在金融改革发展的各个环节。判断市场的作用程度，要看利率、汇率等一些重要的价格性调节工具和机制是否由市场决定，市场是否具有弹性和韧性，以及是否存在因为管制造成的扭曲；要看金融基础性设施、准则、流程和技术标准是否满足全面市场化的需要，能否满足市场自律和风险管理的要求，与成熟市场制度差距有多大；要看政府在其中的作用。发挥市场的决定性作用与发挥政府的作用并非对立的，金融改革也并非一放了之，要辅之以相应的审慎管理框架和金融安全保障机制。

需要指出，深化市场改革是全方位的、系统性的，涉及宏观、中微观层面，不同层面的改革亦非简单的先后关系，而是相互协调、相互促进的关系。不同市场主体应按照改革的整体方向和目标主动推进相关改革，使改革互为基础、互为条件、互相协同。

金融改革是复杂的系统工程，做好金融改革特别是宏观层面改革的顶层设计尤为重要，应始终把金融改革放在"五位一体"总体发展布局中去规划，放在全球资本循环的系统中去把握，放在金融各业协调发展的角度去考量。而对于那些局部的、特定的金融服务改革，应在防止套利和扭曲的前提下，鼓励基层的首创精神，加强制度创新，引导用新机制新办法解决矛盾和问题。

（《中国金融》2013 年第 24 期）

中国梦·央行梦

今年 12 月 1 日，中国人民银行成立 65 周年。人民银行在解放战争的硝烟中诞生，在计划经济体制下曲折前进，在改革开放中不断发展，逐渐成为宏观调控的重要部门和具有广泛影响力的中央银行。

人民银行的发展始终与国家的发展以及金融事业的发展紧密联系在一起。65 年来，我国从积贫积弱逐步走向繁荣昌盛，硬势力和软实力明显提升。在不同时期，人民银行都发挥了重要作用：人民币的发行，标志着独立、统一、自主的共和国货币制度开始；统一金融管理体制的形成，有力地促进了国民经济的恢复和发展；改革开放后，我国建立和完善中央银行制度，推动金融改革开放，金融业发生了历史性变化。特别是近年来，我国完善金融宏观调控，深化国有金融机构改革，加强宏观审慎管理、金融基础建设和金融对外开放，促进金融市场协调发展，人民银行在社会经济发展中的地位更加突出。

人民银行发展凝聚着无数人的不懈探索。南汉宸、曹菊如、胡立教、陈希愈、李葆华、吕培俭、陈慕华、李贵鲜、朱镕基、戴相龙、周小川，这些掌门人带领一代代央行人在党中央、国务院的领导下，认真履行中央银行职责，锐意进取，促进人民银行事业不断发展，谱写了中国金融发展的辉煌篇章。

当前，我国已确定新时期发展的宏伟蓝图，全国人民正在为实现中国梦而努力。到中国共产党成立 100 年时全面建成小康社会目标，到新中国成立 100 年时实现中华民族伟大复兴的梦想。十八届三中全会开启了全面深化改革的新征程。人民银行又站在新的历史起点上。

中央银行是社会发展中最精妙的机关，在宏观调控、资源配置和维护国家经济安全中发挥着重要作用，同时也肩负着转型期深化改革的重任。在新时期，我们期待中央银行体制持续改善，成为治理科学、调控有效、保障健全、服务深化的中央银行，更好地促进金融改革与发展，为实现中国梦创造良好的金融环境。

治理科学，就是建立更加完善的中央银行法律制度，更好地促进我国金融业和金融市场的全面发展；建立更加完善的人民银行内部组织机构体系，强化激励约束机制，提高履职效率；建立更加透明、开放的咨询决策体系，促进决策的民主化、科学化和透明化。

调控有效，就是建立更加完善的金融宏观调控体系，发挥基准利率、汇率和利率传导机制的作用，使市场化政策工具在调控中发挥决定性作用；建立更加丰富的政策工具和手段，增强宏观调控的预见性、灵活性和有效性，不断提高宏观调控的艺术；始终保持稳健的中央银行资产负债表和充足的政策储备，增强调控的能力。

保障健全，就是完善宏观审慎管理制度，加强顺周期、逆周期调节，防范系统性金融风险；加强中央银行与各监管部门的协调，加强对金融控股公司的监管，促进金融各业和金融市场的协调发展；加快建立存款保险制度，构筑公开透明的金融安全保障机制。

服务深化，就是进一步加强中央银行基础设施建设，拓宽金融服务的广度和深度；鼓励和引导金融创新，用新思路、新机制、新手段解决发展中的问题；建立更加包容的金融制度，让社会资本有效参与金融发展，使社会公众更多、更公平地享受金融发展的成果。

人民银行作为中央银行，担负着促发展、调结构、维稳定的重要职责，其性质和职能具有很强的宏观性、系统性、社会性和基础性，应以战略思维和全局意识统筹改革和发展，既要加强和深化自身建设，又要通过全面改革促进金融业的发展和经济转型。这是十分艰巨的任务。我们坚信，人民银行有能力、有信心担当起这样的历史责任。

（《中国金融》2013 年第 23 期）

改革在深水区坚定前行

　　十八届三中全会勾勒了未来我国全面深化改革的蓝图。这是我国改革开放历史的、逻辑的延续，也是新的发展征程的开始。

　　改革开放以来的历届三中全会都是国内外关注的重要事件。全会的决定不仅影响着国内社会经济生活，也影响着世界经济。从十一届三中全会到十八届三中全会，每次全会都有力推动着社会经济的发展。十一届三中全会把全党的工作重点转移到社会主义现代化建设上来；十二届三中全会提出加快以城市为重点的整个经济体制改革的步伐；十三届三中全会强调治理经济环境、整顿经济秩序、全面深化改革；十四届三中全会通过了建立社会主义市场经济体制的决议；十五届三中全会提出建设有中国特色社会主义新农村；十六届三中全会决定完善社会主义市场经济体制；十七届三中全会通过了《中共中央关于推进农村改革发展若干重大问题的决定》；十八届三中全会通过《中共中央关于全面深化改革若干重大问题的决定》。这些变化，反映了我国对社会发展规律和社会治理认识的深化。

　　这次全会之所以备受瞩目，一方面是因为当前的改革已经进入转型期、攻坚期、深水区，以及矛盾多发区，各种因素错综复杂、交互影响，迫切需要凝聚广泛共识，通过重大变革突破固有的观念和利益格局，加强社会、政治、经济、文化、生态等方面的协调，从而推动社会全面发展。另一方面，在更加复杂的内外环境下，社会期待用新思维、新机制、新路径和新方法解决发展中的问题。

　　这次三中全会全面回答了社会关注的一些重大问题，必将增强我国完善社会主义制度的信心。全会决定有几个鲜明特点：一是更加注重系统性改革。在社会、经济、政治等方面，明确了一系列改革措施，强调推进国家治理体系和治理能力现代化，体现了中央全面推进社会进步的胆识。二是更加注重深层改革。决定中涉及的改革内容都是事关社会发展的深层次问题，体现了中央敢于触及灵魂、敢碰硬钉子的决心。三是更加注重社会创新。全会提出进一步解放思想、解放和发展社会生产力、解放和增强社会活力，坚决破除各方面的体制机制弊端，体现了以改革推动改革、以市场创造市场、以社会管理社会的现代发展理念。四是更加注重以人为本，让发展成果更多、更公平地惠及全体人民，注重人的全面进步。

中国社会经济巨轮在深水区扬帆前行，需要涉险滩、披荆棘的勇气和毅力；也需要协调和平衡，保持政策的连续、稳健，以应对各种不确定性。全会决定体现了与时俱进的发展哲学，显示了我国驾驭复杂问题的智慧、能力和艺术。全会强调通过全面深化改革完善基本经济制度，促进社会经济优化升级，保持经济长期稳定增长，对所有制改革、收入分配制度和财税制度、城乡一体化建设均作出相应安排，无疑会进一步释放体制红利。

经济体制改革是全面深化改革的重点，核心问题是处理好政府和市场的关系，使市场在资源配置中起决定性作用。由基础性深化为决定性，体现了完善市场经济体制的信心。这也对金融改革提出了新要求。我们相信，以这次三中全会为契机，包括利率、汇率、资本项目可兑换、国有金融机构以及存款保障制度等方面的金融改革必将进一步加快。

我国是一个发展中大国，深化改革和发展并无现成的经验和模式，必须坚持正确的发展方向，坚定走自己的路。同时，始终以包容、开放的态度，借鉴、吸收人类社会的一切文明成果，不断改善国家治理和经济治理，促进制度文明和社会进步。

（《中国金融》2013 年第 22 期）

金融的热情与理性

一段时期以来，金融方面有两件事颇受关注：一件是不少民营企业争相申办和抢注民营银行；另一件是互联网金融成为热门话题，一些科技企业跃跃欲试，急于涉足支付金融服务。

金融资本的多元化以及金融竞争加剧符合金融发展趋势。特别是，在我国经济调整、金融改革的关键时期，实行更加包容的金融政策，调动社会不同力量、不同资本参与金融发展，有利于改善金融治理、完善金融服务体系、推动金融制度改革，从而更好地满足社会经济多层次发展需要。但是，对日益高涨的金融热情也要冷静思考，并引导社会各方面全面认识金融规律，理性参与金融发展。

热情与理性并非对立关系，适当的热情是金融业发展的重要条件，但过高的热情会导致非理性思维和行动。因此，需要在热情与理性之间把握平衡。

在金融发展史上，因热情、疯狂而导致风险的案例并不鲜见，诸如郁金香泡沫、南海泡沫，以及国际金融危机前疯狂的结构性金融创新。过高热情所导致的非理性繁荣，最终需通过调整或危机加以矫正。在市场经济条件下，新的热点不断涌现，伴随着每轮热点都会引发新的热情。受社会环境、利益驱动、认识水平等影响，人们会对某些产品、产业、市场表现出特别的热情、偏好和冲动。非理性的投资、创新和扩张大量发生，就会引发经济风险，甚至使整个社会弥漫着浮躁情绪。

社会资本对金融的热情和追逐并非偶然。这些年来，随着我国金融资产和利润的快速增长，社会对金融有一种普遍看法：办金融比其他产业更赚钱，因而产生了极强的金融投资冲动。这种对金融的热情蕴藏着风险。无论民营银行还是互联网金融，带来的不仅有机遇也有风险。对此，既要看到产业繁荣和顺周期时的机会，也要看到产业萧条的风险；既要看到金融产业的前景，也要看到这一产业固有的不确定性。上世纪 80 年代，我国曾出现过盲目设立城市信用社、信托投资公司和融资中心的情况，非法金融活动也十分猖獗，给金融秩序和金融稳定带来损害，风险花了多年工夫才得以化解。这样的教训应当汲取。今天，当我们面对民营银行热、互联网金融热时，也应全面分析其正负效应，因势利导。

我国经济正处于转型时期，客观认识和发挥金融的作用尤为重要。我们既要有效利用金融资源和金融市场，又要防止过度金融化、信用化，特别是要防止产业空心化。一个经济体的竞争力最终依赖于实体经济的发展，应引导社会资本更多参与经济的转型升级，更多用于自主创新和品牌建设。这就需要培育一种新的文化和企业家精神，促进企业把资本投入到实体领域，聚精会神地发展具有国际影响力的品牌，而不是把精力和资金过多转向金融业。

金融不是万能的、包治百病的良药，也不是摇钱树，真正的资本和活力只有通过良好的经济结构和效率才能创造出来。对于地方而言，不是有了金融机构和区域金融中心，就能有效解决当地经济发展的资金问题；对于企业家而言，不是办了银行，才能基业长青；对于公众而言，金融绝非短期的营利工具，应合理运用金融，减少投机，防范风险。我们应当通过公共金融教育，让健康的金融文化深深植根于社会大众，消除金融拜物教思想，减少大众文化中过度的非理性的金融热情。

金融始终是高风险的行业，理性认识金融的这一本质特征，有助于把握金融发展规律以及内在联系。在市场经济条件下，金融具有优化资源配置与加剧资源错配、分散风险和积聚风险、促进公平和加剧分化、商业逐利和社会责任的多维二重性。这足以说明金融业是一个十分复杂的产业，必须始终坚持审慎原则。社会各界都应以积极健康的心态参与金融，使金融发展更好地服务于中国梦的实现。

（《中国金融》2013 年第 21 期）

上海自贸区的历史责任

在一片期待中，中国（上海）自由贸易试验区建设拉开了帷幕。

这是中国大陆设立的第一个自由贸易区。对于设立上海自贸区的意义，有人将之与当年启动改革开放、加入世界贸易组织相提并论。自贸区涵盖上海市外高桥保税区、上海外高桥保税物流园区、洋山保税港区和上海浦东机场综合保税区，共计 28.78 平方公里的土地，旨在通过改革试验，加快转变政府职能，推进服务业扩大开放和外商投资管理体制改革，为我国扩大开放和深化改革探索新思路和新途径。

创建上海自贸区是基于全局性、战略性和体制性考虑，是中央在全面分析国内外发展形势基础上作出的重要制度安排。在全球经济致力结构调整和再平衡背景下，自贸区承担着重要的历史使命。

探索管理模式。自贸区采取负面清单管理，是我国在全球贸易投资规则重构背景下与国际接轨的重要措施。长期以来，我国对外资的管理采用外商投资产业指导目录模式。负面清单管理，就是列出不开放的行业或受限制的商业活动的清单，明确限制和禁止的领域和行业，只要未列入名单，就允许准入。负面清单管理更加透明、高效。近年来，负面清单管理模式逐渐成为国际贸易谈判和规则制定的新趋势。目前，根据外商投资法律法规、《中国（上海）自由贸易试验区总体方案》、《外商投资产业指导目录》，上海公布了《中国（上海）自由贸易试验区外商投资准入特别管理措施（负面清单）》，共六大领域，涉及 18 个行业。这种全新的尝试适应了国际金融、投资、贸易领域的新变化，有利于提高我国对外开放水平。

以开放促改革。自贸区建设秉承了我国在改革开放中的一贯思维和逻辑，即以开放促改革，通过借鉴和参与国际规则，推动社会主义市场经济体制的完善。国际金融危机后，各经济体进行了多样化的自由贸易区安排，给我国对外贸易与投资带来了机遇和挑战；同时，经历了 30 多年高速发展后，我国要素市场和潜在增长也在调整，对外贸易和投资条件比较优势减弱，迫切需要寻找新的经济增长动力，以激发体制红利。上海自贸区建设无疑是我国更好地参与国际分工合作，更好地参与国际贸易投资规则的重要尝试，它把扩大开放与体制改革相结合、把培育功能与政策创新相结合，有助于探索系统改革经验，以开放促改革。

积累改革经验。利用这样的安排，探索可以复制的改革和管理经验，是自贸区创立的核心要义。谈及自贸区建设，不少人把目光放在金融方面。的确，自贸区建设对于促进人民币资本项目可兑换、金融市场利率市场化、人民币跨境使用、全面实现贸易投资便利化都将起到积极作用。但是，自贸区建设不是某个领域的改革，涉及外资管理、财税政策、物流管理、政府行政管理等诸多内容，是一项综合性、系统性安排，需要有关部门和方面通力协作、合理推动。我们注意到，自贸区建设的一项主要任务是探索建立与国际高标准投资和贸易规则体系相适应的行政管理体系，推进政府管理由注重事先审批转为注重事中、事后监管。这充分说明自贸区建设是关乎整体改革的安排。

实现包容发展。自贸区建设不是排他性、替代性的制度建设。上海自贸区建设意在促进我国经济全面改革开放，充分发挥其辐射和带动功能，并不影响其他双边和多边安排；它也不能替代宏观意义上的其他改革，我国仍需按照改革的总体目标和要求，加强顶层设计，不失时机地推进相关领域改革。在自贸区发展中，应妥善处理好区内改革与区外改革的关系，注意隔离和防范风险，防止规则和监管套利，加强正向反馈和良性互动。同时，充分发挥各种对外贸易与合作安排的作用，相互补充，相互促进，使我国经济发展更具包容性和开放性。

（《中国金融》2013 年第 20 期）

激发经济发展的内生动力

我国经济正处于转型时期，经济增长的内外要素环境已发生变化，潜在增长率降低，不能再走过度依赖出口、投资的路子，需更多依靠改革以激发经济发展的内在动力。

转型不是抽象的概念，而是一个系统工程，要求人们在观念、思维、政策和行动上作出相应调整和转变。在新的目标函数和约束条件下，破解问题的难度逐步加大，继续沿用以往的惯性、方法已经难以实现最优解。这一点从当前经济运行的困境中已看得很清楚：依赖以往的发展方式可以缓解短期困境，却会加剧社会经济中长期矛盾。因此，需要加强诸多领域的顶层设计，以改革推进体制机制的完善。

在这方面，社会各界已形成共识，决策层也有充足的决心和信心：只要经济主要指标处于容忍区间，就要坚持财务约束，减少干预，让市场充分发挥作用。

激发内生动力，要使市场真正成为资源配置的基础。市场是商品和生产要素自由流动的重要条件。市场作用的有效性，决定着一个国家的生产效率和整体竞争力。市场发展有多个方面，减少和消除行政管理对资源配置的不当干预，是发挥市场基础性作用的关键。这要求加大行政管理体制、投融资、财税、金融以及大型国企改革，以释放市场潜力、动力和活力。新一届政府运行以来，宏观领域的改革陆续展开，行政管理体制改革力度加大，利率市场化改革、信贷资产证券化改革迈出关键步伐，上海自贸区建设拉开帷幕，其他改革也列入日程。这些改革有助于减少市场扭曲和要素流动壁垒，促进资源优化配置。

激发内生动力，要使企业成为发展的主体和创新的主体。一个经济体经济发展的质量与高度，最终由其企业的发展水平所决定。经济转型升级，同样要靠企业的产品和价值来支撑。一些发达经济体之所以有国际竞争力和抗风险能力，得益于一批有影响的企业品牌。经过多年改革开放，我国涌现出一批有竞争力的企业，但在自主创新、价值含量和软实力诸方面还有明显差距，经济还没有真正强起来。一些地方往往热衷外延式发展，而不是潜心培育和塑造企业内生力量，"窝"搭得很好，却没有几家像样儿的企业，难以实现可持续发展。因此，应进一步厘清发展思路和规划，以好的政策和环境促进企业成长，特别是加快深化企业改革，优化要素组合，更加重视发展中小微企业，通过放宽市场准入，清除不合理限制，鼓励企业创新，促进结构升级。

激发内生动力，要使内需成为驱动经济增长的发动机。近几年来，我国坚持把扩大内需作为经济发展的战略方针，重视发挥消费的基础作用和投资的关键作用，推进了区域经济升级。扩大居民消费关键是提高消费能力、稳定消费预期、增强消费意愿、改善消费环境。为此，应继续加快收入分配体制和社会保障体制改革，为扩大消费创造内在动力。同时，保持合理的投资增长，加强铁路等交通基础设施建设，加大对棚户区改造及配套基础设施的投入力度，加快农村电网改造升级工程，加强基础教育和医疗投入，稳妥推进以人为核心的新型城镇化。

激发内生动力，应把现代发展和管理的理念和做法有机融入我国社会经济发展的实践当中。不能"穿旧鞋走老路"，也不能"穿新鞋走老路"。加快完善各类要素市场，注重用新的制度、机制、方法解决经济发展中的问题。发挥资本融合、积聚和辐射的力量，推进存量改革。统筹扩大对内对外改革开放，加强产权保护，激发社会公众的创业激情和动力，推动包容性发展。妥善处理政府、市场与社会的关系，改善经济治理，加强法制建设，推动社会在理性、秩序、效能轨道上健康发展。

（《中国金融》2013 年第 19 期）

倡导包容性金融文化

包容性是我国传统文化最突出的特征之一。

我国文化的包容性，是经过几千年融合形成的，具有强大的生命力。中华文化之所以博大精深，川流不息，是吸纳百川的结果。历代思想家多主张兼收并蓄，使我国传统文化形成了丰富多彩的局面。与此同时，我国不断汲取和接受异质文化，也增加了文化多元性和创造性。在全球化时代，弘扬我国传统文化中的包容精神，对于推进结构性金融改革，激发金融活力具有重要意义。

倡导包容性金融文化，让社会不同资本公平参与金融发展。资本并无优劣之分，但资本结构以及由此带来的治理差异会影响社会经济效率。我国资本市场的发展改善了企业的资本结构，但资本结构依然单一、脆弱，影响了资本功能的发挥和体制改革。这些年来，国家相继出台一系列鼓励和促进民间投资的政策措施，但在许多方面落实还不到位，存在"玻璃门""弹簧门""旋转门"现象。最近，国务院总理李克强要求打破各种对民间投资隐形障碍，尽快在金融、石油、电力、铁路、电信、资源开发、公用事业等领域向民间资本推出一批符合产业导向、有利于转型升级的项目，形成示范带动效应，全面清理和修订有关民间投资的行政法规、部门规章及规范性文件，制定清晰透明、公平公正、操作性强的市场准入规则。同时，引入社会力量开展第三方评估，接受各方监督。这些措施对包容性发展大有裨益。

倡导包容性金融文化，让社会不同群体共享金融发展。包容性金融强调，通过完善金融基础设施，以适当的成本将金融服务扩展到欠发达地区和社会低收入人群，提供便利的金融服务；要求金融机构强化内控、接受市场监督和审慎监管；要求金融业实现可持续发展，确保长期提供金融服务；要求增强金融服务的竞争性，为消费者提供多样化的选择。这些年，我国不断完善小企业金融服务体系，鼓励小企业发行债务融资工具，拓宽融资渠道；

推进涉农金融改革，提高农村金融服务覆盖面；加快金融基础设施建设和金融消费权益保护，取得一定效果。但是，这方面矛盾依然突出，仍需持续改进。

倡导包容性金融文化，应坚定实施金融开放战略。我国改革开放经验表明，金融开放有助于改进我国金融经营管理，推动金融改革，破解金融发展中的难题。当前，金融重点领域和关键环节的改革亟待突破，需要我们以更大的决心和勇气扩大金融对外开放，既要勇敢"请进来"，又要坚定"走出去"，以海纳百川的胸怀学习借鉴外国金融发展经验，提升金融开放水平和质量，逐步消除制约发展的体制机制障碍。在金融发展中，会经常遇到国外一些批评、责难和各种遏制。我们应积极面对全球化进程中的各种挑战。一方面要积极有效沟通，消除误解、傲慢与偏见，增强互信、共赢；另一方面，也应从中汲取合理的意见，果断改革，促进我国金融体制更加市场化。

倡导包容性金融文化，应增加对金融创新风险的容忍度。人类金融发展史是一部不断创新的历史。国际金融危机后，国际金融创新由过度创新向适度创新回归，特别是由金融衍生品创新向原生产品回归。这些变化深化了人们对金融创新的认识。当前，我国金融创新不足与创新过度并存，但总体上创新不足。对此，应保持适度的耐心和容忍度，允许探索，鼓励结合我国实体经济进行大胆创新，同时加强有效监管。

倡导包容性金融文化，核心是加快推进结构性改革。我国已在利率、汇率、资本项目开放等领域迈出实质性步伐，国有金融机构和金融市场改革也在持续推进。以包容性促进结构改革，应进一步解放思想，充分吸纳一切积极力量，推动我国金融市场协调发展。

（《中国金融》2013 年第 18 期）

从异动金融事件中汲取教训

这是一个不断变化的市场。在不确定的环境下，人们越来越难以预料市场上的可能变化。从国内到国外，从货币市场到资本市场，一些看起来很不起眼的事件却触发了一系列市场反应。有些事件属于市场经济条件下的正常波动，更多的突发和偶发事件，则反映了金融市场和金融机构治理中的缺陷。

市场中各种非常事件或市场异动可能源于多种情形：或因外部冲击的影响，或因风险的积累和积聚，或因人为因素，或因管理失当，或因技术故障，或因制度缺陷，等等。无论何种情况，都可能带来冲击，有时候甚至是力度很大的冲击。国内外都有类似的金融案例。

对于市场异动事件，需要冷静客观的分析，并区分不同情况加以对待。对于那些市场中带有共性的或特定发展阶段的问题，不必过于敏感和苛刻，应以积极的心态和理性的思维去面对，以改革和发展去解决。我国从传统经济走向现代市场经济，是一个惊险的跳跃，也是一个漫长的过程。这个过程注定不会一帆风顺，而是充满荆棘和挑战。特别是在全球化复杂环境下，影响市场的力量和因素越来越复杂和多元化，越来越难以控制。人们对市场的认识和驾驭能力也极其有限，在管理、技术和应变等方面还存在许多不足，加上改革还不到位，市场中出现一些扭曲和非常事件有时在所难免。

但是，问题的客观性并不能掩饰我们管理中的问题。必须看到，相当一些异动事件还是暴露出一些市场参与者在市场治理和内控中的问题，值得警觉和反思，有关方面应透过事件本身看到更多深层的东西，不断完善金融管理和技术，加快改革，使我国的金融市场更加完善，防止类似问题再次发生。

任何事件，从一定意义上都可以从制度上寻求原因。完善的金融制度是市场稳健运行的基础。我国市场化改革虽历经几十年，但与成熟市场经济相比，在制度、机制、治理、契约以及道德约束等方面还有很大距离，还处于新兴加转轨时期，处于社会主义初级阶段。在这个阶段，人们对市场规律的认识还有很大局限性，所形成的各项金融制度还不完善，还存在一些真空，需要在实践检验中加以矫正。非常事件并非完全随机形成，往往会在制度的最薄弱环节发生。这将有助于我们发现制度和管理中的漏洞。金融发展史表明，危机、挫折或非常事件往往是最好的老师，可以促使我们及时修补和矫正现行制度中的短板。透过非常事件，可以帮助我们找到问题的症结，解剖麻雀，举一反三，加以改进，会促使我国金融市场更加完善。

　　非常事件反映了有关金融机构流程管理中的缺陷。应当说，多数机构并不缺乏流程管理制度，但缺乏执行力。从这个角度上讲，对执行力的监管和内控非常关键。对金融市场和金融机构而言，没有比风险管理更重要。在市场经济条件下，流程和风险管理始终是机构或市场可持续发展的重要环节。国际、国内金融市场出现的很多事件，多与流程控制和风险管理有关。因此，异动事件值得所有金融机构重视和总结，并通过事件推动管理，完善内部制度，加强风险控制，最大限度地防范风险。

　　非常事件也为我们加强市场经济条件下的危机管理提出了新的命题。在越来越透明的社会里，对事件处理的速度和质量异常重要。每个机构都应重视应急机制建设，在事件发生后，迅速启动应急机制，厘清问题的来龙去脉和事实真相，并向公众进行真诚沟通。应始终以事实为依据，以法律为准绳，落实责任，有效处置。合理引导预期，稳定市场情绪，促进市场恢复和发展。同时，及时建立纠错机制，防止出现系统性风险和负面情绪蔓延。

（《中国金融》2013 年第 17 期）

凝聚结构调整的正能量

我国经济发展仍处于重要战略机遇期，具备持续健康发展的基础条件。但也要看到，经济正处于增长速度的换挡区、结构调整的阵痛期、发展模式的转换期，加上世界经济深度调整，发展环境更加复杂。

当前我国经济运行中的突出问题是：外需不足和内需预期不稳影响经济增长动力；产能严重过剩加重企业生产经营困难；资金配置不尽合理导致中小企业融资难、融资贵；财政金融潜在风险交织增加了风险防范的复杂性。解决这些问题，需要坚定的目标、信念和决心，也需要耐心、冷静和理性，需要更加尊重市场规律，依靠持续推进结构性改革，激发活力和释放潜力。

尊重市场规律。核心是要实现宏观政策、微观政策、社会政策的有机统一。宏观政策要稳，就是要继续实施积极的财政政策和稳健的货币政策，向社会释放推进结构调整的坚定信心；不轻易用有形之手干预市场，以免造成市场扭曲；同时，要未雨绸缪，研究和储备充足的政策预案，适时适度进行微调。微观政策放活，就是要着力营造更加公平的市场环境，着力解决企业的突出困难，着力进行企业的存量调整，激发企业内生活力。社会政策托底，就是要完善社会保障制度建设，加强和创新社会管理。这要求准确地把握调控的方向、力度和节奏，稳定社会预期、不断提高服务实体经济的水平；发挥政策合力，形成合理的宏观调控政策框架，使经济运行处在合理区间；更多运用经济、法律和科技手段，创新宏观调控方式；依靠创新体制机制，加快推进重点领域和关键环节改革。

坚持底线思维。经过多年高速增长，我国经济发展的内外环境已经发生新的变化，各种约束交织，速度适度降一些是正常的。当前我国主要经济指标仍在合理的区间内运行，GDP 下限是 7.5%，CPI 上限不超过 3.5%。经济运行合理区间是动态变化的，只要在主动调控范围内，就要积极面对速度换挡的压力。中国作为发展最快的大型经济体，把握好经济结构调整和增长之间的平衡是今后长期面对的问题。化解产能过剩是产业结构调整的重点，应区分不同情况，稳妥化解，特别注重通过生产要素的流动和整合，实现优胜劣汰和产业升级。

持续推进改革。打造中国经济升级版，需要在深化改革上下工夫，不断释放改革的制度红利，激发社会活力，增强发展动力。我国在行政体制、财税、金融、投融资、价格等重点领域和关键环节已经明确了改革目录和重点：加快推进行政审批制度改革，建立公开、透明、规范、完整的预算体制，稳步推出利率汇率市场化改革措施，推进铁路投融资体制改革，推进社会保障制度改革，研究新型城镇化中长期发展规划，建立健全农村产权确权、登记、颁证制度，完善科技创新体制机制，等等。这些改革的推进，将有助于促进经济发展方式转变和建立更加完善的市场经济体制。

坚持扩大开放。开放对于促进改革、促进发展具有难以替代的重要作用。开放，提高了我国产业的国际竞争力，促进了经济运行机制的深刻变化，促进了我国经济与世界经济的融合、分工与协作。我国在多边合作、区域合作、双边合作方面已经取得一系列实质性进展，应进一步解放思想，以我为主，更加积极主动地对外开放，及时改革和放松资本管制，同时控制好风险。在不断提高对外开放水平的同时，还应深入推进国内各种生产要素的配置，扩大对内开放。国务院已经出台一系列鼓励民营资本进入各种市场的政策措施。社会各界应减少对民营资本的歧视，按照开放准入、严格监管、试点先行、有序推进的原则，促进民营资本广泛参与各类经济活动和市场，更好地发挥资本的力量。

（《中国金融》2013 年第 16 期）

放开贷款利率管制的效应

放开金融机构贷款利率管制，是我国宏观调控制度的重大改革，是利率市场化改革的重大突破，标志着我国金融改革的进一步深化。

放开贷款利率管制是利率市场化持续改革的必然结果。这些年来，我国利率市场化改革已取得重要进展，金融机构差异化、精细化定价的特征逐步显现，市场机制在利率形成中的作用明显增强。总体来看，我国进一步推进利率市场化改革的宏微观条件已基本具备。从宏观层面看，当前我国的经济运行总体平稳，价格形势基本稳定，是进一步推进改革的有利时机。从微观主体看，随着近年来我国金融改革的稳步推进，金融机构财务硬约束进一步强化，自主定价能力不断提高，企业和居民对市场化定价的金融环境也更为适应。从市场基础看，经过多年的建设培育，上海银行间同业拆借利率已成为企业债券、衍生品等金融产品和服务定价的重要基准。从调控能力看，货币政策向金融市场各类产品传导的渠道也已较为畅通。在这种背景下，放开贷款利率管制可谓水到渠成。

利率市场化改革是我国经济金融体制改革的重要组成部分和关键环节。放开贷款利率管制作为系统性金融改革的重要举措，会产生一系列积极效应，必将对我国经济金融产生全面、系统、长期的影响。

放开贷款利率管制，将使金融机构与客户协商定价的空间进一步扩大，有利于促进金融机构采取差异化的定价策略，降低企业融资成本；有利于金融机构不断提高自主定价能力，转变经营模式，提升服务水平，加大对企业、居民特别是小微企业的金融支持力度。这将引导商业银行逐步改变信贷模式、业务流程和风险管理，加快转型升级。同时，也促使企业根据自身条件选择不同的融资渠道，改善融资结构，有利于发展直接融资市场，促进社会融资的多元化，进一步发挥市场配置资源的基础性作用，促进金融支持实体经济发展、经济结构调整与转型升级。

放开贷款利率管制，将推动金融宏观调控和货币政策传导机制进一步完善。利率市场化要求金融机构具有充分的定价权，要求中央银行的政策利率能够有效引导市场利率。放开贷款利率管制，中央银行的利率调控体系将更加完善。利用货币市场工具引导市场利率，并通过市场利率引导金融机构存贷款利率将逐步成为中央银行利率调控的重要形式，这将有助于完善以利率为基础的货币政策传导机制，提高货币政策有效性。可以预见，放开贷款利率管制后，中央银行会更加注重利率传导和调控作用，更加注重培育政策基准利率，以增加金融宏观调控的灵活性、适时性和有效性。

放开贷款利率管制，将有助于减少和抑制影子银行活动。从一定意义上讲，影子银行活动是金融抑制和管制的反映，利率市场化将促进金融深化，从而使体制外金融活动和部分非规范金融业务逐步回归，并引导民间金融规范发展。

放开贷款利率管制，将给我国经济金融管理带来新的机遇和挑战。必须看到，实现放开利率管制预期效果应满足相应条件：加强不同经济主体的财务约束和市场纪律，并建立有效的法律惩戒制度，硬化信贷约束；加快金融市场结构和金融机构资本结构的调整，增强金融市场的弹性和韧性；建立更加系统的金融风险防范机制，有效应对市场风险；加快存款利率市场化改革，建立更加有效和对称的资产负债价格关联约束机制。为此，需要加快相应的配套改革。

利率是现代市场经济发展中重要的杠杆，与社会经济金融诸多方面都有密切的联系。放开贷款利率管制，无疑是我国金融发展进程中具有里程碑意义的事情，它所产生的影响还需在今后社会经济生活中进一步观察。可以预见，这项改革将给我国未来经济生活带来一系列新的变化，也会为深化金融改革和其他改革创造更加有利的条件。

（《中国金融》2013 年第 15 期）

"钱荒"的警示效应

人们把前段时间市场上的短期流动性紧张形象地称为"钱荒"。

"钱荒"看上去有点儿刺眼，但它确实发生了，并让市场惊出一身冷汗，也使人们对市场纪律约束更为关注。它明确告诉市场，无论商业银行、企业、政府部门还是中央银行，都必须管好自身的资产负债表。

事实上，市场流动性总体并不紧张，有人把"钱荒"称为管理当局对市场的一次压力测试。的确，当前中央银行拥有丰富的政策手段，商业银行资产负债表也是健康的，我国货币信贷、社会融资总量同比保持较快增长，全部金融机构备付金余额高出正常支付清算需求量，存款准备金率保持在较高水平，"钱荒"看上去更像是一个偶发事件。

但是，透过"钱荒"，我们还是看到了更多的东西。

"钱荒"折射出经济运行中的结构性问题。有人认为，"钱荒"是货币自我循环的结果，是过多的钱流向了虚拟经济。这种看法过于简单。实际上，贷款和其他方式融资大多流向了实体经济。"钱荒"的根子仍在经济。在新一轮政府换届周期和经济周期，我国面临经济转型和区域扩张并存局面，极易产生投资冲动和资金紧张。一方面，转型需要加大制度和技术创新，把速度适当降下来，推动经济升级；另一方面，区域经济翻番目标的驱使，使得各地仍看重高增长，希望争取更多的市场和资源。这样的矛盾加剧了结构调整的难度。在当前我国经济内生增长动力不足、小企业和民营企业不够景气的背景下，新增投资产生了对信贷资金的刚性需求，进而导致资金总体效率和边际效率降低。特别是在现有体制下，博弈和倒逼无处不在，常常使管理当局陷于两难境地：迎合会产生体制性膨胀、硬化约束容易产生震荡。从这种意义上，"钱荒"不单纯是流动性问题，而是经济转型中的结构问题。

"钱荒"反映了银行的流动性管理和业务结构的缺陷。毫无疑问，我国商业银行是有钱的，有充足的资本，有丰厚的利润。但在市场经济下，越是有钱越容易缺钱，有钱与缺钱可以在短期内转化。因此，商业银行应加大风险管理、结构调整和业务转型的力度，始终在流动性、盈利性和安全性之间把握平衡，不要盲目博弈把资金缺口留给市场、留给中央银行。在深化银行改革时，应高度重视银行自身资产负债表的合理性、健康性，充分体现支持实体经济和防范风险要求，丰富流动性管理工具，注重差异化发展，减少同质性。

"钱荒"说明去杠杆过程的复杂性。去杠杆率，就是要降低地方政府和企业过高的负债率，改善供给管理和加快结构调整，并保持合理的经济增长。要看到，靠扩张性的财政货币政策不能实现转型升级，也是难以持续的。我们应从"钱荒"中汲取教训：无论实体经济还是虚拟经济，都应致力于加快转型升级，发展具有高附加值的产品和服务，同时对资产与负债的期限、结构、风险进行有效配置，储备充足的覆盖和吸收风险的手段，减少不确定性。

中央银行在这次"钱荒"中备受瞩目，相信市场读懂了中央银行的意图，即金融市场主体应减少非理性博弈。不过，这一事件也提醒管理当局应建立更加透明的预期管理和风险管理。特别是改善流动性管理，合理运用多种政策工具调节流动性，引导市场利率平稳运行；发挥宏观审慎政策的逆周期调节作用，引导金融机构支持实体经济的发展，防范金融机构同业和表外业务风险，提高金融产品创新和影子银行活动的规范性和透明度；引导金融机构做足做活存量文章，促进产业升级和结构调整。同时，持续推动利率和汇率市场化改革，发挥利率、汇率在资源配置中的基础性作用。

（《中国金融》2013 年第 14 期）

持续推进金融生态建设

金融生态建设是我国金融改革与发展中的重要工作创新，它的引入和实践，对于人们从系统角度认识金融并有效运用金融，进而推动金融环境的改善都具有积极意义。

人民银行周小川行长在 2004 年发表了《完善法律制度 改进金融生态》文章，全面阐释了金融生态建设的理念和内容，呼吁社会重视金融生态建设。这一倡议得到社会有关方面的积极回应。这些年来，金融生态建设工作在全国范围内陆续展开，经过中央银行、监管部门、地方政府及相关市场主体的共同努力，逐步建立了金融生态监测考核评估体系，形成了金融生态共建的良好局面。

金融生态建设这十年，适逢我国金融改革深化的重要时期，金融改革与金融生态建设相互促进，整体上改善了我国金融运行的法制环境和运行环境。社会主义市场金融体制和金融运行机制更加完善，政府、金融监管部门、金融市场各类主体的功能和职责更加清晰；国有金融机构改革取得突破，金融治理结构和资产质量明显改善；地方金融机构长足发展，金融业态和金融市场更加多元化；社会金融意识增强，区域金融生态环境明显改善。

金融生态建设之所以显现出生命力，就在于它找到了现存体制下政府、金融管理当局、金融机构之间有效合作的契合点，以及金融与经济互动的平衡点。同时，这一理念符合我国现阶段情况和金融改革需要。

在充分肯定阶段性成绩的同时，也要看到现阶段金融生态建设中面临的新情况新问题：社会经济结构和环境的变化，地方融资平台的兴起，需要重构地方融资、财政与金融的关系；广泛的授权授信以及争夺金融资源的博弈加剧，影响了金融资源配置的市场性、公允性；影子银行的发展，以及过度追逐虚拟金融、避实趋虚现象，增加了金融运行的潜在风险。因此，应当充分认识金融生态建设的复杂性和艰巨性，不能有丝毫懈怠。

加强金融生态建设的有效沟通。金融生态建设涉及政府、司法部门、监管机构和金融机构，要通过有效沟通，凝聚共识，发挥合力，始终把金融生态建设作为经济工作的重要组成部分。必须认识到，金融生态环境是影响金融资源配置的重要基础，无论金融资源总量控制还是结构调节，无论间接融资还是直接融资，无论债权融资还是股权融资，金融生态都是资源配置中重要的内生变量，是决定区域融资规模的基础性因素。市场经济越发展，越是如此。因此，维护良好的金融生态，是社会有关方面的共同责任，是区域经济发展的重要保障。

充分尊重金融运行规律。金融业是特殊的产业，具有融通性、杠杆性、有偿性和风险性等显著特性。我们既要看到金融在促进经济发展中的作用，也要防止资源错配的风险，在动态中把握平衡。要减少不同主体间非理性博弈，加强市场约束，防范倒逼现象和道德风险。要认识到，融资既是一种权利，更是一种契约和责任。应充分汲取我国金融发展和国际金融发展的经验教训，防止过度透支政府信用、过度透支金融资源，自觉尊重金融规律，依法维护金融经营自主权。

从战略角度推进金融生态建设。不失时机推进关键领域金融改革，增强市场配置金融资源的基础性作用。完善金融法制，完善抵押担保制度、契约制度和产权制度。加快地方融资体制改革，明确地方政府在社会经济活动中的职责和边界，建立事权和融资权相匹配、以市场为基础的有管理的投融资体制，增加地方融资的透明度和约束力。引导地方金融机构规范发展。加强金融基础设施建设，便利金融服务，有效监测各类金融活动及其风险。加强对影子银行、互联网金融、民间金融的引导，努力实现包容性、可持续发展。

（《中国金融》2013 年第 13 期）

减少对金融的非理性博弈

有报道说，在某地区新区开发中，地方政府险些与一家大型国有银行撕破脸。由于担心风险，此银行拒绝对政府的贷款要求表态，当地政府一度要求终止该行在本地区开展业务。之后，在这家银行总行干预下，此事才低调了结。

这是一个典型的地方政府干预金融的案例。这种情况在亚洲金融危机前较为普遍。经过多年改革，人们的现代金融意识逐步增强，越来越尊重金融发展规律和金融自主权，但地方政府干预金融的情况依然不同程度存在。

在经济快速增长时期，各地发展经济的劲头很足，总试图通过博弈争取更多的资金支持，以获取地方竞争优势，往往对金融有着特殊偏好。地方政府介入金融活动有多种方式：有的通过建立战略合作关系，加强政策引导；有的通过争取银行对地方授权授信，提升区域发展信心；有的通过政府现场协调，创造市场机会；有的通过融资平台，创造信用能力；有的通过信贷激励或行政激励考评，激发各银行贷款积极性；也有的直接干预金融活动。应当说，在现有金融格局和行政格局下，资金供求双方的这些互动行为有其合理性，也是正常的体制现象和市场现象。

盲目或变相干预金融会造成金融扭曲、损害金融生态环境，应予以警惕和避免。这些年来，为减少金融管理当局、地方政府对金融活动的不当干预，我国深化了金融管理体制和国有商业银行经营管理体制改革，从法律和制度上规范中央银行、监管部门、地方政府与银行的关系，中央银行制度和监管制度逐步完善，商业银行逐渐成为独立自主的市场主体，逐步形成了不同主体的新型市场关系。但是，地方政府对金融活动的不当干预仍时有发生。

地方政府对金融不当干预有多种情况：金融资金相对集中于国有大型银行，地方政府在发展经济中试图通过层层博弈，争取更多资金份额，以取得发展的比较优势或实现跨越式发展；我国地方政府负责大量发展事务，而融资手段相对不足，对国有银行期待更高；一些地方观念滞后，仍把银行作为地方政府的附属部门。

在市场经济条件下，政府与银行的关系在法律上已经明确，政府职责主要是监管、政策引导和提供基础服务，不能干涉金融机构正常经营管理活动。通过行政手段干预银行贷款，必然影响正常的市场秩序，造成风险隐患，最终导致不良资产上升，不利于地方经济的长远发展。应当看到，一个地方获取贷款多寡是银行经济资本配置的结果，是该地区经济成长性、生态环境的综合反映。实践证明，那些经济环境好、不良贷款比例低的地区往往能获取更多的资金和资本。但是地方干预也反映出我国投融资体制中的问题，应加快改革予以解决。

毫无疑问，国有银行作为我国金融体系主体，有条件有能力在区域经济发展中发挥更大作用。特别是应结合区域经济转型和城镇化建设，改善机制，加强创新，把自身发展有机融入区域社会经济发展中去。

从根本上看，减少地方对金融的非理性博弈出路在于改革投融资体制，建立多元化的融资格局。充分利用多种资本市场，增加股本融资和债券融资，改善区域资本结构。积极支持地方金融发展，规范发展各类小型金融机构，增强地方银行服务地方的能力。积极发展地方债券，健全地方资产负债表，改善融资机制。

改善地方金融生态环境，是优化金融资源配置的基础。这些年来，各地在金融生态环境建设上进行了一系列探索，应继续巩固金融生态建设成果。要把金融生态环境建设同法制建设、金融基础设施建设、诚信建设和经济转型有机结合起来，促进金融与地方社会经济全面发展的良性互动。

（《中国金融》2013 年第 12 期）

更加注重存量改革

存量改革着眼于存量和利益格局的调整，也致力于体制的不断演进，注重权利公平、机会公平、规则公平，是新时期释放改革红利的重要战略。

存量改革与增量改革是不可分割的整体，迄今为止，我们所进行的一切改革都是存量与增量相结合的，但在不同时期二者会有所侧重。与增量改革相比，存量改革更加重视体制机制的系统完善，需要调整现存格局，触动利益，因而往往有更大难度。正如李克强总理所指出的，触动利益比触动灵魂还难。

从经济角度分析，我们可以从资产存量、资本存量和市场存量等方面认识存量改革。

资产存量改革。资产在国家、企业、个人的分布，在金融与非金融间的分布，在区域间的分布以及在居民与居民间的分布情况，既是一国政治经济制度的体现，也是经济市场深化程度的反映。合理的资产结构有利于效率和公平，反之，则会造成一系列扭曲。改革开放以来，我国通过一系列改革，调整资产格局，激发了经济动力和活力，促进了生产力的发展，也使国人走向了富强的道路。但也要看到，我国在资产结构方面仍存在诸多不平衡问题，需要持续深化包括所有权制度、产权制度、收入分配制度等多方面改革，以优化资产存量。需要明确，资产存量改革不是简单的进退问题，核心在于以效率和公平为目标形成一种有效的机制，让市场发挥基础性作用，促进资产在不同市场主体、不同区域、不同人群的平衡，以及实体经济与虚拟经济间的平衡。

资本存量改革。合理的资本结构对于改善经济治理，增强经济发展的内生性以及提高经济发展中的激励和约束都具有重要作用。这些年来，我国通过对各类国有企业进行股份制改造和上市，改善了企业资本结构。但企业资本结构仍然脆弱，仍需进一步改革。我们要通过调整所有制结构、发展资本市场，有效调整公有制经济与非公有制经济的比例关系，赋予非公有制经济同等发展的权利。一方面，在关系国家安全和国民经济命脉的行业，继续发展公有制经济。同时调整经济的布局和结构，提高国有资本运行效率。另一方面，要在更宽领域、更广范围支持和引导非公经济发展。要继续完善市场准入制度，促进非公有制经济依法平等使用生产要素，创造公平竞争的市场环境。

市场存量改革。市场存量改革实质上是市场结构改革。市场结构是指市场中各种要素之间的内在联系及其特征，包括市场供给者之间、需求者之间、供给和需求者之间以及市场上现有的供给者、需求者与正在进入该市场的供给者、需求者之间的关系。拿金融市场来说，包括金融市场上供给（提供产品和服务）的数量和分布，金融需求的结构与分布，各种金融业态的规模与关系，金融业与相关中介业的分工与协作，以及金融制度的市场化、专业化程度，等等。市场存量改革就是要着力解决其中的结构性问题，一方面是把存量盘活，发挥存量的乘数效应，更好地满足多样化需求；另一方面是增强市场的弹性和韧性，提高市场的资源配置和经济调节能力。

还要指出，强调存量改革并不意味着不重视增量改革。增量改革仍是今后相当长时期改革的基本方法，以增量改革带动存量调整仍是重要的改革战略。无论增量改革还是存量改革，都应更加注重市场性、包容性和开放性，妥善处理好政府、社会、市场之间的关系。同时，努力实现增量改革与存量改革的有机结合，善于在利益增量上做文章，在利益预期上作调整，稳妥推进存量利益的优化。

（《中国金融》2013 年第 11 期）

用创新支撑经济增长

我国社会经济发展取得的巨大成就得益于改革和创新。改革创新过去是中国经济最大的红利，现在和未来仍是最大的红利。

今后若干年我国经济将进入平稳增长时期，一方面是由于要素条件和外部环境的变化，另一方面则由于我国更加注重经济增长的质量以及经济、政治、文化、社会、生态的协调发展。在投资与净出口对经济的拉动力减弱的情况下，我们迫切需要创造新的动力支撑社会经济的可持续发展。

体制创新、技术创新和社会创新无疑是激发改革红利和经济增长最强劲的动力和支柱。创新，既是全面实现社会经济发展目标和中国梦的客观需要，也是我国现代化进程中需要着力加强的薄弱环节。

体制创新是重要的动力。在改革深水区、矛盾多发期，体制创新是解决矛盾最有效的办法。无论政府还是公众，对改革有着共同的愿望，期待通过改革解决经济运行中的深层次矛盾，以打造升级版的中国经济。在经济改革中，收入分配改革、所有制改革以及财税金融改革无疑备受关注。面对这样重大的命题，需要勇气和智慧，更需要解放思想、开拓创新。应当承认，当前以各级政府为主导的投融资体制、所有制结构以及收入分配体制都存在明显缺陷，社会资本缺乏足够有效的投资途径和方式，使资金、资源难以有效配置。这些迫切需要通过调整投融资体制，调整企业资本结构和市场结构，构筑更加有效的经济运行机制和管理体制，促进资源向资产、资产向资本转化，以充分发挥资本的力量。同时通过收入分配体制改革，改善初次分配和再分配，让公众成为重要的投资和消费力量。

科技创新是重要的生产力。在社会、经济、军事、文化诸领域，科技的重要性与日俱增。没有先进的科技，就没有国际竞争力。以色列，一个弹丸之国，之所以能量巨大，靠的是科技创新。以色列在纳斯达克上市的新兴企业总数，超过全欧洲在纳斯达克上市的新兴企业的总和，甚至超过日本、韩国、中国、印度四国的总和，被称为"创业的国度"。我国经济增长过分依赖资金投入，消耗了大量资源，也缺乏核心竞争力。因此，要把握世界科技发展趋势，坚定实施科技创新战略，使其在经济增长中发挥更大作用。应在全社会范围内营造良好的创新氛围，培育勇于创新的文化，建立有效的创新平台，从财政、金融、专利保护等多方面促进科技创新，使科技创新真正融入社会经济发展进程。

社会创新是重要润滑剂。社会管理创新是对现有管理模式的构建、改革和深化。当前我国社会面临的一系列难题，与社会管理不到位密切相关。社会管理创新在促进要素流动和降低交易成本，促进社会公平和制度文明等方面具有重要作用。社会管理创新应有只争朝夕精神，坚持以人为本，打破部门分割和地区分割。要加快完善现有社会保障体系，建设更加公平的社会保障体系，特别重视城镇化和人口流动方面的管理创新，推进城乡一体化建设，加强对流动人口的权益保障，实现社会、城乡、区域的协调发展。

金融在经济体制创新、科技创新和社会管理创新中具有重要作用。要通过改善金融治理和金融市场，完善市场运行机制，促进要素、资产的融合和转化，提高资源资本配置效率；通过完善多层次的资本市场体系，促进风险投资和技术创新；通过完善金融基础设施，为社会管理创新提供有效的支撑和条件。

体制创新、技术创新和社会创新既是社会经济发展的重要引擎，也是国家的重要发展战略。这是我国在战略期内必须认真研究把握的重大理论课题和实践课题。我国有信心有能力做好这篇大文章。

（《中国金融》2013 年第 10 期）

把握顶层设计的涵义

顶层设计是改革进入深水区、攻坚区的必然选择，是新时期我们认识和解决问题的重要视角、思路和方法。

顶层设计源自系统工程学概念，强调以整体理念去规划和实施。近年来，人们越来越多地将这一概念引入社会经济改革领域。强调顶层设计，就是在指导思想上，注重全面性、协调性、可持续性，统筹兼顾、突出重点、驾驭全局，着力解决牵动全局、事关长远的重大问题和关系民生的紧迫任务。

顶层设计是一种战略思维。战略思维就是关于实践活动的全局性思维，其基本要求就是通过正确处理实践活动中各阶段、各方面的关系，达到实践全局的最佳效果。顶层设计强调时空、过程、整体、系统，要求目标与手段相协调、全局与局部相协调、当前与未来相协调。

顶层设计是一种科学规划。规划是顶层设计的一种重要形式。规划有各式各样，有国家规划，有产业规划，有企业规划，好的规划就是好的顶层设计。在制定任何一方面规划时，应有机融入顶层设计的理念和思维，深入分析和把握不同因素的相互影响，以提高规划的科学性、预见性和有效性。

顶层设计是一种改革哲学。改革开放以来，我国在发展哲学上不断实践，走出了中国特色社会主义发展道路，增强了理论自信、道路自信和制度自信。从摸着石头过河、试点、帕累托改进到系统性改革，体现了我国对社会经济发展规律的认识逐步深化。顶层设计体现了我们对社会经济不同方面改革与发展的根本认识和方法，体现了对发展路径的辩证思维。

顶层设计是一种制度安排。当一些方面的基础和条件具备时，通过认真评估、预案设计，适时作出相应安排，采取力度更大的改革，也是顶层设计的重要内容。

顶层设计并不是某一发展阶段的特有要求，社会发展的任何时期都不同程度地存在顶层设计。现阶段之所以强调顶层设计，主要是当前的改革已经进入"转型期""攻坚期""深水区"，以及矛盾"多发区"，进一步深化改革需更加注重系统性、整体性和协调性。党的十八大已经制定了两个百年目标，明确了全面建成小康社会蓝图和"五位一体"的总体建设布局，实现这样的重要规划，需要加强顶层设计，加强社会、政治、经济、文化、生态等方面的协调，以寻求实现目标的有效途径。

习近平总书记、李克强总理非常重视改革的顶层设计问题。习近平总书记强调，推进局部的阶段性改革开放要在加强顶层设计的前提下进行，加强顶层设计要在推进局部的阶段性改革开放的基础上来谋划。要加强宏观思考和顶层设计，更加注重改革的系统性、整体性、协同性。李克强总理对改革有一系列重要论述。他指出，推进经济体制改革，既要搞好顶层设计，又要尊重群众和基层的首创精神，更加尊重规律。这些关于改革的重要论述，是把握顶层设计的重要原则。进行顶层设计应坚持正确方向，树立理论自信、制度自信、道路自信；坚持正确方法，以中国化马克思主义为指导，树立系统思维和战略思维，深刻认识社会主义初级阶段特征和社会经济发展规律；坚持协同改革，把改革放在促进社会、政治、经济、文化、生态等文明建设整体系统的高度上去统筹去规划，使几方面建设互为目标、互为制约、互为联系、互为促进；坚持市场原则，靠法治、市场促进经济转型和有质量的增长。

改革顶层设计是为了激发体制的活力、动力、潜力，释放体制红利，充分体现制度的优越性。这要求广泛凝聚改革共识，树立长远眼光，深入分析战略机遇期我国面临的形势和任务，增强顶层设计的针对性和有效性，着力推动制度创新和技术创新，着力运用法律手段和经济手段实施存量调节。同时，要努力实现增量改革与存量改革的有机结合，善于在利益增量上做文章，在利益预期上作调整，稳步改善社会经济结构。

（《中国金融》2013 年第 9 期）

美丽中国的金融追求

当人们以美丽的名义，侵蚀大地、湖泊，疯狂扩张，惊走鸟虫，是否遭遇"寂静的春天"；当人们以幸福的名义，放任虚荣、贪婪，污浊纯净，是否清楚"水会知道答案"；当人们以文明的名义，征服旷野，开山造园，留下疤痕，丢掉原始，是否能做到"像大山一样思考"；当人们以现代的名义，滥用资源、环境，生出无序、雾霾，赶走阳光，是否意识到正在破坏"我们共同的未来"？

上段文字中引号部分，是国内外几本关于生态环境与可持续发展方面的著名出版物。这些书的问世唤醒了越来越多的人，也影响着财富不断增长的世界。

人类的社会经济活动不可超越自然生态系统的承载能力，否则迟早会受到惩罚。恩格斯曾指出，"我们不要过分陶醉于我们人类对自然界的胜利。对于每一次这样的胜利，自然界都对我们进行报复"。今天，建设美丽中国已成为人们的共同期待，这标志着人们对发展的本质有了深刻的认识。面对资源约束趋紧、环境污染严重、生态系统退化的情况，我国已把生态文明建设与社会、政治、经济、文化等文明的建设，一并纳入国家建设的总体布局，这对实现中华民族永续发展具有重要的历史意义和战略意义。

金融之于环境，有着直接或间接的关系。金融虽不直接从事物质产品生产，但却是其中重要的资金资本循环保障系统。可以说，每一轮经济扩张背后都有金融的支撑。在以往发展中，我们也强调生态环境问题，但由于各种原因生态往往成为经济增长的软约束。人们在进行各种金融活动时，注重企业资产负债相关的健康性及趋势，以及资金本身的流动性、盈利性和安全性，而没有把生态环境作为独立的变量考察。因此，与企业一样，在金融机构巨大利润背后也存在外部负效应问题，金融在推动经济快速增长的同时也带来了生态环境问题。认识到这一点，有助于更新金融发展理念，自觉把生态文明建设融入金融发展。

倡导生态金融或绿色金融，要求金融部门把环境保护作为一项基本政策，并在制定金融政策、金融发展战略以及从事金融活动和金融交易中考虑其潜在影响，综合考虑与环境相关的收益、风险和成本，更加注重环境保护和治理，通过金融杠杆引导社会资源合理配置。

金融生态文明建设，核心要树立可持续发展或生态发展的理念。实现这样的要求并非易事。这是因为，金融在社会资本生产和再生产中并非处于支配地位，其活动总是受到政府、企业等方面的制约，特别是在现有体制和翻番目标约束下，各地重外延扩张、轻结构调整和技术创新的冲动短期内难以根本逆转，客观上会给环境造成新的压力，反过来会倒逼金融服务。从金融自身看，生态金融发展尚处在起步阶段，缺乏强制的政策、相应的规范和标准以及普遍认同的经验。但生态金融文明建设也不是无所作为，国内外在这方面已进行了不少积极探索，我们相信，随着生态文明制度建设的推进，绿色金融思维会深入人心。

生态经济的发展，说到底是经济发展方式的转变。生态金融不仅是金融产品的创新和理念的引入，也是银行发展战略、组织架构、制度建设乃至业务流程的全面变革。发展生态金融、建设美丽中国既是金融发展的目的，也是金融业应承担的社会责任。我们要通过大力发展绿色金融业务，引导、撬动社会资金向低能耗、低排放、低污染、高效率领域流动和集聚，通过优化社会资源配置特别是调整信贷结构，引导低碳的生产方式和消费方式，推动经济发展方式转变和产业转型升级；通过完善支持生态金融发展的政策和标准，加强对金融机构的指导、激励和约束；通过金融市场机制，促进排污权交易，同时积极开发生态金融产品，推动生态金融机制及产品创新。

生态金融文明建设是一项伟大的实践，通往美丽的道路注定是曲折的，唯有目标坚定、百折不挠，才能创造我们共同美好的未来。

（《中国金融》2013 年第 8 期）

金融改革的行为哲学

　　人们从来没有像今天这样，对金融改革方向和目标有着如此清醒的认识，普遍认为，应通过深化金融改革，减少扭曲，完善治理，推动金融转型升级，持续提高金融运行效率和服务水平。

　　用什么样的思维、逻辑和方法推进金融改革存在不同认识。辩证认识金融改革中的问题，有助于厘清金融发展中错综复杂的关系，加深对改革策略选择的理解，从而增强改革的科学性和自觉性。

　　金融改革中阶段性与整体性的关系。在一些人看来，现在全面推进改革的基础和时机已经成熟，应当改变以往渐进式的改革思维，完全放松金融管制，以促进系统性体制转变。的确，面对金融发展中的矛盾和问题，我们需要更大的智慧和勇气，需要更加明确的改革路线图和时间表，以增强改革针对性、约束力。但要清醒地看到，在攻坚阶段金融发展面临更为复杂的环境和因素，既有国内经济的结构性困扰，也有国际经济金融的不确定性。因此，加快推进体制转变将是复杂的系统工程，不能毕其功于一役，仍须坚持稳健性、渐进性和阶段性原则。可以预见，阶段性推进仍是今后一段时期金融改革的重要策略。这样选择符合我国社会主义初级阶段经济特征和金融自身特征。阶段性改革不同于改革开放初期"摸着石头过河"做法，也有别于单纯存量改革的帕累托改进，而是建立在顶层设计思维基础上的改革，是基于整体上和系统上的阶段性改革。从历史发展角度看，改革始终是一个持续的过程，阶段性改革是系统改革不可缺少的过程或有机组成部分，没有阶段性改革的积累，改革也难以实现整体突破。

　　金融改革与其他改革的先后关系。一直有人认为金融改革滞后，拖了经济改革的后退，并把很多经济问题归咎于金融问题。这种观点有失偏颇。总体看，金融问题在任何时候和任何地方都是经济问题的体现。经济决定金融，金融改革步子能迈多大，最终取决于经济发展和开放的需要以及实体经济的需求和承受力，同时也受金融自身结构的制约。金融改革不是孤立的行为，历史一再证明，脱离实体经济的所谓改革，最终要被迫作出调整。但是，金融也不应只是被动的反应，对经济发展有引领、带动和调节作用。因此，我们应当深入理解金融在现代经济发展中的作用以及金融自身发展规律，更加注重结构性经济调整的需要，更加注重改善社会管理的需要，更加注重社会公众的需要，增强金融改革的主动性和创造性，努力使金融发展与经济发展相协调。特别是，应适应新的形势和变化解决体制和机制束缚，积极储备改革政策和方案，务实推进相关环节的改革，适时满足改革开放的有效需求。

金融改革中宏观与微观的关系。提到改革，人们往往看到那些重大方面，相对忽视微观层面和基础层面的东西。而事实上，微观层面与宏观层面改革是相互联系、相互制约、相互促进的，从一定意义上讲，微观基础的改造始终是系统性金融改革的基础。今天，社会经济领域许多改革之所以举步维艰，莫不与许多微观环节改革发展不到位有关。我国各类金融机构改革已经迈出很大步伐，对市场经济和金融改革趋势的认识逐步深化，金融机构作为独立的市场主体，完全有基础、有条件、有能力进行再改革，以适应未来宏观层面力度更大的改革。从宏观上，也要充分关心不同方面的关切和诉求，创造更加包容开放的改革环境，善于以战略和全局眼光把握改革的机遇，不失时机地将改革引向深入。

金融改革本质上是调整和理顺金融与经济的关系，金融管理与金融市场的关系，以及相关方面的利益关系。这将是一个艰难的过程。只要我们用历史的、发展的眼光处理各种关系，务实攻坚，注重用新思维新办法新机制破解金融问题，就会推动金融业又好又快发展。

（《中国金融》2013 年第 7 期）

把战略思维融入金融发展

从高速增长到中高速增长，我国经济进入转型阶段。在这一时期，金融业担负着促进转型、促进发展战略实现以及自身发展的多重任务，面临新的压力和挑战，任重道远。

这些年来，我国金融体制和金融运行机制发生显著变化，在一些方面甚至是化蛹为蝶、脱胎换骨。但还存在许多问题和缺陷，比如不合理经济结构与金融结构相互强化、金融市场分割与低效以及过多金融管制，等等。这些问题大都是深层次的和难度大的问题。解决这些问题，需要加快金融改革，并把战略思维融入金融改革发展的全过程，注重改善金融结构和金融服务，注重提高金融运行效率，注重金融制度文明建设。

把战略思维融入金融发展，要特别注意把握金融规律。所谓金融规律，是指金融与社会经济其他方面关系以及金融市场内在关系的总和。经过几十年的改革开放，我国在实践、借鉴、总结的基础上，逐步形成了一些独特的金融发展理论和经验，对现代金融性质、职能和作用的认识逐步深化。但国内外经济的变化以及金融自身的复杂性，决定了在金融方面还有很多盲区、误区和未知领域，需要深入观察、分析、实践和认识，以便弄清金融发展的各种要素及其内在联系，把握趋势性和规律性。在这方面，既要积极学习借鉴国际金融业和金融市场发展的一般规律，又要紧密结合我国实际探索自身的规律。在全面建成小康社会进程中，我国新型工业化、信息化、城镇化、农业现代化步伐会逐步加快，必然出现许多新情况新问题，要通过建立新制度、新机制，持续激发和释放金融活力和动力，促进金融与经济良性互动；着力改革和改善金融结构，建立规则清晰、权责明确、公开透明的投融资机制。

把战略思维融入金融发展，要有系统观念。国有金融机构股份制改革是我国系统推进金融改革的典范。它的成功之处在于，把不同因素通过市场有机联系在一起，创造了新的机制和制度。改革是最大的战略。在新的时期，系统推进金融改革和发展，应以更宽阔的视野，将金融改革融入社会经济发展的整体进程，增强改革的协调性、预见性，使金融发展更好服务于社会经济发展、实体经济和民生。同时，要勇于打破和超越部门利益，用历史的眼光和责任感凝聚共识和力量，按市场和效率原则做好顶层设计，增强改革的科学性和有效性。

把战略思维融入金融发展，要树立国际眼光。当前，国际环境已经发生了深刻变化，国内外市场的融合与联系对我国经济金融的影响加深，如果仅仅从封闭而不是开放、从表象而不是内在的眼光去认识金融改革，就容易一叶障目，找不到改革的恰当战略和方法。与其他经济改革相比，金融改革更具开放性、系统性，需要深刻认识国际经济格局和国际市场的变化，深入了解国际规则，协同不同利益关切，加强国际协调和对话，更好把握金融改革对我国的整体影响。

把战略思维融入金融发展，要有国民意识。金融发展出发点和归宿点要充分体现以人为本，不断满足社会居民各方面的金融需要。特别是随着经济结构的多元化和国民收入结构的变化，要求金融机构作出相应调整。当前和今后一段时期，要进一步支持和引导各类中小金融机构发展，大力支持城镇化、中小企业和民营企业发展，促进更多就业机会。坚持包容性金融发展战略，容纳不同利益主体诉求，给各类市场主体创造公平的参与金融治理和金融发展的机会；完善金融市场，为企业和居民融资、投资、风险管理创造相应的机制和手段；利用金融基础设施，创造社会管理和金融服务便利；依法保护金融投资人、债券人和金融消费者的合法权益。

（《中国金融》2013 年第 6 期）

宽松货币难振世界经济

世界经济遭受国际金融危机重创并陷入低迷，许多经济体都试图通过持续宽松的货币政策刺激经济增长。

美联储自国际金融危机以来已先后多次实施量化宽松货币政策，频繁通过扩大购债规模向市场注入流动性；欧洲中央银行长期维持较低的基准利率，并启动欧洲版量化宽松政策——直接货币交易计划（OMT）；日本为应对经济不景气和长期存在的通货紧缩，长期施行"零利率"政策，向市场空投货币，促使货币竞争性贬值，改善国际贸易条件。

主要经济体频繁实施宽松的货币政策引发了一系列争议。有观点认为，量化宽松的政策会引发主要货币竞争性贬值，导致一定程度的货币战争，不利于世界经济恢复可持续稳定增长；也有观点认为，宽松政策将产生负面溢出效应，全球货币"放水"将降低发达国家的资产收益率，改变国际投资者的风险偏好，使资金可能大规模流入新兴国家，给这些国家的资本账户管理带来新挑战，并加剧资产和通货膨胀；也有观点担心，过度宽松的政策不仅使中央银行丧失应有的独立性，也加剧了货币民族主义倾向；还有观点认为，在越来越开放的世界环境下，货币政策逐步被作为国家总体战略的重要因素，演变成维护稳定、增长和安全的重要手段。

为什么各经济体频繁使用货币政策？存在决定意图，货币政策频繁使用与特定时期经济发展需要有直接关系。由于国际金融危机造成世界经济低迷和长期不确定性，宏观政策目标诸如增长、就业、国际收支、物价始终处于摇摆、波动状态，各国因而都希望通过宽松的政策为市场提供足够的流动性，给经济发展创造一个宽松的环境，以增强市场信心。频繁运用货币政策也与中央银行独特作用有关。中央银行具有创造货币的能力，通过自主运用和创设政策工具，可以调整自身的资产负债结构，进而影响市场的流动性和全社会的信用能力，这为货币政策的灵活使用创造了良好条件。此外，与其他公共政策相比，货币政策可以根据市场变化相机抉择，调整频率也无明确的法律限制，决策更为直接，程序相对简单，政策操作也更加灵活和富有弹性。

在应对国际金融危机过程中，我国先后实行适度宽松、稳健的货币政策，货币存量有了明显增加，货币政策在稳增长、调结构、促平衡中发挥了重要作用。我国货币总量的增长既是有效应对国际金融危机的必然选择，也与我国特定历史时期的经济金融结构相适应。它既要满足经济持续快速增长的需求，又要适应经济货币化信用化的需要，同时要反映经济结构和金融结构的需要，这种增长是中国经济转型期所伴随的体制现象。

从长期看，单纯靠宽松的货币政策不能解决经济发展中的结构性矛盾，不能拯救世界经济，更不能代替改革，反而会加剧金融风险和道德风险。目前，世界经济发展中的矛盾，主要是发达国家过度负债、过度使用金融，以及不合理的经济结构、国际金融秩序造成的，解决矛盾的根本出路在于加快改革，促进全球再平衡。

一段时期以来，我国坚持调整结构、扩大内需的政策，努力促进经济转型，人民币汇率接近均衡汇率，为全球再平衡作出了重要贡献。未来全球经济再平衡关键在于主要经济体加快结构改革，尤其是劳动力市场改革；改善私人部门需求，促进储蓄转化为长期投资；加强政策协调，摒弃各种形式的贸易保护主义，确保自由开放的贸易投资环境；深化国际金融体制改革，充分反映和适应发展中国家，特别是新兴经济体的需求；增强中央银行的独立性，妥善处理好货币政策、财政整顿与经济复苏的关系，在促进短期经济增长的同时，实现中期财政可持续，并减少量化宽松货币政策的负面外溢效应。

（《中国金融》2013 年第 5 期）

社会需要真实的金融创新

创新是金融发展的重要动力，社会经济发展需要金融业在体制、机制和业务上进行创新，以适应不断变化的世界。

创新是现代社会倡导的价值观，但不适当的创新会增加经济运行的风险。当今社会，各种虚假创新并不鲜见。比如，一些地方热衷于创办创新实验区，因缺乏实质内容往往成为圈地和政策博弈的手段；一些学校以创新之名行创收之实，招收各种培训班、学位班、总裁班，费用惊人，美其名曰教育创新；一些地方搞建设贪大求洋，不珍惜历史遗存，新城看上去很美，却没有多少价值含量；一些企业忽略主业，盲目进入金融、房地产投资等领域，最终难以为继；一些金融产品脱离实体经济，盲目套利，缺乏透明，花样翻新，隐含着较大风险。

我们提倡真实的金融创新。这种创新与经济发展和公众需求密切关联，能够反映实体经济发展的需要；这种创新有产业背景，符合产业优化升级的需要；这种创新着眼于实体与金融的双赢，而不是仅仅把眼光盯在短期投资和金融交易的收益上，更不是盲目的套利行为；这种创新能够更好地满足社会的融资需求、投资需求、风险管理需求。总之，创新不是简单的包装，而是有内在价值、有技术含量、有实体支撑、有制度突破的创新。

金融创新，一定意义上是为突破现有体制局限性而进行的变革，是各种金融要素的调整，是金融体制、机制、流程的更新。在日益复杂的环境下，依靠原有体制难以承载复杂的创新，唯有深入的改革，才能创造良好的环境。目前，各地区各机构金融创新的劲头很足。应当说，结合自身特点推动某些业务和环节的创新是必要的，但要看到市场是统一的、资金是流动的，创新不能靠特殊政策，要有实在的东西。这些年来，我国逐步推进利率汇率改革，推动金融市场化、国际化进程，消除了一系列影响创新的体制障碍，金融创新的基础逐步改善，金融业在公司治理、内部组织、事业分工、风险管理等方面相继改革。但是，金融服务仍有不相适应的地方，仍须加大创新力度。

对金融机构来讲，金融创新主要是客户、产品、渠道创新。随着我国经济市场化、信用化步伐加快，金融已经渗透到社会经济生活的方方面面，但总体看，我国金融服务的覆盖面还不广，很多小企业得不到及时有效的服务，公众缺乏有效的投资途径，需要延伸和扩充金融机构及金融市场的服务领域和渠道。这些年来，我国金融机构重视城市业务，扎堆竞争，相对忽视城镇、农村的金融服务；重视传统资产负债业务，相对忽视产业和价值链延伸的金融服务；重视大中企业服务，相对忽视小微企业金融服务；重视间接融资，相对忽视直接融资。随着金融转型的加快，需要逐步解决目前金融服务中的矛盾，适时调整政策、布局，创新服务领域和方式，不断增强金融业可持续发展能力。

需要强调，创新不是技术的简单运用。人们曾把结构性金融产品作为创新的方向，而对其缺陷和风险估计不足。国际金融危机使人们有了更清醒的认识，以初始资产为基础的创新比如资产证券化是必要的，可以增强资产的流动性，但创新应有相应的基础、足够的透明、良好的治理。离开这些原则，把它看成牟利的工具，最终会损害经济金融肌体的健康。

当前，我国正积极推进经济转型和"新四化"建设，金融改革与发展进入了新的阶段，金融创新迎来了新的机遇和挑战。我们应积极适应这些变化，坚定不移地推动创新。对于金融发展中的困难要有逢山开路、遇河架桥的精神，勇于寻求体制机制上的突破；对于那些社会长期关注的金融服务薄弱环节，应有创新的思维，创造性地加以解决。同时，应建立和完善金融创新评价监测体系，及时矫正和引导创新的方向，防范各种潜在风险，促使创新在理性轨道上发展。

（《中国金融》2013 年第 4 期）

着力推动金融转型

这些年来，我国集中资源解决制约经济发展的关键问题，创造性地进行改革路径选择，用国际标准和准则审视中国金融业，促进了金融业的历史性转变。但我国金融业发展中仍存在不少问题，需要加快转型步伐，以提高金融运行效率。

转型既是金融业自身发展的需要，也是经济发展方式转变的要求。十八大提出，要加快完善社会主义市场经济体制，加快转变经济发展方式，把推动发展的立足点转到提高质量和效益上来，把推动发展的着力点转移到培育形成新活力、新动力、新体制、新优势上来，促进新型工业化、信息化、城镇化、农业现代化同步发展，推动经济持续健康发展。为此，应全面深化改革，使金融转型与经济转型相互促进、相得益彰。

金融转型的核心是深化改革。当前，我国经济发展中不平衡、不协调、不可持续问题较多，迫切需要加强金融业改革发展中重大问题的研究，做好顶层设计，深化重点领域改革，推动金融机构完善现代金融制度，提高金融服务实体经济的质量；稳步推进利率市场化改革，完善利率传导机制，引导金融机构增强风险定价能力；加快汇率形成机制改革，逐步实现人民币资本项目可兑换；加快发展民营金融机构，鼓励和引导民间资本发展社区类金融服务企业；完善金融监管，推动金融创新，提高金融业竞争力，维护金融稳定。通过改革，逐步完善金融市场和金融结构，转变金融经营管理方式，并以此推动经济转型。

金融转型不宜孤军奋战，应与经济战略性调整结合起来，与培育"四新""四化"结合起来。当前经济发展主要靠国有企业和政府投资拉动，民间投资尚未提速，消费率低于很多发达国家和新兴国家水平，经济内生增长动力不足。经济转型要求逐步改变以出口和投资为导向的模式，使经济增长更多依赖消费增长。在生产要素约束硬化条件下，改变路径依赖，追求协调、包容、有质量的增长，将是个繁重的任务。为此，应主动调整金融服务结构，通过相应的政策和技术参数引导金融机构加强存量调整，加大对服务业、产业升级、生态建设和城镇化建设的金融支持。

差异化是衡量金融转型的重要尺度。没有差异化就没有金融业真正的专业化，就没有核心竞争力。当前，我国金融同质化问题突出，资产负债结构和盈利模式相似。随着改革的深化，需要促进金融机构的差异化发展，以形成比较优势。这要求金融机构加深对经济规律、市场规律和产业规律以及金融规律的认识，逐步形成以市场为导向的独特的商业模式；进一步整合内部各种资源，加强专业化分工和流程管理，降低成本，提高运行效率；加强资产负债管理，形成既有约束又有弹性的资本、资产及负债结构，提高市场适应能力和风险抵御能力。

金融市场的发展是解决金融结构脆弱性的关键。当前，应加快完善多层次的资本市场体系，改善资本结构，提高社会资本形成能力，促进储蓄有效转化为投资。特别是要继续推动债券市场的发展，积极推动债券产品创新，创新利率风险管理，稳步推进信贷资产证券化试点。

在促进金融转型过程中应始终注意防范金融风险。要密切监测主要经济体金融风险的负面溢出效应。近几年，主要经济体增长动力疲软，频繁实行宽松货币政策，新兴经济体面临较大的压力。应注意防范体制因素所致的扩张风险。各地政府换届后，容易出现投资加快、新建扩建项目增多的情况，地方融资平台可能迎来新一轮扩张，加之前几年银行贷款陆续到期，还款压力加大，银行不良贷款可能增加，不能掉以轻心。此外，要关注企业相互拖欠、民间借贷，以及信托贷款、理财产品等表外业务风险，适时监测分析和监管，实现创新与风险管理的有效平衡。

（《中国金融》2013 年第 3 期）

货币政策的平衡点

这些年来，货币政策性质并没有根本性变化，几乎所有央行都把维护适度的物价总水平和经济增长作为基本职能，但不同经济体在货币政策操作上却存在很大差异。这是由特定的政治经济特征所决定的。认识到这一点，有利于货币政策的有效沟通和实施。

货币政策的性质和职能决定了中央银行的行为哲学，即要兼顾短期与长期的关系，以及外部均衡与内部均衡的关系，把握好动态平衡。我国不同于发达经济体也不同于小型的开放经济，货币政策的实施更为复杂，把握不同方面的平衡面临更为严峻的考验。

把握不同政策目标的平衡。物价稳定、经济增长、充分就业、国际收支平衡被认为是宏观政策的目标，但不同经济体各有侧重。我国处于新兴加转型时期，需要时刻关注和警惕经济过热问题，需要解决结构性经济问题，因此适应自身的需要，坚持实行多目标制，始终强调防范通胀和促进国际收支平衡。从我国经济实际运行情况看，曾多次出现严重通货膨胀和国际收支失衡问题，说明多目标制符合中国国情。需要说明，目标选择并非一成不变，不同目标也并非相互排斥，要经常依据变化的情况和货币政策的本质要求进行调整和权衡。

把握不同政策工具的平衡。货币政策工具越来越多样化、多元化和多功能化，除了传统的政策工具外，各经济体中央银行相继创设了多种政策工具和便利。这是由于随着金融市场深化，中央银行资产负债工具更加丰富，使得货币管理当局有条件有能力拥有更多的调控手段，加上宏观审慎理念的引入，使得中央银行货币调控的视野更加开阔。差额存款准备金制度的引入就是我国政策手段创新的典型案例。但也要看到，不同政策手段在功能和力度上是有所差异的，需要根据市场需要相机抉择。

　　把握货币信贷存量和流量间的平衡。在促进经济增长时，各级政府往往把注意力放在货币信用总规模、货币增长、贷款增量上，而相对忽视存量的调节。事实上，存量调节同样重要。用好用活存量对于降低经济运行的成本、改善经济发展质量更为重要。在应对国际金融危机中，我国保持货币信贷强劲增长，有效抵御了外部冲击的负面溢出效应。这些流动性将在我国经济建设中长期发挥作用。因此，在实施稳健货币政策时，应当高度重视内涵式发展和经济增长的质量，减少增长对信贷投入的过分依赖，妥善处理存量调整与增量调节的管理，把有限的金融资源用在刀刃上。

　　把握好资金与资本的关系。对所有的市场主体而言，资本形成能力决定了其信用能力。金融机构的资产扩张要受资本充足性的制约，企业的融资能力同样受制于资本金的大小，过高的资产负债率，会影响商业可持续性从而导致潜在金融风险的加大。一个地区、一个企业融资规模从根本上取决于其金融生态环境，是市场选择的必然结果。因此，在实施货币政策时，应充分考虑资本的变化，关注金融市场的协调发展，支持经济主体通过金融市场改善资本结构，最大限度地发挥金融资源的综合效应。

　　把握宏观利益和区域利益的平衡。货币政策实施中经常会遇到不同方面的博弈，中央和地方出于不同角度的利益考量，在认识上存在分歧。特别是，我国各级政府换届后，普遍存在极高的发展热情，许多地方提出了跨越式发展的诉求，争政策、争资金、争项目、争试点现象抬头。在这方面，加强货币政策的有效沟通至关重要。货币政策作为重要的公共政策，应当适应和配合国家的区域发展战略，促进区域经济的协调发展，但货币政策不应简单地迎合区域利益诉求，否则宏观调控的目标就难以实现。要通过沟通使社会各界充分认识稳健货币政策符合全面建成小康社会本质要求，符合区域发展的长期利益，发展经济不应过多依赖信贷投入和外延式增长，要更加关注结构调整和增长的质量。

（《中国金融》2013 年第 2 期）

注重金融服务实体的质量

金融服务实体经济发展的质量，关乎经济增长以及金融业自身的质量。

金融服务实体经济理所当然。皮之不存，毛将焉附。实际上，无论是间接金融还是直接金融都把服务实体经济作为基本原则。看一看我国银行信贷投向，绝大部分资金都投向了实体经济部门。金融为我国长期经济增长提供了强大动力，在国际金融危机期间金融业始终保持充足的融资能力，足以说明金融业在服务实体经济发展中的重要作用。

但近年来，金融服务实体经济问题备受关注，并多次写入文件和政策。

问题并非空穴来风。从国内看，对金融服务实体经济的有效性，不同方面认识存在差异。实体经济部门特别是小微企业，对金融业有着更高的期望，希望通过深化改革得到便利、便宜的金融服务。从国际看，金融危机暴露出自我循环式金融发展的风险和弊端，使国际社会认识到金融业不应过度异化，不应过度创新，应当回归到金融的本原，以贴近实体经济；金融流动性不应过多滞留于虚拟领域，应更多参与社会商品的再生产。同时，实体经济部门也应专注于追求专业化发展和品牌的塑造，而不是热衷于把资本转移到虚拟领域。

对于像我国这样的发展中大国，各方面越来越清醒地看到，唯有发达的实体经济，有一批在国内外市场上响当当的品牌，才能构筑国家的核心竞争力，才能抵御各种风险，才能有良好的经济基本面，才能为金融可持续发展奠定基础。正是从这种意义上讲，服务好实体经济是金融发展的硬道理。因此，在金融发展过程中，我们应始终坚持实体经济至上的金融服务理念，实行更加有利于实体经济发展的政策措施。

需要指出，实体经济并不等同于实业或制造业，并非仅仅指物质产品的生产活动，而是指物质的、精神的产品和服务的生产、流通，包括农业、工业、交通通信业、商业服务业、建筑业等物质生产和服务部门，也包括教育、文化、知识、信息、艺术、体育等产品的生产和服务部门。实体经济是人类社会赖以生存和发展的基础。在实体经济中，包括各种各样的服务业。实体是相对虚拟而言的，虚拟领域主要是指金融产业和房地产业。弄清楚这些问题，有助于科学把握金融服务的战略、政策和方向。

衡量金融服务实体经济的质量，一要看实体经济的融资便利。要通过创新和完善金融服务体系，使符合条件的经济主体和居民同等享受到便利的金融服务。同时，要疏通金融政策传导机制，使货币和资金及时进入实体领域，防止金融自我循环式发展。应综合运用各类金融市场和各种杠杆，促进资源有效配置。二要看实体经济的融资规模。要保持信用规模的适度增长，把握好政策的力度和灵活性。三要看实体经济的融资成本。要不断改进实体经济和虚拟经济的利益分配关系，降低经济发展的成本。四要看实体经济的融资结构。协调发展股权融资和债务融资，不断提高市场主体的资本形成能力和融资能力。

金融服务实体经济，应着力推进经济结构战略性调整。积极支持战略性新兴产业、先进制造业、传统产业转型升级，以及小微企业特别是科技型小微企业发展。应高度重视服务业的发展，这是我国经济战略转型的迫切需要。我国服务业发展长期滞后，结构不合理，生产性服务业水平不高，尚未形成对产业结构优化升级的有力支持；生活性服务业有效供给不足，不能满足人民群众日益增长的服务需求。我国服务业国际竞争力不强，缺少大企业大集团和知名品牌。最近，国务院发布了服务业发展"十二五"规划，金融业应以此为契机，充分利用金融市场和金融资源，全力推动服务业大发展。

打铁还需自身硬。在积极支持实体经济发展的同时，金融业应更加注重体制机制改革，更加注重金融风险防范，更加注重自身资产负债的健康性，始终保持足够的政策储备和融资能力，在促进经济发展的同时不断壮大自己。

（《中国金融》2013 年第 1 期）

建立更加文明的金融制度

制度文明是社会信心的重要源泉，是软实力的重要标志。在推进我国金融现代化进程中，必须更加重视金融制度文明建设。

经过几十年的改革开放，我国金融业获得巨大发展，许多金融指标位居世界前列，金融硬实力显著提升。金融业的快速发展得益于我国经济的快速增长，得益于我国金融业的市场化、专业化、国际化。在这一进程中，我国不断完善与市场经济体制相适应的金融法律管理制度，金融体制持续改进，金融软实力持续提升。但是，面对改革发展的新形势新任务新要求，金融领域仍然存在许多缺陷，仍需加大改革力度。

金融制度是金融体制、治理、法则及效率等诸因素的总称，是一个经济体政治经济特征的体现。金融制度文明是制度建设和体制演进的结果。从某种程度上说，金融制度文明程度主要通过管理者对于金融的性质、职能、目的、组织形式及策略等方面的认识和实践来体现。一个文明的制度，应当是法治、高效、公平、透明的有机统一体。注重金融制度文明，既是科学发展观的要求，也是金融制度走向成熟的标志。

建立更加文明的金融制度，要高度重视制度供给能力。制度供给即是制度的生产，就是为规范人们的行为而提供的法律、伦理或规则。制度改进是一个持续的过程，当金融发展到一定阶段，一些制度和规则会逐步显现出局限性，需要进行相应的调整和改革，以不断提高金融制度供给能力。改革无论自上而下或者自下而上，都应充分考虑制度供给能力。在这方面，应及时总结借鉴以往国内外的金融发展经验，做好制度的研究、论证、设计和评估。特别是，应结合改革中的难点，着力加强金融法制建设和金融基础设施建设，着力加强薄弱环节的金融制度建设，用法律规范市场关系以及经济主体间的关系。积极探索改革目标的实现路径和方式，促进金融制度的不断完善，增强社会公众对我国金融制度的信心。

建立更加文明的金融制度，应处理好金融与经济的关系以及金融各业之间的相互关系。换言之，要把协调发展理念深深植根于金融发展的全过程，始终坚持实体至上理念，注重可持续发展，坚决防止实业空心化、过度金融化的趋势和倾向。正确处理不同产业收入利润分配关系，引导社会资金更多流向实体经济；正确处理不同投资人的利益关系，引导社会长期投资。国内外经验教训证明，任何时候偏离服务实体经济理念，金融发展就会遇到挫折甚至危机。今后若干年，仍是我国社会经济发展的重要战略机遇期，应密切围绕社会经济发展的总体目标谋划金融发展，防止过度虚拟化，通过实现经济与金融、金融各业之间的良性互动，为全面建成小康社会创造良好的金融环境。

建立更加文明的金融制度，必须兼顾效率与公平。这就要求金融制度要更加市场化、便利化、透明化。为此，应不失时机地放松金融管制，加快利率汇率市场化改革及其配套改革，以减少市场的扭曲，更好地发挥市场配置资源的基础性作用。与此同时，强化各类市场主体的自律能力，硬化市场约束和财务约束，夯实市场化基础。深化金融服务体系和金融市场改革，促进竞争，改善服务，使社会不同方面能够公平合理地享受金融服务的便利。加强金融治理和透明度建设，努力做到程序公平和决策科学，增强社会对金融发展的信心。

建立更加文明的金融制度，应坚持开放包容的金融发展战略。包容共存是现代社会经济的一个重要特征。应继续深化和提高金融对外开放水平，以更加创新的思维请进来、走出去。积极参与国际金融治理和国际规则制定，积极借鉴先进金融管理技术，推动我国的金融发展。实行更加积极的金融改革政策，限制垄断性国有资本过多参与金融产业，支持民营资本参与金融结构性调整，推动民营金融的发展。理性看待、合理监测影子银行活动和民间金融活动，引导其在透明基础上规范发展。

（《中国金融》2012 年第 24 期）

全面深化金融体制改革

党的十八大提出，要全面深化金融体制改革，健全促进宏观经济稳定、支持实体经济发展的现代金融体系，加快发展多层次资本市场，稳步推进利率和汇率市场化改革，逐步实现人民币资本项目可兑换。加快发展民营金融机构。完善金融监管，推进金融创新，提高银行、证券、保险等行业竞争力，维护金融稳定。

面对重要的战略机遇期和错综复杂的环境，唯有建成更加完善的金融服务体系、金融市场体系和金融监管体系，才能有效配置社会经济资源和分散金融风险，才能为社会经济的全面发展提供强有力的金融环境。

全面深化金融改革应坚持正确的策略。既要有坚定的意志和勇气，只争朝夕，善于攻坚克难，又要注意妥善处理和协调各种复杂的经济关系，稳妥推进。在多年的改革实践中，我国已探索形成了一些行之有效的解决矛盾的方法。我国坚持渐进性和协调性，走出了具有中国特色的改革道路；坚持包容性和开放性，动员国内外各种积极因素改善我国的金融管理；坚持自上而下和自下而上相结合的原则，既注意顶层设计，又重视因地制宜。这些经验和原则符合我国社会主义初级阶段和转型时期特征，仍是今后深化改革的重要策略。

全面深化金融改革，重要的是探求实现改革的有效途径。方向和目标确定以后，实现方式是改革能否取得突破的关键。我们要善于寻找改革的突破口。改革走到今天，碰到的问题千头万绪，眉毛胡子一把抓，有可能事倍功半，但如果抓住牵一发动全身的改革突破口，则可能事半功倍。这既是我国多年来金融改革不断深化的经验，也是今后改革工作的着力点。我国金融改革发展史上的成功案例充分说明了这一点。比如，对国有商业银行注资并上市，使商业银行有了实质性飞跃；银行间交易市场的建立推动了债券市场的长足发展；积极借鉴巴塞尔协议，显著提高了金融监管专业化和国际化水平；通过扩大人民币境外使用，有力地推动了人民币的国际地位；非对称降息推动了利率市场化进程，起到了多重效应。这些典型案例把改革的理念、规划和目标等通过一定的实现形式体现出来，不仅在各自领域取得了明显的成效，而且通过其示范效应带动了整个金融改革的深化。

金融改革的核心是处理好政府与市场的关系，更多地发挥市场配置资源的基础性作用，把应由市场发挥作用的交给市场，把应由社会发挥作用的交给社会。我们应努力在以下一些方面下大工夫。一是在放松金融管制上下工夫。要协调推进利率和汇率形成机制改革，提升各市场主体适应市场变化的能力，更好地发挥市场配置资源的基础性作用。同时，完善金融宏观审慎管理制度。二是在改进金融治理上下工夫。要善于借鉴国际金融业先进管理经验和标准，不断健全我国金融管理制度。三是在改善金融结构上下工夫。要大力发展股权市场和债券市场。协调推进金融对内开放和对外开放，吸引多元资本参与金融改革。协调推进增量改革和存量改革，不断积累改革的正能量和正效应。四是在完善试点上下工夫。在全面深化金融改革的过程中，应注意调动各方面的积极性，增强社会不同方面特别是各市场主体改革的自觉性、主动性和创造性。通过先行先试积累经验，建立及时调整和纠错的机制，促进改革持续深化，使社会各类资金更好地服务于实体经济发展。五是在金融立法上下工夫。要树立法治思维，善于运用法治方式，规范改革程序。要善于把成熟的改革经验上升到法规和法律，用法制巩固改革成果。

金融改革是经济改革的重要组成部分，在推进改革过程中，应加强金融改革各个方面的协调，也要加强金融改革与其他方面改革的协调，使金融改革始终围绕全面建成小康社会和深化改革开放的目标推进，减少部门利益和其他方面对金融改革的制约，最大限度地发挥金融改革的积极效应。

（《中国金融》2012 年第 23 期）

突破薄弱环节金融服务瓶颈

"三农"、小微企业以及成长性科技企业等领域是经济发展的薄弱环节，也是金融服务需要拓展和加强的重点方面。

这些年来，从中央到地方都制定了一系列政策，金融管理当局和金融机构也采取了许多措施，改善融资环境，引导资金投向，一定程度上缓解了薄弱环节融资难问题。但由于多种因素制约，这些领域金融服务仍然存在瓶颈。

薄弱环节的金融服务是非典型性或非常规性金融业务，这些领域或因产业平均利润率偏低，或者缺乏足够的抵押和担保，或者具有较大的不确定性和风险，或者缺乏明确的可操作的法规办法等，而得不到足够的金融服务。对这些领域的金融服务，不能单纯靠政策宣示，也不能靠硬性的行政手段，需要创新思维、机制和方法，因地制宜，贴近市场，创造性地加以解决。

善于创新。解决薄弱环节的金融服务问题，同样要遵循市场规律和金融规律，注重商业可持续性，但不能抱残守缺、墨守成规，应善于在体制、机制、政策、方式等方面不断创新。与常规性金融服务相比，薄弱环节在满足金融服务条件上存在明显缺陷，这就需要通过创新改善其信用条件，其中重要一点是增信和分散风险。这些年来，金融机构积极探索，创造了不少行之有效的经典案例。一些银行从供应链、产业链的角度入手，有效弥补单个主体的缺陷，实现了信用增级问题，增强弱质领域的信用能力；还有些银行充分利用相关中介机构，完善相应风险保障和分担机制。这些做法值得推广。但从宏观角度看，还应进一步加强金融基础设施建设，加强"三农"、小微和科技型企业金融服务立法，加强征信体系建设，以改善相应的制度环境。同时，要加快结构性经济金融改革，完善金融服务体系，建立适应多层次经济发展需要的金融保障体系。

发挥合力。薄弱环节金融服务不足不是单纯的金融现象，也不是我国独有的现象，需要统筹规划，硬化法律政策约束，真正把实招落到实处。当前看，应综合运用财政税收政策、金融政策和产业政策引导和调节资金流向，特别是应放在公共资金安排的优先顺序，发挥好政策的组合效用。同时，要加强不同金融政策的协同，充分运用各种金融市场和金融工具，注重股本融资和债券融资的结合，注意发挥保险的保障职能，为薄弱环节提供多方面的金融服务。应充分发挥政策性金融在促进薄弱环节经济发展中的作用。当前还应加快相关方面改革，实行更加包容开放的政策，改善薄弱环节的资本结构，引导和鼓励民间资本投入。

寻求共赢。在这方面，既要积极主动开展服务，又要防止简单放松贷款条件，切实有效防范金融风险。要实现共享利益，通过适当的制度安排和杠杆调节，促进利益的合理分配，实现共同利益的最大化，让不同市场参与者共享经济改革发展成果。要实现共同成长，妥善处理好短期和中长期的利益关系，从转型的角度和长远的眼光，注重培育战略客户和新的增长点，促进金融与经济的良性互动，促进金融与经济的共同成长。要实现共推改革，通过综合改革，协调推动各方面体制机制创新，探寻解决问题的有效机制和方式。

勇担责任。薄弱环节的发展，涉及就业、稳定和自主创新能力，关系到社会经济转型和长远发展，我们务必从战略的高度，增强大局意识和责任意识，加强薄弱环节的政策支持。从金融角度看，一要注重商业利益和社会效益的结合。金融机构在坚持安全性、盈利性和流动性的同时，兼顾公平性，合理调整贷款分布结构，适当在贷款总量上予以倾斜，适当让渡利润，促进和谐发展。二要注重短期发展与长远发展的结合。重视涵养水源，放水养鱼，培育未来可持续发展的基础。三要注重虚拟经济与实体经济相结合。坚持把服务好实体经济作为金融改革发展的基本原则，把服务"三农"、小微和科技作为应尽的社会责任。

（《中国金融》2012 年第 22 期）

信心的力量

在社会经济发展的关键时刻，积极的心态和坚定的信心是战胜困难的重要力量。有信心就有办法。信心比黄金更重要。

新中国成立初期，百废待兴，正是对社会主义制度的坚定信心，中国人民走过了那段艰难的岁月，迅速促进了经济的恢复和社会主义建设的开展。改革开放后，也是靠对建立社会主义市场经济体制的信心，解放思想，实事求是，我国才消除一系列体制和制度障碍，促进了我国经济的长期快速发展。今天，在建立现代社会的征程中，解决发展中的矛盾，促进社会经济转型，促进中华民族的伟大复兴，仍然要靠信心。

信心不是无源之水，无本之木，而是来自对我国历史和对未来的充分认识和深刻把握。

信心来自我国社会主义市场经济建设的成功实践。改革开放以来，我国社会经济全面发展。在改革发展的不同阶段，逐渐形成了符合中国实际的邓小平理论、"三个代表"重要思想、科学发展观等重要思想，走出了一条符合中国国情的发展道路，逐步建立和完善符合市场经济要求的经济体制和经济运行机制。我们对社会发展理论和市场经济规律的认识逐步深化，法律制度和规则更加完善，生产力获得巨大发展，综合国力不断增强，社会管理更加完善，人民生活水平不断提高。社会主义市场经济的成功实践，增强了社会公众的信心。

信心来自对形势和问题有着科学判断和清醒认识。这些年来，我国牢固树立忧患意识，居安思危，坚持政策的前瞻性，未雨绸缪，面对错综复杂的形势，沉着应对，不为喧嚣扰，不忘发展事，紧紧抓住发展战略机遇期和经济全球化趋势，审时度势，科学决策，正确处理了改革、发展与稳定的关系，妥善化解各种矛盾，保持了社会经济的稳健发展。以金融业为例，我国根据形势的发展先后四次召开全国金融工作会议，系统推进金融改革，有力抵御了亚洲金融危机和国际金融危机的冲击，促进了金融业的稳健发展和经济的可持续发展。

信心来自我们处理复杂问题的丰富政策手段和多样化的调控工具。经过多年的改革开放，我国建立了比较雄厚的物质、科技基础，为有效应对各种风险奠定了基础条件。我国长期坚持稳健的宏观经济政策，财政状况良好，金融资产负债状况健康，有丰富的政策储备和政策手段。市场在社会经济调节中的基础性作用明显提高，经济治理持续改善，增长的内在动力增强，经济金融运行的韧性和弹性不断增强。国家外汇储备和国民储蓄充裕，有较强的防范风险能力。

信心来自广大社会公众对社会发展的责任感。天下兴亡、匹夫有责，中华民族具有坚忍不拔、奋发图强的品质，崇尚理想，重视自立，始终立足于自身的努力解决发展中的问题。面对国内外环境的复杂变化，始终保持清醒头脑和明确的发展目标，坚定不移走自主创新的道路，坚持改革开放不动摇，努力做到眼光长远，目标明确，脚踏实地，不断完善我国的社会主义经济体制，用发展的眼光解决我国的社会主义经济发展问题。

我国的发展始终为国际社会所瞩目。作为全球经济发展的引擎，我国是稳定世界经济的重要力量，我们为中国对人类社会发展所作的贡献无比自豪。但也要看到，我国是一个发展中国家，仍处于社会主义初级阶段，在社会管理和经济金融领域存在许多困难和问题，必须进一步深化改革开放。同时也要理性对待我国和平崛起中所面临的阻力和杂音。当前，关于中国崩溃论与威胁论交替上演，并不断以变换的形式质疑中国。对此，我们应持包容的态度，善于批判吸收。同时，加强国际间的有效沟通，增进国际互信和认同。

在各种矛盾凸显阶段，我们要积极地看待社会经济发展中的正面因素，防止和克服各种负面和消极情绪的滋生和蔓延，用更加开放和包容的态度，营造更加温暖和蓬勃向上的氛围，同时加快结构性改革和社会建设，推动社会全面发展。

（《中国金融》2012 年第 21 期）

非凡的金融国际化改革

改革开放以来，特别是中国加入世贸组织后的十多年，我国金融业稳步实施国际化战略，通过引进来和走出去，大大增强了金融发展的动力和活力，迅速提升了金融业的综合实力和国际地位。

金融国际化，是适应经济全球化和国际分工需要的必然要求，也是中国自身改革发展的实际需要。在经历了漫长的封闭经济后，我们迫切需要通过国际化更新金融发展理念、制度、技术，以及金融资产和资本结构，不断为金融发展注入新的力量。

我国金融国际化始于改革开放。1979 年在北京设立了第一家外资银行代表处，1981 年在深圳设立第一家外资银行营业性机构，标志着我国金融业对外开放的序幕正式拉开。从此，包括银行、证券、保险、财务公司在内的各种形式的外资金融机构陆续进入中国。外资金融机构的引入，给我国的金融发展带来了新的元素和良好的示范效应。随着金融改革逐步深化，我国各类金融机构相继引入境外机构投资者参与其股份制改造和战略性重组，促进金融治理和金融运行进入新的阶段。与此同时，以合格的境外机构投资者（QFII）为载体的海外资金也进入我国资本市场。外资金融机构所带来的资金、先进的管理经验、现代化的金融服务方式、丰富的金融产品、优秀的金融管理人才，为加快中国金融业改革和促进国民经济发展作出了积极贡献。

在"引进来"的同时，我国金融业积极实施"走出去"战略，支持符合条件的金融机构通过设立境外分支机构、并购等多种渠道开展业务。目前，商业银行在美国、欧盟、日本等 30 多个国家和地区设立了 60 多家分行和 30 多家附属机构。次贷危机爆发后，我国没有放缓金融国际化步伐，许多金融机构抓住机遇，充分利用国际国内两种资源、两个市场，在致力建设具有良好品牌和国际竞争力的现代金融企业方面迈出实质性步伐。

我国金融资本积极参与国际金融市场，努力在安全性、流动性和盈利性之间把握平衡。截至 2012 年 6 月末，我国对外金融资产 49462 亿美元，对外金融负债 31974 亿美元，对外金融净资产 17488 亿美元。在对外金融资产中，对外直接投资 3923 亿美元，证券投资 2593 亿美元，其他投资 9798 亿美元，储备资产 33148 亿美元；在对外金融负债中，外国来华直接投资 19032 亿美元，证券投资 3011 亿美元，其他投资 9932 亿美元。

我国金融监管规则、基础设施也同时加快了国际化步伐，国际金融合作取得显著成效。密切跟踪巴塞尔资本协议的演变，并结合国内实际制定了一系列管理制度，改善金融治理，金融经营管理实现了跨越式发展。人民币汇率形成机制改革稳步推进，汇率弹性逐步增强。跨境贸易人民币结算试点发展迅速，扩大了人民币在境外的使用。目前已有近 20 个国家和地区参与人民币互换协议，与境内发生人民币实际收付业务的境外国家和地区已经达到 180 多个。与此同时，香港人民币离岸中心也初步形成。香港交易所推出全球首只可交收人民币期货，使境外机构和居民可以利用衍生品市场对人民币进行投资交易和风险管理，标志着人民币国际化进一步向纵深发展。

我国还积极参与国际金融秩序治理和规则制定。最近十多年来，中国通过多种途径和方式，积极参与国际金融事务，在包括东盟"10 + 3"、G20、IMF 等区域和国际平台上发出有力的声音，得到国际社会的重视。特别是在欧洲债务危机不断蔓延之际，稳健的金融体系更加凸显了中国在国际金融舞台上的地位。

金融的国际化，促进了我国金融制度创新和理念创新，促进了我国金融业的市场化、专业化进程，推动了经济金融的改革发展。我们有理由相信，经过持续的改革开放，我国金融业国际化的步伐将更加坚定，目标更加清晰。

非凡的金融专业化改革

过去几十年特别是近十年来，我国金融业的专业化改革不断取得新的进展：金融功能更加完善，服务不断延伸，管理日益精细，从业人员素质明显提高。金融的专业化，适应并促进了社会分工，也促进了金融自身的发展。

金融的专业化，不同于传统体制框架内按部门的条块式分割，而是建立在市场化、商业化基础上多功能、多层次、多领域的发展。这种发展是基于社会分工和比较优势而产生的，是金融深化的体现，有利于更好地配置资源和分散风险。

这些年来，我国通过一系列制度安排逐步形成了分业监管的金融管理体制，功能齐全的金融机构体系以及金融市场体系。在这一体系下，我国更新金融管理发展理念，积极借鉴国际金融业经验方法和技术，以开放促改革，以改革促发展，推动了我国金融体制和金融运行机制的历史性转变。人民银行作为中央银行日益成熟，在货币政策、金融稳定以及金融基础设施等方面，进行了一系列制度性和技术性变革，促进了中央银行制度的完善以及系统性体制转变。金融监管部门借鉴国际经验，建立了既符合国际公认规则又符合中国特色的专业化监管制度，维护了金融消费者、债权人、投资人的利益。各类金融市场主体适应政策环境和市场环境变化，主动改革，经营管理水平明显提高。实践证明，金融专业化管理符合特定发展阶段的实际情况。

金融机构的专业化是金融专业化的突出表现。我国金融机构作为市场主体，适应竞争和产业发展需要，发挥自身禀赋和比较优势，不断强化专业化运作理念，积极拓展金融服务的深度和宽度，增强对细分市场和专业领域的服务能力，形成了一大批有特色、有市场的品牌。特别是最近几年，为满足专业化管理需要，金融机构改造传统管理模式，再造组织架构，构建了更加专业化经营管理体系以及垂直独立的风险管理体系。一些商业银行积极探索事业部制改革、利润中心改革，实现了业务专业化运行和管理。在改革发展中，我国金融机构通过系统规划，培养和组建从事市场营销、产品研发、后台管理的专业化团队，吸引国际高端人才；通过建设客户关系管理系统、管理信息系统以及风险控制系统等，提高了产品创新能力和专业化服务效率。

金融市场更加多元化和专业化。目前，我国金融市场已经涵盖了信贷、资本、保险、外汇、黄金、期货等多个领域，满足了处于不同阶段、不同类型企业的融资需求和投资者不同的风险偏好。债券市场近年来实现了跨越式发展，已形成以银行间场外市场为主、交易所场内市场为辅，场内外市场并存、分工合作、互通互联的市场体系。股票市场的建设，从重点发展交易所主板市场，到稳步扩大中小企业板规模、积极推进创业板市场建设，市场层次和结构不断完善。多层次金融市场体系的发展，为促进产业结构调整、增进经济发展的内生动力提供了有力的支持。

金融专业化改革与市场化改革相辅相成。市场化改革为专业化改革提供了制度基础和前提条件，专业化改革则进一步促使市场化改革向广度和深度推进，有利于从总体上提高金融效率。实践证明，我国金融业的专业化改革有力助推了金融业的崛起，实现了金融业整体实力和服务水平的大幅提升，有效抵御了国际金融危机的冲击。

当前，我国社会主义市场经济体制改革进入全面攻坚阶段，金融业发展面临新的严峻挑战。未来的专业化改革依然任重道远，一方面，金融体系的专业化程度有待深化，另一方面，专业化基础上的综合化趋势不容忽视。在新的环境下，需要创新体制机制，进一步完善金融中介体系，推动金融管理体系、金融机构体系以及金融市场体系的改革和转型，推动金融分工与合作的纵深发展，激发各类金融主体的活力，不断为金融业持续健康快速发展注入不竭动力。

（《中国金融》2012 年第 19 期）

非凡的金融市场化改革

　　这些年来，我国按照渐进性、主动性、市场性原则推进经济改革，逐步确立了中国市场经济地位。金融业也在改革开放中稳步健康发展。通过一系列制度安排，金融调控监管体系、金融服务体系以及金融市场体系日臻成熟，基本建立了适应社会主义市场经济要求的金融体制和金融运行机制。

　　市场化改革最突出表现是金融市场运行机制的形成和完善。货币市场、资本市场、保险市场不断发展，日益成为资源配置、风险管理、资产管理以及资本形成的重要途径与机制。特别是最近几年，我国债券市场快速发展，金融基础设施不断完善，新的金融工具和金融产品不断涌现，改善了金融结构以及经济金融运行的基础，并为深化包括利率、汇率在内的各项改革创造了良好条件。金融转型步伐加快，银行服务更加多样化、个性化，传统银行业务模式开始转变。证券市场治理不断改进，促进了经济改革和市场主体的投融资需求。保险市场跨越式发展，成为全球增长最快的市场，逐步成为经济和民生保障的重要手段。

　　金融机构改革是市场化改革的亮点。经过一系列商业化、市场化改革，我国各类商业性金融机构日益成为自主经营、自负盈亏、自我约束、自担风险的市场主体，竞争更加充分，效率不断提高，综合实力显著增强。特别是通过国有金融机构的股份制改革并成功上市，我国金融业脱胎换骨、化蛹为蝶，运行机制和管理方式发生了显著变化，金融机构资本和产权日益多元化，公司治理机制逐步健全，全面风险管理能力以及服务实体经济能力明显提升。

　　与此同时，我国金融管理制度也有了质的飞跃。我国已经形成以人民银行为中央银行，金融各业分业经营和监管的金融管理体系。金融调控监管更加市场化，中央银行的治理更加完善，透明度和调控艺术日益提高，逐步实现从偏重运用数量型工具向更多地运用价格型工具的转变，形成了中央银行与金融机构新型的市场关系。金融监管更加市场化、专业化和国际化。特别是最近几年，我国借鉴国际经验，创造性地引入了一系列现代管理制度，加强宏微观审慎管理、资本监管以及偿付能力管理，金融管理日益现代化。

金融业的市场化改革是中国现代化进程中的伟大实践，体现了党中央、国务院对金融工作的高度重视和科学的顶层设计。1997 年以来，我国先后四次召开全国金融工作会议，审时度势，抓住时机，科学决策，作出了一系列重大战略部署，保障了金融市场化改革的顺利推进。

事实证明，经过不断的市场化改革，我国金融业发生了巨大变化：金融功能进一步发挥，金融业资本实力、资产质量和经营效益不断提高，一些金融机构跻身全球前列，金融业服务国民经济与社会发展的能力显著提升。尤其是国际金融危机以来，我国的金融体系有效抵御了国际金融危机的冲击，维护了自身的安全和稳定，促进了社会经济的发展。

雄关漫道真如铁，而今迈步从头越。当前，改革正在进入深水区，经济转型对金融业的改革发展提出了更高的要求。我们需要加深对市场规律和金融发展规律的认识，进一步解放思想，不断更新观念、制度；需要保持清醒的头脑，既要看到我国金融业长期发展中积累的各种结构性矛盾，勇于进取，又要充分认识当前复杂国内外环境下面临的新问题新情况，审时度势，科学把握改革发展的方向和趋势，增强改革的主动性、系统性和前瞻性；深入分析和权衡当前经济运行和融入全球化中面临的矛盾，善于运用市场机制和手段破解难题，推动改革的深化；需要进一步放松金融管制以及对各类资本的限制，减少政府对微观金融活动的干预，激发各类金融市场主体的活力，推动金融中介市场全面发展，提高全社会的资本形成能力，使之更好地服务于实体经济。

（《中国金融》2012 年第 18 期）

商业银行的差异化发展

商业银行的同质化是我国银行业发展中面临的突出问题。机构趋同、路径趋同和业务趋同，常常被认为是小企业得不到有效服务的原因。

实现商业银行的差异化发展是金融改革的题中应有之义。改革开放以来，经过恢复、分设、新建、重组和引进，我国已经形成了多样化的商业银行体系。这个体系在我国经济发展、应对金融危机中发挥了重要作用。但是，由于各种因素的影响，我国商业银行在资产负债结构、金融服务和盈利模式等方面存在趋同趋势，需要进一步深化改革。

应当说，这些年来，商业银行特别是地方商业银行因地制宜，通过规划和战略推动，实现了自身的差异化特色化发展，涌现了一大批独特的金融品牌和特色化产品，活跃了金融市场，满足了不同方面不同层次的金融需求。但是，从整体上看我国银行的商业模式仍比较单一。

商业银行同质化是一种体制现象。它是我国经济体制特征在金融领域的体现。当商业银行市场化和经济高增长并存时，同质化很难避免。由于我国经济发展方式粗放性和同质性，加之商业银行追逐比较利益的冲动和偏好，势必导致商业银行相对单一的模式。

改革开放以来，我国商业银行在市场化改革方面迈出了重要步伐：中央银行对商业银行的调控方式有了根本性的转变，主要通过间接手段引导和影响商业银行的发展；银行业的监管，也由行政管理为主转向以资本为核心的风险监管；确立了商业银行自主经营、自负盈亏、自担风险、自我约束的市场地位。这些变化促进了商业银行多样化发展，但由于经济转型举步维艰，市场化改革尚不完善，商业银行在提供金融服务时处于卖方市场地位，从而导致商业银行在服务的范围和方式上表现为明显的趋同性。商业银行差异化发展有赖于经济金融改革的深化以及市场化的程度。随着结构性经济改革的推进，以及利率汇率市场化改革的加快，金融竞争会进一步加剧，金融服务的供求关系的改善、买方市场的形成，必将推动商业银行差异化特色化发展。

商业银行差异化进程也是专业化过程。专业化不同于计划经济体制下产业部门的划分，它有丰富的内涵，是建立在市场化基础上的专业服务，需要更新理念和技术，需要适应新的分工和合作，需要满足不同领域的服务，以最大限度地发挥金融的功能。随着现代社会的发展，社会分工和产业划分越来越细，不同方面的金融需求更加多样化复杂化，需要相应的金融创新，要求相应调整和改革商业银行的机构体系、内部经营管理体系，以适应各种市场变化。我们注意到，这几年来，商业银行越来越专业化，越来越重视差异化特色化发展，更加重视资本管理，更加重视内部机构和流程的再造，更加重视金融品牌建设，更加重视延伸和深化金融服务。

商业银行差异化特色化发展需要顶层设计和系统推进。在制度设计中，很重要的是改革和完善金融法律制度。通过完善法律制度，形成功能互补、各具特色、竞争有序、覆盖广泛的银行服务体系。我们要认真总结和分析国际不同法律制度下银行模式的利弊，适应国际金融变革的新趋势，逐步改革过于集中的融资体系和银行体系，使之更好地服务于实体经济，更好地管理和分散经济运行中的风险。

差异化发展是商业银行自身发展的需要。随着市场化改革的推进，以及经济进入温和增长阶段，商业银行必须改革现有的发展模式和路径，逐步形成各具特色的存在形式，以有效应对不确定性。商业银行作为独立的市场主体，完全可以通过自身的不懈努力，形成自身独特的文化、科学的治理和明晰的战略，促进差异化特色化的发展。我们注意到，不少地方性商业银行在这方面大胆探索和创新，贴近区域、贴近产业、贴近市场，创立了一批服务微小企业的品牌。我们相信，依靠法律、政策支持以及商业银行自身的努力，中国商业银行差异化发展会不断取得新的突破。

（《中国金融》2012 年第 17 期）

加强货币政策的预调

一段时期以来，针对外需明显减弱、经济下行压力加大等突出问题，国家及时提出把稳增长放在更加重要的位置，加大政策预调微调力度，经济增速虽有所放缓，但仍保持在年初确定的预期目标区间内。

但也要看到，我国经济增长的外部环境仍然十分严峻，外需下滑，内需不振，经济发展中不平衡、不协调、不可持续问题没有根本解决，经济增长还没有形成内在稳定回升的态势。尤其是，国际金融危机深层次影响在不断显现，欧债危机仍处于高危阶段，发达经济体增长乏力，新兴经济体增速下降，美国面临财政悬崖风险，国际大宗商品和金融市场可能持续动荡，地缘政治风险上升，全球金融市场不确定性增加。从国内看，经济趋稳的基础比较脆弱，有效需求不足仍是当前主要矛盾，经济下行压力较大。

面对复杂的形势，要求放松政策、启动新的投资需求呼声渐高。对此，应有客观理性的分析，新的政策调整是必要的，但应深刻汲取历史经验教训，在宏观调控中应更加注重社会经济转型。当前和今后一段时期，应坚持稳中求进的工作总基调，既要看到经济运行中的问题、困难和风险，也要看到经济发展的动力和潜力，在保持货币政策连续性和稳定性的同时，做好各种可能的政策研究和储备，把握政策的方向、力度和节奏，提高政策的精细化水平，增强前瞻性、针对性和有效性，促进经济平稳较快发展。

重视政策沟通。加强货币政策的解释和引导，使社会各界充分认识货币政策的性质、特点和功能，以更好地适应货币政策。进一步增加货币政策的透明度和说服力，减少不合理的政策博弈和预期。特别是加强与地方政府和工商企业的沟通，促使相关经济主体减少对政策的依赖，更加注重结构调整，更加注重市场变化，更加注重改善金融生态，通过机制体制和环境改变增强经济增长的动力和活力。

改善政策手段。继续发挥货币政策的逆周期调节作用，综合运用多种工具，促进货币信贷平稳适度增长，保持合理的社会融资规模。稳步推进利率市场化改革，加快培育市场基准利率体系，优先选择利率工具来管理信贷扩张。引导金融机构提高风险定价能力，合理确定存贷款利率水平。继续完善人民币汇率形成机制，进一步发挥市场供求在汇率形成中的基础性作用，增强人民币汇率双向浮动弹性。

注意政策引导。继续改进和完善信贷政策，支持和促进产业政策的有效落实。进一步完善信贷政策导向效果评估，促进信贷结构优化。在着力促进信贷资源的优化配置过程中，应注重加大存量信贷资产的结构调整力度。全面推进农村金融产品和服务方式创新。加大对小微企业和国家重点建设项目、战略性新兴产业、现代服务业的金融支持力度，加强对节能减排和淘汰落后产能金融服务的督促检查。严格落实差别化住房信贷政策，抑制投机投资性住房需求。

加强政策配合。当前有效信贷需求减弱，受国内外经济环境、信贷风险上升、银行业务转型等多方面因素影响，不是单靠货币政策就能够解决的，需要产业政策、财税政策、货币政策、监管政策之间的协调配合，也需要深入推进经济结构调整，更需要全面深化经济改革。在结构转型时期，应充分发挥财政政策在经济发展中的作用。

完善货币监测。应关注金融创新对货币统计以及调控的影响，金融结构变化对信用总量的影响，国际资本流动对货币供应的影响，以及经济金融先行指标变化对市场供求的影响，以全面做好经济金融运行的监测分析。当前，应密切关注世界经济变化，做好不确定性环境下应对各种复杂局面的政策储备，为有效实施货币政策奠定良好基础。

做好货币政策的预调和微调，需要宏观视野和长远眼光，需要科学专业监测分析体系，需要进一步深化金融改革，需要把握宏观调控的艺术。这对宏观调控部门来说是一个有力的挑战，也是长期课题和任务。

（《中国金融》2012 年第 16 期）

非对称利率调整的改革效应

自 6 月份以来，人民银行两次宣布下调金融机构人民币存贷款基准利率。这两次调整被舆论称为非典型性调整或非对称性调整。

非对称性利率调整引起了国内外的广泛关注，连一向苛刻的西方主流财经媒体也对之赞赏有加。普遍认为，这是在特定时机作出的恰当选择，可谓一石三鸟。

毫无疑问，我国连续两次降息凸显了稳增长的强烈意图。受欧债危机继续恶化、美国等发达国家经济持续放缓的影响，我国出口下降，经济下滑，下调利率无疑是稳增长的需要。但更重要的是，适时放松存款利率管制和扩大利率浮动范围，是利率市场化改革的重要步骤，它必将促进金融体制和金融市场的相应变革。同时，非对称降息将促进银行与实体经济之间、银行与储户之间的利益调整，有利于社会资金的合理配置以及产业资本和金融资本之间的利益分配。

应当说，非对称性利率调整把改革与调控有机结合起来，兼顾了短期与长期的关系，体现了中央银行的行为哲学和新的理念，体现了金融管理的艺术。这种改革方式遵循了以往渐进性、主动性的指导思想，同时积极创新和突破，为今后进一步加快金融改革进行了有益的尝试。

利率和汇率改革被认为是中国金融改革中最艰巨的任务。在过去利率改革中，我国一直遵循按照"先外币，后本币；先贷款，后存款；先长期，后短期"的思路，外币存贷款利率已完全放开，人民币贷款利率管下限、存款利率管上限的阶段性目标业已实现，以基准利率建设为基础的市场利率体系建设取得长足进步。目前，以 Shibor 利率为定价基础、辅之以国债利率和利率互换等品种的市场利率体系也已初步建立，这为利率完全市场化创造了良好条件。

采用逐步扩大浮动区间的做法有可能是今后利率改革的基本路径。

对商业银行来说,这种改革方式是温和的,可以增加商业银行的适应性,避免大的震动。但同时,其影响也是长期的综合性的,不仅会影响不同市场主体间的利益分配,而且也涉及产品定价、资产负债调整以及风险管理等各个方面。它将改变商业银行的盈利模式,加剧商业银行之间的竞争,推进商业银行经营管理制度的深刻变革。

在人民银行放松存款利率限制后,各商业银行适应性虽有所差异,但并没有产生大的波动。可以看出,经过多年的改革,商业银行在基础设施建设、资本管理和市场应急处理能力等方面已有所进步,对改革在技术上、理念上已有相应的准备。但是,商业银行的适应性仍待观察。利率市场化改革具有很强的渗透性,其影响是全方位的,需要商业银行在财务管理、资产负债管理等方方面面进行创新和调整。这将是一个持续的长期的过程。

利率完全市场化是金融改革的方向,从完全管制到放松管制,直至完全市场化是一个渐进的过程。这一进程受到多种因素的制约,需要在货币调控制度、存款保险制度等方面进行相应改革。在利率管制放开之后,市场利率将成为资金供求的决定变量,这就需要建立和完善以利率为核心的货币传导调控机制,更多地实施价格调节。此外,利率市场化会加剧银行业的经营风险,特别是中小商业银行的风险,商业银行的经营策略会进行相应调整,甚至会有部分金融机构退出市场,这就必然要求加快建立存款保险制度。

非对称利率调整为今后金融改革和金融工作带来了有益的启示。越是面临复杂的局面越需要创新,不能拘泥于原有的思维和框框,要勇于在一些重大改革方面创新方式方法。要始终按照改革的方向和目标,减少金融压制和扭曲,使市场发挥更大的作用。

当前,我国金融改革已进入协调推进、攻坚克难的新阶段。而在所有改革中,利率市场化改革无疑是关键的一环。坚定走好这一步,需要改革的决心,也需要改革的艺术。

(《中国金融》2012 年第 15 期)

经济转型的含义

我国的经济转型既不同于由计划经济向市场经济的转变，也有别于发达经济体的结构调整和再平衡，而是二元结构向成熟市场的过渡，是社会经济的全面发展。

转型意味着追求均衡增长。这里的均衡，是指宏观意义上储蓄、投资和消费之间的平衡关系。长期以来，我国国民储蓄率高达50%左右，为我国的高投资高增长提供了强劲的动力，但也带来了消费需求不足和贸易顺差过大的矛盾，加剧了经济体间的摩擦。这使人们认识到，必须转变经济发展的路径，实现更富弹性的增长，促进经济发展从过度依赖投资和出口转向国内消费。过去十几年，我国的最终消费对GDP的年平均贡献率达到44.3%。与发达国家相比，我国消费贡献率相对较低，甚至低于许多发展中国家。在世界经济环境不断变化，各国致力于寻求新的平衡的背景下，理应建立新的平衡观。这就要求减少外需依赖特别是减少对以廉价要素为支撑的外需的依赖，更多依靠技术创新和内需，使经常项目顺差回归到合理区间，使汇率接近均衡利率；要求加快完善社会保障政策，坚持扩大内需的经济政策，促进居民消费；同时，坚持稳健的金融财政政策，完善宏观微观审慎监管，促进财政金融基本平衡。

转型意味着无扭曲的增长。也就是说，要合理运用和配置各种生产要素，减少和防止经济活动的扭曲。在过去几十年中，我国经济的高速增长主要得益于改革开放，同时也与劳动力、资源环境约束软化不无关系。一些地方为了追求规模与速度，超越资源与环境的承受能力，盲目发展，带来了许多负面外部效应。这种现象至今仍普遍存在。这种建立在过度透支劳动力、透支资源，甚至是透支未来的增长模式是不可持续的，所带来的负效应比如对环境的破坏有时是难以逆转的。因此，需要更新发展理念，加强体制和技术创新，有效利用各种生产要素，促进社会经济与自然的和谐发展。

经济转型意味着追求包容性增长。这里的包容性增长主要有三层含义，一是创造良好的市场环境和政策环境，支持各类经济成分健康发展；二是改善经济治理，改善企业的资本结构，增强经济增长的动力，让各类资本充分参与并分享改革发展的成果；三是致力在全球市场有效配置资源，不断提高开放水平，推动我国企业"走出去"，积极参与国际治理。我国经济发展经验之一是坚持包容性的改革开放政策。为此，要通过结构性经济改革，改善经济宏微观治理，促进各类资金有效转化为资本；积极探索企业"走出去"的实现途径，从战略和政策上促进企业参与国际合作和竞争；认真落实国家促进民营资本发展的政策，增强经济发展的动力和活力；同时，继续深化金融改革，发挥金融市场在改善经济治理中的作用。

经济转型意味着追求有序增长。在经济转型时期，必须高度重视政府职能的转换和经济管理方式的转变。转型一定意义上也是政府职能的转型。当前，在一些领域政府与企业的边界模糊，政府既作为立法者、管理者，又作为执行者，职能不清，不能很好地提供公共服务；有些部门为了维护自身的利益，不能放弃行政权力，影响了整个社会管理制度的改革。因此，要加快政府职能改革，突出政府监督者以及公共服务者的身份，为经济发展创造良好环境。

经济转型意味着追求更加文明的增长。经济转型要融入更多的文化因素。文化是一种社会现象，是一种历史的沉淀，也是经济健康发展的源泉，它反映了一个国家或者地区的精神风貌，反映了人与人、人与自然的关系，体现了人们的共同价值观。前些年，一些地方在发展过程中过于强调追求经济利益，过于追求财富，缺乏诚信和对自然的尊重，造成了难以弥补的后果。在今后的发展中，应当把文化发展有效融入经济发展的全过程，不断提高发展的质量，不断提高软实力，为经济转型提供更好的人文环境。

从一定意义上讲，我国正在进行的社会经济转型是一场深刻的变革，它将促使中国迈向更加成熟的现代市场经济。这场变革同样面临着复杂的国内外环境，需要攻坚克难，需要在制度、观念诸方面进行相应的调整和转变。

（《中国金融》2012 年第 14 期）

金砖国家增资 IMF 的意义

在墨西哥二十国集团（G20）峰会上，金砖国家承诺向 IMF 增资 750 亿美元，其中我国出资为 430 亿美元，巴西、印度、俄罗斯均为 100 亿美元，南非为 20 亿元。其他许多发展中国家也作出相应承诺。增资后新兴经济体在 IMF 的份额有所上升，基金组织的资本结构会相应调整，但美国、欧洲、日本等发达国家和地区的份额仍占主导地位。

毫无疑问，金砖国家高额增资的直接原因是增强 IMF 的贷款能力，以有效应对欧元区主权债务危机，同时宣示共同克服当前世界经济困境的决心。金融危机的发展使国际形势更加复杂化，国际社会关注点已从贸易平衡问题部分转向欧元的危机。希腊、西班牙危机，严重威胁到欧元的前景，不仅使欧洲经济陷于停滞，而且也对其他经济体构成影响。可以说，欧洲债务危机是目前全球经济面临的最大风险。在这种情况下，新兴经济大国从现实和战略的考虑增资 IMF，有利于增强国际金融组织的救助能力和全球金融市场的信心，从而最大限度地减少欧元危机的负面影响。

增资是金砖国家国际经济地位提升的体现。金砖国家作为新兴经济体，它们的崛起正在改变着世界经济格局。我国在制造业和对外贸易方面进步明显，印度在信息技术和服务业外包领域独领风骚，巴西和俄罗斯在国际大宗商品出口方面占有优势，南非的制造业和外需迅速成长，这些国家已成为世界经济的重要力量和稳定锚。2011 年，金砖五国的经济量约占世界经济总量的 18%，而 2001 年只占到 8%；贸易额占全球贸易的 15%，而 2001 年只占到 7%。金砖国家金融实力和影响力也不断增强。2010 年底，金砖国家外汇储备超过 4 万亿美元，占全球外汇储备总量的比例超过 50%。金砖国家对世界经济增长的拉动作用也更为明显，对全球经济增长的贡献率从 1990 年的 −0.6% 上升到 2000 年的 13.1%、

2008 年的 52.1% 和 2010 年的 60% 多。在世界经济危难之际，金砖国家以积极和建设性的姿态参与全球治理，对促进世界经济的稳定大有裨益，也显示了新兴经济体负责任的形象。

增资体现了金砖国家权利与责任的对称。选择增资 IMF 的救助方式，既可以改善 IMF 的治理结构，也是金砖国家经济自身发展的需要。IMF 融资方式是面向多国集资的方式，在 IMF 份额制改革的阶段，金砖国家的投入释放了重要的信息，就是新的份额框架中要考虑新兴市场国家的地位。增资 IMF 有助于推动全球金融治理的改革，提高金砖国家的份额和发言权、表决权。这次改革要把一部分成熟经济体的份额和投票权转移到发展中国家和新兴市场国家，比如我国，现在在基金组织的份额是 3.72%，要逐步达到 6.39%，提高约 2.7 个百分点；投票权是 3.65%，增资后要达到 6.07%，投票权份额提高 2.4 个百分点左右。

增资也符合金砖国家的国家利益。金砖国家与欧盟保持了密切的贸易联系。2010 年，金砖国家有 4 个国家进入欧盟 27 国前十大贸易伙伴行列。其中，中国为欧盟 27 国的第二大贸易伙伴，俄罗斯为欧盟 27 国的第三大贸易伙伴，印度和巴西分别为欧盟 27 国的第八和第十大贸易伙伴。金砖国家也与世界经济包括欧盟保持了密切的金融联系。2010 年，金砖五国海外并购金额达到 4020 亿美元，同比上升 74%，是 5 年前的 4 倍多，占全球 2.23 万亿美元并购总额的 22%，创历史新高。我国与欧元区也有着密切联系，外汇储备多元化离不开欧元资产，欧洲有很多跨国企业来华投资，是我国第一大贸易伙伴。欧洲市场的稳定，对中国的转型和发展具有战略意义。

需要指出，对 IMF 增资是通过相对成熟的机制进行的，有严格的评估、制约和监督。这次 IMF 新增资源也是一种预防性安排，可用于所有成员国，而非针对特定的国家和地区。增资 IMF 只是欧洲自身救助措施的补充，实际投入要看主权债务国家和问题机构是否符合满足救助的条件。而且，各国向基金组织新增资源的承诺实际上是对基金组织的授信额度，并非一次性的资金投入。这样的投入是安全的，迄今为止中国购买的基金组织票据本金安全，付息正常。

　　增资 IMF 是大型新兴经济体成为负责任大国的战略选择，这样的选择是必需的，也是难以逾越的。

（《中国金融》2012 年第 13 期）

用改革的办法稳增长

当前，世界经济复苏的不确定性增加，我国经济运行压力加大，国内主要经济指标诸如社会消费品零售总额、固定资产投资、各层次货币供应量、制造业采购经理指数（PMI）等均出现不同程度下滑。面对复杂的环境，我国强调要加强政策微调、致力结构改革，把稳增长放在更加重要的位置。

在经济转型的关键时期，既要果断决策，又要兼顾长远，把握好稳增长方式和路径。稳增长存在不同的政策选择，依赖政策松动还是靠改革深化，靠增量扩张还是存量调整，需要认真分析和权衡。当前在促进经济增长的"三驾马车"中，出口带动越来越有局限性，近几年净出口对 GDP 增长的贡献逐步降低，甚至是负贡献率；消费对经济增长的贡献度也没有明显提高。自然，人们便把目光转向投资。

应当说，通过扩大投资促增长是必要的，是我们所擅长的手段，也是短期内容易见效的。但历史经验表明，靠扩大投资容易加剧市场博弈，加剧结构性矛盾，从而增加潜在风险。因此，不能将目光仅仅盯在刺激增长上，应当把解决当前突出问题与长远发展有机结合起来，标本兼治。既要稳增长，又要加快转方式、调结构，通过深化改革，改善经济治理，创造未来可持续发展的基础。

越是面对复杂形势，越要注重运用改革和市场的方法释放经济增长的动力，避免复制投资驱动型的传统路径。这需要在改善经济治理上下工夫，既要重视存量调整，也要重视增量改革。应当说，多年的改革使我国经济结构发生了重要变化，多种经济成分的融合促进了经济的长期增长，但资本结构脆弱、经济运行效率不高仍是我国经济发展中的突出问题。这要求进一步深化改革，在发挥公有制基础作用的同时，持续对各类企业进行结构调整和股份制改造，扩大社会各类资金在全社会资本形成的作用。这几年来，国家已出台一系列政策措施，激发经济增长的内在动力和活力。在当前背景下，更要强调改革的重要性，防止稳增长措施的简单化和短期化。加强经济治理改革，有利于转变经济发展方式，提高经济运行的质量；有利于防止公共资金对社会资金的挤出效应，促进不同类型企业发展的均衡；有利于提高储蓄转化为资本的效率，促进民间资金有效转化为资本；有利于不同资本分享经济发展的成果，分担经济运行的风险；有利于增强经济发展的内生性和动力，有效抑制经济扩张和收缩的波动；有利于促进各类资源更多地向实体领域聚集，筑牢我国经济发展的根基；有利于消除国际上对我国发展模式的误解，更快确立我国在国际上的市场经济地位。

通过改革稳增长，关键是要继续加快国有企业改革，充分发挥民间资本的作用。要鼓励民间资本投资的积极性，真正落实"新36条"，出台切实可行的实施细则，尽快完善相关产业准入政策，让民间资本能够自愿而顺畅地进入金融、铁路、民航、电信、石油、公用事业等垄断性产业领域，并制定完善的法律法规，从而使民间资本成为稳增长的重要力量。

用改革方法稳增长，就是要按照市场化原则和资本属性合理配置资源。在促进国有资本更多地向重要行业和关键领域集中的同时，在一些领域加快推进股份制改造，降低国有股比重，把一部分国有资本置换出来，可用于急需的公共建设，反过来促进消费，带动经济增长模式的转变。同时，要积极推进财政改革、投融资体制改革以及金融改革，实行更加积极的结构性税制政策，增强利率、汇率弹性，大力发展资本市场，促进经济结构改善，强化市场配置资源的基础性作用。

当前在稳增长的一些措施中，加强了政府投资对结构调整、转变发展方式和改善民生的引导作用。应进一步加强顶层设计，有重点、有步骤地推进各项体制改革，以改革促进结构调整，以结构调整保障经济又好又快发展。

（《中国金融》2012 年第 12 期）

用附加值测算国际贸易更为科学

世界贸易组织总干事拉米近日提出，应适应国际分工性质的变化改变衡量贸易流量的方法，以出口附加值来对国际贸易进行测算。这一倡议不仅仅是统计制度的变革，对于建立公平合理贸易秩序也具有重要意义，值得我们高度重视。

这些年来，围绕国际贸易的争端频起，原因是多方面的，贸易统计流量方法是其中重要的技术因素。在全球化货币化背景下，资源和生产要素跨经济体配置，外资和非居民广泛参与一国的要素分配，这使现有的国际收支统计制度严重高估了不同经济体之间的贸易差额，不能充分反映全球化背景下国际分工的变化。

全球化与国际分工的发展、全球产业链的形成，使得货物在实现最终消费之前，大量以中间产品形式在全球各地流转。目前，世界中间产品的出口额占全球总贸易额的50%以上。中间产品贸易快速增长使传统统计方法难以准确表现真实的国际贸易情况，处于生产、组装等中间环节的新兴市场和发展中国家出口贸易被大幅高估，加剧了全球贸易冲突。正如拉米所说，将出口商品的价值全部归总于最终出口国，其带来的统计偏差将曲解双边贸易失衡的实质，带来误导并导致贸易争端。

附加值统计方法是以单个产品在全球生产链上不同经济体产生的附加值为基础进行贸易统计的方法。其核心内容是将出口国的出口数据与进口产品在进口国的行业分布情况以及最终消费情况相联系，以便测算产品在不同国家与不同行业所产生的附加值。这种方法虽然与现行国际统计制度有差异，但更能反映国际分工的现状与趋势，也更为科学。

近年来，一些国家动辄以对华贸易逆差过大为由指责我商品倾销和汇率操纵。这实际上是不公平的。用附加值方法衡量国际贸易流量有利于客观评价国别间贸易状况。如果使用附加值统计方法进行测算，中国对很多经济体贸易顺差并不大。2010 年 6 月，世贸组织的专家使用 2008 年数据，对美中贸易中的附加值进行了估算，并相应调整了美对华出口、进口和逆差额。与官方数据相比，以附加值统计可使美中贸易逆差缩减 42%。世贸组织于 2011 年发布报告《东亚的贸易模式和全球价值链》，认为以附加值方法计算，2008 年逆差规模将降低超过 40%。

附加值统计有利于恰当评价汇率的作用。附加值方法虽不改变双边贸易的总额，但会使双边贸易的余额发生较大变化。换而言之，以原产地方法测算的双边贸易余额可能存在明显失真，从而使汇率调整失去可靠依据。以原产地统计数据进行汇率调整，可能会发生超调。此外，由于一国出口的最终商品包含了不同国家的附加值，汇率变化对于贸易余额的影响有限且不确定。

附加值统计方法也有利于缓解各国贸易争端。按照现有的贸易统计，发达经济体认为，从新兴经济体的进口剥夺了本国的就业机会，而这些就业机会转移到了出口国。使用附加值方法研究发现，发达经济体丧失的只是生产组装阶段的工作机会，而在研发、设计、营销等方面的工作机会并没有减少。这将减少发达国家出于就业考虑产生贸易纠纷的可能性。此外，采取附加值方法也将促使各国在采取贸易措施方面更加谨慎。

从当前看，附加值统计方法仍面临许多技术和认识问题有待解决，其在国际贸易中的推广和应用将是一个艰苦的过程。但这不妨碍我们借助新的方法争取对外合作和磋商中的主动权和砝码。特别要认识到，这一变革对建立公平、合理的贸易秩序以及我国的科学决策的战略意义。一方面应高度重视国际规则的技术性研究，利用一切机会积极参与和推动相关制度的改革进程，提高对外开放水平；另一方面，也要正确估价全球化对我国经济发展的利弊，坚定不移地推动经济结构调整，不断提高经济发展的质量。

（《中国金融》2012 年第 11 期）

民间资金向产业资本的转化

民间资金转化为产业资本，作为经济转型期突出问题越来越引起关注，也是经济金融改革需要突破的重要领域。

这一问题本质上是储蓄向投资的转化问题，也是多年来经济改革一直致力解决的问题。这些年来，我国利用高储蓄率的优势，始终保持高投资率和高增长率，资源配置效率不断提高。但现有体制和机制仍然不能适应多变多元的需求，特别是与民间资金、民营资本的发展还不适应。因此，建立更加完善的金融服务市场体系，促进民间资金转化为产业资本，改善治理结构，最大限度地降低风险，日渐成为下一步系统性金融改革的关键。

民间融资的规模到底有多大，需要合理的估计。在我国官方统计中，未将民间融资纳入社会融资规模的统计。有关部门典型调查推算，目前我国民间融资的规模在3万亿~5万亿元，与全社会融资规模之比不超过1/3。长期以来，我国一直把民间融资活动作为正规金融活动的有益补充，没有明确的监测办法，也没有按金融活动规范管理。但是，随着民间资金的规模越来越大，也需要规范、透明、监测和引导，防止出现大的风险。这几年来，大量的民间资金通过各种渠道进入生产领域，也有不少资金流入楼市、股市、期市、币市、金市等领域。民间借贷一方面提供了银行和其他金融机构无法解决的资金渠道，另一方面也因为不够规范而助长了一些非法金融活动和地下金融活动，隐藏了很大风险。因此，加快民间资金向民间资本转化，势在必行。

促进民间资金转化为民间资本具有重要意义。它有利于促进当前产业结构的调整，改善企业的资本结构和治理结构；有利于加速工业化、现代化、城镇化进程，破解小微企业融资难问题；有利于进一步深化改革，健全金融体系；有利于维护经济秩序和社会稳定。民间资金转化为产业资本，可以满足创业者的需要，缓解政府对创业与就业问题的资金投入不足，促进社会更加和谐稳定。

大量的民间资金游离于金融体系之外，是一些领域民营资金准入门槛过高、正规金融体系短缺以及金融抑制的反映。同时，也反映了我国对个人物权保护制度还不够充分，人们过于看重短期利益，缺乏长远投资的战略眼光。因此，促进民间资金转化为产业资本需要加快推进综合改革，并在以下诸方面不断努力。

当务之急要深化金融改革，完善金融体系和金融市场。完善与实体经济结构和个人财富增长相匹配、相适应的金融制度体系，创造更加公平有效的金融环境，为社会经济发展和公众财富管理提供便利条件。特别是，大力发展股票、债券、基金市场，扩大直接融资比例，引导更多民间资金进入规范的金融市场体系。同时，适应城市化和县域经济发展的需要，延伸金融服务深度和宽度，扩大金融服务覆盖面。深化利率改革，创新更多的渠道和工具，形成更加均衡的利率，促进民间资金转化为产业资本。

实行更加包容开放的发展和改革战略。把小企业发展作为重要战略和基本国策，依法有效保护私人物权，支持和保护个人创业兴业，积极促进民营资本"走出去"。引导、鼓励和规范各类小型金融机构、社区银行、小额贷款公司、村镇银行等发展，有序发展私募基金和产业投资基金，促进资本形成。深化企业和金融业的对内开放，吸纳民营资金参与各类企业的股份制改革，参与重组、兼并和收购，改善经济结构。加快金融中介市场建设，完善金融基础设施，改进金融创新环境。

同时，建立透明的民间资金监测体系。民间融资是社会主义市场经济条件下融资体系的重要组成部分，要通过相应的政策指引和基础设施建设，建立民间资金交易平台，规范资金交易主体的法律行为，实现民间金融活动更加有序和透明，在适度监管的前提下，促进民间资金健康、快速地转化为民间资本。

温州金融综合改革已经启动，我们相信，温州改革具体实践和深入推进，会为在更大范围内推进民间资金向产业资本转化提供宝贵经验。

（《中国金融》2012 年第 10 期）

小企业困境不是单纯金融现象

改革开放以来，我国的小企业获得长足发展，在促进经济增长、科技创新、缓解就业压力等方面发挥了重要作用。然而，受自身的经营模式和外部经济环境变化等因素的影响，小企业在快速发展中也积累了不少矛盾。

一些观点把小企业发展中的困难归咎于融资问题，甚至简单浓缩为银行贷款问题。这样的观点有失偏颇。小企业融资难、融资贵是客观事实，也不是我国特有的现象，但小企业发展的困境并非单纯的资金问题，我们应进行理性分析，找到问题的症结所在，真正从战略上促进小企业的健康发展。

小企业发展困局是外部经济环境变化的反映。国际金融危机后，世界经济被迫进行调整和再平衡，主要经济体增速放缓，对我国出口需求减弱，直接影响了小企业发展的外部环境。2011 年，我国的经常项目顺差占国内生产总值的 2.8%，是 2005 年以来的最低水平。这种情况导致我国中小企业特别是一些依赖出口的小型企业遭受冲击，影响了资金的正常循环与周转。

小企业发展困局是我国经济结构调整的体现。这几年来，我国转变发展方式，加大结构调整力度，经济增长由过度依赖投资和外部需求逐步转向扩大内需。在调整过程中，信用总量增幅有所下降，财政投入和银行贷款偏好于大型项目和大型企业，不同程度地产生了挤出效应。这给小企业在投资机会、市场空间以及资金供给等方面带来影响。加上金融危机后小企业现金流趋紧，融资难度加大，融资成本上升，也加剧了小企业资产负债方面的矛盾。

小企业的发展困局是企业自身缺陷的体现。相当一部分小企业的公司治理和内部管理不规范，财务管理不透明，资本实力弱小，加上长远规划不清晰，专业化基础薄弱，致使许多小型企业经过一段成长后，缺乏发展后劲，无法维持正常的企业运转。这几年来，一些小企业不顾自身条件，盲目扩张；也有一些企业忽视主业，热衷于追逐所谓高盈利领域，酿成巨大风险；也有一些企业误判市场，不能及时适应市场变化，造成被动；还有些企业信用意识淡薄，蓄意逃避躲避债务；等等。

当然，小企业困难也与金融结构与经济结构不匹配有很大关系。总体看，当前我国金融服务体系和金融市场体系与经济结构的变化还有很多不适应的地方，储蓄转化为投资效率不高，民间资金转化为产业资本还缺乏有效渠道，金融创新还不适应多元化的金融服务需求。改革开放以来，我国经济多元化、市场化步伐很快，小企业雨后春笋般成长，而小企业的金融服务却相对薄弱。加上缺乏足够的扶持政策和优惠政策，银行出于对风险收益的权衡，贷款条件过于苛刻。这种情况，加剧了经济金融发展中的结构性矛盾，也使大量金融活动游离于正规金融体系之外。

重视小企业，应当从战略上引导和支持小企业的发展。小企业发展不是权宜之计，也不是政策宣示，而应成为重要的经济发展战略以及基本的经济政策。我们应充分认识小企业在国际竞争、国内经济调整中的作用，加强立法和规划，明确小企业发展的支持政策，加强小企业的权益保护和自我约束，为小企业发展提供有效的法律制度保障，形成支持小企业发展的良好氛围。

对小企业而言，应树立长远发展的眼光，通过有效进行产权改革，加快机制转变，加强风险意识，转变盈利模式，增强抗风险能力。

从金融角度讲，在进行金融改革顶层设计时，应高度重视小企业的发展。要引导和约束大中型金融机构加强对小企业的服务，从战略上培育可持续的银企关系。同时，通过深化改革，完善金融服务体系和发展金融市场，积极探索民间资本转化为产业资本的有效途径，改进对小企业的服务。应进一步完善金融基础设施，特别是引导小企业及时进入征信体系，积累信用，使其成为信用主体，不断增强其信用能力。

温州金融综合改革的意义

国务院批准实施《浙江省温州市金融综合改革试验总体方案》，决定设立温州市金融综合改革试验区。这项改革涉及地方金融机构改革、新型金融组织发展、民间融资规范等多个领域，是我国金融改革的重要尝试。

温州民营经济发达，中小企业较多，民间资本充裕，民间金融活跃，经济运行中深层次矛盾暴露得比较充分，出现了部分中小企业资金链断裂和企业主出走现象，对经济和社会稳定造成一定影响。因此，把温州作为国家金融综合改革试验区具有特殊意义。试验区的设立不仅对温州经济的全面发展提供了新的战略安排，有助于解决温州经济发展中的突出问题，也对深化全国范围的金融改革具有重要效应。

设立试验区有利于增加金融活动的透明度，维护良好的金融秩序，并促进温州社会经济的规范发展。由于金融抑制以及法制不健全、经济结构扭曲等因素，温州地区大量金融活动游离于体系之外，形成极大的金融风险。金融改革无疑是解决金融乱象的一个重要突破口，它有助于将民间金融纳入到规范的融资制度体系之中，使民间金融阳光化，并提供相应的制度保障和法律保障。同时，也为民间资本提供了更加广阔的发展空间。

设立试验区有利于培育多层次的金融市场，完善金融服务体系。我国金融服务体系、金融体制与多层次经济发展的要求还存在一些不协调不相适应的地方，着眼全局、通盘考虑，推进综合改革，从银行、证券、保险、金融租赁协调发展的角度进行探索，将为从总体上构建与我国当前经济结构相匹配的金融体系积累宝贵经验。

设立试验区有利于民间资金更好地服务于实体经济。温州市金融综合改革十二项主要任务中，多项内容涉及对中小企业的金融支持，体现出金融必须服务于实体经济的明确思路。构建多元化金融体系、鼓励发展新兴金融组织等举措，目的在于通过加大金融资源的供给，促进各类型金融机构提供多层次多领域的服务，更好地满足各类企业的发展，缓解小企业融资难、融资贵等问题，从而实现资金的供需平衡，促进企业、产业和实体经济的发展。

设立试验区有利于明确界定中央与地方政府的责任，更好地控制风险。防范系统性金融风险既是当前的紧迫问题，也是关系金融发展全局的重大问题。改革方案明确指出，要清晰界定地方金融管理的职责边界，强化和落实地方政府处置金融风险和维护地方金融稳定的责任。这意味着金融改革的风险防范责任将更多地由地方来承担和负责，而中央的作用则主要是加强指导、协调和监管。这样就有助于明晰中央与地方的权限，促使中央与地方各司其职，推动金融综合改革向纵深前进。

但也要看到，金融改革的特殊性、复杂性和关联性。温州金融改革实施范围虽然带有一定的区域性，但影响却是宏观的跨区域的。这要求有关方面正确处理区域与整体的关系，在制度设计和政策制定中，要高度重视实施细则的科学性和可行性，充分尊重市场规律和金融规律。既要大胆改革和试验，也要审慎管理、权衡利弊，密切关注资本流动和金融活动所带来的风险。对其他地区来讲，金融改革不能盲目效仿温州的情况，更不能一哄而起。仍要严格按照统一的法规、政策和要求推进金融改革和金融工作，维护良好的金融秩序。

需要指出，推进温州金融综合试验改革并不意味着放慢整体性金融改革步伐，相反，更要注重从宏观上系统上推进金融改革。特别是，要加强金融改革的顶层设计和结构性金融改革，用整体改革的方向、目标和规划引领局部改革的方向，用局部改革的实验和经验推动整体改革，使系统改革和区域改革相互促进、相互验证、相得益彰。

温州综合金融改革是中央的重要决策，不是权宜之计，也不是一项区域政策。有关方面要从完善社会主义金融体系的高度充分认识改革的重要意义，减少管制，支持创新，服务实体，把政策设计好、实施好，以成功的探索为全国金融改革提供镜鉴，从而带动我国金融改革向纵深发展。

更加注重结构性金融改革

经济转型对金融改革提出了新的要求，加快结构性金融改革提上日程。

我国金融改革一直在有条不紊地进行。在国际金融危机之前，我国抓住有利时机，果断推进系统性金融改革，国有商业性金融机构陆续完成股份制改造并成功上市。国际金融危机后，适时借鉴国际经验和规则，引入宏观、微观审慎管理制度框架。这些改革，增强了我国金融机构的竞争力、盈利水平和抗风险能力。

但是，改革并未结束，仍存在许多结构性金融问题。主要表现在，金融资产负债结构单一，金融工具不够丰富，金融市场缺乏足够的深度和广度，储蓄难以有效转化为投资。正如一些专家所指出的，我国国民储蓄充足，欠缺均衡配置资金的渠道和方式。与之相联系，我国企业融资结构比较脆弱，资本形成困难，负债率高；地方债券市场不发达，政府融资缺乏有效渠道，存在隐性债务风险。结构性问题还体现为资本和资金在不同区域、不同产业和不同企业分布不够均衡，特别是经济薄弱环节和小企业融资困难。此外，宏观调控过于倚重数量性政策工具，减弱了调控的弹性。上述问题一定程度上也是经济体制问题的综合反映，反映了经济转型和金融转型相互制约又相互依存的关系，也是今后改革的重要方面。

问题形成的原因是多方面的，金融压制特别是利率、汇率缺乏足够弹性是其中的重要因素。利率、汇率既是现代市场经济条件下重要的调控杠杆，也是重要的传导渠道和方式。近年来，我国坚持市场导向的金融改革，致力于创造利率市场化的基础条件，稳步推进利率市场化和汇率形成机制改革，利率、汇率对经济金融活动的引导作用越来越大。但由于多方面制约，利率仍存在管制，从而限制了金融发展的广度和深度，加剧了金融结构的扭曲，使金融发展过于依赖存款贷款，也助长了影子银行、民间金融和地下金融活动的发展，也使过多的资本资金游离于正规金融体系之外，影响了市场在金融资源配置中的基础性作用。

在结构性金融问题中，民间资本参与金融体系问题也备受关注。不少专家和企业家都希望给予民间资本或私人资本同等参与金融资本的机会。应当说，民间资本准入并没有明显的法律与政策障碍。但实际上，出于管理、治理、资本规模和道德约束等方面的考虑，民间资本和民营企业进入金融业的通道还不顺畅。

解决上述问题，需要综合推进经济改革和金融改革，进一步硬化财务约束和契约约束。从金融角度讲，要进一步推进市场化，放松管制，以减少扭曲行为，提高资金配置效率。

加快利率改革是解决结构性金融问题的关键环节。利率市场化，有利于促进商业银行转型，有利于金融创新，有利于促进各种金融工具的发展，有利于将更多金融活动纳入监管调控体系，更好地发挥金融在宏观调控、资源配置和风险防范中的作用。过去几年，利率改革的基础不断积累。我国金融治理明显改善，财务约束增强，金融机构对金融产品和服务的自主定价能力和意识不断提高；我国国际收支状况改善，人民币汇率逐步接近均衡汇率，汇率更具弹性；我国加快转变发展方式，加快经济结构调整步伐，追求适度的经济增长，可以在一定程度上抑制过旺的资金需求。这些变化为深化结构性改革创造了良好条件。

结构改革并不仅仅局限在利率汇率方面，还须同时推进其他方面的结构性改革。要进一步放宽市场准入，逐步打破垄断，积极推进股权多元化，改善金融机构的资本结构，鼓励和引导民间资本进入金融领域。培育和发展新兴农村金融机构，发展小型社区类金融机构，形成竞争充分、服务优良、风险可控的金融服务体系。在风险可控的前提下，在更大范围内、更高层次上开放国内金融市场，大力发展各类债券市场，稳步有序推进人民币资本项目可兑换。完善金融服务功能体系，强化功能监管，引导和鼓励适度的金融创新。

结构性金融改革是一个复杂的过程，涉及经济法律环境、市场约束和社会道德等一系列因素，需要进行周密的顶层设计和制度安排，需要进一步加强法制和诚信环境，需要进一步硬化市场参与主体的市场硬约束，需要掌握有利的时机和艺术。这将是十分艰巨的任务。但我们相信，抓住有利时机适时做出相应的制度和政策安排，就会把金融改革逐步引向深入。

（《中国金融》2012 年第 7 期）

注重金融改革的顶层设计

经过多年来的改革开放，我国社会经济环境已经发生深刻的历史性变化，改革进入深水区，其复杂性、难度明显加大，许多难题有待破解，加强改革的顶层设计显得尤为重要。

顶层设计源自系统工程学概念，强调以整体理念去规划去实施。近年来，越来越多地把这一概念引入社会经济改革。强调顶层设计，就是在指导思想上，注重全面性、协调性、可持续性；在基本内容上，强调统筹兼顾、突出重点，驾驭全局，把各环节协调好，解决牵动全局、事关长远的重大问题、关系民生的紧迫任务；在实现路径上，注重解决体制性障碍和深层次矛盾。

金融改革是一项系统工程。金融业作为社会经济系统中的重要组成部分，是改革的重点领域和关键环节，金融改革既要协调好自身的改革，同时又要推动社会经济的不断发展。这就要求重视顶层设计。金融改革的顶层设计，核心是从战略高度统筹改革与发展的全局，着力破除制约金融业发展的体制机制性障碍和深层次矛盾，推动我国金融业向纵深发展，并以此促进经济的可持续发展。近年来我国多项金融改革清晰地体现了顶层设计的理念和方法，国有商业银行体制改革就是成功的范例。

注重金融改革的顶层设计，就是把改革与发展的原则和目标系统化、具体化，改变以往摸着石头过河、随机行走的策略，增强改革的针对性和系统性，用较小的代价实现改革效果的最优化。第四次全国金融工作会议提出，金融改革与发展应坚持金融服务实体经济的本质要求，坚持市场配置金融资源的改革导向，坚持创新与监管相协调的发展理念，坚持积极防范化解风险的永恒主题，坚持自主渐进安全共赢的开放方针。这是今后一段时期金融改革的重要指导原则。围绕这些要求，金融改革始终围绕服务实体经济的主线，以有效配置金融资源为目的，以包容开放为战略，以市场为导向，不断改善金融服务体系和金融市场体系，完善金融审慎管理制度和公司治理制度，防止过度虚拟化、过度杠杆化以及过度财政化，使金融发展更好地服务实体经济。

金融改革的顶层设计需要处理好各种复杂的关系。具体来说，应重点关注我国发展中不平衡、不协调、不可持续问题，重视二元经济结构、区域经济发展、不同层次经济发展以及产业差异，合理调整金融结构；加强不同宏观部门的政策协调，发挥政策协调效应。同时，在当前银行业、证券业、保险业分业经营、分业监管的格局下，应加强监管机构之间的协调。在经济全球化背景下，还应考虑各种国际因素的影响。需要指出的是，重视结构问题并非偏好选择性的金融政策，而是要更多地采取结构性改革，使利率、汇率更好地发挥调节作用。

加强改革的顶层设计，应勇于打破既得利益格局，更加注重公平与公正。改革开放进程，实际上是对社会原有利益格局的调整过程，是社会利益再分配的过程。随着改革的推进，不同利益集团逐步形成和壮大，形成改革共识的难度加大，需要大力倡导改革精神，凝聚改革的勇气和力量。还要高度重视金融科技和人才建设。金融改革和转型对人才提出更高要求，树立人才是第一资源的观念，大力发展金融教育事业，加快培养高水平金融专业人才。改革金融人力资源管理制度，完善人才培养、任用、评价、激励机制，努力创造有利于发现和培养人才、有利于人才成长和发展的良好环境。

顶层设计不仅要求有明确的方向和目标，还要注重实施效果。这就要求进一步调动各方面改革积极性，尤其是要尊重群众和基层机构的首创精神。深入研究和把握不同要素的内在联系，防止按下葫芦起了瓢，防止只见树木不见森林，防止本位主义和本位思想，不断提高改革的针对性和有效性。

（《中国金融》2012 年第 6 期）

客观看待银行利润高增长

我国银行业金融机构去年净利润突破万亿元大关，创历史新高。在国际银行业危机四伏，全球经济前景暗淡，以及国内经济面对诸多不确定的背景下，银行利润的高增长引起了广泛的关注。

这几年我国银行业税后利润增速基本保持30%以上，利润不断攀升。2007年银行业金融机构税后利润为4467亿元，2008年为5834亿元，2009年为6684亿元，2010年为8991亿元，一年一个台阶。银行业的快速发展，使我国成功度过国际金融危机的冲击，并为经济保持持续增长提供了动力。

一些人认为，我国商业银行的利润来自垄断和资源倾斜，来自利差，来源于存款人利益和企业利益的让渡。对这些观点应进行客观分析。毋庸讳言，这些年来我国大型商业银行的净息差保持在2.5个百分点左右，是银行利润的重要来源。这反映了我国银行的资产结构状况以及经济高增长的金融需求。但是，随着利率市场化的推进和非银行债务工具的发展，银行之间竞争日趋激烈，中间业务收入增长逐步加快，在银行收入中的占比越来越高。目前，大型商业银行手续费及佣金净收入占营业收入的比重由1995年的不足8%上升到2011年的22%，股份制商业银行由不足5%上升到15%左右。这表明，我国银行适应市场变化，积极调整发展战略，加速业务转型，也是利润增长的重要因素。

银行利润高增长是我国经济持续快速增长的必然结果。我国融资结构以间接融资为主，银行业在经济发展和宏观调控中承担着重要职责，银行利润高增长一定程度上是其重要社会经济责任的体现。伴随着我国经济的高速增长，我国商业银行资产资本实力不断扩大。2011年末，银行业金融机构总资产为111.5万亿元。银行信贷资产大都投向经济发展的重要领域，在支撑经济增长、增加就业机会的同时也分享了经济发展的成果。

我国银行利润高增长是商业银行改革深化的必然结果。曾几何时，我国的商业银行处于长期亏损状态，资产质量脆弱，甚至影响到国家经济和金融体系的安全。一些西方媒体曾多次唱衰中国银行业，声称我国几家大型银行已经技术性破产。但是，在资产剥离重组、引进战略投资者和完成上市等几步关键改革之后，我国的商业银行建立了较为完善的治理机制，"造血机制"不断完善，发展动力与盈利能力大大增强。利润高增长正是商业银行改革取得实质进展的体现。

必须认识到，银行业稳健发展不仅是保持我国金融稳定的重要保障，也是我国经济安全的核心。实际上，与很多发达经济体相比，我国银行业最贴近实体经济，担当了服务实体经济发展的主力军角色，在生产要素配置和宏观经济管理中发挥着重要作用。这与我国银行创新不充分有关，但更重要的是我国银行业长期恪守服务实体经济的理念，与实体经济共生共荣。这几年，在欧美许多银行减弱或丧失融资功能之时，我国成功度过金融危机的各种冲击，与我国银行业始终保持强劲有力的融资功能密切相关。

但是，在充分认识银行利润高增长积极作用的同时，我们应深入分析其中隐含的金融体制和运行中的一些深层次问题，认真把握和处理金融与经济的关系，正确处理银行与企业的关系，深化利率市场化改革，合理配置资金和资源，合理分配各种要素间的利益关系。应不失时机地加快利率改革，促进商业银行资产负债结构的调整，改变银行发展过度依赖存贷款业务，主要依靠利差支撑利润的盈利模式；应进一步改善金融结构，加快各种资本和债务融资市场的发展，促进国民储蓄向投资转化的效率。此外，还要关注银行高利润对我国经济内在的均衡发展的影响，深刻汲取金融危机教训，引导银行业把更多资金投向实体经济。

金融改革的方向已经确定，需要大力倡导改革精神，凝聚改革的共识与力量，着眼全球化、着眼整个经济运行，做好改革的顶层设计，不断在重大问题上取得突破，促进建立更加完善的金融服务体系和金融市场体系，促使社会资金合理流动，促进经济金融的良性互动，促进银企关系的可持续发展。

创造更多的金融老字号

今年是中国银行成立 100 周年。这是中国银行发展史上的新的里程碑，也是我国金融发展史和企业发展史上的一件大事。

中国银行的百年史，是我国近现代金融史的一个缩影。100 年来，中国银行走过了一条曲折而辉煌的发展道路，在辛亥革命中诞生，在内忧外患中成长，在新中国成立后新生，在改革开放后壮大。历经风雨，它始终与民族同呼吸，与国家共命运，见证并参与了中华民族从苦难中崛起并走向复兴的历史进程，书写了中国金融发展史上的辉煌篇章。

中国银行是民族金融业的旗帜，是金融改革创新的先锋，也是中国唯一一家连续经营百年的银行老字号。它在各个不同的历史时期发挥了重要作用，为民族解放、国家振兴、社会发展作出了积极贡献。透过中国银行的百年沧桑，我们看到了我国金融业不断创新、自我超越的历程，看到了民族银行家维新图强的理想与追求、诚信至上的职业操守、爱国爱民的高尚情操。

改革开放为包括中国银行在内的各类金融机构创造了前所未有的发展机遇。我们高兴地看到，我国金融机构在股份制改革及上市后，资产规模快速增长，市场竞争力明显增强，一大批金融品牌迅速崛起。在英国《银行家》杂志公布的 2011 年全球银行 1000 强排名（以一级资本为准）中，我国银行业成绩斐然，跻身 1000 强的银行总数超过了 100 家，其中工商银行、建设银行、中国银行进入前 10 名。这些成就来之不易。当前，我国金融业正面临良好的战略机遇期，也面临很多挑战。总结中行百年发展经验，就是要学习它爱国爱民、诚信至上、改革创新、以人为本的精神，就是要汲取历史教训，自觉遵守经济金融发展规律，不断推动金融业的可持续发展。

更加注重服务社会经济发展。100 年来，中国银行的创建、发展、壮大与祖国命运紧密相连。我国商业银行近年来的快速发展与我国始终保持稳定的政治经济环境同样密不可分。我们要倍加珍惜发展机遇，自觉以经济发展、社会进步、国家富强为己任，更好地为实体经济服务，支持"三农"和小微企业发展，支持民生改善，推动我国经济社会平稳较快发展。

更加注重改革创新。改革创新是发展的动力和源泉。中国银行作为民族银行业的优秀代表，在我国金融史上创造了多个"第一"。正是这些不断的产品创新、管理创新和技术创新，增强了中国银行的竞争实力，使其在百年的风雨磨砺中屹立不倒。第四次全国金融工作会议已经明确了今后一段时期的金融改革创新工作重点，金融业应抢抓机遇加快自身经营转型，推进金融创新，打造特色金融品牌。

更加注重稳健经营管理。坚守信用和防控风险是金融业的生存之本，也是中国银行百年事业持续发展的根源。在国际金融危机余波未平、欧债危机影响不断加深的情况下，我国金融机构需要根据新形势和新变化，按照中央"稳中求进"的总基调，确立稳健的发展战略，加强风险识别的前瞻性，积极按国际标准加强管理，全面提高风险管理水平。

更加注重深化对外开放。立足本土、跨国经营是中国银行的传统优势和经营特色，也为其带来了广阔的发展空间。随着我国经济全球化程度不断加深，金融业的国际化将是大势所趋。我国许多金融机构已在这方面进行了积极探索。金融业应在支持企业"走出去"过程中，稳步推进国际业务发展，适时通过并购和申设机构等手段在海外布局，增强国际影响力。

金融品牌是价值与文化的体现，也是一个经济体市场经济发展的重要标志。中共中央政治局常委、国务院副总理李克强在出席庆祝中国银行成立100周年大会时指出："百年老店来之不易，铸就百年品牌也是一个国家繁荣昌盛有说服力的名片。"中国银行百年来的辉煌成就是其自身发展的里程碑，也是我国银行业振兴进程中新的历史起点。中国银行百年历史所积累的经验，不仅是中国银行自身的财富和智慧，更是中国金融业的宝贵财富。在实现中华民族伟大复兴过程中，我们期待有更多企业老字号、金融老字号涌现出来。

（《中国金融》2012 年第 4 期）

坚持差别准备金动态调整制度

差额准备金制度，是我国进一步完善金融宏观审慎管理制度框架、有效防范系统性金融风险的重要制度。这项制度的引入，符合国内外金融管理的发展趋势，对于加强和改进逆周期调节具有积极作用。

宏观审慎管理的核心，是防范由金融体系顺周期波动和跨部门传染导致的系统性风险，维护货币和金融体系的稳定。在国际金融危机后，国际社会普遍重视宏观审慎管理，对金融机构的资本水平等提出逆周期要求，以实现以丰补歉，平滑金融体系波动。汲取国际金融危机的教训，中国人民银行从 2009 年中开始研究强化宏观审慎管理的政策措施，2011年正式引入差别准备金动态调整制度。

差额准备金制度是宏观调控制度的重大创新，也是宏观管理技术的重要探索，具有丰富的政策含义。差额准备金动态调整把货币信贷和流动性管理的总量调节与宏观审慎政策结合起来，主要基于银行信贷投放与社会经济主要发展目标的偏离程度及具体金融机构对整体偏离的影响，并考虑具体金融机构的系统重要性、稳健状况及执行国家信贷政策情况等因素，具有逆周期调节的特点。这一制度还将信贷投放与宏观审慎所要求的资本水平相联系，与经济周期景气程度相联系，规则科学、透明，具有引导和激励金融机构保持稳健经营和调整信贷投放的功能。

差别准备金动态调整措施作为审慎管理框架体系中的重要组成部分，自实施以来，它与利率、公开市场操作、存款准备金率等传统货币工具相配合，取得了明显效果，有力地促进了货币信贷平稳增长，引导货币信贷及时回归常态，同时提升了金融机构的稳健性，银行资本充足率整体保持在较高水平。一段时期以来，根据国内外经济金融形势变化，通过适当调整有关参数，支持资本充足率较高、资产质量较好、信贷政策执行有力的金融机构加大对符合产业政策的小微企业、"三农"等薄弱环节的信贷投放，在政策预调微调中发挥了积极作用。经过一年来的操作实践，差别准备金动态调整框架不断完善，各方面对这一新手段的理解和接受程度逐步提高，人民银行各级行在实际操作中也积累了宝贵经验。

差额准备金制度作为一项新的政策框架，在实施中还存在不同认识，应通过加强社会有效沟通，增强社会不同方面的认知和了解。

差额准备金动态调整制度不同于"一刀切"的信贷规模管理。它是现代市场经济条件下重要的宏观调控制度，不是计划手段和规模管理手段。我们应该进一步深化对宏观审慎管理和差别准备金动态调整制度的认识，准确把握其实质和内涵，特别是要把这一制度与传统的信贷规模管理区别开来。同时，要强化对地方政府、社会各界的沟通、宣传和引导，加深理解，引导不同方面从全局和系统的高度认识这项制度的意义，为继续运用好差别准备金动态调整工具创造良好环境。

差额准备金动态调整不是紧缩政策。作为宏观审慎管理的重要制度，差额准备金制度具有逆周期的双向调节功能，既可在经济增长偏快时抑制信贷过快增长，也可在经济速度放慢时通过反向调节有关参数等方式，促进信贷保持合理投放，保持金融体系的稳健和经济平衡运行。在全球经济不确定性增大，国内经济稳中趋缓，物价上行压力缓解的情况下，可适当调低宏观热度参数；在系统性风险上升的情况下可统一调高稳健性参数水平，以强化金融风险防范；还可根据信贷政策执行情况调整有关参数，引导金融机构加大对重点领域和薄弱环节的信贷投放。

差额准备金动态调整制度的政策性和技术性强，敏感度高，加上各地各类金融机构情况千差万别，作为一项新的制度在实施中势必会遇到一些新问题，有关方面要进一步加强调研，特别是要针对不同类型金融机构完善参数体系和计算方法，在实践中不断完善这一制度。

（《中国金融》2012 年第 3 期）

把握金融改革发展的方向

全国金融工作会议提出，金融改革与发展应坚持金融服务实体经济的本质要求，坚持市场配置金融资源的改革导向，坚持创新与监管相协调的发展理念，坚持把防范化解风险作为金融工作生命线，坚持自主渐进安全共赢的开放方针。这些原则对正确把握改革的方向具有重要意义。

金融改革发展是复杂的系统工程，需要统筹考虑不同方面的需要，明晰目标和思路，积极探索有效的实现方式，稳步推进金融改革开放发展。

更加注重金融服务实体经济本质要求。这是在总结国内外经验教训基础上得出的重要结论。强调对实体经济发展的服务要求从多方面采取措施，确保资金投向实体经济，有效解决实体经济融资难、融资贵问题，坚决抑制社会资本脱实向虚、以钱炒钱，防止虚拟经济过度自我循环和膨胀，防止出现产业空心化现象，以及防止以规避监管为目的和脱离经济发展需要的"创新"。这要求大力提升金融业服务功能，扩大服务覆盖面，加大对薄弱领域、结构调整的金融支持。

继续改善金融机构的公司治理。通过完善治理，形成有效的决策、制衡机制，建立规范有效的激励约束机制。推进股权多元化，放宽准入，鼓励、引导和规范民间资本进入金融服务领域，参与银行、证券、保险等金融机构改制和增资扩股。政策性金融机构要坚持以政策性业务为主体，明确划分政策性业务和自营性业务。加强资本市场和保险市场建设，推动金融市场协调发展。

着力加强金融监管。银行业要建立全面审慎的风险监管体系。证券业要完善市场制度，强化行为监管，保护投资者合法权益。保险业要加强偿付能力监管，完善分类监管制度。加强金融监管协调，建立健全系统性、区域性金融风险防范体系和处置机制。要健全系统性金融风险监测、评估和预警体系，完善处置机制和清算安排，健全金融安全网。明确金融控股公司监管主体，加快制定金融控股公司监管规则。

完善逆周期的宏观审慎管理。建立金融宏观审慎管理制度，丰富和完善政策工具和手段。适时调整差别准备金，动态调整政策有关参数，发挥逆周期调节作用。加强金融管理部门的信息交流和共享，健全对流动性、杠杆率的指标管理体系，建立系统重要性金融机构认定标准和评估框架。发挥中央银行在金融宏观审慎管理中的主导作用，建立健全宏观审慎管理和微观审慎监管协调配合、互为补充的体制机制。

积极推进利率、汇率改革。要在建立存款保险制度和金融机构优胜劣汰机制的同时，逐步取消市场化条件已经成熟的部分管制利率，建立市场化定价协调和自律机制，允许符合财务硬约束条件和宏观审慎性政策框架要求的合格金融机构率先试点发行替代性金融产品，逐步放开利率限制。充分发挥市场供求在汇率形成中的基础性作用，增强人民币汇率双向浮动弹性。有序推进对外开放，放宽跨境资本流动限制，拓展人民币在贸易投资中的跨境使用。

着力完善多层次农村金融体系。继续坚持以股份制为主导的改革方向，保持县域农村法人金融机构地位长期总体稳定，下沉经营管理重心，发挥好支农主力军作用。规范发展农村合作金融。加快建立健全农村信用社筹集资本的长效机制，合理引导社会资本参与农村信用社市场化改革。推动省联社由管理型向服务型转变。培育发展新型农村金融机构，支持民间资本参与设立村镇银行等社区类银行和小额贷款公司。

积极参与国际金融规则和标准的制定。要继续深化双边、多边经济金融政策对话与合作，积极参与全球经济治理，推动国际金融体系改革，主动参与国际金融监管改革和标准制定，同时结合我国国情，稳步推进国际金融准则在我国的实施，全面提升我国金融业稳健标准。

（《中国金融》2012 年第 2 期）

稳中求进是金融工作的主基调

稳中求进是今年宏观政策与经济金融工作的主基调。在不确定的环境下，实行稳中求进的政策，无疑是一种正确的选择。它有利于应对各种复杂局面，有利于社会经济转型，有利于政策的相机选择。

一段时期以来，面对国际金融危机特别是欧洲主权债务危机的蔓延，我国实行稳健的货币政策和积极的财政政策，加强和改善宏观调控，正确处理保增长、调结构、控通胀的关系，国民经济朝着宏观调控预期方向发展。金融业继续保持良好的发展态势。但也要看到，我国经济发展中结构性矛盾仍然突出。世界经济的不稳定性、不确定性加剧了经济运行的复杂性。这必然要求审时度势，未雨绸缪，稳中求进。

对于金融业来讲，坚持稳健取向，就是要继续坚持稳健货币政策，保持政策的稳定性、连续性，保持货币信贷的适度增长，有效防范经济运行中的潜在风险；就是要积极协调好不同宏观政策的关系，发挥不同政策的独特作用和协同效应，努力促进政策整体目标的实现；就是要不断完善金融审慎管理制度，关注货币信用总量变化，关注地方财政风险，保持中央银行和商业银行资产负债的健康，保持强有力的金融调控能力。同时，密切关注国内市场和国际市场两个市场的变化，密切关注主要经济体的经济走向和政策变化，密切关注区域经济运行的变化以及主要政策目标的变化，致力在动态变化中把握平衡。

稳健是为了更好的发展，更好的进。所谓进，从整体上看，就是要坚持宏观和系统的思维，运用改革和市场的办法，不断在转变经济发展方式上取得新进展，在深化改革开放上取得新突破，在改善民生上取得新成效。对于金融业来讲，要进一步完善金融体制和金融运行机制，改善金融结构，改进金融调控、监管和服务，加强金融基础设施建设和金融文化建设，完善金融市场，不断提高金融广度、深度和厚度，更好地满足经济发展、社会管理和社会公众的金融需求。

坚持稳中求进，需要准确把握宏观调控的力度、节奏、重点，努力增强宏观经济调控的针对性、灵活性和前瞻性。按照总量适度、审慎灵活的要求，运用多种货币政策工具，调节好货币信贷供应，保持社会融资规模合理增长。需要密切监测资本流动和国际金融市场的变化，因势利导。需要着力引导和促进信贷结构优化，并努力提高消费对我国经济增长的贡献率，以更好地顺应世界经济发展形势和我国转变发展方式的战略需求，推动我国经济转型。

坚持稳中求进，就是要引导金融机构把稳健经营放在更加突出位置，努力防范和化解各种潜在风险。当前金融业面临的风险因素增多，产业竞争比较优势减弱，进出口和房地产市场波动下行，地方政府融资平台存在潜在风险，这些加剧了金融运行的复杂性，势必使商业银行等金融机构的经营面临挑战。因此，金融机构必须注意加强对资本和资产质量的动态管理，密切关注市场风险，保持健康的资产负债率和合理的杠杆率。同时，适当开展金融创新，支持"三农"、小微企业和战略性新兴产业合理资金需求，把更多资金投向实体经济。

坚持稳中求进，要积极促进金融业改革深化，促进金融转型。要构建逆周期的金融宏观审慎管理制度框架，强化地方金融管理体制。要进一步推行市场化改革，改进融资结构，大力发展债券市场和多层次信贷市场，引导小额信贷机构、小额贷款公司和民间金融活动的规范发展。提高金融对外开放水平，扩大人民币在境外的使用，推进资本项目可兑换。推进金融企业改革，积极开展大型金融机构的综合经营试点工作。加强金融体系与制度的全球治理，以更加主动的姿态融入世界。

坚持稳中求进，要加大对结构调整特别是加大农业、小企业的信贷支持，重点支持符合产业政策的中小企业，支持民生工程尤其是保障性安居工程；严格控制对高耗能、高排放行业和产能过剩行业的贷款，在"有扶有控"的指导下，加强信贷政策与产业政策的协调配合，支持战略性新兴产业和文化产业，促进区域经济的协调发展。

（《中国金融》2012 年第 1 期）

经济政策调整的时机

全球经济从来没有像今天这样面临如此多的两难政策选择。当不确定的阴霾持续在世界上空徘徊，各国的政治家和决策者处于类似的尴尬处境，艰难地在政治与经济、短期与未来之间进行权衡。

欧洲如此。欧盟在欧元危机崩溃边缘作出政策抉择，部分消除了人们对欧元前景的担忧，也给欧洲未来增加了机会。达成这样的共识并非易事。一段时期以来，欧洲特别是经济强国在救助与化解危机的立场表明，决策的道路充满艰辛和坎坷。当希腊、西班牙、意大利等国的债务危机对核心经济体造成影响，当区域经济增长持续恶化和外部融资成本不断上升，当国际社会对欧元信心逐步丧失之际，决策者终于在增强成员国经济、金融和财政的一致性上达成共识，让世界松了一口气。

美国和英国也是如此。国际金融危机阴影尚未走出，经济又陷入低迷状态。这让决策者左右为难，是实行持续量化宽松以时间换空间，还是进行结构改革以解决过高的消费率和债务率，成为决策难题。现在看来，发展模式的转变以及经济的再平衡将是旷日持久的过程。

不确定环境下的我国经济保持了快速增长，对世界经济的稳定继续发挥积极作用。但同样面临诸多两难问题：增长与结构、城市与农村、东部与西部、经济与社会以及内部与外部之间都有许多问题有待解决。可以说，我国既是发展得快发展得好的国家，同时也是积累矛盾较多的国家。我们同样需要更多的智慧，更果敢的决策。

面临着日益不确定的世界和国内发展中的矛盾，把握决策的时机和方向显得尤为重要。

必须承认，政策的方向和时机越来越难以把握。随着全球一体化，国与国之间政治经济的联系加大，传统的政策框架、手段和传导途径日益表现出局限性。政策调整不仅对自身产生影响，而且对他国发挥作用，要考虑更多更为复杂的因素。要考虑政策可能引发的道德风险。欧洲共识之所以姗姗来迟，与主要经济体担心救助会引发道德风险不无关系。还要考虑现在与未来的关系，这需要在短期稳定和长期发展之间、道德约束与管制之间以及社会稳定与经济发展之间进行平衡。同时，要考虑内外关系。全球化促进了资源的配置效率，但加剧了不同经济体的博弈，各经济体为了在国际分工中谋取更大的利益，都试图通过外部的调整推迟自身的调整。我们已经看到，一些国家通过重拾贸易保护主义，甚至不惜发动战争来转嫁矛盾。

博弈不仅体现在国与国之间，还包括国内各部门之间、监管者与被监管者之间、中央与地方之间、决策机构与市场主体之间的博弈。在既定的经济环境下，每个利益主体都希望作出对自己最有利的选择。从最近几年国内情况看，一些地方、行业、产业、利益主体存在很强的政策博弈及倒逼动机与倾向。这加大了政策决策的难度。

政策调整的时机决定政策效能。在不确定环境下，更需注重决策的科学化和时机。这轮金融危机之后，国际社会积极推动决策透明度和有效性，在传统决策框架基础上引入了审慎管理、新的市场监管法则以及财政纪律约束性指标。政策的透明化，减少了市场中的非理性博弈，也有助于提高决策效率。

政策的立足点是影响政策效率的重要因素。政策调整实质是促进可持续发展，而不仅仅在于满足短期需要。过多考虑短期因素，会积累更大的风险和矛盾，并增加未来调整的成本和难度。国内外在这方面都有深刻的教训。因此，任何政策在解决短期矛盾的同时，应致力于奠定未来可持续发展的基础。

对于像我国这样的发展中大国，政策调整应始终立足于国内改革与发展。同时，树立系统的思维，积极参与国际协调、国际合作和国际规则制定，并以此推动我国社会经济转型发展。在政策调整中，还应坚持市场和改革的原则，这既是我国的宝贵经验，也是发展的不竭动力。

（《中国金融》2011 年第 24 期）

中国金融业的非凡十年

从 2001 年 12 月 11 日我国成为世界贸易组织成员到现在，已经走过十年历程。十年来，按照世贸组织规则要求，我国全面履行加入世贸组织的承诺，持续深化改革扩大开放，经济金融领域发生了深刻变化，金融业发展进入崭新阶段。

这十年，经过持续的改革，我国金融发展完成了几次惊险性跳跃，在体制和机制上不断取得新的突破，金融业的综合实力显著增强，金融体系更加稳健。许多金融机构完成股份制改造并上市，资产质量、资本实力、公司治理、金融服务得到持续改善。借鉴国际金融业管理经验，完善了中国化的金融调控监管体系、金融市场体系、金融服务体系以及金融基础设施体系。金融业的稳健发展，为我国经济的持续快速健康发展作出了重要贡献。正如国际货币基金组织所指出的，中国金融改革进展良好，金融机构实力不断增强，金融体系总体稳健，有效抵御了国际金融危机，有力支持了经济发展。

这十年，我国金融对外开放不断扩大，在加入世贸组织过渡期内和过渡期后，我国认真履行了加入世贸组织的承诺。按照世贸组织规则对我国的法律法规和政策进行了修订和调整，逐渐向国际标准靠拢，有效遵守了《有效银行监管核心原则》《证券监管目标与原则》《保险核心原则》《重要支付系统核心原则》和《证券结算系统建议》等金融领域国际标准与准则。取消了对外资银行经营的地域限制、客户限制和其他非审慎性限制，按承诺对外资银行实行国民待遇。主动选择与我国经济实力、地位、需求相对称的资本项目进行开放，扩大人民币在境外的使用。同时，积极实施"走出去"战略，扩大境外金融合作与服务，促进了对外开放的均衡发展。

这十年，为了更好满足人们日益增长的金融消费需求，我国在金融经营管理理念上不断创新。适应国民收入格局的变化和居民收入的增长，积极拓展金融服务的宽度和深度，广泛开展技术创新和金融创新，大力发展消费信贷，满足了人们日益增长的消费信贷需求，满足了公众的理财需求，促进了社会公众财富的增长以及生活质量的改善。这些变化，促进了金融业资产与负债结构以及国民经济结构的调整。

这十年，我国与国际和地区金融交流与合作的广度和深度不断拓展，国际地位和影响日益提高。主动参与国际和区域金融合作，努力改善我国经济金融运行的外部环境。积极利用 G20 峰会研究提出改革国际货币体系、改进国际金融组织治理、完善国际金融监管体系的建议。加入金融稳定理事会、巴塞尔银行监管委员会、全球金融体系委员会等国际标准制定机构，参与国际金融监管规则的讨论和制定。推动 IMF 份额和治理改革，以及世界银行治理改革。妥善应对国际社会提出的金融援助要求，先后签署多份双边本币互换协议。积极参加中美战略与经济对话、央行间重大机制化活动。加强东亚金融合作，推动成立亚洲区域外汇储备库。与港澳和台湾地区的金融合作进一步推进。

但也要看到，我国金融业仍然存在一些深层次的问题。一是受经济结构和经济发展模式的制约，我国利率和汇率形成机制改革尚未完全到位，间接融资与直接融资发展不够协调，金融创新不足。二是受多种因素的影响，我国金融机构、金融市场、金融人才、金融产品国际化水平不高，还没有真正"走出去"。三是我国金融业还没有真正专业化。这些年来，我国金融转型取得了显著进展，但在内部流程管理、产品开发、市场细分、风险控制诸方面仍带有许多传统体制的痕迹，需要进一步提高专业化和效率。

今后较长一段时期，我国金融业将面临错综复杂的国内外经济环境。在未来的发展中，我国金融业将毫不动摇地坚持改革开放战略，继续履行加入世贸组织承诺，继续成为坚定支持世贸组织健康发展的建设性成员，同时，进一步加大国内改革力度，更加注重市场改革，更加注重审慎管理，更加注重金融效率，更加注重国际协调，在推动金融业市场化、专业化、国际化方面迈出坚实步伐。

（《中国金融》2011 年第 23 期）

金融危机正在改变世界

当国际金融危机开始蔓延，一些人认为，依靠丰富和有力的政策手段，世界经济会很快走出危机的阴霾。现在看来，危机的影响超出了当初的预料，国际形势并没有完全按预期方向发展，而呈现出强烈的不确定性：发达经济体增长乏力，欧洲主权债务危机此起彼伏，各经济体转型维艰等等，北非和中东动荡加剧。可以说，全球政治经济处在十字路口。危机影响的不断加深，使人们开始重新认识当前国际经济发展中的矛盾和问题。

危机伊始，国际社会大都把焦点集中在金融领域，把危机单纯看作是管理失当所引发的流动性和创新问题。于是，实行了一系列金融政策措施。许多经济体相继实行了宽松的货币政策，普遍推进了金融改革，强化了金融机构的资本约束和杠杆管理，广泛引入了宏微观审慎管理制度，积极酝酿对国际货币体系进行改革，等等。应当说，危机促进了金融监管和金融改革。

但是人们对危机的性质及其影响程度显然估计不足。这并非单纯的金融问题，也不是一场单纯的金融危机，而是社会经济多种矛盾的综合反映。危机暴露了全球治理的缺陷，折射了现有生产方式和生活方式的弊端，加剧了一些经济体的政治经济矛盾，促进了财富的转移和重配，使世界经济陷入走走停停的低增长局面，也使不同文明和文化的冲突加剧。它所暴露出体制机制、政策理念、发展方式等弊端，正在深刻影响着很多国家和地区经济、文化和生活。金融危机正在改变世界。

金融危机改变了金融管理理念。几年来，人们对危机的反思从未停止。当市场不能自行出清、调节和平衡时，人们对市场和管制的关系有了更为客观的认识；当过度创新引发的金融泡沫破裂，人们对虚拟经济与实体经济的关系有了新的认识；当一系列疯狂、贪婪、惊恐的金融事件大白于天下，人们对资本的本性和责任有了深刻认识。这些变化，深化了人们对金融发展规律的认识，推动了金融管理理念的转变，加快了国际金融体制的改革，促进了金融理性的回归。

金融危机正在改变经济发展模式。起初人们把危机处理概括为去杠杆化、去存货化。随着危机的发展，人们发现仅仅靠金融的再平衡难以走出危机的泥潭，于是强化了结构性改革以实现经济的再平衡。这样的改变是必要的，也是必须的，否则就难以改革不合理的国际分工。但这样的调整是痛苦的，无论改变过度消费发展模式，还是改变过度储蓄发展模式都并非易事。一个经济体的发展方式是由多种因素影响长期形成的，是全球化下不同经济体博弈的结果，其改革会受路径依赖的影响，会遇到来自经济、文化和政治等方面的压力。在美国、欧洲、国内都看到了这样的情形。目前，各国经济发展面临的形势不同，利益诉求差异加大，矛盾和摩擦增多，要求妥善处理短期均衡与长期均衡的关系，在促进世界经济稳定增长中促进结构调整。

金融危机正在改变全球治理结构。金融危机后，全球经济治理结构发生了较大变化：全球性问题增多，新兴经济体地位上升，二十国集团领导人峰会机制逐步成为国际经济合作和政策协调的主要平台；开启了推进全球经济治理新体系建设的历史进程，改革国际货币体系呼声提高，逐步扩大国际货币基金组织特别提款权的使用；国际社会对中国参与全球治理的期待提高；新兴经济体加快融入全球经济体系，"金砖四国""新钻11国"等新兴经济体成为未来强劲的经济增长点，经济力量出现多极化。这些新的变化，必将促进建立更加公正合理的全球经济治理体系。

这场旷日持久的金融危机，震惊了世界，也使世界面临前所未有的挑战，变革和改变不可避免。这将是一个渐进的过程，是漫长的博弈过程，会遭遇波折和痛苦，但最终会回归到追求共同利益最大化的理性轨道上来。

（《中国金融》2011 年第 22 期）

金融文化的核心要义

文化作为历史、文明、思想、价值的综合体现，越来越成为民族凝聚力和创造力的重要源泉、成为综合国力竞争的重要因素、成为经济社会发展的重要支撑。

金融文化是人类共性文化在金融领域的体现，是金融业健康发展的源泉。金融文化丰富多彩，可以体现为一种思想，反映人们在金融活动中的精神和理念；也可以表现为品牌、形象、信誉等无形资产；还可以显现为规范人们行为的金融规则、金融法律等制度性约束，等等。外化于形可以有多种方式，但更重要的是要将金融文化内化于心，把握其精髓。

金融文化是现代市场经济文化的核心，有中国特色的金融文化是我国传统文化和社会主义核心价值体系在金融领域的重要体现。"仁、义、礼、智、信"作为我国传统文化中的核心因素，广泛地作用于社会政治、经济和文化生活的各个领域，是中华民族重要的文化和道德根基。我国倡导社会主义核心价值观，是对我国优秀传统文化的继承和发展。在金融领域，要更好地发挥金融文化的导向、激励作用，达成共识，凝聚力量，必须把握金融文化的核心要义。

第一是"信"，即诚信。诚信文化是一个国家、地区、企业和个人重要的软实力，具有广泛的影响力和渗透力。诚信是现代市场经济的基石，金融业自产生伊始就与信用相伴相生，可以说，诚信是金融业的生存之本。无论是债权债务关系还是股权关系，都必须以诚信契约为基础，这是金融发挥作用的根本。诚信也关系到整个社会的健康发展与进步。发生在美国的"占领华尔街"行动，就反映了公众对金融家诚信和道德的质疑。我们应以此为鉴，大力宣扬诚信的力量，加强金融诚信体系建设和声誉建设。

第二是"稳"，即稳健。金融的媒介功能是否能够有效发挥，取决于金融业本身能否稳健、有序、协调发展。从宏观上讲，金融稳健发展是确保一国金融安全和经济安全的重要基础。金融业一旦发生系统性风险，就会产生显著的多米诺骨牌效应，对整个社会经济带来严重负面影响和冲击。因此，应加强宏观审慎管理，始终保持金融业的稳健发展。从微观上看，稳健经营是金融机构生存和发展的保障。要提高市场风险敏感度，保持资本充足性，关注资产质量，加强内部控制，倡导合规经营，避免欺诈误导等违法违规行为。

第三是"精"，即集约。集约经营是现代企业提高效率与效益的基本取向。目前，我国很多金融机构追求粗放式经营，过于注重规模扩张，盲目争夺金融资源，导致产品和服务同质化问题相当严重，也造成资源的极大浪费。这应当引起深刻反思。强调精，就是要倡导有质量的增长，追求差异化，走特色和可持续发展之路，增强服务和产品附加值，推动金融业整体实现有质量的增长，并以此推动经济转型。

第四是"新"，即创新。创新是市场的活力所在。金融业发展史本身就是一部创新史。创新是金融机构可持续发展的需要，也是不断向客户提供更多更新的多元化金融服务的需要。伴随着中国金融业与国际金融市场的联系日益密切，竞争日趋激烈，我国金融机构必须居安思危，破除藩篱，立足于市场及客户，在控制风险的前提下，不断创造和开拓新的体制、新的产品和服务，拓展业务空间。

第五是"义"，即责任。金融机构是兼具公众性与商业性的特殊企业，其在追求利润的同时，还应该充分履行服务职能，对公众负责，对投资者负责，对社会负责，对国家负责。应当认识到，社会责任正逐步成为中国金融业价值体现的最高标准。因此，金融机构应该将社会责任融入到发展战略、治理结构、企业文化和业务流程中，依托其支持，建立起履行社会责任的长效机制。

金融文化的繁荣发展是金融业发展的重要内容，是金融业深入贯彻落实科学发展观的基本要求。把握金融文化"信、稳、精、新、义"的核心要义，积极树立中国特色社会主义金融文化观，有助于更好地发挥金融文化的推动作用，促进金融业的健康发展，为整个社会经济良好运行奠定坚实的基础。

（《中国金融》2011 年第 21 期）

诚信的力量

美国民众"占领华尔街"行动可能成为世界金融发展史上有影响的事件之一。这场因不满银行家高薪而起的抗议活动，会以何种方式和结果收尾尚需进一步观察。

这一事件从一定意义上看是金融家的危机。以经营信用为业的金融业高级管理人员受到如此的质疑，颇具讽刺意味，也引人深思。从现象看，这是公众对危机后金融高管高薪的情绪宣泄，实则是对银行家诚信的质疑。在一些人看来，正是华尔街的贪婪和那些缺乏透明的结构性金融产品，才导致信用过分透支，并引发了金融危机。这一事件之后，银行家信用的恢复和重建可能要经历较长时间。这对世界各地的金融家们都是一个警示。

这一事件再次折射了诚信的重要性。同时也表明，如果没有监管和约束，就难以遏制人们贪婪的逐利行为。类似情况在我国也不乏其例，如一些开发商与地方合谋打擦边球，金融保险与理财产品销售中的恶意诱导等等。

在现代社会经济条件下，诚信的重要性怎么强调都不过分。诚信之于个人、企业、银行、部门、国家都至关重要。诚信是健康社会经济关系的基石，良好的信用可以带来很多机会、利益和尊重。反之，一个人如果失去诚信，话说得再多也没有人相信；一个企业如果失去诚信，也许能得利一时，但绝不会得利一世；一家银行如果失去诚信，可能引发灾难性的后果；一个政府部门如果失去诚信，就失去了公信力和信任感；一个国家如果失去诚信，就不可能赢得信任和比较利益。这就是诚信的力量。

诚信是一种文化现象。诚信是中西方文化所共同认同的价值取向。我国历代志士都把诚信作为立身之本，立国之基。孟子曰："诚者，天道也，思诚者，人之道也。"信者，道之魂也。孔子强调仁、义、礼、智、信。西方在价值观上虽有所差异，但也把诚信看作保护私有权益最神圣的东西，主张追求私利是理性的，须以诚信为基础。诚信文化是一个国家、地区、企业和个人重要的软实力，具有广泛的影响力和渗透力。一个国家或地区有无吸引力，诚信环境至关重要。这些年来，我国诚信文化缺失现象比较普遍和严重，给社会管理和经济秩序都带来了一些负面影响，应引起高度警觉。

诚信同时也是一种道德现象。华尔街抗议者用贪婪形容金融家的行为，很大程度上是用道德标准衡量的。我国也把失信视为道德沦丧的体现。的确，在中外一些诚信缺失的案例中，比如，麦道夫庞氏骗局、雷曼兄弟财务造假以及国内的一些非法集资案，都能看到道德的影子。贪欲与向善都是人性的特征，如果没有克制与限制，便不可避免地出现由于私欲、逐利、忘义而违背承诺、契约以及社会道德规范的行为。

诚信更重要的是一种制度现象。诚信绝非仅属道德范畴，不能单单靠道德来约束。诚信也不是与生俱来的，需要相应的制度约束与保障，需要逐步的积累。从经济角度看，信息的不对称性、制度缺陷以及高额的交易费用都是导致诚信问题的重要因素。国内外情况表明，制度安排失当，或者交易缺乏透明度，或者对事前交易缺乏约束，或者对某项权利界定不清，或者因执行制度的成本太高，或者缺乏有效的监督，或者预算约束过于软化，或者出现了不可预知或不可抗力的情况，都有可能导致违约和失信。

诚信是现代市场经济的基石，诚信建设是艰巨的系统工程。应通过广泛的公共教育，使全社会充分认识到诚信建设的重要性，认识到积累信用的重要性，严守法纪，敬畏规则，信守承诺和契约。应通过完善相关法规制度，减少规则套利和道德风险。要通过建立和完善征信制度和征信体系，解决个人和企业信息不对称问题，同时加强制度约束，强化失信惩戒机制。令人高兴的是，经过几年的努力，以人民银行为主导的以信贷为基础的征信体系建设已日益完善，并在社会经济生活中发挥出积极的作用。我们相信，随着社会主义市场经济体制的完善，我国的诚信环境会越来越好。

（《中国金融》2011 年第 20 期）

追求有质量的经济增长

这不是一个新话题。但是，当经济规模不断扩大以及社会需求层次提升之时，重新认识经济增长问题具有特别的意义。

有质量的增长，不是单纯从经济角度认识经济，它强调经济发展要考虑自然和资源的承受能力，以及人们多样化与多层次的需求。依靠持续体制改革，我国经济保持了三十多年的高速增长，创造了世界经济发展史上的奇迹。但经济的高增长也带来了一系列负效应，我们为增长付出了高昂的代价。

我国经济运行质量总体上存在缺陷，主要表现在：盲目扩张，片面追求 GDP 的现象在很多地方仍然存在；材料和能源消耗较高，生态环境损害严重；发展方式不适应内外环境变化的需要，经济转型步履维艰；社会经济文化不同方面发展还不够协调，国家软实力和社会幸福指数有待提高；金融发展虽有长足进步，但市场化、专业化、国际化程度不高。

追求有质量的增长，就是要减少和克服经济快速增长的负效应，实现社会经济文化全面协调可持续发展。这要求我们更新发展理念，即树立人本理念、可持续理念、生态理念以及文化理念。

人本理念是构成增长的核心要素。人是最重要的生产要素，也是市场主体，不断满足人们日益增长的物质文化需求，使人们充分享受发展的成果，是经济增长目的。追求有质量的增长，就是在经济活动的各个环节即在 GDP 的生产、分配、交换、消费等各个环节，都应尊重和关心人不同方面的合理需求，充分调动人的积极性和创造力。应通过改革收入分配制度，理顺国家、企业、个人之间的物质利益关系，使国民收入分配更多向个人倾斜，让发展成果更多惠及广大公众。同时，通过加强社会管理和完善社会保障制度，让人们更加从容地工作和生活。

生态理念是衡量增长质量的标尺。生态文明是现代文明的重要组成部分,在经济建设不同时期都应重视生态文明建设。一些地方曾一度把增长与生态对立起来,虽暂时得到了 GDP,却失去了蓝天白云、青山绿水,酿成永久的遗憾。这样的发展是畸形的,也是难以持续的。追求有质量的增长,就是要在全社会范围内倡导生态文明意识,让各级政府企业公众深刻认识到生态对经济发展的极端重要性,自觉遵守经济规律和自然规律,增强对自然的敬畏之心,抑制人类的贪婪,减少经济增长的负效应。必须认识到,生态文明建设是关乎子孙万代的战略工程,是硬约束,应通过建立相应评价考核体系以及金融交易机制的完善,强化制度约束。

价值理念是保障增长质量的基础。粗放经济是影响经济增长质量的重要因素。倡导有质量的增长,要求改变粗放式的发展方式,实现集约式发展。过去几十年,我国利用劳动力资源的比较优势和巨大的市场,为我国经济的快速发展创造了很好的条件。但是,随着国内劳动要素成本的上升以及国际经济环境的变化,原有的发展路径也日益表现出局限性。这要求加快结构调整,逐步改变过于依赖外需和投资的格局,改变过于依赖投入增加产出的状况,逐步从全球产品制造的中心逐步转化为产品创造的中心。要实现这样的目标,必须坚持品牌战略,不断提高产品的附加值,提高我国的核心竞争力。同时,坚持扩大内需的方针,加快转变经济发展方式。

文化理念是提高增长质量的源泉。文化是一个国家和地区软实力的重要体现,也是国民精神的体现。追求有质量的增长,就是要在经济发展中广泛倡导诚信文化、精品文化和包容文化。倡导诚信文化,就是要切实提高法律意识、规则意识和契约意识,做到诚实守信;倡导精品文化,就是不断提高产品和服务的质量,持续提升品牌价值;倡导包容文化,就是允许多种经济形式和中介组织并存发展,为经济可持续发展创造更多的回旋余地。

(《中国金融》2011 年第 19 期)

与不确定性共舞

这是一个充满不确定性的世界。

在经历国际金融危机等一系列事件冲击和影响之后，世界政治经济形势跌宕起伏。美国经济走走停停，让人担忧美国是不是会像日本那样进入迷失的 10 年。欧洲债务危机不断蔓延，已经从冰岛、希腊延伸至意大利和西班牙等国家，这给欧元和欧洲经济发展前景蒙上阴影。遭受地震和海啸重创的日本经济步履蹒跚。新兴市场经济受欧美经济低迷拖累，发展的不确定性增加。战争、自然灾害频发更令全球经济雪上加霜。各国在不确定的环境中努力找寻前行的方向。

危机后我国经济发展保持 9% 左右的增长，被称为世界经济增长的引擎。但这丝毫不能令我们感到轻松。在经历了三十多年快速增长之后，我国社会经济领域积累的诸多矛盾日益显现：东西部协调发展问题、县域经济发展问题、自主创新能力问题、能源问题、环境问题以及社会管理问题，这些都成为中国经济能否实现包容性增长的重要因素。

显然，我们的发展环境正变得越来越不确定。这种不确定性，既表现为或然性和风险，也表现为错综复杂的关系。随着我国社会经济的变化、国际地位的提高以及国际格局的调整，我国发展的环境正在经历新的变化：既面临解决国内各种复杂问题的重要任务，又要有效应对和适应日益复杂的国际环境。这需要我国采取更加包容开放的战略，善于与不确定的世界共舞。

与不确定的世界共舞，关键是把握好自己的节拍，把那些影响国民经济运行和发展的基本性问题解决好。历史和实践证明，一个经济体要想在国际风云变幻中独善其身，立于不败之地，必须立足于把我们自己事情办好，始终保持自身肌体的健康。这是有效应对各种不确定性的关键。具体而言，就是要保持和发展自身的竞争力，保持财政和金融的稳健性。德国之所以在危机四伏的欧洲一枝独秀，就在于其具有很强的产业竞争力和严格的财务约束；反观那些表现脆弱的国家，无不与过度负债和财政松弛有关。因此，越是复杂的环境，越要保持政策的稳健性。

中国作为一个新兴的发展中国家备受瞩目。人们常常拿中国与美国、印度相比较，并因此对我国发展道路、模式和国际责任加以评论，有褒有贬。这并不奇怪。我们一定要正确对待，不能因他人的赞扬而陶醉，也不要因别人的误解而愤懑。我国的和平崛起，逐渐从后台走向前台，势必要面对种种复杂问题和矛盾。但要清醒地认识到，我国依然是发展中国家，自身基础还很薄弱，在很多方面还很落后。在推动社会经济转型的过程中，应始终坚持韬光养晦的经济外交政策，以积极的和建设性态度参与国际事务，善于处理和平衡各种复杂的经济外交关系，善于学习国外先进的管理经验，及时了解他国的法律和规则，积极参与国际上各种规则与制度的制定，不断提高对外开放水平。

必须看到，与发达国家相比，我们的硬实力、软实力相对薄弱，加上与西方价值观的差异，国际上对我国存在许多偏见和误解。我们必须更加重视有效沟通。加强有效沟通有助于化解分歧，增进共识，拓展发展空间。中华文化最大特点在于其包容性。通过有效沟通，使国际社会更好地了解我国的历史、文化与现状，以及社会经济发展政策。目前，我国已经建立起多种对外合作沟通交流机制，利用这样的机制倾听世界的声音，传达我们的主张，对于更好地参与国际事务大有裨益。

社会经济转型是中华民族发展史上的大事，我国已经开始新的革命性变革。这样的过程充满荆棘与坎坷，充满机遇与挑战，同样有许多不确定性因素。那些沉淀和积累下来的矛盾往往涉及复杂的链条关系，靠单项突破和单纯的外力推动难以达到预期的效果，靠单纯的市场力量也难以完全自行调节。但我们相信，依靠丰富的改革和建设经验，依靠统一系统的规划，依靠体制和制度优势，我国一定会创造新的历史奇迹，书写人类发展史上的光辉篇章。

（《中国金融》2011 年第 18 期）

用创新思维看转型

一段时期以来，有几个问题备受关注：持续攀升的外汇储备，徘徊不前的消费率，相对脆弱的融资结构以及居民幸福指数。这些问题很大程度上归属于结构性矛盾。

这类问题的形成有很多因素：有历史文化传统，有二元结构问题，有发展方式问题，有太快而不能调问题（Too fast to adjust），有外部环境变化问题。一些人曾经从政策层面进行分析，认为是政策失当所致。随着实践的发展，越来越多的观点认为，这些问题是我国社会经济转型期所伴生的，是特定发展阶段的产物，从一定意义上讲是难以逾越的。

我国用短短几十年的时间走过了发达经济体几百年的历程，创造了人类发展史上的奇迹。但是，也相应积累了各种结构性矛盾。应当说，为解决这些问题，国家已采取了一系列促进结构调整与转型的措施。但实践证明，经济转型的难度比预想的要困难得多。为什么结构调整举步维艰？人们往往把原因归咎于地方与部门的发展冲动。这是不全面的，也是不客观的。我们习惯了跑马圈地型的粗放式发展，而对科学发展的内涵还缺乏深刻认识；我国拥有短期内保持和刺激经济快速增长的体制优势，但缺乏加快转型的经验；我们习惯于通过政府力量引导调整，而相对忽视市场在结构调整中的作用；我们对未来社会经济发展有着美好的愿景，但对现代社会经济的本质和规律还缺乏足够的认识；我们具备进一步发展的良好物质基础，同时也面临更加复杂的国内外环境；我们力图改变现有不合理的经济结构，但却常常不自觉地重复以前的错误。这些无奈常常使我们陷入两难困境，加剧了改革和政策选择的难度。

转型是一个艰难的历史进程，是一场伟大的革命。转型具有丰富的内涵，它是我国社会主义市场经济不断完善的过程，是工业化、城市化、现代化的过程，是迈向现代社会的过程。在这个过程中，需要我们对不适应生产力发展的生产关系进行不断调整，需要更新观念、体制、机制和发展方式，需要高度的责任意识和忧患意识，需要统筹国内国际两个大局、科学把握经济发展规律、顺应世界发展潮流，从更加系统和战略的高度思考、研究和规划发展路径。

转型的道路注定是不平坦的。这是一块硬骨头，这是一场持久战。面对错综复杂的社会经济矛盾，应当始终以科学的态度，创新思维、制度和方法。

用创新的思维看转型，应深化对现代社会经济发展规律的认识。在全球化背景下，坚持按规律办事，实现更加均衡的发展，符合我们的长远利益和国家利益，能够为可持续发展创造更大的潜力和回旋余地。我们应从新的实际出发，以改革创新的精神研究和探索社会经济发展中面临的重大理论和实际问题，着眼于建设现代社会，全面认识社会发展规律、经济规律、区域发展规律、城市发展规律、产业发展规律、金融规律，不断提高科学发展能力。应坚持包容开放的经济金融发展战略，充分激发各类要素的动力和活力。应积极借鉴人类发展史中一切文明成果，最大限度地克服短期行为，少走弯路。应牢固树立国家品牌战略，增强自主创新能力，不断提高综合国际竞争力。

用创新的思维看转型，应进一步加快制度创新和体制创新，更好地发挥市场机制的作用。体制、机制和制度的变革是有效解决问题最便利最有效的途径，我国经济金融体制改革史上许多成功的案例，都与果断推进改革直接相关；目前在许多问题上裹足不前、难以突破，也与缺乏创新直接相关。改革的方向和目标确定以后，制度安排是决定成败、促进良性互动的关键因素。因此，在社会经济转型问题上，我们要更加相信、尊重并依靠制度的力量、市场的力量，通过不断深化体制改革和市场化改革，理顺产权关系和价格关系，减少扭曲。同时，积极统筹不同方面的关系，善于在关键领域和环节取得突破，为转型创造良好的保障和环境。

（《中国金融》2011 年第 17 期）

追求更加平衡的经济增长

今年以来，我国经济保持平稳较快增长，控物价、调结构、转方式取得一定进展，国民经济向宏观调控的预期方向发展。但近一段时期，围绕经济走势判断，各方面分歧较大，担心"滞胀""硬着陆""政策超调"的不少，这些问题实际上涉及经济增长、结构调整与稳定物价之间的关系。

类似的争论与博弈在历次宏观调控时期曾多次出现。由于中央与地方以及中央政府各部门在宏观调控中担负着不同的职责和任务，出现博弈行为在所难免。关键是，面对种种矛盾，是追求更加均衡的增长还是继续以较高速度淡化矛盾。

把握增长、物价之间的平衡，很大程度上取决于结构调整的进展。只有保持平衡增长并保持价格总水平的基本稳定，比价信号才能正确引导资源配置，稳定市场预期，从而促进结构调整和优化。反之，如果结构失衡问题得不到解决，双顺差矛盾不断积累，也会制约货币政策的有效性，加大通胀风险，同时会加剧经济运行中的内外矛盾。

客观地说，当前出现滞胀的可能性不大。上半年我国 GDP 同比增长9.6%，第二季度 GDP 环比增长还略有加快。在经济保持较快增长的同时，物价仍然在高位运行，表明经济内生增长和投资膨胀的动力依然强劲。今年以来，中央项目投资增速虽逐步下降，但地方项目仍保持较快增长。各地推动城镇化、工业化和区域发展的热情很高，加之保障性安居工程步伐加快以及出口的多元化等，都将提供持续的增长动力。因此，当前经济运行中的主要矛盾不是发展速度和政策过紧问题，仍然是结构问题。

总体看，保持适当的流动性，抑制物价总水平仍是当前经济工作中的重要任务。今年以来，在流动性存量基数很大情况下，中央银行综合运用利率、汇率、存款准备金率、公开市场操作和宏观审慎性政策工具的组合，有效对冲了流动性。但也要看到，当前在建和新建投资规模大，财政支出逐步加大，加之欧美债务问题以及持续宽松的货币政策，这些因素对流动性影响具有一定的不确定性。因此，仍需对流动性保持高度警觉，把好流动性总闸门，同时根据经济形势的变化，保持调控的灵活性。

一段时期以来，国际上曾有一股"唱空中国"的声音，质疑中国经济的快速增长和债务累积不可持续。我们既要及时澄清国外一些人对中国经济问题的夸大和扭曲，把各级政府的债务控制在合理水平，同时也要切实转变发展方式，把对速度的追求转化到提高增长质量上来。不容否认，随着劳动年龄人口增速下降、经济发展方式逐步转变，我国经济的潜在增长水平可能会有一定程度放缓。但保持相对慢一点的经济增长速度，不会导致就业压力上升，也有利于稳定物价水平，推动经济结构调整和发展方式转变。在当前情况下，要更加注意通过结构调整和体制机制改革提高生产效率，提升自主创新能力，拓展经济增长的潜在空间。

追求更加均衡的经济增长，要始终把扩大内需作为经济发展的重要战略。这些年来，出口一直是推动我国经济增长的重要引擎。这种发展模式带来许多矛盾。近期全球经济增长有所放缓，主要经济体增长动力不足，美欧主权债务问题突显，复苏的过程充满曲折和波动，国际资本流动的不确定性比较大。特别是，在美国主权信用评级下调之后，国际金融市场剧烈波动，大宗商品价格起伏较大。我们要密切关注外部经济冲击的可能影响，加强对国际经济运行的监测分析，冷静观察并沉着应对，做好防范风险的准备，加快以扩大消费为核心的结构调整步伐，积极拓展国内市场空间，增强抵御外部变化的能力。

追求更加均衡的增长，要引导信贷投向急需资金的薄弱环节与重点领域。目前货币信贷存量盘子相当庞大，金融机构应多在"存量"而不是"增量"上下工夫，把更多精力放到提高金融资源配置效率和有效的信贷分配上来，放到提升投入产出效率和金融资产质量上来，放到防范风险和保持金融体系健康稳定上来。要稳步推进利率市场化改革，引导金融机构做好适应利率改革的各项基础工作。同时，加强对地方融资平台贷款、委托贷款和理财产品等表外业务、房地产金融、民间借贷、资本流动等监测分析和风险管理工作，为经济发展创造良好环境。

（《中国金融》2011 年第 16 期）

有效沟通是政策实施的基础

沟通是现代社会经济条件下公共政策实施的有机组成部分。在政策形成和实施各个环节，加强与社会公众的有效沟通至关重要。

沟通具有丰富的内涵：它不是单向的强制性传播，而是双向的交流；不是一次性的宣传，而是多次的互动反馈；不是游离于政策之外的孤立的行动，而是政策的有机组成部分。政策的实施过程，不是被动适应或接受的过程，而是互应、互动和博弈的过程。

人们对政策沟通重要性的认识有一个逐步深化的过程。我们曾经把政策实施仅仅看作是体系内的运作，看作是单向的对外宣传，把决策神秘化。但随着社会经济改革的发展，各方面对政策透明度要求越来越高，迫切需要了解政策的背景、形成、决策程序和可能后果，迫切要求以不同方式参与决策。

重视沟通是各国公共政策实施中的普遍做法。重大改革、重大政策变动，往往伴随着制度变化、利益调整，影响市场预期，沟通更是不可或缺的。美国在推出多德—弗兰克金融改革法案之前，奥巴马多次向公众阐述为什么要对华尔街进行改革。美联储在实行第二次量化宽松政策前后，伯南克、耶伦不厌其烦地在多种场合说明其政策的合理性。其他主要经济体也把政策沟通作为重要的制度安排。我国近年来也十分重视公共政策的沟通，包括货币政策在内的对外沟通越来越规范化、多样化和常规化。

在现代市场经济条件下，有效沟通主要包含三个方面的内容：透明度建设、公共教育和危机公关。所谓透明度，就是要求政策制定者能够对政策背景、逻辑及其后果做出清晰解释，对政策制定的程序和过程做出清晰的解释，对政策的一致性和可信度做出清晰的解释。换言之，要用通俗化语言向公众解释政策的来龙去脉。这对政策制定者是重要约束。

它有利于促进决策的科学化和民主化，有利于矫正政策的失误和偏差，有利于改善政策实施的环境。

加强公共教育是政策有效沟通的基础。良好和持续的公共教育是政策实施的基础，同时也是各参与市场主体保持预算平衡、有效防御风险的关键。在现实中，一些误解和误判往往是由于对政策缺乏相应了解造成的。加强公共教育，可以促使人们更好地理解那些涉及政策的基础性东西，更好地把握不同政策的性质、特征、功能和边界，更科学地做出理性判断。

有效沟通应讲究科学方法和策略。要把握时机，在第一时间对公众关注的问题及时回应，不回避矛盾；要客观准确，用理性分析，用事实说话，用科学支撑；要声音一致，在一个机构或体系内，应保持政策的协调与统一，多种渠道，一种声音；要突出重点，既不面面俱到，也不避重就轻。

有效沟通应有的放矢。政策制定者应研究国际社会、地方政府、金融机构、企业、科研院所、居民对政策的需求与关注点，采取相应的沟通战略、方法和技术，有针对性地与不同市场参与者进行沟通，通过公告、报告、演讲、研讨等多种形式，及时回应公众的质疑与诉求，增加信息的对称性和沟通的有效性。通过与国际社会的沟通，全面、准确阐述中国的基本经济金融政策以及我国在一些重大问题上的立场、观点和方法，增进共识；通过与政府特别是地方政府的沟通，增强政府相关部门对政策性质、职能和作用的认知，有效传导和实施政策；通过与媒体的沟通，扩大政策的影响力、渗透力，最大限度地发挥政策的效应；通过与微观主体的沟通，引导市场主体积极适应体制和政策的变化，减少经济的异常波动，有效降低经济交易活动的成本，最大限度地规避和防范风险；通过与公众的沟通，培育大众良好的市场意识和风险意识。

有效沟通是政策实施的有机组成部分，也是政策实施的方式和手段。在成熟的经济体中，这种工作方式正变得越来越重要且无法替代。我们相信，随着我国社会经济的全面发展，有效沟通的作用将更加突出。

（《中国金融》2011 年第 15 期）

缓解小企业融资难需多策并举

　　小企业是我国社会经济发展中不可或缺的重要组成部分，小企业的生存与发展直接关乎就业增长、经济转型和社会稳定。小企业融资难是一个普遍的经济现象，也是个世界难题。在宏观经济调控时期，这一问题显得更加突出。

　　小企业融资难问题成因复杂，有小企业自身的问题，有市场环境问题，有融资渠道问题，有政策配套问题。因此，解决小企业融资难需多策并举。

　　小企业，大问题。社会各界务必要从战略高度看待小企业融资问题，充分认识到小企业的重要地位和作用，充分认识小企业成长的规律，充分认识小企业的融资特点，把服务和支持小企业发展始终作为一项战略性工作抓紧做好。

　　各类金融机构在服务小企业发展中承担着重要责任。金融机构应根据自身经营特点创新机制、创新产品、创新服务，鼎力支持小企业发展。大型商业银行应统筹规划，不要把眼睛只盯住大企业、大客户、大业务，要通过设立小企业专营机构、创新信贷模式，有效满足符合条件的小企业的信贷需求。城市商业银行、农村商业银行、农村信用社、村镇银行、小额贷款公司等中小型金融机构要立足当地，因地制宜，利用对本地小企业情况熟悉的优势，创新具有区域特色、差异化的信贷产品，为小企业提供更加优质的服务。

　　强化对小企业的金融服务离不开制度创新。"十二五"规划纲要提出未来五年中，我国要加快经济转型，金融体制改革也会迈出关键步伐，利率市场化和资本市场深化将进一步推进。要利用这些有利条件，加快金融制度创新，加强金融市场创新，加强金融产品创新，逐步改善小企业的金融服务。特别是要积极创造条件，扩大小企业的直接融资渠道，建立多层次的股权融资、债务融资体系，创新小企业融资体制等。要积极引导和发挥好民间金融机构在支持小企业发展中的作用。

破解小企业融资之困，还需要监管部门和相关政府部门加强研究，通力合作。我们高兴地看到，有关部委和监管部门最近陆续出台了政策措施加大对小企业的扶持力度。工信部等四部门联合发布《中小企业划型标准》，首次明确了小型企业和微型企业的标准，令优惠政策更具针对性；人民银行的第二季度货币政策报告也提出有保有压，引导商业银行加大对重点领域和薄弱环节的信贷支持，特别是对中小企业的信贷支持；银监会此前出台的政策也表明，可以依据商业银行小企业贷款的风险、成本和核销的具体情况，适当提高小企业不良贷款比率容忍度。我们相信，随着这些政策的逐步落实，小企业融资的政策环境会进一步改善。

对于小企业来说，改善自身的管理是非常必要的。小企业要把现代企业的管理理念自觉融入日常工作之中，努力做到资本真实、账目清晰、运营规范、讲究信用，不断提高贷款能力和融资条件。

加强小企业融资服务，要正确处理好提供服务和防范风险之间的关系，特别是要关注可能引发的道德风险。要加强中小商业银行和农村中小金融机构的流动性风险监测，防范区域性金融风险的发生，营造良好的金融市场秩序和稳定的金融市场环境。

缓解小企业融资难是一项系统工程，需要各方面通力协作，以消除影响小企业融资的各种障碍。要进一步完善针对小企业的税收优惠政策，提高小企业的盈利能力；完善融资担保机制，增加小企业的信用等级；建立小企业的信用体系建设，降低小企业融资的信用风险等。相信在全社会的共同努力下，小企业融资状况会逐步得到改善，在经济发展中会发挥更大的作用。

（《中国金融》2011 年第 14 期）

人民金融的强大生命力

党旗飘飘，岁月峥嵘。在建设现代社会新征程中，我们迎来了中国共产党 90 周年华诞。

90 年来，党的金融事业从无到有，从弱到强，走过了一条不平凡的道路。今天，我国已建立起适应社会主义市场经济体制要求的金融体制，金融实力显著增强。截至 2011 年 3 月末，我国银行业金融机构总资产突破 100 万亿元；资本市场沪深股市总市值为 27.77 万亿元，位列全球第二；外汇储备余额为 3.04 万亿美元，居世界第一；保险业总资产达到 5.41 万亿元。金融业发展为促进我国经济的持续快速发展作出了重要贡献。我们为金融业的蓬勃发展感到骄傲和自豪。

党的正确领导是金融事业不断发展的政治保障。党的几代领导人高度重视金融事业的发展。毛泽东同志非常关心新中国的金融事业。改革开放的总设计师邓小平在金融改革发展问题上做出了一系列英明论断，他曾指出，金融很重要，是现代经济的核心，金融搞活了，一着棋活，全盘皆活。江泽民同志在 2002 年全国金融工作会议上的讲话中指出，金融是调控宏观经济的重要杠杆，金融在市场配置中起核心作用，金融安全是国家经济安全的核心。胡锦涛总书记在中央政治局第四十三次集体学习的讲话中指出，做好金融工作，保障金融安全，是推动经济社会又好又快发展的基本条件，是维护经济安全、促进社会和谐的重要保障。自上世纪 90 年代以来，世界经济金融格局发生了深远变化，诸多困难和不确定的因素相互交织，对金融业的发展提出了更高要求。在党的正确领导下，我国金融业未雨绸缪、深化改革，有力化解了金融风险，有效抵御了多次金融危机的冲击，维护了国家经济金融安全，保持了国民经济健康持续稳定发展。

党的金融事业强大的生命力，还在于它体现了鲜明的人民属性。党的金融来自人民，服务人民，体现了民有、民治、民享，本质上是人民金融的发展史。在革命战争时期，党根据战争和改善人民生活的需要，成立了中华苏维埃共和国国家银行。同时，各个革命根据地和解放区也都建立了人民自己的银行。这标志着人民金融事业的开端。以华北银行为基础，中国人民银行在石家庄正式成立，人民金融事业发展进入一个新阶段。在新中国成立初期，通过建立统一的人民币本位制度、没收官僚资本银行、取消外国银行在华的特权、对民族资本主义金融业进行社会主义改造、建立农村信用合作社等政策，抑制了恶性通货膨胀、促进了国民经济的恢复和发展。在计划经济时期，我国金融事业在曲折中调整。改革开放以后，适应市场经济发展需要，我国金融服务体系和金融调控监管体系不断改革和完善，为促进经济的快速增长、改善民生创造了良好的基础。

没有伟大的理论便没有伟大的实践。党在领导中国革命和建设的实践中，善于把马列主义基本原理和他国先进金融理论同中国具体实践相结合，逐步形成了中国特色的金融宏观调控理论、金融监管理论、金融发展理论、金融开放理论、金融合作理论以及金融人才理论。这些理论对于指导我国金融改革与发展发挥了积极作用。正是以正确的金融理论为指导，我国金融改革才取得了一系列新的突破，并探索出符合中国国情的发展模式和道路。

在新的历史起点上，金融改革与发展面临诸多挑战，任重而道远。我们需要建立更加审慎的金融制度，需要进一步完善金融治理，需要加快利率汇率改革，需要不断改善金融结构和融资服务体系，需要深入参与国际金融合作，需要应对各种潜在的金融风险，需要持续提升金融综合实力。这将是长期艰巨的任务。长风破浪会有时，直挂云帆济沧海。我们相信在党的领导下，我国金融业将继续保持昂扬的斗志和持久的生命力，锐意改革，励精图强，谱写更加光辉灿烂的篇章。

（《中国金融》2011 年第 13 期）

货币政策没有超调

随着 PMI 的回落，小企业融资困难的加剧以及民间融资利率的攀升，再度引发了货币政策松紧的争议。有观点认为，持续从紧的货币政策操作已经过头，应当转变货币政策的方向。

类似的质疑在我国宏观调控史上已多次出现。当宏观调控进行到一定阶段，长期积累的体制性问题便显现出来，一些结构性问题浮出水面，便引发新一轮政策博弈和倒逼。此时，货币政策作为创造和收缩信用最有效的手段，自然成为人们关注的焦点。

适应市场变化和经济发展需要，适时适度调节是货币政策的应有之义，也是我国货币政策遵循的原则和做法。但是，目前还不是改变货币政策方向的时候。自货币政策由宽松转为稳健以来，人民银行运用多种政策工具调控货币信用总量，抑制了通货膨胀压力，降低了经济运行的风险。但是，体制性扩张和通胀压力尚未根本缓解，货币政策稍有松动，物价和资产价格便可能出现反弹。

货币政策核心是促使实际增长接近潜在增长，使资源得以充分利用。我国目前实际增长仍高于潜在增长。许多专家估计，我国 GDP 的潜在增长率为 8%~9%，但从实际来看，"十一五"期间我国 GDP 年均实际增长 11.2%；今年第一季度我国 GDP 同比增长 9.7%，而按可比价格计算，各省份第一季度 GDP 同比增长大都超过 10%，均高于潜在增长率。今年是"十二五"开局之年，各地普遍存在追求高增长的强烈冲动，不加强货币约束，就难以促使经济走出结构困局。因此，当前经济运行中的主要矛盾，不是流动性不足，而是投融资结构问题；不是速度快慢，而是增长的可持续性和质量问题。

预期通胀率是决定货币政策取向的重要因素。通胀最大的危害是扭曲经济，加剧收入分配不公。当前我国物价总体仍处于较高水平。CPI 同比仍高于今年 4% 左右的控制目标，工业生产者购进价格和国际大宗商品价格仍处于上涨通道，因此，保持物价总水平的稳定仍然是宏观调控的首要任务。特别要看到，主要经济体为促使经济恢复，普遍实行了宽松的货币政策，这会产生一定的滞后效应，从而加剧输入性通胀危险。我们必须保持高度警觉。

货币政策实施要看关注整体流动性状况。市场流动性很大程度上是通过资产价格来体现的。虽然目前资产价格受到抑制，但稳定性相当脆弱。4月份房地产市场居住类价格同比上涨6.1%，环比上涨0.4%。70个大中城市中，新建商品住宅价格下降的城市只有3个。从证券市场来看，目前A股市盈率近期整体估值为17.73倍，仍然较高。从商业银行等金融机构来看，表内信贷量虽有所减少，但表外业务增速迅猛，流动性风险仍然存在。

因此，目前仍应坚持稳健的货币政策，同时加大结构性改革力度，以走出经济运行之困。不能总指望用货币方法去解决结构性矛盾。越是困难，越要强调科学发展，越要重视结构调整，越要加快制度创新。一次次的拖延和累积，会给未来的调整带来更大的挑战。

需要指出，稳健货币政策不是紧缩，而是综合运用各种工具调节，加强预调微调，有收有放，促进更多资金流向实体经济，促进经济结构的调整，促进资源的优化配置。在这一轮调控中，货币当局权衡不同政策工具的利弊，选取了相对温和的方式对冲过多的流动性，符合我国的金融结构特点和实际需要。稳健货币政策也不是墨守成规，而重在制度创新。今年以来，我国货币政策更加注重审慎管理，更加关注社会融资总量的变化，更加注重市场环境的培育。这些制度变化对未来经济发展和宏观调控具有重要意义。

对货币政策存在不同看法是市场经济下的正常现象。随着现代社会发展，社会各界对政策关注度不断提高，希望更多了解决策依据、方法和过程。有关方面应顺应这些需要，主动加强与社会沟通，不断提高沟通水平，让社会充分了解政策的实质和特征，从而为货币政策有效实施创造良好的社会环境。

品牌是价值和文化的体现

品牌作为核心竞争力的重要内容，在我国越来越受到重视。国家、企业从不同层面把品牌建设纳入发展规划，甚至上升为长远战略。

品牌是一个经济体或企业硬实力和软实力的体现，它承载着相应的市场价值和文化价值，是重要的价值符号。看到波音、IBM、NASDAQ，我们会想到美国；看到宝马、西门子，我们会想到德国；看到索尼、松下，我们会想到日本；看到现代、LG，我们会想到韩国。这便是品牌的力量。在国家品牌诞生之前，一个经济体所拥有的全球商业品牌就是该国品牌的代表。日本前首相中曾根康弘曾说过："在国际交往中，索尼是我的左脸，松下是我的右脸。"透过品牌，人们可以感受到价值、文明和发展的力量。

品牌是硬实力的体现。硬实力是显性指标。对于企业而言，硬实力表现为资产规模、现金流和净利润的多少；对于国家而言，硬实力则表现为一国的综合实力，尤其是 GNP 的总量。品牌反映硬实力。《福布斯》杂志曾评选全球 50 大品牌，美国占了 32 席，且前 9 名均为美国品牌。品牌成就硬实力。在经济全球化背景下，一国拥有的卓越品牌，会使该国在国际分工、资源配置、财富形成中处于十分有利的地位。世界著名品牌在世界范围内广泛布局，很大程度上靠的不是资本实力而是品牌的力量。

品牌是软实力的体现。软实力的核心是文化、传播和影响力。无论企业品牌还是国家品牌，都能折射出其独特的文化背景和精神传承。正所谓基于内而见于外。对于企业而言，塑造好的品牌，可以最大限度地提升企业的知名度、美誉度和忠诚度，增强社会和内部对企业的认同感，并最终转化为物质和精神的力量。对国家而言，品牌形象能引导和激发民众的内在价值观和民族自豪感，彰显该国的强大文化积淀和竞争力。

品牌是软、硬实力有机结合的载体。人们常说，消费也是一种文化，盖源于此。美国产品常使人想到想象力与活力，德国产品常使人想到严谨与质量，日本产品常使人想到精巧与细致，中国产品常让人想到物美与价廉。这其中凝结着文化的因素。品牌具有多倍的乘数效应，它通过全球化带来了巨大的超额价值，所到之处也有效传播文化与价值，增强了对相应文化的认同感。

中国已经成为世界第二大经济体，我们已经形成了一些在国内著名在国际上有影响的品牌，诸如国内几家大型银行、海尔、联想等等。在2009 年全球银行业市值排名中，我国的工商银行、中国银行和建设银行曾位列前三甲，对改善我国整体经济形象发挥了积极作用。但总体上在国际上叫得响的品牌还不多，与我国经济规模还不相适应。以金融为例，我国金融机构的商业模式比较脆弱，文化内涵不够丰富，品牌可持续性仍须增强。我们务必充分认识品牌建设在国家发展中的重要性，始终把品牌建设作为重要的战略，改变以往粗放的发展方式，坚定不移地推进经济转型，改善品牌建设的体制环境；充分认识保护知识产权的重要性，尊重知识，尊重创造，注重研发，克服急功近利的短期行为，不断改善形成优质自主品牌的土壤和根基。

品牌建设是不断积累的过程。那些享誉国内外的品牌，无不经历了创立、发展到成熟的过程。令人欣慰的是，国内很多企业已开始重视品牌建设，以提高产品或服务的知名度和影响力。在这方面，国内媒体应发挥理性和建设性作用，积极为中国品牌建设鼓与呼。要借鉴国内外品牌建设的战略、技术和经验教训，加强规划指导和法律服务，引导和鼓励企业实施更加积极的品牌战略，逐步培育一批与我国经济地位相适应的国际品牌。

（《中国金融》2011 年第 11 期）

改革的逻辑

政务信息的公开以及网络科技的发展，为人们广泛参与改革提供了便利，社会公众日益成为改革的主动参与者和积极推动者。这反映了我国决策治理的变化，同时也对改革提出了新的要求，要求决策更加科学和审慎，有更加清晰的逻辑和理念。

所谓逻辑，简言之，系指改革的基本指导思想和要求，包括思维、程序、策略和方法。在我国制度演进中，对改革逻辑有许多精辟的概括。摸着石头过河、渐进式道路、帕累托改进、上下互动的民主决策，都被用来诠释我国改革的哲学思想。这些概括增进了人们对改革逻辑的认同和理解。在新的历史阶段，更应探索新的改革理念，促进改革不断取得新的突破。

改革又站在新的历史起点上，社会经济环境已经发生深刻变化。在此背景下进行改革既有良好的条件，也有许多棘手问题。人们对改革有着更多的期望和目标，期待着通过攻难克艰在一些重要环节有所突破，解决长期困扰科学发展的体制机制问题，实现经济转型，实现公平与效率的统一，实现社会与经济的良性互动。

然而，改革的道路注定是不平坦的。要实现预期的改革目标需要更加缜密的思维、逻辑和规划。新的改革如同"旧城改造"，比建一座新城更为复杂，面临更多的较量和博弈。如果采用简单化做法，把改革仅仅看作一般性行政决定或者公权力运用，必然招致激烈争议。

改革是否科学，重要一点是要经得起理论推敲。一个经不起理论推敲的方案注定不是好方案。这是最基本的逻辑。改革已进入深水区，仅靠感性和勇气是不够的，要靠理性思维去支撑。经过改革开放几十年的实践，我国已基本形成了中国特色社会主义市场经济理论，科学发展的思想逐步深入人心。这是指导改革和发展最重要的理论和思想基础。任何改革都要从实际出发，遵循经济规律和市场规律，了解真正的需求，了解相关问题的普遍应对方法和特殊情况下的应变措施，并经过深入的科学论证。否则，就会造成扭曲，并为将来改革造成障碍。

随着社会的进步，人们对改革透明度的诉求日益强烈。这些年来，我国积极推进政务公开，完善重大政策公开征询意见制度、信息披露制度和新闻发言人制度，基本满足了公众的知情权。但是，我国在决策治理、程序和方式等方面，仍有许多值得改进之处，仍需决策部门加强与社会的有效沟通，以增强信任感。我们始终认为，一个不能有效沟通的政策不是最优政策。有效沟通是政策实施的重要组成部分，面对公众的疑惑，适时、坦诚、客观地予以回应，可以消除很多误解，从而为改革顺利推进创造良好的社会环境。

注重平衡是推进改革不可或缺的因素。改革不是利益剥夺，而是寻求不同利益主体间的均衡，仍须坚持帕累托改进的原则，使不同方面能够依法以适当的方式各得其所。在开放条件下，均衡包含诸多方面，要兼顾不同主体、不同阶层、不同国别，兼顾政治与经济、短期与长期。均衡，不是简单的平衡，而是寻求共同利益的最大化。

注重公平是改革必须遵循的重要原则。效率很重要，公平正义更为重要。我国历史上有重视公平的传统，不患寡，患不公。在过去几十年，我国通过市场化改革，有效提高了资源配置效率，但也拉大了不同地域、不同阶层的差距。因而，社会对通过改革增进公平具有强烈的诉求。公平，不是回归平均主义，而是通过加强公共产品和基础设施建设使公众共享发展成果，通过适度调节减少社会差距，通过激励和约束让更多人靠诚实劳动和勇于创新富裕起来。

改革是一项系统工程，应当以更深、更高、更远的标准推进改革。要善于把握各种因素的交互影响，不能按下葫芦起了瓢。要勇于打破局部利益的束缚，树立宽阔的视野，减少非理性博弈。要有战略眼光，善于把握国内国外两个大局、两个市场。要把握改革时机，善于在关键环节和领域取得突破。

（《中国金融》2011 年第 10 期）

为什么要关注社会融资规模

社会融资规模成为人民银行的监测指标和中间目标，是今年货币政策的突出变化。这样的制度安排受到社会各界的关注，并引发了不同的议论。

一种观点认为，中央银行对社会融资，特别是对股权融资和债券融资以及银行体系以外的融资活动难以控制，把其作为中间目标只有理论上的象征意义；还有观点将这一变化直接比对于传统的规模管理；更多的则认为，中央银行从全社会角度关注融资规模，可以全面反映金融与经济的关系，从而更好地实施货币政策。

社会融资规模是一定时期内实体经济以金融为媒介获得的全部资金总额。按照人民银行当前的统计，社会融资规模包括各项贷款、银行承兑汇票、企业债券、非金融企业股票、保险公司赔偿、保险公司投资性房地产及其他各项之和。一直以来，我国中央银行重点监测的中间指标是 M2 和贷款增量，引入社会融资规模作为监测目标无疑是重要的变化。何以如此？需要进行客观分析。

关注融资规模的直接动因在于融资结构的变化。随着金融市场的发展，社会融资渠道和工具逐渐多元化，如果只把贷款作为货币政策主要中间目标，就很难准确监测和把握市场中的流动性，并实施适时适度调节。

关注社会融资规模，是加强宏观审慎管理的要求。国际金融危机之后，货币监管当局认识到，参与货币创造者不仅仅是传统的金融主体，包括影子银行在内的许多非银行和准金融活动也参与了信用创造过程，继续将这部分信用活动游离于监管之外，会加大潜在风险。同时，各种结构性金融工具，同样会影响居民和企业的资产负债活动，影响消费和投资行为，进而影响到产出的稳定性。因而，许多金融当局从整体着眼，着手构建逆周期的宏观审慎管理制度。由此看来，关注社会融资规模符合新的管理理念，通过对社会融资规模的监控，可以对金融进行跨市场、跨行业的预警和跟踪，防范系统性风险。

关注社会融资规模的核心在于关注融资结构。引导融资结构改善，推进市场协调发展，优化资源配置，是中央银行和监管部门政策制定的出发点。长期以来，银行信贷一直是我国社会融资的主渠道，也是金融监测和调控的主要指标。但随着金融业的改革与发展，银行表外业务对银行贷款的替代作用不断增强，越来越多的融资通过股票、债券等直接融资方式进行。为了顺应融资结构的变化，宏观监控范畴也应相应扩大，将社会融资规模纳入监测调控体系，有利于引导直接融资和间接融资协调发展。

关注社会融资规模是中央银行完善货币量统计的体现。金融产品的不断创新，使纳入流动性范畴的资产种类日益丰富，也使货币概念的外延不断扩大，货币结构不断变化。这些变化降低了传统货币统计的有效性。社会融资规模可以在一定程度上弥补这一缺陷。我国社会融资规模与 GDP、社会消费品零售总额、城镇固定资产投资、工业增加值、CPI 等有较紧密的关系，可以根据这些指标推算支持实体经济发展所需要的货币量，进而完善货币量的统计。

关注社会融资规模，意味着中央银行将更加注重价格调节。分业监管体制、层出不穷的金融创新以及融资结构的逐步改变加大了控制社会融资规模的协调成本，使数量控制手段难度加大，在这样的制度背景和现实情况下，中央银行必须采取价格手段，逐步增强以利率为核心的价格型工具的作用，通过影响资金使用成本，引导货币需求，从而有效管理全社会的流动性规模。

引入社会融资规模是我国货币政策实施中的重大制度变革，各市场主体应积极适应这种变化。对商业银行而言，今后要更加注重资产负债业务结构的调整，更加注重财富管理，逐步改变传统的发展模式和盈利模式。对于地方政府和企业而言，也不能把眼光只盯住信贷，而应注重多样化资本形成和资金融通方式。

（《中国金融》2011 年第 9 期）

中小银行发展应避免同质化

过去十年，是我国商业银行快速成长时期。国有大型银行通过背水一战的改革实现了历史性跨越，迅速提升了中国银行业的整体竞争力。中小银行同样毫不逊色。它们通过整合、跨域、更名、上市等战略，进行了结构性重整，化蛹为蝶，不断取得新的突破。

这些变革并非轻而易举。我国许多中小银行是在城乡信用社基础上改造而成的。它们曾经是金融体系中最薄弱的环节，资本结构脆弱，不良资产高企，服务能力弱小，风险案件频发。在成为商业银行之后，普遍抱有强烈的愿望，期望共享我国经济高速成长的机遇，拓展发展空间，增强抗风险能力。

中小银行综合实力和服务水平在短时期得以提升，从根本上讲得益于我国经济持续高速增长，得益于更加包容的金融管理政策，得益于金融基础设施的改善，得益于一批不断成长的银行家。这些年来，金融管理部门实行了更为市场化、更加包容的金融发展政策，不断改善金融发展环境，为银行发展创造了良好的政策环境。

在新的历史起点上，中小银行面临新的转型，是追求外延式还是集约式发展，是追求规模扩张还是安分守小，是追求同质化还是差异化？

同一问题也许很难有统一答案，但真理总是越辩越明。每一步改革都或多或少存在争议。这些年来，围绕地方性银行是否应当跨区域经营问题，中小银行的合并重组问题，以及引入境外战略投资者问题，都曾有过争论。但从中小银行这些年的表现看，适度跨区域经营和兼并重组有利于增强银行体系的活力，有利于改善金融服务水平，有利于防范和化解金融风险。

在中小银行发展战略问题上，仍应继续坚持包容开放的监管政策。监管的根本目的在于构建一个充满活力、稳健有序的金融体系，体现差异性和多样化是题中应有之义。我国仍处于二元经济结构，城乡、地区、所有制、银行间都存在很大差异。指望用一种模式代替所有管理是不科学的。银行朝什么方向发展，既不能唯成分论，不能简单地画地为牢；也不能拔苗助长。应当看其是否符合审慎管理的要求，是否满足监管标准，是否适应多层次金融服务的需要，是否符合对内对外开放一致性的要求。我们应当通过适当的制度安排，为中小银行营造足够的市场空间，在发展和竞争中体现差异性。

倡导差异性发展，一个重要方面是引导中小银行遵循发展规律，正确看待大与小的关系，不能盲目追求规模的扩张，一味朝外延性的同质化方向发展。长期以来，"大而不倒"的理念根深蒂固。但事实表明，大并不意味着强，不意味着稳，历史上轰然倒下的大型金融机构并不鲜见。小也不意味着弱，小而强、小而精同样是社会经济发展所需要的。要看到，银行业是特殊产业，须有效防范风险，以保护存款人、投资人利益，即使是成熟的市场经济，也不会采取自由放任的政策。这几年，一些银行过于注重规模扩张和区域扩张，而相应的管理没有跟上，引发了一些案件和风险，值得深思与警惕。

应当认识到，我国商业银行总体上仍比较粗放，同质化现象相当突出：发展战略趋同，资产负债结构趋同，盈利模式趋同。这固然与整个金融改革尚未完全到位有关，但也与商业银行自身的指导思想偏差、改革创新不够有关。面对这种情况，中小银行应当在服务和品牌塑造上下工夫，追求更有内涵更有质量的发展。这些年来，一些中小银行在经营管理制度上不断创新，创造了不少特色服务和品牌，既满足了小企业和地方经济发展的需要，也提升了自身的核心竞争力。

今后几年是中小银行转型与发展的关键时期，随着我国经济转型的加快和金融改革的深化，中小银行机遇与挑战并存。中小银行应积极适应经济结构和市场的变化，深化自身改革，完善公司治理，转变发展方式，始终把稳健经营作为重要战略，始终把品牌与服务作为核心竞争力，始终把强化对中小企业服务作为工作的重中之重，追求差异化和集约化，在不断创新中稳步发展。

（《中国金融》2011 年第 8 期）

管理好通货膨胀预期

当前，我国经济继续保持平稳快速增长，国内外对中国经济增长的信心增强，但与此同时，也面临物价上行的压力。今年 2 月消费者价格指数（CPI）较上年同期增长 4.9%，涨幅和 1 月持平；工业生产者出厂价格指数（PPI）较上年同期增长 7.2%，涨幅比 1 月份增加 0.56 个百分点，创两年半以来的新高，未来 CPI 仍然面临上升压力。在此背景下，中央强调要更加注重稳定物价总水平，管理好通胀预期，防止经济出现大的波动。

从一定意义上讲，通胀预期是一种心理预期，不是真正的通胀，但它却能影响人们的行为。一旦消费者和投资者形成强烈的通胀预期，就会改变消费和投资行为，造成通胀螺旋式上升，推动形成实际通胀，进而影响经济和社会稳定。因此，管理通胀预期不能有丝毫松懈和麻痹。

应当说，影响我国物价上涨的因素错综复杂，既有内生因素，也有外生因素。一是在经历严重国际金融危机后，世界经济复苏之路并不平衡，一些主要发达经济体增长缓慢复苏，继续维持宽松的货币政策，而新兴市场经济体增长势头强劲，货币政策逐步回归常态化，政策差异和资本逐利的本性使得新兴市场经济体面临较大的资本流入压力。二是突发事件和大宗商品价格持续上升，为我国带来极大的输入性通胀压力，这已经反映在了一些先行指标上。2011 年 2 月份，我国的制造业采购经理指数中，购进价格指数达到 70.1%，比 1 月上升 0.8 个百分点，连续两个月反弹。三是全球自然灾害引发供需矛盾，再加上投机资金等的"为虎作伥"，导致世界范围内粮食等农产品价格持续走高，而农产品价格的上升又最能触动普通民众敏感的神经。四是当前我国正处在"十二五"开局之年，各地政府的投资冲动客观上加剧市场供需紧张状况，导致生产资料等价格上涨，把经济增长速度由"偏快"推向过热，进一步加大通胀压力。可以看出,我国物价上涨反映出我国经济运行中长期问题和短期问题相互交织,体制性矛盾和结构性问题相互叠加和国内外因素的相互影响。这种复杂性往往会增强人们对通货膨胀的预期。

通货膨胀在我国不仅是货币现象,还表现出明显的体制现象。因此,管理好通胀预期必须多管齐下。

管好通胀预期,应努力消除或减少引起通胀的体制性因素。继续深化投融资体制改革,加强重要宏观政策之间的协调配合和相互约束。建立对区域经济发展的综合评价体系,引导更多地方把着力点放在改善民生和加强社会管理上来。关注地方投资的扩张,增强区域政府投融资的透明度,防止出现区域性财政风险。防止和减少各地对金融机构正常经营活动的干预,有效防范金融风险。

管好通胀预期,应努力增强经济发展的内生性。继续增加农产品的有效供给,尤其是扶持粮食、生猪、油料、奶业、禽类的生产,同时加强对农产品流通的管理和规范。特别是,应注重用经济和法律的手段管好市场,制止哄抬价格、串通涨价、散布涨价谣言等违法行为,保持市场的正常秩序和消费者的理性决策。重视收入分配改革,逐步提高居民收入在国民收入分配中的比重,提高劳动报酬在初次分配中的比重,使低收入群体不因价格上涨而降低生活水平。

管好通胀预期,应保持融资总量的适度增长。既要密切关注融资总量的增长,又要积极促进融资结构的调整,推进中国经济资本化的进程,推进利率市场化改革,完善宏观调控机制。应密切关注经济金融发展趋势,把握好不同宏观政策目标的均衡,合理选择政策工具,调控市场中的流动性,保持货币信贷的合理增长。建立更加审慎的金融管理制度,适时调节和防范风险。加强对国际资本流动的监测和管理,防止短期资本的冲击。同时,继续深化金融改革,积极推动金融转型,促进发展方式转变。

管理好通胀预期是当前我国宏观调控的重大任务之一。社会各主体应主动适应政策环境的变化,改变非理性预期,管理好自身的资产和负债,有效配置资金和风险,共同营造良好的经济金融环境。

(《中国金融》2011 年第 7 期)

倡导包容性金融发展战略

面对错综复杂的国内外环境，倡导包容性金融发展战略，对于化解金融发展中的矛盾，促进金融可持续发展具有重要意义。

用包容的思维指导我国金融发展，符合科学发展观的要求，体现了我国传统文化的特征。包容性有丰富的内涵。它强调公平合理的增长，期望改革发展的成果能够惠及广大公众；致力于经济的均衡增长和社会稳定，促进社会和谐；主张投资与贸易政策自由化、便利化，反对保护主义；兼顾不同市场主体需求，营造发展的内在动力；重视吸收新思想、新观念、新方法、新知识，提高文化的先进性；等等。

金融改革的目的在于建立完善的金融制度体系，这样的体系能够提供有效的市场、机制、渠道和工具，动员储蓄、分散风险，促进储蓄有效转化为投资；能够便利社会公众以适当的形式储存财富，确保财富的保值和增值；能够满足不同方面的金融需求，促进经济发展战略目标的实现。

经过几十年的改革开放，金融业逐步成为我国经济的核心，但也面临一些突出问题：融资渠道虽逐步增多，但仍过度依赖间接融资；对内开放不够充分，社会资本广泛参与金融市场存在障碍；中小企业融资和农村金融发展存在薄弱环节；金融工具不能有效满足日益增长的需求；金融的市场化与国际化程度尚不能满足我国对外贸易和投资的需要。坚持包容性发展战略，无疑是解决上述矛盾的重要选择。

倡导包容性金融发展战略，是许多经济体持续发展的关键因素，是我国改革开放的经验结晶，是解决诸多金融问题的需要，也是促进金融业科学发展的必然选择。从一定意义上讲，我国渐进性改革开放政策即是包容性发展战略最深刻、最鲜明的体现。正是包容，才使我国的体制改革不断取得新的突破。

包容性意味着多元性。倡导包容性发展战略，应允许不同所有制、不同金融市场、不同金融业态、不同金融工具在法制框架下并存发展。当前，各类小型融资机构诸如村镇银行、小额贷款公司方兴未艾，既要保护其良好的发展势头，又要防止其异化为商业银行的分支机构。应继续完善多层次的金融服务体系和资本市场体系，改善非金融企业的融资状况。特别是，要加强和改善中小企业金融服务和农村金融服务。要给民营资本更多的参与金融改革与发展的机会，同时，引导民间金融规范发展，不断增强金融活力。

包容性意味着市场性。倡导包容性发展战略，应始终坚持市场导向改革。国际金融危机充分表明了市场的复杂性以及人们对市场认识的局限性。市场出了问题并不是市场经济的毛病。必须看到，我国金融市场还不完善，还缺乏足够的弹性，市场广度和深度都有待拓宽。在市场化改革中，需要攻难克艰的环节还很多。有关方面要有继续深化市场改革的紧迫感、责任感，合理权衡市场与管制的利弊得失，适时作出新的制度安排和政策调整，积极引导和鼓励金融创新，善于在关键环节取得突破。

包容性意味着开放性。倡导包容性发展战略，应实行积极的对外开放战略。海纳百川，有容乃大。中华文明历经5000年而不衰，在于善于容纳先进的外来文化。历史表明，封闭则衰，开放则兴。改革开放使中国走向复兴之路，不仅惠及中国人民，而且也使他国受益。坚持包容性的开放政策，汲取先进的经营管理技术与规则，有助于推动我国金融业转型升级，有助于更好地参与国际金融规则制定，有助于有效开展对外金融合作与投资，使我国更好地融入世界。

包容性意味着公平性。倡导包容性发展战略，就是给社会各类市场主体和公众以平等参与金融和享受金融服务的权利。要继续通过深化改革，使广大居民充分享受金融发展成果，享受到优质的金融服务。要通过审慎管理，创造良好的环境，使企业和居民有序进行投资和消费。要通过完善金融基础设施，向社会提供良好的公共金融产品。要通过合理布局，让社会充分享受金融服务便利。

（《中国金融》2011年第6期）

凝聚金融改革的力量

改革开放使我国金融业站到新的历史起点上，改革环境发生了深刻变化，人们的观念和认识有了质的飞跃，改革的方向和目标更加明确。这为我们进一步深化改革奠定了良好基础和条件。但改革的环境更加复杂，达成改革共识的难度也在逐步加大。

何以如此？很难一言以蔽之。改革之初，人们对旧体制有切肤之痛，有强烈的改革诉求与偏好，而这种偏好随着时间的推移和利益格局的变化逐渐减弱；部门利益作祟，对现有权利的迷恋与保护，担心改革会影响到既得权益；对发达国家金融体系和发展模式的认同感减弱，失去了明显的标杆和方向；我国金融业历经危机，傲然挺立，一枝独秀，使一些人产生了自满情绪；改革盘根错节，稍有不慎，会触动他人利益，追求明哲保身；改革进入深水区，认识赶不上复杂变化的世界，须从长计议，冷静观察；理论与思想日趋多元，对同一问题存在认识上的分歧，希望搁置争议；改革的自主性、自发性增强，改革表现出明显的差异性；外部环境包括各种政治和体制因素的制约，形成对金融改革的约束。这些因素有合理成分，也有负面干扰影响。正是这些因素，造成改革边际动力递减。

改革是我国金融业不断发展的强大动力，是有效防范和化解金融风险的必然要求，是解放生产力的过程，也是超越自我的过程。"十一五"期间，按照市场化、系统化的改革思路，我国成功解决了一系列重大问题，推动国有商业银行改革脱胎换骨，推动债券市场长足发展，大大化解了金融风险，有效抵御了国际金融危机的冲击。没有及时果断的改革，就不会有我国金融业今天这样的良好局面。

"十二五"规划建议向我们描绘了未来改革框架：构建逆周期的金融宏观审慎管理制度框架；稳步推进利率市场化改革；完善以市场供求

为基础的有管理的浮动汇率制度；改进外汇储备经营管理，逐步实现人民币资本项目可兑换；加强金融监管协调，建立健全系统性金融风险预警体系和处置机制；参与国际金融准则新一轮修订，提升我国金融业稳健标准；建立存款保险制度；深化政策性银行体制改革；健全国有金融资产管理体制；完善地方政府金融管理体制。应当说，这些并非金融改革的全部，但它们都是金融长远可持续发展中基础性的核心要素。

未来几年，金融改革发展的任务十分繁重，金融业面临促进经济转型和加强自身改革的重要任务，必须最大限度地凝聚改革的共识和力量。

凝聚改革共识和力量，应时刻保持清醒的头脑，正确认识我国金融业所处的历史阶段。应当看到，与我国实体经济发展对金融业需求相比，与发达金融业综合水平相比，与居民的金融需求相比，我国在金融结构、市场化、国际化等方面还存在不小差距。不能仅看金融业规模的扩大而忽视我国金融业质的差距，金融业发展仍处于初级阶段。要克服那种固步自封、骄傲自满的情绪，要通过不断推进改革，为金融业发展提供持续的动力。

凝聚改革共识和力量，应坚持市场化改革方向。市场是资源有效配置的基础，是金融转型的基础，是有效实施调控的基础，也是金融业融入全球体系的基础。我们要通过加快金融治理结构建设和金融结构调整，通过推进利率、汇率机制改革，建立更加市场化的金融服务体系和金融调控监管体系，促进金融在社会资源配置中发挥更大的作用。

凝聚改革共识和力量，应坚持包容性的改革发展战略。金融改革已进入系统深化阶段，涉及更为复杂的环境，涉及不同权益调整、不同力量的博弈，需要统筹多方面、多部门、多市场、多利益的关系，求同存异，攻难克坚。要扩大各类资本参与金融治理和金融市场。继续实行积极的对外开放战略，主动参与国际金融规则的制定，主动顺应新的金融运行规则要求，不断促进国内金融改革取得新突破。

（《中国金融》2011 年第 5 期）

用历史的视角看发展

当历史翻开新的一页，跨越发展、快速发展再次成为各地的热切期盼，大家都希望在"十二五"开局之年来个开门红，赢得满堂彩。

用发展和改革的办法解决前进中出现的问题是我国的基本经验。在新的五年规划伊始，强调发展无可厚非。我们此刻关心的是：各地能不能在今后几年把握新的战略机遇，破解各种矛盾，从而建立更加完善的体制机制，真正实现科学发展；还是仅仅把科学发展停留在口头上，展开新的政策和增长博弈，片面追逐高速增长，从而加剧已有的结构性矛盾和环境的恶化。

对片面追求发展速度的担心并非多余。由于体制机制诸方面的问题，一些地区已表现出明显的投资冲动，仍然热衷于那些对 GDP 贡献大的短平快项目，热衷于开发区式的圈地运动，热衷于大规模的政府投资，不愿啃有利于结构调整的硬骨头。

中国正处于城市化快速发展时期，铺些摊子在所难免。但我们的工作应经得起历史的检验。以史为鉴，可以明得失。强调用历史的视角看发展，很重要的一点是要善于回头看。有些事情当下很难看得清楚、想得明白，用更长的时间段考察可以更好地观察利弊得失，同时有助于避免犯类似的错误。回顾过去经济建设和城市建设，既有许多可圈可点之处，也有许多沉痛教训。在一些地方，对自然和资源的破坏已经达到触目惊心、难以容忍的地步。我们不能重复这样的发展模式。

用历史的视角看发展，要善于向左向右看。发达国家为我们提供了许多可资借鉴的经验。这些年来，随着我国经济的发展，因公因私出国者日渐增多，一些发达国家的城市基础设施和建筑，经常令我们感慨万千。为什么那些基础设施历经多年依然保持健全的功能和价值？恐怕与它们追求的不是短期目标有关。经济建设不仅仅是 GDP 的增长，不是钢筋与混凝土的简单堆砌，而是文化和功能的体现，是一种历史责任。

用历史的视角看发展，要善于看未来。未来是我们的希望，谁都不希望目前的矛盾和问题在未来继续放大，而都希望看到社会更加和谐，经济结构更加合理，政治更加文明，文化更加繁荣，人民更加幸福。也许，实现发展方式的根本转变需要较长时间，但未来几年是关键时期，我们不能无限期地把责任和矛盾拖延下去。我们必须有明确的方向、目标和规划，并为此不懈努力。

用历史的视角看发展，要善于看当下。眼下是我们能够唯一把握的。目前，要通过正确执行好宏观政策促进经济平稳健康发展。要看到，宏观调控不是为了限制发展，而是为了有效矫正发展中的误差，防止和消除风险的积累和积聚，为将来更好的发展奠定基础。今天是明天的历史。做好当下，就是对历史负责，对未来负责。不能今朝有酒今朝醉，不能透支资源，不能透支土地，不能透支信用，不能透支未来。

经济发展与金融密不可分。金融在促进科学发展中发挥着重要作用，一方面，要通过不断深化金融自身改革，加速金融转型，为经济发展创造良好的金融环境；另一方面，金融应当成为推动经济科学发展的重要力量，通过完善激励约束机制，促进社会和经济发展方式的转变。

历史是一面镜子，是检验发展是否科学的重要标准。再过几年、几十年，我们希望我国不仅仅是硬实力的增长，在软实力方面也得到明显提升，能留给我们的子孙后代更多的东西。留下创新的精神，留下蕴涵传统与文化的建筑，留下富有竞争力的品牌，留下可存续的资源，留下碧水蓝天。这样，当我们回首历史，就不会因碌碌无为而羞愧，也不会因竭泽而渔而懊恼。

（《中国金融》2011 年第 4 期）

有效实施稳健的货币政策

货币政策由适度宽松转为稳健，是党中央、国务院在深入分析国际国内经济形势后作出的科学决策。深刻理解货币政策回归常态的背景、条件、意义和内涵，对于增强落实稳健货币政策的自觉性和坚定性具有重要意义。

应当充分认识到，在货币信贷由适度宽松向常态回归的过程中，总量和结构性矛盾会突出显现。特别是在"十二五"开局之年，各地普遍发展热情高涨，投资冲动较强。在财政政策继续保持"积极"取向的情况下，货币信贷扩张压力必然较大。管住货币信贷总闸门，控制好物价总水平过快上涨的货币条件，保证信贷资金更多地投向实体经济并充分体现"有扶有控"的要求，是对全社会特别是对各级政府、金融系统宏观政策执行力的重大考验。

实行好稳健的货币政策，需要按照总体稳健、调节有度、结构优化要求，继续运用好各种常规货币政策工具，同时，还要强调货币信贷和流动性管理的总量调节与建立健全宏观审慎政策框架的有机结合。要通过实行差别准备金动态调整制度，引导金融机构合理安排信贷投放，提高政策的有效性。

实行好稳健的货币政策，需要更加注重信贷结构优化，引导金融机构制订符合宏观调控要求的信贷规划，根据实体经济的需求均衡适度放款，把资金重点投向"三农"、中小企业、服务业、文化产业等经济社会发展的关键领域和薄弱环节，防止资金配置过度倾斜于新建项目、大型项目。

实行好稳健的货币政策，需要加强对地方政府、金融机构和社会公众等各方面的沟通引导，使全社会正确理解政策意图，形成合理预期，自觉顺应总量调控和结构优化的要求。特别是要正确认识和处理好实施稳健的货币政策所面临的各种问题。必须认识到，一个地区的社会融资总规模主要是市场力量决定的，根本上取决于当地金融生态环境对资金的吸引力。地方政府应合理安排在建、续建项目与新建项目的资金投入，正确处理发展制造业与支持服务业、经济增长与社会建设的关系。同时，地方政府要高度重视地方财政和地方性金融机构的稳健性，确保地方性金融机构资本金的质量，防范道德风险和挤提风险。

实行好稳健的货币政策，需要加强调查研究，准确把握经济发展态势，及时发现苗头性、趋势性问题。要深刻把握当前国际经济的复杂变化，密切关注主要经济体的经济状况，相机抉择，科学调控，以提高政策的前瞻性、艺术性和有效性。全面反馈稳健货币政策的实施情况和差别准备金动态调整等政策工具的效果。加强对社会融资总规模的统计研究，使货币信贷调控更加合理适度。做好民间资本的监测分析，研究如何引导民间资本更多地流向实体经济，支持民间投资"三十六条"的落实，进一步发展资本市场融资，扩大直接融资比重。深入研究房地产业对整个经济的影响。继续加强通货膨胀等基础性研究，对本地区物价情况进行持续监测分析，为宏观决策提供参考。要清晰掌握地方融资平台的总体情况和风险，并探索对一些具有可靠还款来源的优质项目等贷款进行证券化。

应当看到，我国对于在积极的财政政策和稳健的货币政策这种政策组合条件下实施宏观调控的经验还不够丰富，保持合理的社会融资总规模、实施差别准备金动态调整等新型调控工具也面临新的要求和挑战，因此必须加强有关部门的协调配合，更加扎实、细致并富于创造性地工作，把稳健的货币政策落实好。

（《中国金融》2011 年第 3 期）

在新的历史起点上

——纪念《中国金融》创刊 60 周年

岁月匆匆，伴随新中国金融事业发展，《中国金融》杂志已经走过60年春秋。60年来，《中国金融》以自己独特的方式见证历史、反映现实、引导未来，历经风雨与繁华，目标明晰，从容淡定，始终坚持正确的舆论导向和专业化的办刊方向，服务金融政策，服务金融发展，服务金融大众，书写着中国金融发展的光辉篇章。

《中国金融》是新中国成立后，由中国人民银行创办的一本全国性的金融刊物，也是很长时期内金融系统唯一的报刊杂志。这种特殊的地位，决定了其在我国金融事业发展中的独特作用。《中国金融》是党中央、国务院在金融系统的重要舆论阵地，是传播金融方针政策的重要渠道，是普及金融知识和业务的重要窗口，是研究探讨金融问题的重要平台，是活跃金融文化生活的重要载体。创刊以来，伴随我国金融业的调整与发展，《中国金融》在编辑思想和内容取向方面不断变化，但始终保持昂扬向上、专业务实的方向，履行着时代赋予的责任和使命。

翻开不同时期的《中国金融》，时代的印记清晰可辨。金融风云变换、重大金融变革、重要金融政策以及典型金融人物都有不同程度的体现。这如同一幅金融历史画卷，折射了现代中国的金融变迁，让人深思和回味。这里留下了一代代金融人的不懈探索和真知灼见，留下了他们为金融事业发展所倾注的心血，以及他们成长的轨迹。这是金融系统自己的阵地，是金融人自己的平台，是我们共同的精神家园。

一本杂志在反映所在领域历史的同时，也在书写自身的历史。正是一代代金融各级领导以及从业人员对这份杂志的支持和厚爱，以及金融新闻出版人的不懈努力，才有这本杂志今天生机勃勃的局面。我们向为这本杂志发展付出艰辛劳动的读者、作者和编者表示崇高的敬意！

报刊并非简单的记载，而是创造性的文化活动载体，是精神和理念的传播，是理性和社会责任的体现。经过数代人的努力，《中国金融》已经成为国内外有重要影响力的财经期刊，成为融理论性、政策性、实用性为一体的刊物，并在长期实践中逐步形成了鲜明的特点。目前，这份杂志月发行量在 20 多万份，是拥有读者最多的金融期刊，在学术界也广受欢迎，被几个权威机构认定为核心期刊，也是网络转载率较高的金融杂志。

雄关漫道真如铁，而今迈步从头越。今天，《中国金融》又站在新的历史起点上。金融业的蓬勃发展以及文化体制改革的不断推进，为我们带来许多新的机遇和挑战。唯有发奋图强，继续提高刊物质量，才能为读者提供更有价值的精神食粮，更好地满足读者日益增长和多元的文化需求。

第一，坚持正确的办刊方向。新闻出版具有文化与产业双重属性，作为一本具有悠久历史的杂志，要处理好二者的关系，最重要的是坚持政治家办刊原则，坚持正确的导向和方向，树立大局意识和国家利益意识，坚持理性和建设性的原则，增强去粗取精、去伪存真的能力，坚持守土有责，做到守土尽责。同时，要努力做到公正、客观，有独特的视角与判断，善于把握金融文化的精髓，善于抓住主流和带有规律性、趋势性的东西，充分发挥舆论的公信度和影响力。

当今世界，获取信息的渠道和方式越来越多，信息需求越来越多元化，一本杂志要想在纷繁多样的市场上有一席之地，并保持旺盛的生命力，靠的是独特的信息和服务。对于《中国金融》来说，站在国内外金融实践前沿，紧紧植根金融沃土，坚定不移地为金融事业发展服务、为金融改革发展服务、为金融从业人员职业成长服务，是必须始终坚持的指导思想。这既是对金融历史和文化传承的需要，也是这本杂志之魂。金融领域是一个巨大的市场，金融业是重要的产业，这其中蕴涵和承载的文化，是我们办刊不竭的源泉。积极探索和反映金融规律，弘扬先进的金融文化，传播现代的金融理念，释疑金融运行中的前沿问题，理应成为刊物的主旋律。

同时，要注重文化的市场属性和产业属性，自觉尊重新闻规律、文化产业发展规律和经济规律，树立更加开放和包容的思维，注重创新，加强服务，为读者及时提供有价值的东西。要勇于克服编辑工作中的局限性，密切观察和捕捉社会经济生活的各种新情况新问题，有效动员社会力量，把纷繁复杂的政策、事件、现象和信息加工改造为成熟的文化产品。要加强经常性的规划和策划，建立更加完善的运行机制和采编制度，把编辑思想有机地体现在宣传报道实践之中，以优良的品牌和优秀的作品吸引人、引导人和鼓舞人。

第二，坚持专业化的办刊理念。金融是现代经济的核心，金融领域是一个涉及面广泛、开放的产业和市场，影响和关联着社会经济生活的方方面面，因此，办好这本杂志不能游离于社会生活之外，而应立足金融，面向经济，面向社会，从社会经济文化发展的角度对金融作出全面解析。近年来，《中国金融》已经走出了行业期刊的局限性，内容日益丰富和多元，越来越多的社会经济问题进入了我们的视野，并受到广泛的关注。

但是，杂志的包容性并不排斥其专业性。社会越发展，就越需要精细的专业化分工。从一定意义上讲，一本专业杂志的生命力正在于其独特性和自洽性，在于能够有效发挥专业化的优势，为读者提供有价值的服务。

深入了解并积极满足读者的专业化需求。了解所在领域客户需求并努力适应和满足其需求，是我们工作的出发点和归宿。办期刊的人不能满足于坐在办公室编编剪剪，而是要积极走出去，投身于现实金融生活之中，了解金融发展对文化信息的新要求。与前些年相比，金融业不断向纵深发展，从业人员的知识结构有了很大变化，迫切需要了解和掌握金融新业态、新业务、新技术、新方法。我们需要适时了解这些变化，并及时组织和提供相应的文化产品，把最权威、最专业、最前沿的观点和信息传播给读者，以满足市场的需求。同时，应注意满足不同金融业态、不同区域读者的专业化需求。

深刻把握专业的本质。准确把握基本政策、基本理论、基本思想、基本动向和基本导向，把那些具有权威性、政策性和思想性的东西挖掘出来，使读者更好地把握金融改革与发展的趋势。把握基本政策，不是简单地对宏观部门或首脑机关出台的政策照本宣科，而是通过不同角度的分析和解读，使大家更好地理解政策的实质，促进政策目标的实现。把握基本理论，就是宣传经过实践证明能够指导中国金融改革与发展的有中国特色的社会主义金融理论。经过这么多年的改革开放，我国已经探索了一些行之有效的金融理论，但我们在这方面的工作力度还不够，仍需要花大的力气去挖掘、提炼和总结，作为一本杂志，应当在这方面发挥独特的作用。把握基本思想，就是要弘扬金融改革与发展中必须坚持的基本精神、理念和方法，这是行动的指南。把握基本动向，就是要透过各种复杂的金融现象把握本质和趋势性的东西。把握基本导向，就是要建立客观和理性的分析框架，树立正确的立场和角度。把控宏观，不是一件容易的事情，要求我们具有良好的大局意识、战略意识和长远眼光。

培养一批具有良好专业素养的编辑记者队伍，改进期刊运作方式和生产方式。要积极借鉴国内外先进期刊的理念和运作经验，不断改进我们的编辑和运营工作。编辑技术要更加专业化，注重思想性、逻辑性、规范性和科学性。加强经常性策划和选题储备，提高对文章的甄别、筛选能力和预判能力，有效动员社会智力资源和研究成果，提高杂志的权威性和效能，持续提高刊物质量。

一本杂志的生命力在于其即时性和前瞻性。当今世界变化迅猛，稍有懈怠便跟不上时代的步伐。严格来讲，《中国金融》不是一本新闻性的杂志，不像日报和周刊那样，能够适时报道各种金融动态。但这绝不意味着我们可以对即时发生的事情熟视无睹、漠然处之，应透过各种动态，深入把握和剖析现实金融问题，主动揭示未来可能的变化和趋势。

第三，坚持务实与创新的结合。《中国金融》在金融系统具有广泛的覆盖面，在不同的领域和层面都有一大批忠实的读者和作者，这是历史形成的，也是杂志的天然优势。

禀承务实的办刊之路，最重要的是一切从实际出发，办出特色，办出品牌。在办刊问题上，应力争做到独特、独到，不能东施效颦，食洋不化。国内外有不少知名的财经杂志，凡做到基业常青的，都与其特定的环境、历史和文化密不可分，需要持续的积累和沉淀。《中国金融》

之所以历经 60 年而不衰并日益壮大，除了我们独特体制优势外，还在于其正确的定位，这就是始终贴近金融工作实际，始终顺应改革发展的需要。在文化体制改革不断深化的今天，这一点仍然是我们办好这本杂志的宝贵财富。

坚持务实的道路，应尊重差异化的市场和读者需求。既要有阳春白雪，又要有下里巴人；既要有决策者说，又要有草根之音。特别是，要重视挖掘实际金融工作中的典型案例和先进做法。我国正处于新兴加转轨过程中，社会经济结构的多元化以及利益主体的多元化，促进了实践的多样化。金融分支机构贴近经济、贴近市场、贴近客户，处于金融改革的前沿地带，是金融政策的实践者，是金融创新的发起者，它们在实际工作中有许多突破和真知灼见值得借鉴和交流，这些丰富的题材也是杂志必须关注的。杂志是互动交流的平台，讲务实，还应提倡使用通俗简明的语言表达，注重实用性，力戒矫揉造作、晦涩难懂，应让读者读得懂并从中获益。

历史总是在继承中不断发展。《中国金融》在长期发展过程中逐步形成了自己的文化，即稳重、持正。对于那些业已证明的好的经验，必须始终不渝地坚持。但是，信息技术的发展和传播方式的多元化，给传统媒体带来了挑战，我们必须正视存在的不足和局限，稳中求进，不断创新。加快传统载体与现代信息的融合，不断拓宽信息服务的广度和深度，衍生新的产品，实现信息价值增值。

第四，坚持国际化的办刊视野。天行健，君子以自强不息；地势坤，君子以厚德载物。在全球化时代，文化逐渐呈现多样化、多元化趋势，报刊的开放性和包容性不断增强，这就要求我们应以更加宽阔的视野，吸收国际金融领域的先进金融思想和方法，丰富我们对金融的认识和看法，为我所用。

金融文化国际化包含两方面的含义：一方面，在坚持我国金融核心价值观的基础上，通过引进、吸收、消化，丰富和完善我国的金融文化；另一方面，通过文化输出，对外传播我国先进的金融文化，增强软实力，扩大影响力。文化的国际化是国内金融发展的实际需要，随着境内外经济相互依存程度日益提高，国际社会需要进一步深化对中国金融发展和金融文化的认识，我们有责任和义务加强对我国改革成果和优秀文化的传播，以减少误解和偏见，增进共识。同时，我们也需要更好地了解外部世界。中国金融业正以前所未有的速度向前发展，不仅令世人惊讶，也令国人始料未及。有效参与国际金融合作与分工以及在更大范围内有效配置金融资源，当务之急是加强对国际金融运行及其规则的了解，报章杂志在这方面发挥着独特的作用。客观地说，我国的金融运作、管理、技术、方法与发达金融市场相比仍有较大的差距，随着我国金融对外开放的扩大，国内金融从业者迫切希望了解国际金融政策、观点和分析方法，需要我们提供相应的信息服务。

本着这样的指导思想，在文化引进方面，我们特别重视外国金融名家、国际金融组织的决策者在重大金融经济问题上的见解和分析方法，特别注意对重大国际金融事件与规则的解读，取得了较好的宣传效果。

中国金融业正处于重要的战略发展机遇期，这为文化产业发展带来了前所未有的机遇和挑战。让我们继续努力，扎实工作，锐意进取，共同创造《中国金融》更加美好的明天。

（《中国金融》2011 年第 19 期）

金融发展不能超越理性与规律

2008 年 3 月 14 日，星期五，对于贝尔斯登公司的员工们来讲，缺少了周末到来的轻松与喜悦。就在这一天，贝尔斯登这家拥有 85 年历史，被称为"华尔街孤狼"和"华尔街的斯巴达"的老牌投资银行陷于灭顶之灾。贝尔斯登的倒闭触发了金融危机的机关。"牵一发而动全身"，之后，由美国次贷危机引发的国际金融风暴，导致一个又一个金融帝国的大厦被推翻。

2010 年 3 月 18 日，约翰·卡西迪在英国《金融时报》上发表了一篇名为《贝尔斯登危机两周年祭》的文章，把人们的记忆重新拉回到了两年前。其实，两年来关于金融危机的探讨一直在进行，但在两周年祭的节点上重新审视贝尔斯登的倒闭，与当时的迷茫相比，更多了些许的冷静。因为很多事情"当时行之不觉也"，而"今而思之，如痛定之人思当痛之时，不知何能自处也"。

回首当年贝尔斯登壮士断腕的悲壮，在鼓角声声、星影动摇的余悸中，也给我们留下了深刻的教训。

银行与资本市场之间的"防火墙"被拆除，助长了"泡沫"扩大和风险蔓延。防止风险蔓延的有效方式之一就是在银行业和资本市场之间建立"防火墙"。但在美国，随着 1999 年《金融服务现代化法案》的出台，这个"防火墙"被拆除了，金融业开始进入了全面混业经营的时代。混业经营和复杂的衍生产品创新带来了"太大而不能倒"和"太复杂而不能倒"的问题，大量复杂的金融产品之间的联系非常密切，一旦某个环节出了问题，就可能导致整个金融体系的崩溃。

西方的监管当局过度迷信市场这只"看不见的手"。市场经济并非总是有效的。金融危机告诉我们，完全依赖市场的自我调节，完全依赖市场的自我约束，完全依赖金融机构内部的公司治理和内部控制并不是万全之策。即使是提倡解除金融监管政策的责任人、美联储前主席格林斯潘到国会作证时也承认，"过去错误地相信了自由市场可以调节金融体系而无需政府加强监管"，自由市场理论"有缺陷"。《贝尔斯登危机两周年祭》一文认为，白哲特（Bagehot）和凯恩斯（Keynes）都是正确的。在经济衰退期间，政府必须推动需求。正是各国政府的积极干预，阻止了此次大衰退演变为另一场大萧条。当然，需要明确的是，这次金融危机并没有从根本上否定市场在资源配置、经济调节当中的基础性作用，而是提示我们思索如何更好地实现政府调控和市场调节相结合，保证"看得见的手"和"看不见的手"实现最有效配合。

过度的金融创新助长了市场主体的短期投机行为。很多金融产品和业务的创新已经走得太远了，甚至看不到其与实体经济之间的联系。创新的滥用使杠杆率变得非常高。《贝尔斯登危机两周年祭》一文给出了一个直观的事实：在 2008 年 3 月，贝尔斯登的有形股权资本约为 110 亿美元，却支撑着 3950 亿美元的总资产——杠杆比率达到 36。当市场逆转时，这种做法让贝尔斯登失去了资本以及愿意向其提供贷款的机构的信任。在接下来的几个月，同样的故事又在其他数十家银行和非银行机构上演。因此，约翰·卡西迪发出"杠杆是毒药"的警告。金融危机清楚地告诉我们：脱离实体经济的金融创新无异于空中结楼殿，水中寻皓月，其结果必然是金融自身的灾难，而这种灾难反过来又会给实体经济带来巨大破坏，继而使金融发展进一步遭受更加严重的挫折。

危机暴露出监管的很多漏洞，以至于约翰·卡西迪提出，应加强监管以减少崩盘可能性，并针对金融机构征收"污染税"以弥补崩盘带来的损失。此次国际金融危机的爆发与金融产品业务创新过快、过猛、过于复杂并失于监控有直接关系。此次金融危机还暴露出的一个大问题是监管者忽略了对金融机构激励约束机制的监管。西方国家的监管者一直认为薪酬水平是由市场决定的，而没有认识到薪酬水平的决定不能仅仅从某个盈利部门的短期成本和业绩上考核，还要从整个机构的成本和风险来考量，并要考虑团队的贡献因素。这是一个非常重要的教训。危机还暴露出西方国家在宏观审慎管理方面的缺失。监管机构在强化微观审慎监管要求的同时，忽略了宏观审慎监管的建设。

危机处置方案带有根本性的缺陷，影响了市场信心。危机处置应是系统性工程，救助方案要有宽泛的视野，处置的手段和措施出台要有顺序安排。西方国家在对金融危机的处置过程中出现了很大的失误，一些纾困行动本末倒置，如在清理资产负债表之前，就注入资本和流动性。危机处置方案的根本性缺陷使得"信心"和"信任"在很长一段时间内都难以恢复。

贝尔斯登的倒闭以及国际金融危机的爆发，带给我们的不仅是教训，更重要的是带给了我们很多有益的启示。

必须处理好实体经济与虚拟经济的关系，让金融业回归服务实体经济的本质。实体经济要又好又快地发展，离不开金融业的有效支持，金融业的可持续发展也必须以满足实体经济有效需求为前提。贝尔斯登的倒闭及之后的国际金融危机让我们认识到，金融业的发展不能偏离轨道、脱离实体经济的需要，不能满足于自我需要、自我强化和自我服务。金融发展应更多地回归经济基本面。

必须坚持有效的监管。要将"影子银行"纳入监管。《贝尔斯登危机两周年祭》一文就认为，这次危机的教训表明，我们需要进一步扩大监管的范围，能够产生系统性风险、对金融市场产生巨大冲击甚至引发金融危机的所有金融活动、金融工具和金融机构都应纳入有效监管范围之内。应坚持严格的跨业监管、跨境监管。要保持银行系统和资本市场的适当隔离，发挥银行体系和资本市场之间的"防火墙"作用，防止风险在货币市场和资本市场之间相互传递。必须将激励约束机制纳入监管，使薪酬与业绩更好地匹配，从而使薪酬制度更好地为金融业转变发展方式，提升金融服务水平助力，为金融业可持续发展提供保障。同时，不放弃传统的、简单的监管指标。有些时候，解决一个复杂问题最有效的方式是利用简单而有效的基本方法。当前很多国家和地区的监管机构都开始采取这种"回归基本"的方式。

必须坚持创新的风险与收益相对称、表内与表外相平衡，不能过度迷信创新与模型。绝对的权力必然导致绝对的滥用，绝对的自由必然导致绝对的危机和风险。长期处于无约束状况，必然导致信用约束软化、信用边界淡漠以及信用扩张冲动。对于银行来讲，这次危机中，真正引发危机和受到危机重创的并不是商业银行的传统业务，而是银行的表外业务、投资银行附属公司以及衍生产品的投资业务。因此，金融创新应坚持风险与收益相对称、表内与表外相平衡。内部管理层、董事会不能被一些模型、数理分析等所迷惑而放任那些连他们都看不懂的严重脱离实际的危险创新。正如约翰·卡西迪指出的那样，统计模型是以"风险价值"模型的形式出现的——该模型假定投资者和抵押贷款持有者就像是热罐子里四处随机碰撞的大量分子。当管理者真正开始运用模型指导实践的时候，却发现它们一无是处。

必须把握好金融业自身发展、促进经济发展与控制风险之间的平衡。现代金融具有多维二重性，既可以优化资源配置，也可能加剧资源错配；既可以转移分散风险，也容易积聚风险；既有利益共赢的一面，也有利益互斥的一面。对此，我们必须有清醒的认识，更加注重从市场统一配置资源的角度观察问题，注重从科学发展观角度处理问题。

必须强化道德约束与社会责任。金融危机源于人性的贪婪，而当贪婪冲破了监管体系和道德底线的时候，其破坏力就必然以危机的形式表现出来。贪婪是资本的本性，是资本人格化的资产者的本性。正是欧美一些所谓的金融奇才们的贪婪和道德的沦丧，才使得他们忘了金融发展的基本戒律，设计并兜售极其复杂的金融产品；正是由于他们的贪婪，不顾巨大的风险而不断推高杠杆率来攫取高额回报，才最终导致危机不断积累并爆发。因此，应时刻牢记金融的存在主要是为经济发展融通资金、转移风险和提供投资便利，提高经济运行效率，而不应使其成为追求贪婪的工具，坚决不能把金融业、金融市场仅仅看作是赚钱的行业和场所。对于人性贪婪，仅靠外部约束是远远不够的。西方流传着一句谚语：对于人性本恶的那部分，法律管的只是很小的一部分，其他的，由上帝管。因此，要克服人性的贪婪，在完善制度的同时，必须倡导金融家们要自我约束，将社会责任和行业利益高度统一起来，并追求人性道德的提升。

对贝尔斯登倒闭案例进行深入反思并吸取教训，有助于中国金融业更加理性、更加科学地探索市场化之路。中国金融业经过30多年的改革发展，取得了非常可喜的变化和进步，但是我们应清醒地认识到，中国的金融业与西方发达国家和地区的金融业相比，在诸多方面仍然存在很大的差距，离成熟市场经济还有很长一段路要走。

转变经济发展方式已成为我国下一步经济发展中刻不容缓的问题，转变金融发展方式的核心是做好金融支持经济发展模式转变这篇大文章。皮之不存，毛将焉附。只有把转变金融发展方式同转变经济发展方式有机结合起来，把金融服务与实体经济的发展有机结合起来，我国金融业才能从根本上实现全面协调可持续的发展。

越是面临好的形势，越是要注意稳健经营和管理的重要性。我们的金融体系在此次国际金融危机中没有直接遭受重创，得益于多年来改革开放和审慎监管等多种因素的综合作用，我们绝不能产生过度乐观的情绪，一定要看到融入全球经济仍然是一个艰难长期的过程，需要继续坚持韬光养晦，冷静定位，顺势而为，加深对市场经济发展规律和金融发展复杂性的认识。应在充分发挥市场经济作为配置资源最基础、最有效手段的同时，完善金融业监管，尤其是应随着我国金融业综合经营的推进，探索如何加强监管协调、完善监管体制以有效避免监管重复和监管真空。对各金融机构来讲，应逐步建设和完善公司治理机制，积极推动金融机构发展方式转变。

前事不忘，后事之师。回顾贝尔斯登倒闭事件，目的不仅仅是凭吊，还是为了更好地警醒和反思。近来一些新的危机，如迪拜、希腊等地发生的主权债务危机让我们认识到危机永远存在。在世界经济慢慢复苏之际，必须时刻保持清醒的头脑，金融业的发展绝不能脱离理性，也绝不能违背自身的运行规律。

（《中国金融》2011 年第 8 期）

中国金融业离成熟市场有多远

国际金融危机使一些国家和地区的金融体系遭受创伤，中国金融业却一枝独秀，经受住了严峻的考验。2008 年，中国银行业实现税后净利润 5834 亿元，同比增长 30.6%；资本回报率 17.1%，比全球银行业平均水平高 7 个百分点以上，全行业利润总额、利润增长和资本回报率等指标名列全球第一；2009 年全年银行业利润有望超过 6000 亿元。2008 年，保险公司保费收入 9784 亿元，比 2007 年增长 39.1%。2008 年，107 家证券公司当年实现营业收入 1251 亿元，实现利润 482 亿元。这些数据彰显了中国金融体系的稳健和活力。金融业的良好表现，不仅为中国保增长作出了重大贡献，也提振了世界经济复苏的信心。

中国金融业风景这边独好，使一些人产生了过度乐观的情绪。比如，有人认为国际金融危机产生的根源在于市场经济，从而过分夸大市场的局限和缺陷，认为真经就在中国，看不到中国经济金融发展模式的弊端；再比如，2009 年，中国工商银行、中国建设银行、中国银行位列全球银行市值排行榜前三甲，有些人就认为中国已成为金融强国，进入了可以大举进入国际市场、快速扩张的新时代，如此等等。的确，伴随着过去几十年中国经济的快速增长和全球化进程的加快，我国金融业也实现了惊人的快速成长。国内经济融入全球化的速度不仅令世界称奇，而且也出乎国人的意料。中国金融业在国际金融危机时期保持稳健发展，是多年来锐意推进改革的必然结果和集中体现。但是，通往成熟市场经济的道路注定是不平坦的。对此，必须要有强烈的忧患意识。可以预见，在未来一段时期，中国与世界其他国家将长期处于一个相互磨合、相互适应、相互包容、相互学习的阶段。在这样的进程中，我们会感受到中国经济金融实力增强的快乐和自豪，也会遇到各种形式的投融资壁垒，与主要经济体也会产生种种博弈。这些都是正常的现象。但是，我们切不可妄自尊大，一定要看到融入全球经济仍然是一个艰难长期的过程，需要继续坚持韬光养晦的经济外交政策，冷静定位，顺势而为，加深对市场经济发展规律和金融发展复杂性的认识。

市场经济是配置资源最基础最有效的手段。西方一些国家的市场经济出了问题，并不等于市场经济模式的破产，动用政府手段干预经济也并不是从根本上否定市场经济的运行机制。西方金融业虽然受到金融危机的严重打击，但是其运行机制、经营理念以及管理技术等仍然是最先进的。我们应该清醒地认识到，中国的金融业与西方发达国家和地区的金融业相比，在诸多方面仍然存在很大的差距，离成熟市场经济还有很长一段路要走，中国金融业的改革发展依然任重而道远。

我国金融业的市场成熟度还远远不足。2009 年 10 月，达沃斯世界经济论坛公布了 2009 年《世界金融发展报告》，对全球 55 个国家和地区的金融系统稳定性等指标进行综合评估排名。通过对金融监管、商业环境、稳定性等 7 个领域的 120 多个项目进行评分和比较，中国（内地）在 55 个国家和地区中仅排在第 26 位。该机构于 2009 年 9 月发布的《2009～2010 年全球竞争力报告》对 133 个国家和地区进行了评估，中国经济竞争力排在第 29 位，领跑"金砖四国"，但金融市场成熟度指标仅排名第 78 位，略高于俄罗斯，落后于巴西和印度。虽然对这些评判指标体系的客观性还需要进一步考察分析，但这在一定程度上反映出中国金融市场发展的不成熟性。

必须认识到，我国的金融业虽然摆脱了计划经济的束缚，但仍处于社会主义初级阶段，是发展中国家的金融；虽然建立了社会主义市场经济体制和机制的基本框架，但离成熟市场经济的要求还有很大距离，从形似到神似依然步履艰难。总体上看，我国金融机构和金融市场体系尚不能完全适应多样化多层次经济发展的要求，以及居民日益增长的金融需求，金融宽度不够。金融发展中的诸多结构性矛盾依然突出，经济增长过度倚重间接融资，城乡、区域金融发展不协调。金融业务同质化现象严重，金融创新的广度和深度亟待拓展，各领域创新的进展也不均衡，负债类业务多于资产类业务，真正能够保证收益、转移风险的金融创新很少，削弱了中国金融机构的创新竞争力。金融管理和金融机构公司治理尚未实现深刻的系统性变革，建立真正的现代企业制度仍有许多艰苦细致的工作要做。金融市场定价领域的行政干预色彩浓重，利率和汇率形成机制还不完善，股票定价制度不合理，造成资源配置效率低下，并且可运用的金融工具不多，市场风险对冲功能不能有效发挥。人民币国际化也还有相当长的路要走。此外，在金融经营和管理中，一些人的观念还没有真正转变，过分看重部门利益，习惯和依恋于旧有的职能和管理手段，对一些领域和环节干预和管制过多，影响了管理的有效性以及经济活动的便利性。

我国金融业的发展过度依赖于粗放型的规模扩张。中国经济长期的快速增长为金融业发展提供了难得的历史机遇。在这轮国际金融危机中，中国金融业的资产规模相对凸显，这令我们自豪。但大并不等于强，更不等于好。长期以来，由于受传统体制惯性作用的影响，我国金融业的增长方式长期处于粗放型经营的态势，整个金融体系以传统银行业为主导，金融发展主要依靠存款和贷款的规模扩张；资本市场始终没有摆脱单一层次的格局，依然主要依靠少数行业、少数大企业来扩张市值规模。这些年来，我国金融发展过程中出现了一些值得重视的扩张现象：有的注重通过设立分支机构扩张地盘，有的注重通过并购扩张市场，有的注重更名换姓扩展范围，有的通过傍大户增加规模，有的通过控股增加金融业态，等等。在具备一定条件的情况下，通过改变或制定新的发展战略做大规模无可厚非，但是，不顾自身实际情况盲目扩张规模则不可取，同时，在规模扩张的同时必须要注意发展方式和经营管理方式的转变。上世纪 80 年代，日本银行业有多家曾在国际银行业排名中位居前列，但是由于盲目扩张和没有及时转型，积累了巨大的金融风险。日本银行业发展中的深刻教训应当引以为戒。

我国的金融人才还不适应国际化的需要。经历这次国际金融危机后，中国在全球经济和国际舞台上的地位有所提高，我国金融机构也有了更多参与国际市场的机会，但是当机会到来时，能否抓住机会以适应融入全球化的需要，除了具备相应的资本实力外，关键的是要靠人才。最近几位不同方面的金融高管在不同场合均谈到了人才国际化的重要性。由于中国金融国际化刚刚起步，既懂得国内市场又熟悉国际市场的金融人才短缺，能与对手直接谈判、参与规则制定的人才更少，这无疑会成为扩大我国参与国际分工与协作中的瓶颈。以国际公认的注册金融分析师（CFA）为例，2007 年底，全球共有 80000 多位 CFA 特许资格认证持有人，其中，中国香港有 3800 多名，而中国内地仅有 1200 多名。

我国对金融业实行的是分业经营、分业监管的体制。随着我国金融业综合经营的推进，银行、证券、保险、信托业务之间的界限越来越模糊，如何加强监管协调、完善监管体制以有效避免监管重复和监管真空，也是需要密切关注的问题。

改革是一个持续的过程。随着改革的深入，需要在新的历史起点上进一步凝聚对改革的共识，增强改革的紧迫感和使命感。改革攻坚阶段需要下更大的决心、用更大的气力，需要更多的智慧和艺术，需要从更加系统的角度统筹规划金融市场的协调发展，形成有利于金融稳定发展和服务经济社会的体制机制。为此，应完善金融制度建设和金融体系建设，在更大范围内配置金融资源，推动各类要素的均衡配置。继续深化金融企业改革，完善公司治理机制，建立风险与利益相平衡的激励约束机制。大力推动资本市场发展，有效拓展直接融资渠道，规范和引导民间金融健康发展。完善市场化利率形成机制，健全面向市场、更具弹性的汇率制度。正确处理监管与市场行为的关系，努力减少由于地方政府干预对金融资源配置造成的扭曲，更加平衡有效地处理监管与创新的关系。加速人才国际化建设，培养一批具有良好知识背景、行业经验和市场意识的优秀人才。

当前，转变发展方式已成为经济发展中刻不容缓的问题，转变金融发展方式的核心是做好金融支持经济发展模式转变这篇大文章。皮之不存，毛将焉附。只有把转变金融发展方式同转变经济发展方式有机结合起来，把金融服务与实体经济的发展有机结合起来，中国金融业才能从根本上实现全面协调可持续的发展。

（《中国金融》2010 年第 6 期）

适度宽松货币政策的内涵

为应对国际金融危机的冲击，2008年12月召开的中央经济工作会议提出实施"积极的财政政策和适度宽松的货币政策"。实践证明，适度宽松的货币政策的实施是完全正确和及时有效的，对促进经济企稳回升发挥了关键作用。

2009年中国经济顺利实现了"V"形反转，经济增长率将在8%以上，有效遏制了经济增长明显下滑态势，在全球率先实现经济形势总体回升向好。这源于中央牢牢把握经济工作的主动权，实施积极的财政政策和适度宽松的货币政策，不断充实完善应对国际金融危机冲击的一揽子计划，也源于各地区各部门奋发努力，更源于全国人民万众一心，保增长，调结构，促改革，惠民生，从而顶住了国际金融危机的巨大冲击，在较短时间内遏制住了经济增长下滑态势。适度宽松的货币政策的实施，确保了金融体系流动性充足，为经济发展创造了良好的货币信贷环境。总体来看，适度宽松的货币政策得到了有效传导。货币信贷快速增长，金融体系平稳运行，对提振市场信心，在短期内扭转我国经济增速下滑趋势及有力促进经济企稳回升提供了强有力的支持。2009年11月末，广义货币供应量（M2）余额为59.46万亿元，同比增长29.74%，增幅比2008年末高11.92个百分点。狭义货币供应量（M1）余额为21.25万亿元，同比增长34.63%。2009年1~11月，人民币各项贷款增加9.21万亿元，同比多增5.06万亿元；人民币各项存款增加12.63万亿元，同比多增5.32万亿元；银行间市场人民币交易平稳。

2010年我国经济发展面临的形势依然十分复杂，积极变化和不利影响同时显现，短期问题和长期问题相互交织，国际因素和国内因素相互影响。目前看来，世界经济复苏将是一个曲折复杂的过程，仍然存在诸多不确定因素。发达国家金融领域风险及其影响没有完全消除，失业率居高不下，消费疲软，实体经济回升面临较多困难，各国在政策退出的时机和方式上都面临着艰难选择。我国经济形势也面临诸多挑战：经济回升的基础还不牢固，经济增长的内在动力仍然不足；结构性矛盾仍很突出，部分行业产能过剩等矛盾更加凸显；经济发展方式转变滞后，资源环境约束的矛盾日益突出；农业稳定发展和农民持续增收的基础不稳固；就业压力持续加大；财政金融领域潜在风险加大。我国经济虽然企稳向好，但并不等于经济根本好转；经济根本好转也还不等于我们经济能走上一条可持续发展的轨道。我国经济的发展、企业的运行，许多还是靠政策的支持，缺乏内在的动力和活力。在这种情况下，如果过早地退出刺激经济政策，很可能造成前功尽弃，甚至使形势发生逆转。因此，在当前我国经济处在企稳回升的关键时期、复苏基础还不牢靠的情况下，货币政策的大方向还不能变。继续实施积极的财政政策和适度宽松的货币政策，是从全局出发作出的正确决策，是统筹兼顾、符合实际的，充分体现了科学发展观的要求，对于确保经济发展方式转变取得新突破，确保经济平稳较快发展，具有十分重要的意义。

2010年我国整体发展环境要好于2009年，这意味着适度宽松货币政策的着力点也会有所不同。总体来看，继续实施适度宽松的货币政策，主要应把握好四个要点：一是货币信贷要保持合理充裕，满足经济社会发展合理资金需要。二是要着力优化信贷结构，围绕转变发展方式，落实有保有控的信贷政策，使贷款真正用于支持实体经济，用到国民经济最重要、最关键的地方。要加强对重点领域和薄弱环节的支持，特别是对一些重大的在建项目、小企业和农业的支持。要严格控制对新上项目和高能耗、高污染项目的贷款。三是要切实把握好信贷投放节奏，尽量使贷款保持均衡水平，防止月度之间、季节之间过度波动。四是要防范金融风险，提高金融支持经济发展的可持续性。这四点结合起来，就是当前适度宽松的货币政策的基本含义。

执行好适度宽松的货币政策的关键是根据新形势新情况，着力提高政策的针对性和灵活性。对于货币政策的针对性，要从对过去尤其是2009年货币政策执行过程中需要进一步完善的方面和要着重加强的方面来理解。目前，在金融领域里潜在的风险和隐患，以及可能对货币政策的实施带来挑战的风险因素主要有：一是流动性过剩的风险。流动性管理是实施货币政策的基础。2009年，为了保增长，我国相关部门向金融体系提供了充足的流动性。展望2010年，流动性过剩的压力有可能重新显现出来。二是信贷总量持续过大的风险。2009年信贷总量三分之二是中长期的贷款，这表明投向固定资产的量是非常大的。在流动资金需求方面，信心增高、库存的增加，都会提高企业对流动资金的需要，可能会比2009年有大幅度增加，因此，应采取措施引导信贷投放从非常态转向常态。三是资产价格较快上涨的风险。2009年1~11月，全国住房市场销售均价比2007年最高时还高14%。房地产市场如果发生大的波动，对全局性的金融稳定会带来很大的干扰，造成大的风险。我国股市在2009年上涨了72%，这在全球主要股市发展中也是排名前几位的。现在我国股票市场的市盈率不但高于一般的发达国家，也高于如印度、巴西等新兴市场国家。四是通货膨胀预期强化甚至是自我实现的风险。目前，总体上全球推动物价上行的因素要多于推动物价下行的因素。五是地方政府投融资平台和结构调整、淘汰落后产能带来的信贷质量恶化的风险。

针对上述挑战和风险，着力提高政策的针对性应努力做到"总量适度，节奏平稳，结构调整，风险防范"。

所谓"总量适度"，就是信贷总量过大的问题要予以解决，要把握好信贷规模。在2010年的货币投放和贷款增长上，要保持合理充裕，要满足经济社会发展的合理资金需求，同时要防止流动性过剩，防止信贷投放过量。

所谓"节奏平稳"，就是要把握好信贷投放进度。针对季度月度贷款波动过大的问题，要重视贷款平稳投放。需要注意的是，第一季度的信贷投放非常关键，2009年第一季度贷款投放占了全年的47%。如果2010年第一季度的贷款不能保持平稳和得到比较好的调控的话，就可能为全年的信贷投放节奏带来很大的被动。

所谓"结构改善"，就是要优化信贷结构。一是完善贷款的期限结构，改变中长期贷款占比过高的现状，实现贷款在票据、短期、中长期方面的合理分布，特别是要使中长期贷款占比逐步回归到比较合理的水平。二是要把握好新开工项目和再建续建项目贷款的分布。要严格控制新开工项目。三是把握好信贷的主体结构。对中小企业特别是小企业以及民生方面要加大支持力度。四是进一步优化贷款的投向，即贷款投向产业的结构。要坚持"有保有控"的基调，加大信贷政策对经济社会薄弱环节、就业、战略性新兴产业发展、产业转移等方面的支持，要严格控制对高污染、高能耗、产能过剩行业的贷款。

所谓"风险防范"，就是针对金融领域存在的风险和隐患，要注重防范系统性的风险。首先，要高度防范信贷风险。要关注整个信贷周期、经济周期和产业调整的周期这些大的方面对信贷整个系统性风险的影响。要采取措施，熨平经济周期。其次，要防止通胀的风险。近期世界主要经济体 CPI 已经出现环比上涨迹象，我国 CPI、PPI 也已经转正了。因此，现在有必要着手关注通胀并且进行及时的政策调整。特别应关注的是要防止通货膨胀预期的自我强化，如果 CPI 涨幅超过了现在的利率水平，使得实际利率为负，则将对管理通胀的预期形成一个非常大的挑战。最后，要关注资产泡沫的风险。资产泡沫虽然不是直接的中央银行调控的目标，但是在金融市场高度发达的当今社会，通货膨胀传导的渠道可能不同于传统意义上的通货膨胀了。应关注资产价格与消费者价格波动的关系。在泡沫的初期通过前瞻性地采取措施就比在后期直接地干预要好。此外，对于资产泡沫危机之后的措施，还需要深入地进行研究。

对于适度宽松货币政策的灵活性，应该把握好以下三个方面：一是要根据经济金融形势的变化，相机抉择、动态调整。二是要把握货币政策从非常态转向常态这个过程中政策调整的时机和力度。三是要合理搭配使用各种货币政策工具。要对不同的政策工具作用的能量、作用的力度、作用的时滞还有我们所面临的外部环境、社会的反应等方面进行综合地权衡，从而选择最适合的货币政策工具。除了数量型、价格型的工具之外，还要尝试运用管理型工具来指导和调整商业银行和金融机构自己的资产负债表以达到调控的目标和要求。目前管理型工具有代表性的就是宏观审慎管理。比如通过动态拨备、资产缓冲来调整货币信贷，这样，通过逆周期的调节使得信贷增长与防范风险有机结合起来。在创新任何政策工具的时候，应当坚持根据市场规律要求，尽可能地使这个工具能够把反映市场经济规律、金融机构利益和宏观调控要求有机统一起来，防止行政化或作为行政导向工具使用的倾向。

当前落实适度宽松货币政策的核心是处理好保持经济平稳较快发展、调整经济结构和管理好通货膨胀预期的关系。2009 年 12 月召开的中央经济工作会议提出，2010 年要处理好保持经济平稳较快发展、调整经济结构、管理通胀预期的关系。这是当前落实适度宽松货币政策的核心。2010 年，保持经济平稳较快发展依然是我国经济工作的首要任务。调整结构、转变经济发展方式是我国经济工作的重点；而管理好通胀预期是为经济工作创造一个良好的外部环境，同时也是保护人民的利益。必须给经济创造一个良好稳定的环境，使经济发展、结构调整和物价上涨都保持在一个合理的区间内，这样经济才能够顺利地进行。在三者关系中，管理好通胀预期是经济发展对基本条件和基本环境的要求，调结构是抓手和关键，保持经济平稳较快发展是目标和结果。因此，完成 2010 年经济工作任务，管理好通胀预期事关全局，意义重大。要管理好通胀的预期必须管好流动性，调控好信贷总量。这两个方面做好了，才能使公众增强对货币政策和管理通胀的能力的信心。

2010 年是实施"十一五"规划的最后一年，做好 2010 年的经济社会发展工作，对夺取应对国际金融危机冲击全面胜利、保持经济平稳较快发展、为"十二五"规划启动实施奠定良好基础具有十分重大的意义。我们相信，适度宽松货币政策的实施，必将继续发挥关键作用，对促进中国经济的平稳较快发展作出更大贡献。

（《中国金融》2010 年第 2 期）

经济形势分析方法宜简便易行

经济运行分析是经济决策的核心。正确分析经济形势对于提高决策的前瞻性、科学性和有效性都具有重要的作用。国际金融危机爆发以来，针对计量和数量模型分析方法的责难和质疑越来越多。批评者认为，那些广泛使用的计量模型不能解决非连续性和环境极度不确定状态下的经济预测问题，甚至认为，正是由于对计量模型的滥用和误用才导致了对结构性金融产品等风险和形势的误判。客观地说，把金融危机的诱因简单归咎于经济数量方法有失公允，在政策调整、市场行为都是非常规状态从而经济运行也是非常规状态的情形下，运用常规的计量分析方法很难奏效。

事实证明，最有效的方法往往是那些最简单、最基本的方法。经济分析方法也面临通俗化和通行化的问题，不应只成为"专家"的专利。对于企业和社会普通公众而言，掌握正确的方法比了解结果也许更为重要。授人以鱼，不如授人以渔，我们应当提倡那些简便易行的方法。

第一，要关注先行指标的变化。先行指标也叫领先指标，主要用于判断短期经济总体的景气状况和转变情况，因为其在宏观经济波动到达高峰或低谷前，先行出现高峰或低谷，因而可以利用它判断经济运行中是否存在不安定因素以及程度如何，从而进行预警和监测。1961 年，美国商务部公布了 NBER 景气监测系统结果，经济先行指标体系开始从研究机构的理论探讨进入实际应用阶段。随后，世界许多国家开始致力于本国经济先行指标体系的研究和构建。我国一般采用的先行指标包括轻工业总产值、一次能源生产总量、钢产量、铁矿石产量、10 种有色金属产量、国内工业品纯购进、国内钢材库存、国内水泥库存、新开工项目数、基建贷款、海关出口额、出口成交额、狭义货币 M1、工业贷款、工资和对个人其他支出、农产品采购支出、现金支出、商品销售收入等。

金融危机爆发后，先行指标的运用越来越普遍。经常见诸报端的有波罗的海干散货综合运费指数（BDI）、采购经理人指数（PMI）、人民币远期无交割汇率（NDF）等。BDI 是国际贸易和国际经济的先行指标之一，集中反映了全球对矿产、粮食、煤炭、水泥等初级商品的需求，与这些初级商品市场的价格正相关。BDI 与全球经济增长变化基本同步。一般来讲，全球经济过热期间，对初级商品的需求增加，BDI 也会相应上涨；全球经济衰退时期，BDI 则会下降。前几年，随着全球经济的复苏，全球对于原材料的需求大大增加，导致了海运的快速繁荣。2003年，BDI 指数还不到 3000 点，而到了 2004 年，该指数就翻了一番，达到了 6000 点以上，2007 年第三季度，BDI 涨到 11000 点以上，反映出全球经济出现了泡沫和过热现象。在 2008 年全球金融危机全面爆发前，很多大宗商品价格仍处于高位的时候，BDI 却已经暴跌，说明了全球市场对于原材料需求的减弱，经济增长也将回落。BDI 自 2007 年底后持续下降，2009 年初跌至低点，然后趋稳，但仍在低水平徘徊。这些情况反映了国际金融危机后全球贸易一直处于低迷状态。

PMI 综合反映了就业、订单、库存等情况，是一段时期以来广为人们提及的一个指标。这一指标低于 50% 表明经济景气不足，高于 50% 则表明经济正常和活跃。PMI 指数与 GDP 具有高度相关性，且其转折点往往领先于 GDP 几个月时间。中国近两年多的数据累计分析证实，PMI 在经济高潮到来之前确实领先于 GDP 等相关指标发生变化。中国制造业 PMI 指数自 2008 年 12 月份开始连续逐月回升，2009 年 3 月已上升到收缩与扩张临界点——50% 以上，这是该指数自 2008 年 9 月份以来首次升至 50% 上方。最近几个月中国的 PMI 连续保持在 50% 以上，表明随着中央扩大内需、促进国民经济平稳较快增长政策措施的贯彻落实，制造业总体呈现稳步回升态势。

NDF 向来被视为即期汇率的先行指标。人民币 NDF 市场始于 1996 年 6 月，在新加坡开始交易。从长期看，人民币 NDF 的变化会对人民币汇率变化产生正向影响。人民币 NDF 价格的形成特点决定了其升贴水点数能反映交易双方对人民币的预期升贬值幅度。数据表明，NDF 的波动与各个时期海外市场对人民币汇率的预期是基本一致的。2008 年底，受经济下滑等因素影响，NDF 市场首次出现了自人民币汇率形成机制改革以来的贬值预期，最低贬值预期达到 2%～3%，这种贬值预期一直持续至 2009 年第一季度末。从 2009 年 4 月份开始，在美元贬值预期下，NDF 市场人民币汇率预期重拾升值态势，表明人民币再次面临着升值压力（见图 1）。

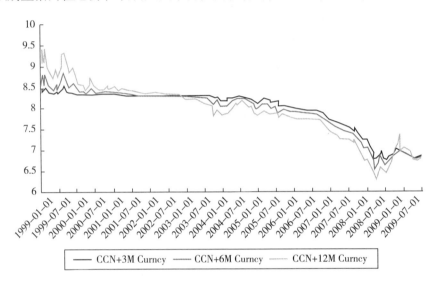

图 1　人民币 NDF 走势图（1999 年 1 月 1 日 – 2009 年 7 月 1 日）

第二，应关注同步指标。同步指标的变动时间一般与经济情况基本一致，可以显示经济发展的总趋势，并确定或否定先行指标预示的经济发展趋势。这些指标的转折点大致与国民经济周期的转变同时发生，表示国民经济正在发生的情况。

我国常采用如下指标作为一致同步指标：工业总产值、全民工业总产值、预算内工业企业销售收入、社会商品零售额、国内商品纯购进、国内商品纯销售、海关进口额、广义货币 M2 等。这些指标多为常规性指标。传统观点认为，常规性指标不能表明经济运行趋势，其实并不尽然。这些经济金融指标的同比或环比都体现出一些趋势性的东西。比如，2009 年初以来，M1 同比增速的上行速度远快于 M2 同比增速的上行速度，M1 与 M2 之间的剪刀差连续回落，从 1 月份的 12.1 个百分点缩减至 6 月份的 3.67 个百分点。这是经济活动趋于活跃的反映，充裕的资金面对经济持续回暖也构成了进一步的支撑。

第三，应关注经济景气调查分析指标。当前，世界上有 50 多个国家都在进行企业景气调查，并把它作为一项重要的统计调查制度，促其形成很规范的景气调查体系。与一般调查相比，景气调查的最独特之处在于，问卷中的问题主要以定性判断的选择题形式出现，极少有数量指标，调查对象只需就调查内容的"好"、"一般"、"不好"或"上升"、"不变"、"下降"三个答案作出选择即可，最后经过扩散指数将定性判断定量化。也就是说，景气调查通过对定性问题出现的频率进行计算分析比较，从而达到判断宏观经济景气和企业生产经营景气的目的。

随着市场经济的深入发展，为满足各级政府进行宏观决策以及企业参与市场竞争的需要，我国有关部门从 20 世纪 90 年代初期开始借鉴国外的经验开展景气调查，例如中国人民银行、国家统计局、国家信息中心等。以人民银行为例，目前已建立的景气调查分析制度有 5000 户企业问卷调查制度、银行家问卷调查制度、居民储蓄问卷调查制度以及进出口调查问卷制度。

第四，应关注区域经济运行指标。在我国，观察区域经济金融运行走势对了解整体经济运行趋势有很大帮助，有助于对宏观政策进行适当的动态微调。这主要是因为我国区域经济发展不平衡以及各区域经济对外依存度存在较大差异。

这次国际金融危机凸显了区域分析的重要性。金融危机对我国不同地区的影响和传导是不同的。比如，外向型经济发达的地区如浙江、上海、江苏、福建、山东等较早受到金融危机冲击，突出表现为对外订单下降、外资撤资、进出口急剧下滑等。通过区域经济指标分析，有助于了解宏观经济政策效力的区域非对称特征，有助于性针对不同经济区域实施差别化宏观调控的对策，实现国民经济和社会的动态均衡和协调发展。

需要指出的是，各个国家和地区对经济运行指标的侧重点有所区别。在对不同国家或地区进行经济趋势分析时，我们必须首先掌握其分析体系的指标构成以及每个指标的确切含义。

还需要强调的是，经济传导的过程异常复杂，即使运用完备的指标分析体系有时也难以准确把握经济变化的趋势。比如，我国对此次国际金融危机影响的认识就经历了一个不断提高和深化的过程。在 2008 年上半年，虽然很多经济体的金融市场综合指数有较大幅度调整，但经济运行常规性指标并没有表现出过度的异常，特别是经济运行的一些先行指标，如 BDI、PMI 及人民币 NDF 等一直保持相对平稳状态，只是到了下半年以后才逐渐发生变化。因此，我们对危机的认识具有一定的滞后性，这直接影响到我们应对措施的制定和实施。

此外，在危机状态下，经济形势的突然逆转或加速变化以及主要经济体对发展模式进行的较大调整，都会使形势变得扑朔迷离。因此，分析经济形势离不开对经济周期和经济发展阶段等大势的判断，这是进行指标分析的基础和前提。

（《中国金融》2009 年第 18 期）

适度宽松货币政策取向

2008 年下半年以来，面对极其复杂的国内外环境，我国实施积极的财政政策和适度宽松的货币政策，不断充实完善应对国际金融危机的一揽子计划，保增长、调结构、促改革、惠民生成效逐步显现。当前，我国经济运行中的积极因素不断增多，回升向好的势头日趋明显。今年上半年，国内生产总值同比增长 7.1%，增幅比第一季度和去年四季度分别加快 1 个百分点和 0.3 个百分点。消费和投资快速增长，上半年，社会消费品零售总额增长 15%，扣除价格因素实际增长 16.6%；消费结构升级加快，家电、汽车和住房成为消费重点；全社会固定资产投资同比增长 33.5%，农业、科教文卫、环保等领域投资增长更快，房地产开发投资回升，增长 9.9%，比第一季度加快 5.8 个百分点。经济结构和效益出现新的积极变化，农业农村经济稳定发展，夏粮总产量达到 2467 亿斤，是新中国历史上首次连续 6 年增产，产业结构调整和节能减排继续推进，工业生产回升加快，沿海地区工业生产和外向型行业出现回暖，经济效益下滑状况有所改善。就业和社会保障等民生工作取得积极成效，上半年，完成全年城镇新增就业目标的 63%，居民收入继续增加，社会保障水平进一步提高。国际收支状况继续改善。我们顶住了国际金融危机的巨大冲击，在较短时间内稳定了各方面信心，遏制住了经济增长下滑态势，随着各项措施的推进和完善，效应还将进一步显现。在各国经济普遍低迷特别是发达经济体陷入衰退的情况下，我国经济率先实现回升，充分说明中央应对国际金融危机的方针和一揽子计划是完全正确和及时有效的。

人民银行紧紧围绕"保增长、扩内需、调结构"的主要任务，认真执行适度宽松的货币政策，采取了一系列灵活、有效的政策措施，引导金融机构在控制风险的前提下，加大对经济发展的支持力度。努力提高货币政策的科学性、预见性和有效性。密切监测贷款总量和结构变化及其对实体经济的影响，适时调整货币政策操作。综合运用各种货币政策工具，保持银行体系流动性合理充裕，促进货币信贷快速增长，为经济发展创造良好的货币金融环境。适当调减公开市场操作力度。四次有区别地下调存款准备金率，合计调减 2~4 个百分点。五次下调存贷款基准利率，一年期存贷款利率分别累计下调 1.62 个和 1.89 个百分点。改进和加强宏观信贷政策指导，加强与财政政策的密切配合，加强对商业银行的"窗口指导"。认真贯彻落实国务院关于进一步扩大内需、促进经济增长的政策措施，积极参与有关部门制定十大产业调整和振兴规划的政策措施，联合有关部门出台金融支持集体林权制度改革和林业发展的指导意见。引导金融机构合理把握贷款进度，调整优化信贷结构，保证中央投资项目所需配套贷款及时落实到位，加大对"三农"、中小企业、灾后恢复重建、扶贫、助学、就业、扩大消费、区域经济发展的信贷支持。改进宏观信贷政策实施方式，加强对信贷投向的监测和指导，引导信贷充分发挥对实体经济的支持作用。

总体上看，我国适度宽松的货币政策得到了有力传导，货币信贷总量快速增长，信贷结构继续优化，对扭转经济增长下滑趋势、提振市场信心发挥了重要作用，有力地支持了经济平稳较快发展。今年 6 月末，M2 同比增长 28.5%，M1 同比增长 24.8%，比上年末分别上升 10.6 个和 15.7 个百分点。1~6 月，全部金融机构新增人民币贷款 7.37 万亿元，同比多增 4.92 万亿元，创改革开放以来历史最高水平。截至 6 月末，中长期贷款新增 3.77 万亿元，占各项贷款增量的 51%，比第一季度提高 10 个百分点；中小企业新增贷款占全部企业新增贷款的 55.4%；农村、农业和农户贷款分别同比增长 24.3%、13.4% 和 22%；个人消费贷款余额 4.39 万亿元，同比多增 3921 亿元，其中 70% 以上为个人住房贷款。

同时，我们也要看到，我国经济发展还面临很多困难和挑战。外需严重萎缩仍是影响国内经济发展的最突出矛盾，尽管国家出台的稳定外需政策取得积极成效，我国出口占世界市场份额有所提高，出口降幅也有所收窄，但上半年出口额同比下降 21.8%，下一步促进出口回升难度仍然很大。产能过剩的矛盾突出，低水平重复建设依然存在，节能减排工作在一些地方存在弱化倾向，推进产业结构转型升级和节能减排任务艰巨。一些地区、行业和企业生产经营比较困难，今年前5个月工业企业利润同比降幅达22.9%，企业亏损面也处于较高水平。企业特别是中小企业效益下滑状况短期内难以扭转。财政增收压力较大，就业形势仍然严峻。

在信贷快速增长的情况下，贷款结构不合理的矛盾比较突出。一是贷款明显向政府项目集中的"铁公基"行业倾斜，工业行业贷款增长较慢。前5个月，主要金融机构新增基础设施和工业行业中长期贷款分别为1.29万亿元和0.43万亿元，分别占企业新增中长期贷款额的47.3%和15.6%。二是大量资金流向政府投融资平台项目。这一方面使部分银行贷款资金不能及时投入实体经济；另一方面，也存在一定的潜在风险。三是贷款过于集中投放不易在短期内被投资所吸收，影响经济均衡、可持续增长。

因此，我们要牢固树立风险意识和忧患意识。同时，要看到当前我国经济发展正处于企稳回升的关键时期，经济回升向好的态势还不稳定、不巩固和不平衡。下半年，要继续把促进经济平稳较快发展作为金融宏观调控的首要任务，保持政策的连续性和稳定性，坚定不移地继续实施适度宽松的货币政策，把握好政策的重点、力度和节奏，全面落实应对国际金融危机的一揽子计划，及时发现和解决苗头性问题，不断提高政策的针对性、有效性和可持续性，妥善处理支持经济发展与防范金融风险的关系，促进经济金融健康发展。

要更加注重货币调控的科学性、前瞻性、有效性。实施适度宽松的货币政策，就是要使货币信贷的增长能够满足促进经济回升、保持经济平稳较快发展的需要。在一段时期，保持货币信贷增长速度超过经济增长速度，提供必要的拉动作用，有利于提振信心、扩大内需、支持实体经济加快增长，今年下半年还要继续坚持。与此同时，要把握好调控的力度，注重货币信贷增长对实体经济增长的支持，增强调控的科学性、前瞻性和有效性，宽松适度，未雨绸缪，及时研究和解决经济运行中出现的新情况、新问题，有针对性地采取措施，促进经济平稳、快速、健康发展。

要更加注重优化信贷结构。积极推进信贷结构调整，处理好保增长和调结构的关系，是处理好当前与长远经济稳定发展的关键所在。扩大固定资产投资，对扩大内需、促进经济回升具有十分重要的作用，但又要看到这是在国内不少行业已经出现产能过剩、环境和资源承载压力不断增加的情况下进行的，必须优化信贷结构，有保有压，防止盲目扩大产能。加快淘汰落后产能，加大兼并重组力度，大力支持企业技术改造和自主创新，推进节能减排，既促进近期经济增长目标实现，又使结构优化迈出实质性步伐，为经济长远发展打下坚实基础，也为银行资产安全提供可靠的保证。要加强对"三农"、小企业、结构调整、自主创新、就业、社会事业、灾后重建等方面的信贷支持。大力发展消费信贷。加强对兼并重组、产业转移、区域经济协调发展的融资支持。继续严格控制对高耗能、高污染和产能过剩行业扩大产能的贷款及劣质企业的贷款。会同有关部门抓紧研究制定支持服务外包产业以及重点产业调整和振兴的金融政策措施。加快推进农村金融产品和服务方式创新，发展农村多种担保形式的信贷产品，做好集体林权制度改革和林业发展的金融服务。深化扶贫贴息贷款管理体制改革，探索金融扶贫的新模式和新途径。

要更加注重防范银行信贷风险。大规模的信贷资金集中投放，有利于支持经济企稳回升，也对商业银行信贷管理提出了更高的要求。商业银行必须支持国家确定的固定资产投资项目，同时也必须进行严格的贷款审查、贷后管理和风险评估，不仅要关注项目自身可能存在的风险，还要关注行业发展、期限结构、贷款集中度以及经济波动的影响。要严格执行项目资本金制度，防止变相使用银行贷款作为项目资本金，注意防范各类融资平台风险。要加强对金融机构的风险提示，指导和督促商业银行严格执行贷款标准和条件，优化绩效考核机制，强化对信贷增长质量、风险管控的考核，进一步提高对项目贷款的风险评估和管理能力，完善对政府主导项目的评估模型和贷款程序，加强对地方投资项目资本金情况的监测和风险控制。加强与贷款超常变化相联系的动态拨备要求和额外资本充足要求等监管措施的协调配合，提高贷款质量，促进贷款均衡投放，控制贷款风险。

要更加注重运用市场化调节手段。灵活运用多种货币政策工具，引导货币信贷适度增长。合理安排公开市场工具组合、期限结构和操作力度，保持银行体系流动性合理适度。进一步推进利率市场化，随着 IPO 重启等情况的发展，短期市场利率将上行且波动加大，要合理引导各档利率的形成，发挥利率杠杆调节作用。进一步完善人民币汇率形成机制，保持人民币汇率在合理均衡水平上的基本稳定。

（《中国金融》2009 年第 15 期）

世界需要和谐的中美经济关系

国际金融危机凸显了中美经济关系的重要性，同时也暴露出两国经济发展中的诸多结构性矛盾。

危机时期，维护国际金融稳定，促进经济恢复正常增长，防止系统性金融危机的蔓延，日益上升为国际社会的主要矛盾。主要经济体都把关注点放在"救市"和刺激经济恢复方面，很难腾出更多的精力和资金解决长期积累的结构性矛盾。在应对金融危机过程中，中国、美国作为世界上最大的发展中经济体和最大的发达经济体，其经济关系备受瞩目。一个几乎是普遍的共识是：构建更加健康、有序、积极的中美经济关系，对于中美双方以及世界经济稳定至关重要。

中美经济关系越来越成为重要的双边关系。几年前，伦敦一家知名研究咨询机构出版了《中国与美国》的报告，详细分析了中美两个大国日益紧密的经济关系及其彼此畸形的经济结构。尽管其中一些观点有失偏颇，但却折射出了中美双方相互依赖的关系在世界经济体系中的重要性。中美双边经济关系的重要性不仅表现为两国的交互影响，而且也表现为其对全球经济的巨大影响力。美国 2008 年的 GDP 为 14.33 万亿美元，居世界首位；中国的 GDP 为 30 万亿元人民币，居世界第三位。从经济角度看，几乎没有哪两个国家之间的关系能像中美关系这样重要。中美建交 30 年来，双边经贸合作的内容已经扩展到经济的各个领域。特别是，中国与美国的贸易联系日益紧密。1979 年中美贸易额为 25 亿美元，2003 年首次突破 1000 亿美元，2008 年为 4092.5 亿美元。目前，中国是美国第二大贸易伙伴、第三大出口市场和第一大进口来源地；而美国也成为中国第一大出口市场和第二大贸易伙伴。在双边贸易不断扩大的同时，中国与美国的金融联系不断加强。中国经济的高增长和巨大的市场，吸引了许多美国的资本；美国发达的金融市场和金融基础设施吸引了大量的中国资本。2008年9月份，我国持有美国国债5850亿美元，成为美国国债的最大海外持有者。2008年6月底，中国持有美国证券资产总额首次突破万亿美元大关。中国与美国都是世界经济增长的重要引擎。在2007年前一百年左右的时间里，美国经济增长对世界经济增长的贡献居于头把交椅。2007年后，中国成为拉动世界经济增长的新火车头。按照世界银行等机构的测算，2007年我国经济增长对全球经济增长的贡献率为17%左右，成为对全球经济增长贡献最大的国家。2008年中国经济保持了9%的增长，对世界经济增长的贡献率达到20%，对亚洲经济的贡献更大。

中美经济联系的形成和演变是一个历史的过程。在此次国际金融危机爆发以前，中美之间经济金融之间的物流和资金流关系，被一部分人视为全球化趋势下的一种平衡。现在看来，这种平衡关系是脆弱的，需要逐步建立新的更加稳固的关系链。不过，寻找新的平衡并非易事，将是一个漫长的结构调整过程。尤其在当前复杂环境下，急于打破这种平衡在经济上、战略上乃至政治层面都存在着风险。因此，维护中美经济关系的稳定，照顾彼此的利益关切，对于双方和全球经济都意义重大，合则两利，斗则俱损。目前比以往任何时候都需要彼此以建设性的态度、发展的观点看待未来双边关系的调整，从而构筑更加和谐和可持续的中美经济关系。

在中美经济关系问题上，存在一种急躁的情绪，比如，认为中国应大幅度减持美国国债，把更多的外汇用于资源性和战略性投资方面，以减少资产过于依赖美国市场的风险。但是，中美经济关系并非简单的债权债务关系，也非单纯的产品供求关系。中美两国现有的贸易与金融格局，是现存国际分工格局以及现存国际货币金融秩序的体现，反映了两国发展阶段和经济结构的差异和两国经济发展模式的差异。这些状况在短期内很难根本改变。运用外汇储备直接投资于非金融资产存在一定的政策和法律障碍，同时，资源投资与金融投资一样存在风险。历史上看，国际市场上资源价格的波动有时并不亚于金融资产价格的波动。因此，激进式减持美元资产的做法缺乏可操作性，容易触动敏感问题，难以达到预期的效果，也不符合中国的利益。必须看到，经过多年的发展，中美经济休戚相关、唇齿相依。唇亡齿寒，这就决定了应以十分谨慎的态度处理双方的争议。特别是，在目前国际环境下，如果大量抛售美国债券，会引发一系列难以想象的连锁反应，给世界经济带来更大的不确定性。

在中美经济关系问题上一直存在一些傲慢与偏见。长期以来，西方一些政客包括个别媒体唱衰或者唱盛中国的观点不绝于耳，比如，中国金融破产论、中国威胁论、国际责任论、汇率操纵论等。中国作为一个负责任的国家，一直以坚定的步伐推进改革开放，始终坚持与经济地位相适应的经济外交方针，从不以邻为壑、转嫁矛盾。在亚洲金融危机期间和本次国际金融危机中，中国不失时机地推进国际和区域经济金融合作，维护世界经济稳定，展示了负责任的风范和形象。但是，这些年来，一直有人在汇率问题上大做文章甚至把汇率当作政治工具，指责我国人为压低人民币汇率，获取出口产品价格优势，赢得对美国的巨额贸易顺差。实践证明，这种论调是荒谬的。国际金融危机的爆发使国际社会看清了问题的实质，看到了美国经济的问题所在。汇率操纵说不过是避实就虚、掩人耳目。实际上，中美贸易差额除了复杂的经济原因外，主要是因为美国对正常贸易资本活动的干预所致。美国对高新技术产品出口中国实行管制政策，而其国内对于中国具有比较优势的产品的需求却居高不下。另外，过去很长一段时期，人民币长期和美元挂钩，一升俱升，一降俱降，而美国对中国的贸易逆差却不断扩大。这表明汇率不是影响贸易差额的主要因素。汇率操纵论不符合事实，且助长了美国贸易保护主义势力的抬头。实际上，自2005年7月份以来，中国正逐步完善人民币汇率形成机制，人民币汇率双向浮动，弹性增强，与国际主要货币汇率联动关系明显，体现了以市场供求为基础、参考一篮子货币进行调节的规律。

发展健康的中美经济关系首先应当坚持平等互利的原则。过去几十年，我国坚定履行改革开放承诺，对外资和外资金融机构的开放领域不断扩大。相比之下，美国通过一些技术性壁垒，以开放之名行保护之实，在金融机构准入、资本并购等方面对我国设置了诸多限制。这实质上是贸易与金融投资领域的保护主义。处理双边经济关系应建立在互信、开放、包容、对等的基础上，不能过于意识形态化和政治化，更不能动辄以所谓国家利益和安全的名义限制正常的商业活动和资本流动。要看到，中美经济存在着互补互利性。这种互利关系惠及两国企业，惠及两国人民，也推动了各自经济的增长和转型。同时，稳定的中美经济关系还应坚持可持续发展的原则。应当说，总体上看，中美两国经济关系是向着比较平稳的方向发展的，毕竟双方拥有的共同利益在不断增多，但也应充分认识到两国存在利益排斥的一面。中美双方应适应国际形势的变化，主动调整影响两国经贸正常发展的因素，推动经济关系的良性互动。

加强对话沟通是构筑中美经济关系的重要平台。通过引入对话机制，双方可以充分表达彼此的利益关切和文化认同，有效解决贸易分歧和争端，推动经济金融合作的不断发展。从2006年9月中美双方宣布启动战略经济对话机制以来，两国已经成功举行了六次对话。围绕"中国的发展道路和中国经济发展战略"、"深化中美经济关系、提高人民生活水平"、"抓住经济全球化机遇和应对经济全球化挑战"、"经济可持续增长"、"奠定长久的中美经济伙伴关系的基石"以及"加强两国在国际和地区问题上的协调合作"等主题，双方就宏观经济、能源与环境、贸易与投资、金融服务业、创新、国际经济合作等议题进行了交流，加强和深化了中美双边经济关系。中美战略经济对话机制已成为推进中美经贸关系健康发展的重要平台，为促进中美关系的稳定发展作出了积极贡献。我们应当充分利用这样的对话机制，认真分析我国的需求，加强战略研究，充分吸收企业界和各类协会的建议，科学制定与美国经济合作规划，推动双边经济关系均衡发展。

加快经济调整是构筑中美经济关系可持续发展的重要基础。中美两国经济发展模式都存在局限性，建立在中国高储蓄率与美国高消费率基础上的平衡是难以持续的。美国应高度重视自身的经济结构调整，加强自我约束，改变过分依赖消费、过度透支信用的状况；应当实行更加稳健的财政政策和货币政策，充分考虑其在稳定国际金融市场中的责任，充分考虑其他经济体的利益诉求，避免过度转嫁矛盾和风险。我们注意到，自次贷危机以来，美国实施了极度宽松的货币政策和财政政策，货币政策财政化趋势明显，财政赤字加剧。据预测，2009财政年度美国赤字将达到1.8万亿美元，占GDP的13%，2010财政年度赤字将为1.4万亿美元，占GDP的10%。美国未来10年总赤字将高达9.3万亿美元。

这是令人担忧的。

对中国来讲，不能走过于依赖以外需为导向的发展道路，应更加重视内生性经济增长。通过不断调整宏观经济政策和收入分配政策，逐步把过高的储蓄率降下来。通过不断深化经济改革，自主创新，形成更加合理和可持续的经济结构，同时，进一步完善相对独立的金融体系和金融市场，有效配置金融资源，减少外部金融依赖，有效防范经济发展中的外部风险。

在多元化的背景下，中美经济关系完善还应在多边和全球范围内统筹考虑，正确处理双边与多边的关系，重视发展其他双边关系。要积极推动国际金融体系进行必要改革，推动建立新的国际金融秩序。

建立更加和谐的中美经济关系不会总是一帆风顺的，不可避免地会产生一些利益博弈和排斥。面对错综复杂的形势，关键是理清我们自己的规划、战略和思路，适当调整我国的经济结构，少走弯路。

（《中国金融》2009 年第 12 期）

文化是金融健康发展的源泉

当今时代，文化越来越成为凝聚力和创造力的重要源泉，越来越成为综合国力竞争的重要因素，越来越成为一个国家软实力的重要体现。对金融业而言，文化的重要性同样不言而喻，它是金融业健康发展的源泉。

金融文化是一般文化属性与金融属性融合的体现，是制度规范、管理理念、思想精神的总称。与其他文化一样，金融文化具有丰富的内涵以及广泛的影响力和渗透力，并在很大程度上决定着人们的价值取向和行为。不同的发展阶段，不同的历史传统，不同的政治体制，都有各自独特的文化。从文化的视角看金融，有助于我们了解一国金融发展的历史、现状和未来。世界上金融管理模式和金融体制之所以纷繁多样，诸如英国、美国、德国、日本等国的金融制度都有自身明显的特点，很大程度上源于文化的差异。文化可以彼此学习、借鉴和吸收，但不能完全移植。随着国际经济联系和交往的增多，不同文化虽然出现了一些趋同现象，但并不能改变各自的独特性和差异性。

金融文化的差异决定了不同经济体的金融治理结构和风险偏好。此次国际金融危机对各主要经济体产生了不同程度的冲击。美国金融体系到目前仍未恢复元气，欧洲一些国家金融体系受到的影响相对较轻，而中国金融体系虽然受到间接影响但仍保持了正常的融资功能。中国金融体系为什么能够避免亚洲金融危机和这次国际金融危机的直接冲击？人们往往从金融结构差异、发展阶段不同、创新程度等方面去分析，却很少从历史文化角度去看待。实际上，文化对于金融的影响比我们料想的要大得多。这也是一些国家危机频仍的重要因素。与发达经济体相比，我国金融业无论是发展阶段还是创新层次都有明显差距，但落后并不意味着可以自动免疫。在亚洲金融危机爆发之前，我国进行了外汇体制改革和其他大规模的市场取向改革，释放了巨大的经济活力；在这次国际金融危机爆发之前，我国又进行了国有商业银行改革，果断化解了其他金融机构的风险，极大提高了我国金融体系的免疫力。在每次危机之前，均能采取恰当的政策与改革措施绝非偶然，其背后一直隐含着一种力量，这便是文化。

文化的力量是无穷的。先进的文化是我国金融业健康发展的源泉，它犹如一根红线贯穿于金融发展的过程之中，具有自觉的思想纠偏机能，使金融业在各种错综复杂的形势下能够沿着正确的轨道前行。从这种意义上讲，没有任何东西比文化的缺失和扭曲更为可怕。我国金融文化蕴涵着许多积极和先进的因素。在过去30多年中，伴随着我国金融业持续快速健康发展，具有中国特色的社会主义金融文化逐步形成。忧患与责任、包容与开放、渐进与稳健日益成为我国金融文化中的主流文化，并成为中国金融改革开放的重要推动力，非常值得我们思考、挖掘、总结和提炼并加以弘扬。

改革开放以来，我国之所以创造了一个又一个金融奇迹，重要原因在于我国金融文化中蕴涵着强烈的忧患意识。这种意识是基于对金融业高风险特点和金融运行规律的清醒认识，是管理当局和金融机构在社会经济转型期的一种自觉的防范意识和预见意识，更是我国传统历史文化在当代的积极体现。忧患意识充分体现了危机感、紧迫感、责任感和使命感，从而为金融自身改革提供了巨大的精神动力。正是清醒地看到金融在现代经济中的核心地位、金融体制转型中的缺陷以及现代金融业潜藏的各种风险，我国才得以持续地对金融体系进行改革。中央银行体制的完善、汇率形成机制改革、金融分业监管体制的形成以及国有金融机构的改革，都表现出一定的预见性，体现了忧患意识。从文化的渊源看，金融文化中的忧患意识深深植根于我国丰厚的历史文化土壤中。中华民族饱经风霜和磨难，一些传世古训诸如"凡事预则立，不预则废"，"宜未雨而绸缪，毋临渴而掘井"，"祸兮福之所倚，福兮祸之所伏"，"居安思危，戒奢以俭"，"先天下之忧而忧，后天下之乐而乐"等等，都表现出强烈的忧患意识，表现为强烈的责任感和能动性。强烈的忧患意识，使我们能够及时总结金融发展中的经验教训、利弊得失和潜在风险，适时进行改革，从而推动金融事业的健康发展。

包容性是中国金融文化的另一个明显特征。包容意味着共存、共赢、多元和开放。对于经历了长期计划经济的中国而言，金融制度的每次变革不可避免地会引发争论。搁置争议，包容各方，重视实践，勇敢前行，逐步突破成为金融发展中的主流文化。多年来，我国始终坚持金融改革开放不动摇，实际上是金融文化包容性最深刻、最具体的体现。这种包容体现了改革和开放的有机统一。实际上，金融改革的过程就是对内开放的过程。这些年来，我国不断完善金融服务体系、金融市场体系和金融基础设施体系，逐步改变了单一的金融结构、所有制结构和市场主体结构，给每个社会主体公平参与金融活动的权利，并充分享受现代金融发展的便利，这是对包容性最好的诠释。我国不断提高对外开放水平，从引进资金、引进管理技术到引进金融战略投资者，都体现了包容。包容，丰富了我国金融文化的内涵，也为传统的金融文化注入了新的活力和生命力。海纳百川，有容乃大。正是包容，才破解了一个个金融难题，不断取得改革的新进展、新突破；正是秉持虚怀若谷、兼收并蓄、合作共赢的态度，才使我国对外金融合作不断取得新的进展。

渐进性思维在中国金融文化中占有突出位置。渐进性在我国具有深厚的传统文化基础，也符合科学方法论的要求。回顾中国金融业改革的历史，几乎每项重要改革都将渐进性确立为基本原则。渐进性是适应金融环境复杂性和我们认识局限性的必然要求，也是一种实事求是的态度和工作方式。这种改革思维和模式不同于激进式的休克疗法，是在遵守社会主义宪法制度的基础上进行的市场化改革，强调利用已有的组织资源推进改革，强调改革、发展与稳定相协调，强调社会、市场和公众的承受力以及对改革的驾驭能力，强调增量改革。这样的改革在经济学上也称为帕累托改进。金融改革中的许多案例，诸如汇率双轨制、商业银行政策性业务与商业性业务并存制度、信用调控计划管理与市场调节相结合制度等等，都体现了改革的渐进性。

我国的金融文化深深植根于我国核心的价值体系。社会主义的核心价值体系拥有深厚的历史和现实基础，体现了马克思主义的价值观与中国传统价值思想的有机统一，具有鲜明的科学性、民族性、时代性、开放性。在这样的沃土上生长的金融文化具有丰富的底蕴，有坚韧的生命力。多年来，我国在借鉴国际金融发展的一般规律、规则、理念、理论、方法、技术和惯例时，始终坚持科学的态度，注重在消化吸收基础上与本国的具体情况相结合。既认真了解、研究、遵循市场经济条件下金融发展的普遍规律，借鉴和吸收他国金融发展的经验和成果，同时，也坚持从实际出发，探求我国金融发展的特殊规律。我们重视引进国外先进的金融理念，改进我国的金融治理和经营管理，同时紧密结合我国政治文化特点，加强有效监督和制衡。

当然，我国的金融文化也有自身的局限性。比如，国内金融机构依然存在一些明显行政化倾向，官本位思想还比较严重。应当说，经过多年市场化改革后，金融机构的市场本位思想已基本确立，但对行政级别的依赖、对行政区域的依赖以及对"大一统"的依赖还相当流行。行政级别作为一种体制设置和制度安排在金融领域普遍存在，模糊了职位晋升评价体系，在一定程度上影响了职业金融家成长的环境以及市场统一配置资源的效能和区域金融合作。我们过于依赖传统的金融机构和手段，创新型的自主金融品牌相对短缺。另外，一些金融机构对大企业、大项目过于倚重，信贷文化和信用环境也有待改善。

金融文化作为我国社会主义文化的重要组成部分，是国家软实力的重要内容。现代金融文化具有广泛的国际性，文化的交流比物质商品的交换更为重要，应当在传播先进文化理念、加强国际沟通和促进我国现代化进程中发挥应有的作用。在完善我国金融体系和金融制度过程中，加强金融文化建设，可以彰显我国社会制度的优越性。在国际舞台上，我们不仅要展现巨大的市场，还要提供丰富的文化，通过政策协调和有效沟通，让海内外充分了解我国金融文化的深刻内涵，不断提高文化的影响力。通过积极参与国际金融合作与国际金融规则制定，增加我国在国际金融舞台上的声音。同时，创造更多有广泛国际影响力的金融品牌，为提高软实力奠定资源基础。

金融是现代经济的核心，在生产发展、人民生活、社会稳定等方面发挥着越来越重要的作用。金融新闻出版作为金融舆论传播媒介、金融文化传承载体，既承担着宣传国家金融方针政策，为中国金融业的改革发展营造良好舆论环境的重任，还肩负着传播金融知识、弘扬先进金融文化、提高广大金融从业人员业务素质和思想道德素质的重要使命。金融新闻出版工作是金融事业的重要组成部分，也是社会主义文化事业的重要组成部分，在建设和传播先进金融文化方面发挥着重要作用。同时，作为先进金融文化的基本载体之一，金融新闻出版业是先进金融文化的创造者，是为社会提供金融精神产品的产业。特别是随着社会主义市场经济的不断深入，金融新闻出版业应适应文化产业改革发展的要求，深化改革，为繁荣金融文化、促进金融事业发展作出应有贡献。

（《中国金融》2009 年第 12 期）

全面认识贷款的高增长

在金融危机仍在持续的背景下，货币信贷的较快增长利大于弊。但是，在充分肯定贷款的积极作用的同时，也不应忽视贷款高增长的风险。

全面认识贷款的高增长

今年第一季度，我国金融机构人民币贷款余额比年初增加 4.58 万亿元，同比多增 3.25 万亿元，同比增长 29.78%。这一数值接近 2008 年全年新增贷款总额，接近今年全年新增人民币贷款 5 万亿元的目标。按照以往贷款投放规律，今年贷款有可能突破 8 万亿元。

我国贷款的高速增长与世界主要经济体银行贷款急剧收缩形成了鲜明的对比。次贷危机发生后，许多经济体实行了极度宽松的财政货币政策，中央银行更是超常规地创造了各种各样的融资便利，但是由于金融机构资本锐减、资产质量恶化正常的信贷功能受到破坏，加之企业生产萎缩制约了对贷款的需求，这些经济体普遍出现了信贷紧缩。今年 2 月份，美国消费者信贷较前一个月减少了 75 亿美元，3 月末，美国银行信贷余额比 2008 年末下降 1404 亿美元；欧元区银行 2 月末信贷比 2008 年末仅增加 178 亿欧元。

贷款的增减取决于银行对经济形势和企业未来信用状况的判断，也取决于银行自身的信用和财务能力，是社会有效需求与有效供给相互作用的综合体现。我国贷款的高增长，体现了金融系统积极落实适度宽松货币政策，全力保增长、保民生、保稳定的坚定行动。我国相对宽松的宏观政策为贷款快速增长创造了良好的宏观政策环境。自去年第四季度以来，我国实施积极的财政政策和适度宽松的货币政策，采取了一系列超常的经济刺激措施，始终保持充裕的市场流动性，大大改善了企业、居民的信用状况，提高了人们对经济的预期，从而对刺激信贷需求发挥了重要作用。经济运行回暖的积极迹象进一步加强了投资信心和市场信心，增强了对贷款的需求。我国制造业经理人指数 PMI 自 2008 年 12 月开始连续逐月回升，2009 年 3 月份已上升到收缩与扩张的临界点 50% 以上，为 52.4%。其中，新订单和生产指数达到 54.6% 和 56.9%，连续两个月保持在 50% 以上，表明生产库存出现积极变化，产量增长开始复苏；新出口订单指数也上升了 4.1%，表明出口下滑的势头有所放缓。今年 1~2 月新开工项目计划总投资同比大幅上升 88%，为有史以来最高。今年 1~3 月，工业生产的领先指标用电量和发电量的降幅不断收窄，而 3 月份的用电量还出现了环比正增长。这些指标表明企业生产逐步恢复，制造业总体上呈底部趋稳回升态势。从供给角度看，金融体系的稳健使贷款的高速增长有了坚实的基础。2009 年 3 月末，我国境内商业银行不良贷款余额 5495.4 亿元，比年初减少 107.7 亿元；不良贷款率 2.04%，比年初下降 0.38 个百分点，继续保持不良贷款余额和比例"双降"的态势；商业银行拨备覆盖率 123.9%，比年初上升 7.5 个百分点。银行不良贷款比例的下降、信贷资产质量的改善，使得银行有效克服了慎贷、惜贷的行为，增强了贷款的能力和动力。

我国贷款的高增长反映了我国融资结构的特征。从全社会资金流量看，我国非金融企业融资结构明显不同于发达经济体的融资结构。一些工业化国家的非金融企业融资约有 70% 来自直接融资，而我国的企业融资高度依赖银行体系。2008 年，我国国内非金融机构融资中银行贷款比例为 83%，2009 年第一季度这一比例更是高达 94.7%。特别是金融危机后，资本市场低迷，直接融资渠道收缩，加重了对贷款融资的依赖。2008 年 9 月，中国证监会发审委停止审核新股发行，企业通过首次公开发行上市（IPO）进行融资的大门被关闭，上市公司再融资审核也更加严格。今年第一季度，企业在境内外股票市场筹资同比下降了 82.1%。企业通过发行债券融资额虽然同比增长较快，但由于其在融资总额中所占比例很小，不足 7%，远不能满足企业需求。因此，通过贷款进行融资自然成为企业的首要渠道。

贷款的高增长反映了我国货币生成机制的变化。国际金融危机恶化了我国经济外部运行环境，使得贸易与资本双顺差缩小，这样非金融企业通过国际收支渠道得到的资金大大减少，加剧了企业对银行体系的依赖。从近几年情况看，2006年第一季度、2007年第一季度和2008年第一季度，我国外汇储备分别新增562亿美元、1357亿美元和1539亿美元，同比多增70亿美元、795亿美元和182亿美元。而2009年第一季度国家外汇储备仅增加77亿美元，同比少增1462亿美元。外汇储备增长幅度大幅下降说明企业通过出口和资本流入得到的人民币资金显著减少，必然加剧对国内银行体系的依赖。

贷款的高增长反映了近年来商业银行"早贷款、早受益"的行为哲学。一直以来，我国银行信贷都呈现比较明显的季节波动。1998年以前，由于实行贷款规模管理，商业银行往往在年底突击发放贷款以扩大下一年贷款规模基数，因此贷款增长呈现"前低后高"的态势。取消贷款规模控制后，这一规律被打破。由于商业银行贷款投放决策时过度强调贷款对当年利润的贡献，自2003年以来，贷款增长基本上呈"前高后低"的格局，尤其是在经济前景不确定性的情况下，更加重了银行的这一倾向。但是从贷款实际发放情况看，各季度贷款偏离程度并不大。2003~2008年，上半年人民币新增贷款占全年新增贷款的比重分别为60%、42.9%、60.4%、69.2%、69.4%和51%，其中，第一季度新增贷款占全年新增贷款的比重为26.9%、25.1%、34.45%、29.6%、38.9%和27.1%。

在金融危机仍在持续的背景下，货币信贷的较快增长利大于弊。它对于提振信心，促进实体经济的复苏，以及克服通货紧缩趋势具有积极作用。但是，在充分肯定贷款的积极作用的同时，也不应忽视贷款高增长的风险。

不应忽视对中小企业融资的挤出效应。贷款的高增长反映了我国银行体系本身的结构特征。我国虽然形成了不同层次的银行服务体系，但还缺乏清晰的定位和明确的发展战略，产品与服务严重趋同。长期以来，银行信贷投放主要集中投入到国家产业政策扶持发展的行业，银行信贷容易向大客户集中、向中长期贷款集中。今年年初以来，金融机构加大了对中央及地方投资的水利环境、公共设施、交通运输等领域基本建设贷款投放力度，以政府项目为背景的基本建设贷款增长较多，贷款中长期化趋势有所增强。由于银行的可贷资金是有限的，这往往会减少对中小企业贷款的额度，对中小企业的融资产生挤出效应。因此，在今年第一季度贷款急剧扩张情况下，仍有相当多小企业反映资金吃紧，这不利于经济的全面恢复和缓解就业困难，应引起足够重视。

不应以充裕的流动性掩盖经济运行中的结构性矛盾。为了应对和减缓国际金融危机的影响，实现保增长、保稳定、保民生的目标，我国采取了各种扩大流动性的政策措施。但是，不应忽视我国长期积累的矛盾。越是困难，越要有通盘战略和长远眼光，越要强调科学发展。在政策实施过程中，必须重视结构性改革，包括对经济结构、金融结构、收入分配结构和财政结构等诸多方面进行改革。不改变发展模式，就不能改变经济运行的脆弱性。当前，要更加重视内生性经济增长。应大力培育消费热点，拓展消费空间并促进消费结构的升级。鼓励企业兼并、重组整合，促进产业升级。增加对民生工程、重大工程建设、节能减排、科技创新、技术改造、区域协调发展等方面的投入。要更加重视深化金融改革，着力研究和探索金融业发展面临的突出矛盾和问题，着力研究经济结构变化对金融业发展的需求，着力研究生产要素充分流动和资源配置效率问题。

不应忽视票据融资急剧扩大的风险。今年第一季度新增贷款中，票据融资增加1.48万亿元，占各项贷款的比重为32.3%，远远高出以往年份。票据融资比较便利，有助于企业以低于贷款利率的成本获得资金，有助于商业银行控制风险。但在现行体制条件下，票据融资比重过高可能会加剧贷款结构失衡，加大金融风险。第一季度新增企业存款同比多增2.15万亿元，企业活期存款增速明显回升，3月末企业活期存款同比增长18.2%。在企业生产经营没有明显改善情况下，企业活期存款快速增长说明一部分企业通过票据融资获得的资金并没有进入到生产领域，并未产生真实需求，对此应予以及时跟踪分析。

不应忽视潜在的金融风险。当经济趋势向好时，对贷款的需求会扩大，银行的资产负债和经营状况相应改善。但一旦经济发生周期性变化，银行资产负债和损益可能发生逆转，必然会给银行带来风险。当前，一些银行已出现不良贷款形态单边向下迁徙的趋势。另外，贷款的长期化、集中化、大项目化，会进一步加剧金融资源期限错配等问题。这就提醒我们，在保持充裕流动性的同时，也要高度警觉多余流动性可能带来的各种潜在风险，始终保持政策的均衡性。

贷款的高增长是在特定时期的特定现象，是有效应对金融危机和促进国内经济平稳较快发展的客观需要。当前，国际金融危机影响尚未见底，国内外经济运行都有一定的不确定性，应坚定不移地实行宽松的宏观经济政策，继续保持适度宽松货币政策的连续性和稳定性，保持贷款平稳理性增长，稳定社会预期和市场信心。同时，要密切关注和分析各类经济金融指标的变化，密切关注外部环境的变化，密切关注区域经济运行的变化，注意防范各种潜在风险。注意把握政策的均衡性，注意进行适时调节。注意加强对商业银行的贷款行为进行适当引导，不失时机地推进相关改革，不断增强我国经济科学发展的动力和水平。

（《中国金融》2009 年第 9 期）

推动国际金融体系改革

伦敦 G20 峰会在一片欢呼声中落下帷幕。与此前许多无果而终的会议相比，伦敦峰会的成果超出了人们的预期。会议没有出现此前担忧的冷场和喧嚣场面，而融入了更多的声音和利益，体现了多元与包容。在全球共同应对危机的关键时刻，与会各方都不愿节外生枝，而倾向于抱团取暖、向世界发出温暖和积极的信号，以显示和衷共济、共度时艰的良好氛围。

曲终人散之后，人们发现，伦敦金融峰会更像一场危机应对的政策协调会。会议所涉及的改革主要体现在技术层面，比如扩大监管范围和对 IMF 的增资。与此前 30 人改革小组涉及金融监管和金融稳定的内容相比，峰会增加了一些补充和诉求，但有关系统性体制转变方面的内容几乎没有触及。显然，这样的安排反映出眼下各国首脑最为关注的议题是危机的化解和应对。危机的蔓延，已经使各国国内问题丛生，恢复增长、增加就业成为重中之重，在改革选择上自然会有所侧重。这并不难理解。毕竟，国际货币金融体系的改革涉及诸多复杂因素，关系世界经济的长期稳定与发展，关系权力和利益的分配，也关系到国际经济政治关系。它绝非是单纯的金融经济问题，也不可能在短期内解决。当前而言，集中于具有普遍共识的技术层面改革，容易形成共识，也是比较温和、现实的选择。从一定意义上讲，建立新的国际金融秩序无疑是一场伟大与漫长的博弈。在这场博弈中，每个经济体都试图争取更多的空间、筹码和利益，但政治经济相互依存性决定了角逐注定建立在常和博弈基础之上，以帕累托改进的方式进行。

现存的国际货币体系是在上世纪 40 年代布雷顿森林会议之后逐步形成的，已经运行了 60 多年。这一体系在历史上发挥过重要作用，目前仍是国际货币体系的重要支柱。但随着世界经济的变化和国际格局的调整，这一体系日益显示出内在的制度缺陷，必须进行相应的调整。从金融危机屡屡发生且愈演愈烈来看，过于依赖单一货币已引发了一系列矛盾和问题，并使全世界为之付出了沉重代价。特别是随着经济全球化进程的加快，现存体系无法解决权利与责任的对称与平衡问题，致使主导货币以及由此衍生的金融产品缺乏有效的治理和监管；这一体系使世界经济过于受制于主导货币，当美国经济或美国金融市场出现较大问题时，美元也会相应发生较大波动，不仅储备货币的使用国要付出沉重的代价，发行国也在付出日益增大的代价；这一体系还容易助长道德风险，导致储备货币发行国各类主体过度透支信用。而这些恰恰是金融危机的重要原因。实际上，高度依赖美元的缺陷以及金融过度自由化所引发的矛盾，在上个世纪 90 年代后期以来愈加突出，并加剧了不公平的国际经济秩序。单从贸易角度看，就能清楚看到其弊病。1995 年以来，美国贸易逆差规模不断扩大，逆差占 GDP 之比由当年的 1.5% 上升到 2008 年的 8% 左右，美国不仅对新兴市场和发展中国家存在大量逆差，对许多发达经济体也存在逆差。这意味美国倚重于其货币优势，大肆利用世界资源，逐步形成了世界供养美国的局面。正是借助美元特殊的地位，美国吸引了大量的金融与资本流入，维系着经济的运转。

因此，从长远看，国际货币储备体系应当改革以硬化约束，否则，就很难避免危机的重演。在 G20 伦敦峰会之前，中国人民银行行长周小川提出了国际货币改革的长远目标，主张创造一种与主权脱钩并能保持币值长期稳定的储备货币，从而避免主权信用货币作为储备货币的内在缺陷。这种观点是富有建设性和启发性的。超主权货币克服了主权信用货币的内在风险，也为调节全球流动性提供了可能。由一个全球性机构管理的国际储备货币将使全球流动性的创造和调控成为可能，当一国主权货币不再作为全球贸易的尺度和参照基准时，该国汇率政策对失衡的调节效果会大大增强。这些能极大地降低未来危机发生的风险、增强危机处理的能力。这一方案提供了一个清晰的框架，即未来的国际金融改革要充分体现独立性、多元性、平衡性和约束性，以减少现存制度安排的危害。它强调了制度约束在建立国际金融新秩序中的重要性，任何一个经济体都不应凌驾或游离于有效监督之外。但是，超主权货币主张的实现需要长期的努力。

历史经验表明，通往新秩序的道路是不平坦的。建立新的国际金融秩序，彻底改革国际货币体系并非易事，实现改革的长远目标任重道远。当前需要在最薄弱、最急需的环节加强管理和改革。正如国家主席胡锦涛在 G20 峰会期间所指出的，应坚持全面性、均衡性、渐进性、实效性的原则，推动对国际金融体系进行必要改革，推动国际金融秩序不断朝着公平、公正、包容、有序的方向发展，避免类似危机重演。这些原则反映了我国在国际金融改革问题上的基本哲学思想，反映了我国的基本立场和态度。换言之，推进国际金融体系改革应全面反映和照顾各方关切和诉求，努力体现权利和责任的均衡，充分考虑金融市场的承受能力，并力求取得实质性的效果。

中国一直秉承务实和公正的立场，以建设性的和负责任的态度对待国际金融改革。我们从来不以邻为壑、乘人之危，从来不推卸责任、转嫁矛盾。我们既有未来构想与蓝图，又有切实可行的具体行动。在每次危机面前，我们始终以负责任的大国处理问题，积极参与国际合作。我们主张，加强对以美元为主的货币体系的监督，特别是加强对主要储备货币的经济和金融方面的监督，将所有金融市场的参与者纳入监管范围，防止"监管套利"；开发并使用缓解顺周期性的政策工具，鼓励金融机构提高内部评级能力，调整对外部评级的依赖，适时调整公允价值会计准则的使用；进一步提高 FSAP 评估规划的准确性和前瞻性，建立适应新兴市场国家发展特点的评估体系；支持国际清算制度和破产法律加快统一的进程，公平对待国内外投资者；共同警惕各种形式的贸易和投资保护主义；支持基金组织本着权利与义务对等及加强能力建设的原则，以创新、务实的态度积极探讨通过各种融资方式解决资金不足问题，以反映世界经济力量对比变化，增加发展中国家的代表性和发言权。这些主张充分体现了包容开放、公正务实风范，也得到了国际社会的认同。

对国际金融体系进行必要改革，是适应复杂多变国际形势的客观需要。当前国际社会面临的主要矛盾是尽快稳定金融市场，发挥金融对实体经济的促进作用，加强政策沟通与协调，努力抑制贸易和投资保护主义。国际金融体制涉及不同层面的改革，包括国际金融市场监管改革、国际金融机构改革、国际政策协调与对话机制调整、国际储备制度改革，等等。国际货币体系改革，是其中最重要、最复杂、最敏感的内容。危机当头，在最容易达成共识取得突破的环节进行改革是现实的选择，也符合各方的利益。皮之不存，毛将焉附，在世界经济全面回暖之前，需要恰当把握改革的次序和时机，紧密围绕恢复国际金融稳定而进行改革。对现行体制进行系统性的彻底改革，只能谋时而动，顺势而为，分步推动。G20峰会中许多改革措施都是围绕危机应对进行的。比如，向IMF和世界银行增资1.1万亿美元，为世界贸易融资2500亿美元，严格管理对冲基金，等等。

对国际金融体系进行必要改革，是适应当前国际经济格局的必然选择，也符合中国的利益。美国是世界最大最有影响的经济体，美元是最重要的国际储备货币和结算计价货币，这种状况在今后很长时期不会有根本改变。在强化约束与监管情况下，正确发挥美元的作用对于有效应对金融危机，促进世界经济的恢复和重建，便利国际流通和结算，降低金融交易成本具有重要意义。要看到，当前美国的经济规模占世界GDP的近30%，占G7经济总量的近50%，远远大于"金砖四国"的经济总量，任何一个国家都与其无法比拟。美国经济软实力更是无与伦比。我国虽然拥有高额外汇储备，但并非我国经济实力的完全体现，它的形成有诸多的复杂因素，经济规模占世界经济总量的比重不足10%。中国金融市场深度和宽度与发达国家的水平还有较大差距，甚至不及很多新兴市场和发展中国家。同时，我国与美国双边贸易差额最大，形成了与美元的长期相互依赖关系，过快去美元化对金融市场会产生不利影响，也不符合我国的利益。因此，短期内，改革须考虑各方利益关切，逐步吸收更多国家参与国际金融体系改革。

中国作为国际大家庭中的一员，为维护国际金融市场的稳定作出了重要贡献。为有效应对国际金融危机，我们及时调整宏观经济政策，果断实行积极的财政政策和适度宽松的货币政策。我国在力所能及的范围内积极参与国际合作，通过开展双边本币互换为许多新兴和发展中经济体提供流动性支持。危机以来，人民银行先后与韩国、马来西亚、白俄罗斯、印度尼西亚、阿根廷等国家的中央银行，以及香港金融管理局签署了双边本币互换协议。通过货币互换支持有需要的经济体，维护了国际和区域经济金融的稳定，同时，也有助于提振国际信心，共同应对危机。我国积极推动清迈倡议多边化，为本地区的经济金融稳定提供资金支持。积极推动"10＋3"框架下外汇储备库的建设进程。积极参与国际货币基金组织和多边开发机构的危机应对活动。

对中国来说，积极参与国际金融体系的建设，关键是把自己的事情办好。从亚洲金融危机到此次国际金融危机，我国之所以能够有效克服危机影响并保持金融业稳步发展，就在于我们能够审时度势、未雨绸缪、适时改革。我国先后成功进行了汇率形成机制改革、金融管理体制改革以及国有商业银行改革，充实金融资本，提高资产质量，为有效抵御风险奠定了良好基础。但是，还必须清醒地看到我国金融业发展中的诸多问题，进一步推进改革开放，坚定不移动地完善金融调控和监管，坚定不移地推进金融市场的纵深发展，坚定不移地加强金融基础设施建设，为促进经济平稳较快发展创造良好的金融环境。

（《中国金融》2009 年第 8 期）

金融是现代经济的命脉

　　国际金融危机一步步把世界经济拖入困境，美国等发达经济体先后陷入衰退，多数新兴市场和发展中经济体经济增长放缓，席卷全球的金融危机日益演变为广泛的经济危机。这进一步反证了金融在现代经济发展中的地位和作用，也充分表明金融是现代经济的命脉。

　　在应对危机的关键时刻，重温金融是现代经济的命脉这一命题具有特别的意义，它有助于人们正确处理复杂多变环境下金融与经济的关系，更加重视维护金融肌体的健康。命脉，系指生命和血脉，通常比喻关乎重大的事物。金融作为现代经济的血液循环系统，渗透于市场经济中的每个细胞和毛孔，直接关乎经济发展。无数事实表明，一个健康的经济体离不开健康的金融，同样地，一个健康的金融体系有赖于健康的经济。金融是经济的命脉，反映了经济与金融唇齿相依、血脉相连的关系。

　　矛盾和问题往往促使人们接近事物的本质，金融危机加深了我们对现代金融与经济关系的认识。当人们预测此次国际金融危机何时见底时，反复谈论的是美国金融体系的修复问题。把经济复苏与金融体系的修复挂钩，越来越成为政治家和经济学家的共识。美联储主席伯南克多次把金融机构融资功能的恢复作为预测经济回暖的迹象或先行指标。他在最近的访谈中称，"在银行体系稳定以前，经济不会全面复苏。历史给人们的教训是，只要金融体系处于危机中，经济就不会持续复苏"。美国总统奥巴马在美国国会演讲时说，信贷流动是经济的命脉。许多政治家也在多种场合呼吁美国尽快修复其遭受重创的金融体系，以挽救日渐衰退的世界经济。

　　任何一种系统，其血脉和循环系统出现问题必然导致不良的后果，金融体系也不例外。从次级贷款到优质贷款，从货币市场到资本市场，从银行到非银行，从虚拟经济到实体经济，危机的传播和蔓延加剧了金融与经济的恶性互动。随着表外风险向表内的转移以及去杠杆化的提速，金融体系和金融市场的融资功能逐渐萎缩，跨国金融机构遭受重创，银行资产大幅缩水，资本金锐减，资产质量恶化，银行债务增多。金融体系困境，迫使银行不敢向家庭、企业或相互间提供更多资金。贷不到款，家庭买不起房屋或汽车，企业被迫裁员，经济遭受更重打击，反过来使银行经营状况雪上加霜，信贷进一步枯竭。

危机爆发以来，围绕金融体系修复问题各国采取了一系列旨在恢复市场流动性的非常规性措施，包括采取宽松的货币政策，向金融市场注入大量流动性，实施资产与资本救助计划，确保金融基础设施的顺利运行等等，以恢复金融体系的信心、动力与活力，恢复金融最基本的功能。与此同时，国际间的政策对话与协调不断加强，各种金融改革建议相继出炉。显然，人们正从危机中汲取教训、获得启示，通过深化宏观层次和微观层次的金融改革，呼吁建立公正、公平、包容的金融秩序，鼓励负责任的商业行为，并以此创造可持续发展的金融生态环境。

中国的经济金融发展一直备受关注。毫无疑问，我国也是这场国际金融危机的受害者。这是全球化进程中我国遭遇的最严重的金融危机，也是距离我们最近、感受强烈的一次金融危机。受国际金融危机快速蔓延和世界经济明显减速的影响，我国经济运行中的困难增多，经济下行的压力加大，金融领域潜在风险增加。但是，我们又是幸运的。在许多经济体经济增长严重下滑情况下，我国经济增长仍有望保持8%左右的水平。固然，这与我国政策适当以及市场潜力巨大有关，但也与我国金融体系基本面健康密切相关。正如温家宝总理在十一届全国人大二次会议记者会上所指出的，"中国金融基本是健康和稳定的，对于经济发展提供了强有力的支持，从而使我国避免了欧美在金融危机和实体经济两条战线作战的情况。我们没有拿财政的钱去补金融的窟窿。相反，金融为经济建设提供了大量的贷款"。

中国金融业保持今天这样的局面并非偶然，更不是歪打正着。长期以来，中国政府一直把完善金融体系和金融运行机制放在突出地位。亚洲金融危机后，我国加快了金融改革开放的步伐，中央多次召开全国金融工作会议，整顿和完善金融秩序，化解金融风险，推进金融改革。相继采取增资、剥离等手段，充实金融资本、改善资产质量。特别是最近几年，通过注资并引入战略投资者对国有金融机构进行了系统性的改革，结束了国有金融机构改革长期举步维艰、徘徊不前的局面，国有金融机构的面貌焕然一新。股改后，我国金融机构的资产质量、盈利水平、资本实力均有明显提高，治理结构和风险管理得到改善。我国还成功化解了证券公司、城市商业银行、城乡信用社等中小金融机构的风险。所有这些，有力地改善了金融体系和金融市场的融资功能和信用能力，有力地增强了各类金融机构的抗风险能力。

中国金融业有今天这样的局面，得益于党中央、国务院对金融工作的高度重视和正确领导，得益于社会各界认识的深化。改革开放的总设计师邓小平同志曾指出，金融很重要，是现代经济的核心，金融搞活了，一着棋活，全盘皆活。亚洲金融危机爆发后，江泽民同志先后两次在全国金融工作会议上发表重要讲话，进一步论述了金融在现代经济中的重要地位和作用。特别是在 2002 年 2 月 5 日全国金融工作会议上，他从三个方面论述了金融的作用：金融是宏观调控的重要杠杆，金融在市场配置中起核心作用，金融安全是国家经济安全的核心。胡锦涛同志在中央政治局第四十三次集体学习时发表讲话指出，金融是国民经济发展的基础条件，是维护国家经济安全、促进社会和谐的重要保障。党和国家领导人从国家金融发展的战略高度深刻阐述了金融在社会经济发展中的作用，为推进我国金融改革发展指明了方向。

中国金融业有今天这样的局面得益于改革开放。改革开放三十年来，我国坚持改革开放基本方针，大力发展社会主义市场经济，金融业的发展取得了辉煌成就。我国已形成以中国人民银行为中央银行，中国银监会、中国证监会、中国保监会、国家外汇管理局分工协作、各司其职的金融管理监督体系。中央银行体制日臻完善，金融调控水平不断提高，金融监管更加专业化。各类金融机构蓬勃发展，金融服务逐渐便利化和多元化。现代金融法制体系基本形成，金融公司治理更加规范。金融市场走向统一和透明，金融资源配置的基础性功能得到加强。金融基础设施建设日益现代化。金融对外开放和国际金融合作不断深入。金融业的发展，为改善民生，优化资源配置，分散和化解社会经济发展中的风险，促进制度创新和经济的高速增长以及维护国家的经济安全都发挥了重要作用。金融业的发展也是我国有效应对国际金融危机的重要基础。

金融是经济的命脉，金融业通过保持自身的稳定和有效运转，促进了经济增长和经济稳定，反过来，经济的发展又为金融稳健提供了良好的基础。衡量一个金融体系的健全程度包括诸多因素：金融机构和金融市场的规模，金融市场和金融创新的完善程度，透明化与信息化，公司治理状况，法律完备性，金融监管与金融稳健情况，竞争、开放与金融一体化，金融自主程度与社会责任，等等。经过多年的发展，我国逐步探索出适合中国国情、符合时代特点的金融发展道路，金融服务体系更加健全。但与成熟经济体的金融体系相比，我国金融体系仍存在诸多缺陷。比如，直接金融与间接金融的比例、股本融资与债务融资的比例还不够协调；城市金融与农村金融的关系还不够协调；金融监管机制还不够协调；金融机构公司治理和透明度还有待改善，等等。必须正视我国与发达金融体系的差距以及自身发展中的问题，不能一叶障目、不见泰山。应当看到，我国金融服务水平和效率方面还有不少问题，金融危机中暴露出的他国金融体系缺陷在我国也不同程度存在，金融改革发展的任务依然艰巨。

在应对金融危机的关键阶段，更需正确认识和处理金融与经济的关系，始终把维护金融体系健康作为金融发展的基本指导思想和战略，在促进增长和维护金融稳定中保持平衡，在有效应对危机中创造未来可持续发展的基础。社会各界都要珍惜和呵护今天金融业的良好局面，自觉遵循金融发展规律、维护金融自主权，防范过度使用金融的恶果。金融业作为国民经济的命脉，要善于把握历史性机遇和履行社会责任，在维护经济稳定和促进社会和谐方面发挥更大的作用，积极促进科学发展和社会进步，同时，又要努力防范各种潜在的金融风险。要特别注意研究金融业发展面临的突出矛盾和问题，研究和适应经济结构变化对金融业发展的需求，坚定不移地推进金融改革开放，坚定不移地加强金融基础设施，坚定不移地加强金融监管，为我国经济可持续发展创造良好的金融环境。

过度透支信用是危机的根源

过度透支信用是本次金融危机的根源。认识到这一点，有助于探求解决问题的正确路径，逐步建立和完善国际金融运行监测和管理机制，有效预防过度透支信用的问题，并避免犯类似的错误。

过度透支信用是危机的根源

金融危机还在蔓延，人们正从不同角度分析这场危机的原因。市场上出现了各种各样的论调，如市场失灵论、政策失误论、监管真空论、责任推究论、微观主体贪婪论、国际货币体系缺陷论、阴谋论，等等。

对危机的不同看法反映了危机本身的复杂性，也相应地影响了危机的处理和应对。的确，这次国际金融危机所表现的多变性和不确定性，扑朔迷离、难以琢磨，但其最本源的东西却应是相对稳定的。金融危机归根结底是信用危机和信心危机。金融市场上的交易活动是以信用为基础进行的，一旦丧失信用和信心，金融活动便会萎缩、枯竭并产生一系列连锁反应。在过去几十年中，金融资产和金融交易活动成倍增长，金融资产规模增长远远超出实体经济的增长，国际资本流动的增长远远高于贸易的增长，金融创新日新月异，金融市场上演绎着一个个金融神话，经济虚拟化程度不断提高，致使过度信用透支和滥用金融权利问题日益凸显。

这次金融危机发端于世界最大的经济体——美国，既在意料之中，又在意料之外。一直以来，以美国为代表的发达经济体的金融管理和规制，都被当作国际标杆和标准，被许多发展中国家学习和模仿。国际金融组织监测的重点或磋商报告的重点多是针对发展中国家的政策和市场，许多发达经济体被理所当然地认为具有充足的韧性，具有自我约束、自我调节能力，不会出现严重的道德风险。然而，当华尔街众多金融巨鳄遭遇困境甚至轰然垮台，当丑闻不断浮出水面，人们突然意识到发达经济体信用透支和滥用金融权利的严重性。

绝对的权利必然导致绝对的滥用，绝对的自由必然导致绝对的危机和风险。长期处于无约束状况，必然导致信用约束软化，信用边界淡漠，以及信用扩张冲动。透支信用，简单地说，是指市场主体从事了超出自身承受能力的信用行为。过度透支信用是指长期的持续的信用扩张行为。它既可以体现在宏观层面，也可以表现在微观层面。从理论上讲，任何国家、企业、金融机构、个人都有其信用边界。从一个国家预算平衡表，金融机构、企业、居民资产负债表中可以大体了解其基本的风险状况。虽然，这种信用边界并非在任何时点都容易识别和计量，但也不是漫无边际、没有区间的。比如，一个经济体应当持有多少储备、其外债和赤字规模多大等都有一些国际公认的参考性警戒指标；银行和非银行金融机构也有许多资本充足性要求和资产负债比例要求；企业也有相应的负债率指标要求；个人应做到收支平衡；等等。当然，因市场不断变化、信息不对称以及缺乏同类信用产品比较等因素，确定信用边界并非易事。特别是，随着经济全球化进程的加快，信用边界变得越来越模糊，这在一定程度上影响了我们对信用边界的警戒。于是，那些具有信用创造条件和权利者便利用各种便利，在更大范围内扩张自身的金融行为。

问题或危机总是在经济发展最薄弱的环节出现。美国金融因长期过度结构化、去功能化，经济终于走到不得不调整的地步。美国的赤字率、逆差率、消费率、杠杆率以及对外负债率，一直位居各大经济体的前列。自 2002 年以来，美国一直处于财政、贸易"双赤字"状态，2008 年，财政赤字占到 GDP 的 3.19%，经常项目逆差占 GDP 平均在 5% 左右。一直以来，美国都处于低储蓄、高消费状态，年均储蓄率不到 14%，低于欧元区国家的水平，远低于亚洲新兴工业化经济体的储蓄率水平。美国对外也是债台高筑。自上个世纪 80 年代末以来，美国对外净债务不断攀升，2001 年后净债务与 GDP 之比大都接近 20%。2007 年末，美国对外净债务与 GDP 之比超过 140%。对外负债中三分之二是债务工具。美国金融机构的杠杆率也很高，2007 年，美林银行的杠杆率是 28 倍，摩根士丹利的杠杆率为 33 倍。2008 年 9 月，美国金融市场的杠杆比率高达

25 倍。

金融的存在主要是为经济发展提供融资、转移风险和投资便利，促进经济运行提高效率，而不应成为追求贪婪的工具。现代金融具有多维二重性，既可以优化资源配置，也可能加剧资源错配；既可以转移分散风险，也容易积聚积累风险；既有利益共赢的一面，也有利益排斥的一面。我们对现代金融应有一个科学客观的认识，不能把金融业、金融市场仅仅看作赚钱的行业和场所，不能把金融作为国际博弈的工具。从更长的跨度和更宽的纬度看，除了有风险溢价外，金融产业利润率与其他产业利润率并无明显差异。在推进金融创新时，应坚持和遵循那些最基本的金融规律和原则。

从全球角度看，过度透支信用发生在美国这样的发达经济体并非偶然。因为它拥有在世界储备体系中占绝对主导的国际化货币，有高度国际化的金融机构和金融市场，有发达的金融基础设施，有国际金融话语权和国际金融规则的制定权。一个国际化货币，一定程度上掌握着面向世界供应货币的主动权，有助于其在更大范围内配置资源。没有任何一种商品比货币的品牌价值更大、更具渗透力；一个具有广泛影响的资本市场和发达的金融基础设施，可以吸引大量的优质企业资源到美国上市，从而使国际资本源源不断地流入美国。这样的资金回流机制，有效地解决了严重透支信用所导致的国内货币供给与货币需求不匹配、储蓄与消费不匹配问题，并为其过度透支信用，实行扩张性的经济政策，缓解和稀释其内部的不平衡和各种矛盾提供了温床。

几年前，有学者在比较美国贸易逆差与新兴亚洲贸易顺差时，提出了一个全球平衡的概念，并认为这样的平衡可以促进世界经济的稳定。现在看来，这种观点是片面的也是幼稚的。全球平衡本身就是一个伪概念，错就错在试图以现有的秩序和格局维护世界经济的长期稳定。对于一个相对封闭或欠发达的经济体，过度透支信用所积累的矛盾和风险，会因缺乏足够的回旋余地很快表现出来，或通过严重通货膨胀，或通过债务危机。而在经济全球化背景下，一个发达的经济体过度透支信用所引发的矛盾和风险，可能会推迟或隐藏相当长的时间。因为，该经济体所呈现的各种不平衡会通过其强势货币和金融渠道被其他经济体所吸收，从而达到暂时的平衡。从世界范围看，无论是商品市场或是金融市场似乎都呈现出均衡景象。但是，这种均衡一旦遭遇自身经济的周期性变化，或其他经济体过于压制进行调整，危机便会在经济运行链条中最薄弱的环节爆发。

由此看来，过度透支信用是本次金融危机的根源。美国毫无疑问是危机的始作俑者和主要责任国。认识到这一点，有助于探求解决问题的正确路径，逐步建立和完善国际金融运行监测和管理机制，有效预防过度透支信用的问题，并避免犯类似的错误。令人欣慰的是，由沃尔克领导的 30 人小组起草的金融改革报告中，把改革重点放在金融微观机制改造和监管方面，在审慎监管、公司治理、金融基础设施建设等方面提出了一系列改革措施。但这些还不够，改革方案中对如何系统有效地监管发达经济体的金融市场，如何改革现有的国际货币金融体系，以及如何使相关经济体调整和改革经济发展模式并无过多涉及，而这些方面对于维护良好的国际金融秩序尤为重要。

（《中国金融》2009 年第 6 期）

理性看待货币政策

一段时期以来，围绕货币政策的变化存在诸多议论，有一种观点颇为引人瞩目，即认为货币政策在 2008 年早些时候就应放松，甚至将经济的急速下行同货币政策挂起钩来。对此需要更多冷静的观察和分析。

货币政策由于其公共性和广泛的市场性，历来在各国都备受关注。但货币政策逆风向调节的特点，也使其饱受争议，并常常成为众矢之的。货币政策的整体性考虑常常会影响到某些局部利益，因此需要以包容的态度对待一些建议或意见。一个总得到热捧和掌声的货币政策是危险的，它虽然在一定时期推动经济较长时期的非理性繁荣，但最终会走下神坛。当下的美国金融危机或许就是这样的案例。同样地，一个时常受到质疑的货币政策也是不正常的，它容易把复杂问题简单化，不利于从深层次探究问题的根源。因此，对于任何政策的变化，我们需要用历史和理性的眼光去观察，用实事求是的态度去对待，用数据和事实进行广泛沟通。

"货币政策松动迟缓论"认为，当美国等主要经济体频繁向市场体系注资之时，中国却在不断收紧银根，因而丧失了最佳调整时机。笔者认为，这种认识是片面的。从历史看，中美两国由于经济结构和金融结构差异，货币政策调整一向是不同步的，货币政策态势与取向最终取决于当时所在经济体的发展情况。美国等经济体之所以采取了非常规的注资和松动政策，是因为国内已经出现了金融危机，发生了明显的系统性金融风险，货币市场融资功能丧失，出现了金融市场和金融机构的流动性短缺。反观当时中国经济运行中主要矛盾：经济增长由偏快转为过热的趋势并未有效缓解，经济快速增长与结构失衡并存问题依然突出，物价由结构性上涨演变为明显通货膨胀的风险加大，CPI、PPI 仍在高位运行。虽然当时美国金融危机对我国经济金融的影响在一些方面已有所显现，但中国经济金融的基本面依然稳固，货币市场运行平稳，流动性充裕，人民币汇率依然处于升值状态。在那样的背景下，如果贸然采取松动的货币政策，不仅不符合货币政策操作的基本理念，也可能造成预想不到的更为严峻的局面。

次贷危机到国际金融危机的演变过程出乎很多人的预料，危机对各国经济和市场造成的冲击更是不断超出人们的预期。我国对危机的认识也经历了一个不断提高和深化的过程，从最初关注我国商业银行的风险暴露逐步上升到全方位认识，进而到调整经济发展战略和宏观政策。认识到这一点，有助于全面客观地评价各国的货币政策，避免事后预言家式的武断。人们的认识水平总是与实际的发展紧密地联系在一起。在2008年上半年，虽然很多经济体的金融市场综合指数有较大幅度调整，但经济运行常规性指标并没有表现出过度的异常，特别是经济运行的一些先行指标，诸如波罗的海干散货综合运费指数（BDI），以及我国制造业采购经理指数（PMI）、人民币无本金交割远期外汇交易（NDF）一直保持相对平稳状态，只是到下半年以后才逐渐发生变化。我们不是先哲，在这场百年一遇的金融危机面前，应当承认形势的复杂性和我们认识的局限性。

退一步讲，如果我们上半年就实行宽松的货币政策，会有什么后果呢？曾有一个资金比较充裕的企业，在2008年前几个月，由于预计PPI和大宗商品价格会攀升，就相应增加了材料库存，结果在2008年后几个月原材料价格急剧下滑的情况下遭受了很大的损失。试想，如果我国货币政策像一些人期待的那样松动，按惯例商业银行很难做到信贷均衡投放，而会在第一季度放出大量贷款，企业得到贷款后在买涨不买跌心态的驱动下，可能增加材料库存，扩大生产规模。在外部需求和主要材料价格持续下降的情况下，会造成产品和材料库存的双积压，结果会增加企业的负债成本以及银行的不良贷款。在这方面，我们必须有清醒的认识，我国虽然已逐步成为世界经济增长的引擎，但不足以阻止世界经济特别是外部经济的突然下滑，在国内市场还没有充分准备的情况下，急于采取扩张的政策是危险的。从这个角度讲，在2008年上半年经济环境极其不确定的情况下，从紧的货币政策无疑是有效的风险屏障，它不仅限制了许多企业的盲目扩张，促使了商业银行的稳健经营，也为后来国家实施宽松的货币政策提供了有利的条件。

货币政策发挥作用需要一定的条件，必须与实体经济发展需要相适应。2008 年下半年特别是后几个月以来，国内外经济运行环境发生了很大变化。随着金融危机影响的加深，外部需求急剧下滑，特别是长江三角洲、珠江三角洲主要省市贸易进出口增长都出现明显下降，我国货币投放结构发生变化，由于外汇收支顺差增加的货币供给减少；与此同时，CPI、PPI 持续回落；主要经济体利率大幅降低；人民币升值预期改变等，所有这些都为逐步放松货币政策创造了条件。

随着形势的进一步发展，国家决定扩大投资并实行积极的财政政策，这意味着我国宏观经济政策要进行重大调整。这样的调整标志着危机环境下宏观经济管理从此进入新的阶段，并向市场发出了明确的信号：充分发挥财政政策在公共投资中的作用；发挥我国高储蓄的优势；发挥货币政策在降低经济运行成本中的作用；稳定经济预期和市场信心；注重内生性经济增长。这样的调整会扩大引致投资，相应提高不同经济主体的信用能力，增加对商业银行的有效信贷需求，从而便利货币政策的传导。这样的调整也为实施适度宽松的货币政策提供了良好的配套环境。

在最近一年多的时间内，我国宏观经济政策基调在不断调整，先后经历了稳健、适度从紧、从紧、积极、谨慎灵活、适度宽松等变化，这些变化反映了经济运行环境的变化和不确定性。货币政策的调整几乎是同步进行的，它不单纯是货币行为，也反映了金融危机在我国的传导和影响，反映了实体经济态势的改变，是在党中央、国务院综合判断国内外经济金融形势基础上作出的正确决策，同时也折射了中央银行独特的判断。

用理性的眼光看待货币政策，需要我们深刻认识货币政策的性质和特征。货币政策作为宏观经济政策的重要组成部分，它的变化既要体现国家宏观经济政策的基调，又要反映货币政策本身的性质和特征；既要体现应对危机时期的特殊性，又要致力于创造可持续发展的基础；既要努力促进特定时期政策目标的实现，又要努力在不同目标中进行权衡。换言之，货币政策应在坚持公共性、统一性、均衡性的同时，努力提高自律性、透明度和公信力，从而为经济可持续发展创造良好的金融环境。

为此，我们需要深化对经济金融发展规律的认识，完善全球化背景下货币监测分析框架，不断提高货币政策的科学决策水平。同时，继续加强货币政策的社会沟通，让社会各界更加充分认识中央银行的行为哲学和货币政策的平衡观，了解货币政策决策依据、过程、程序及其效果。

用理性的眼光看待货币政策，一个很重要的方面是要以更长的时间跨度来评价。我国宏观调控目标从来没有在短期内经历过如此迅速的变化，从促进国际收支平衡到防止经济过热，到抑制通货膨胀，再到目前的保增长、促就业。对于全球化背景下距离我们最近的危机所导致的变化，无论从实践上还是理论上都仍有许多待解的难题。中国没经历过，发达国家有的也没经历过。也许在未来宏观经济管理教科书中需要充实和完善这方面的内容。这场危机的影响还未结束，仍在考验我们的政策，考验我们的危机管理。这既是现实，也是历史，需要用更长的时间去回味、去研究、去认知。

（《中国金融》2009 年第 5 期）

货币政策的特征与作用

货币政策是中央银行为实现一定的目标运用各种政策工具调节和控制货币供应量进而影响经济活动的各项方针政策的总和。很多人认为货币政策的性质和功能是早已解决的问题，其实不然。如果深入思考，会发现一些分歧正是源于对货币政策最本质东西的认识差异。

货币政策是现代市场经济条件下最具影响力、渗透力的政策，但它并不是无所不包、无所不能的。货币学派代表弗里德曼曾对货币政策调控的范围以及如何实施货币政策作了较为详细的阐述，认为货币供应应该保持一个稳定的增长率从而为经济运行创造良好的发展环境。这至今仍是我们理解货币政策性质的重要文献。结合中国的实际，笔者重点从六个方面来讨论货币政策的性质和特征。

货币政策的公共性

用货币政策替代一些财政职能和市场功能，进而解决一些公共性问题，始终潜存于一些人的意识之中。在我国改革开放的前十多年里，信用财政化等问题一直备受关注。这些年来，随着改革的深入，人们对货币政策与财政政策的不同性质和作用认识愈加清楚，但由于旧有观念的影响和政策本身的复杂性，也不可避免地存在着一些对货币政策的模糊认识。

有观点把货币政策、财政政策和社会保障政策等并称为公共政策。货币政策和财政政策作为一个经济体中最重要的政策，其根本目的在于通过适时适度的调整解决经济过分波动带来的风险，防止将来调整起来付出更大的成本。但与财政政策等公共政策相比，货币政策并不是典型意义上的公共政策，它不完全是借助于公权力和政府的强制力实现的，而具有很大的弹性和灵活性，而且它的目标是法定的，不因政府更替而变化。

　　货币政策不是纯粹意义上的公共政策，与中央银行的治理结构有一定关系。换言之，与央行法律上的相对独立性相关。比如，美联储直接对国会负责，从法律上讲它能够独立运用政策工具，并对货币政策执行结果负责；美联储的资本所有权既不属于国会，也不属于政府，均以股份的形式为联储的会员银行所认购；同时，美联储的财务是完全独立的，经常开支不依靠国会拨款。再如，欧洲中央银行目前有 15 个成员国，组织机构包括理事会、执行董事会和扩大委员会，理事会是最高的决策机构，决策和预算具有很强的独立性，不接受任何欧盟领导机构和任何欧盟成员国的指令，预算来自成员国交纳的资本金。再有，日本银行过去隶属于大藏省，在日本经过长期萧条之后，日本对中央银行体制进行了改革，目前政策委员会是它的最高决策机构，独立地行使货币金融政策，但是预算约束要经过财务大臣的批准。在我国，人民银行作为中央银行，是国务院的组成部委，也是国务院三大宏观调控部门之一，在宏观调控方面要加大与国家发改委和财政部的协调配合，在金融管理事务中要加强与其他金融监管部门的协调配合，是双协调双配合的机制。《中国人民银行法》中明确规定人民银行在国务院领导下行使职责，独立于政府其他部门，独立于地方政府，财务预算实行收支两条线。

　　但是，仅以治理结构并不能否认中央银行政策所具有的公共性质。因为，无论所处经济体与治理结构的差异有多大，中央银行都具有两个明显的特性，即高度垄断性和所提供产品及服务的准公共性。在很多国家，中央银行代表国家发行货币，承担着重要的金融稳定职能。金融基础设施有相当部分是由中央银行提供的，如支付清算体系、国库管理体系、征信系统等等。这些功能、服务和系统都带有公共或准公共产品的性质。

　　但是，我们对货币政策的公共性应有一个正确的理解。中央银行货币政策职能以及最后贷款人角色，主要在于维护金融稳定和价格稳定并以此为社会经济发展创造一个良好的环境。因此，中央银行对社会经济发展的贡献不仅仅在于它向市场提供了多少流动性，而在于它能否创造一个高效有序稳定的环境。对于货币及货币政策的作用，经济学家有很多实证分析。比如，关于货币增长与经济增长、物价之间的关系，结论是货币供应量、贷款增长与经济增长不存在长期正相关关系，但与物价有很强的相关关系。这印证了货币政策是一种以稳定为取向的政策。但这一性质和特征并不否认中央银行对经济成长和资源配置的作用。相反，一个稳定的货币政策环境有利于推动技术进步和制度创新，从而推动全要素劳动生产率的提高。

货币政策的统一性

在从紧货币政策背景下，要求实施差异性货币政策的声音很多。与财政政策不同，货币政策总体上属于总量调控政策，不是解决部门、城乡差异的政策。货币政策传导区域差异是客观存在的现实，但这种差异解决不应依赖货币政策，正如蒙代尔的货币区理论所指出的，统一货币政策下所带来的非对称冲击（相同货币政策在不同地区影响的差异）应该通过资源和要素的流动加以解决，而不是差异的货币政策。

每个地方都有自己的特殊性，但是货币政策是关注总量的政策。从全社会看，货币总量是否膨胀，经济运行是否存在很大风险，主要根据总体来把握，某一行业、某个机构、某一地区的情况只能作为决策参考。贷款总量控制客观上带有一定的短期干预和强制性，但不同区域贷款目标是市场各种因素综合作用的结果。其一，不同区域信贷资源配置和过去的指标分配不同，它不是由中央银行直接切块的，而是由各商业银行考虑风险后的经济资本情况而自主决定的；其二，信贷总量不能突破，并不意味着各地区之间贷款量不能转换。这种地区间贷款量的替代关系，最终取决于金融生态环境，取决于当地的经济活力，取决于商业银行统一调配资金的能力。

在货币政策统一性方面，最典型的案例就是欧洲中央银行。欧洲中央银行目前已有15个成员国，这些国家的发展阶段、经济结构差异很大，统一的货币政策在这些国家的传导差异也很大，但是欧盟明确规定，欧元区的货币政策是统一的。改变差异要靠财政约束和结构改革，而不能动摇统一的货币政策。

因此，在宏观调控时期，各地方要争取到更多的金融资源，就要坚定不移地改善金融生态环境，坚定不移地进行结构调整，并有效利用多种金融市场。当然，强调货币政策统一性，并不排斥通过政策配合发挥货币政策的作用，比如，通过建立各种抵押、担保、保障机制，提高相关主体的民事能力和信贷能力，可以为有效传导货币政策创造条件。

货币政策的有效性

对于货币政策的有效性存在广泛的争论。理性预期学派认为，人们可以预期到货币政策的变动从而改变其行为，导致货币政策的失效，即"卢卡斯批评"。以弗里德曼为代表的货币学派对于货币政策的有效性同样表示怀疑，认为中央银行应放弃"相机抉择"的货币政策，而遵循既定的规则。凯恩斯学派认为，在低利率情况下扩张性的货币政策是无效的，即存在"流动性陷阱"。尽管如此，新凯恩斯学派认为价格和工资具有"粘性"，而且信息不充分，这就使得货币政策很可能是无效的。开放经济条件下，中央银行货币政策的有效性受到新的挑战。一个国家如果允许资本流动，就不可能同时实现货币政策的有效性和保持固定汇率，这就是著名的"克鲁格曼不可能三角"。

货币政策的有效性还有一层涵义，即要保持货币政策的主动性和必要的独立性。简单地说，要实现物价增长控制目标，就必须加强其他目标特别是财政财务约束，即把货币政策目标放在更加优先的地位。这在实行通货膨胀目标制的经济体中尤为如此。

尽管对货币政策是否有效存在争论，但在一些方面经济学家已有共识：良好的微观经济环境、中央银行的独立性和公信力以及有弹性的汇率体制，对提升货币政策的有效性尤为重要。宏观调控是建立在微观基础之上的，所谓货币政策的微观基础指的是各微观主体能够遵照市场经济原则行事，对宏观经济变量较为敏感。在我国，情况却并非如此，许多经济部门垄断所带来的高利润使得企业自身资金充裕，不需要太多的外部融资。这些企业对利率变化的敏感性差。此外，从要素市场情况看，地方政府拥有大量的土地和银行资金，为了追求经济的短期发展，地方政府往往以低价给企业土地和贷款。这无形中减少了企业的生产成本，提高了其利润率。如果该企业是内资非出口型企业，就会因为高利润率引起投资冲动。如果该企业是出口或外商投资企业，则不但会引起投资冲动，而且会因为出口增加和外资流入引发外汇储备的积累。因此，财政分权、企业利益分配格局都会对货币政策的有效实施产生影响。

1994年以来，在相对稳定的汇率背景下，国际收支双顺差对货币政策冲击逐渐显现。贸易资金流入和资本流入迫使中央银行投放了大量的基础货币。人民银行为增强货币政策的有效性，利用各种政策工具对冲流动性，并果断进行汇率形成机制改革，使得货币总量保持了相对适度的增长。这一改革进程仍在继续。全球化国际分工新布局、国际货币价值的调整、跨境关联交易普遍存在以及货币政策不同目标的权衡等，都增加了有效实施货币政策的复杂性。

在全球化日益加剧的背景下，货币政策还有一个明显的特征，就是不同国家间货币政策相互影响、相互渗透，中国人民银行的货币政策和美联储的货币政策也不是完全孤立的。2007年以来，美国为了防止经济衰退，应对次贷危机带来的影响和冲击不断下调利率，而我国的情况与美国相反，为了防止经济过热和物价的不断攀升，需要适度调高利率。不同经济体间主要经济金融指标交互影响和彼此博弈在扩大，也为有效实施货币政策带来难度。

货币政策的均衡性

货币政策的均衡性有四个关键词：

一是可持续性。在经济学中，我们可以从多方面判断经济的可持续性，比如债务率、偿债率、经常项目差额在GDP中的比例、财政赤字在GDP中的比例、产出缺口、通胀水平，等等。

二是平衡。从经济学来讲，平衡实际上是一种差额或者是资产负债表的一种平衡关系，很多经济学家更倾向于用均衡来代替这个词，我们从货币政策来看待均衡，强调的是平衡的艺术，这方面恰好是最难的。货币政策的平衡观应该是在动态中促进均衡。正如有评论家所指出的，中央银行的货币调控好似驾船在大海里航行，有时风平浪静，有时巨风浊浪，要适时调整，随时掌握好平衡。这种平衡是非常困难的，因为平衡虽然有其规律和技术，但也有极大的不确定性和随机性。要达到平衡要求中央银行必须清楚地了解经济运行的历史、现状和未来，这往往需要结合各种市场和实体经济的运行情况进行透彻的分析。这并不容易。美国次贷危机充分说明，寻求实体经济与虚拟经济之间的平衡通常是困难的，流动性过剩与流动性短缺可以在瞬间转换，分散风险和累积风险可以同时并存。所以，中央银行在宏观经济运行中需要把握好平衡。当经济处于高涨时期，人们对经济普遍乐观时，要看准形势，注意风险和稳定的权衡；相反，当经济处于低谷，人们对经济普遍失去信心的时候，要冷静地分析形势，用好调控工具，尽快实现经济复苏。

三是权衡。权衡也是一种平衡，同时也是一种取舍。这里权衡既有内外各种因素的权衡，政治与经济之间的权衡，金融与经济间的权衡，也有货币政策目标、货币政策工具间的权衡。从纯粹意义上讲，货币政策决策永远是次优选择。

四是协调。这方面既有国内不同政策的协调，也有国际间的协调，在经济不断全球化的今天，国际间的协调越来越受到各国政府的重视。

货币政策的公信力与透明度

透明度与公信力是有机联系的。增加政策透明度是各国中央银行货币政策的普遍趋势。比如，欧洲中央银行就在其互联网和年报上公布经济预测模型、政策量化目标、经济金融判断指标分析体系，等等。

透明度是提高中央银行货币政策社会公信力的重要基础。公信力主要有四个要素：一是科学决策，决策依据和程序合理合法，具有解释能力；二是政策透明，便于公众了解和监督、响应；三是信守承诺，保持政策的一致性和连续性；四是效果良好，能够避免经济出现大的风险。当然，效果不是一年半年来衡量的，是从一个较长时期来衡量的。

重视金融政策沟通是中央银行的普遍趋势，是增加货币政策透明度和公信力的关键环节。最近几年，政策实施与对外沟通正日益走向专业化、科学化，类似议题的国际交流也日益增多。有效沟通已成为政策的有机组成部分，成为政策实施的方式和手段。在成熟的中央银行运作中，这种工作方式正变得越来越重要且无法替代。与政策实施的其他方式相比，这种方式具有更大的灵活性，它可以随时传达政策意图，引导市场预期，减少经济的异常波动，以有效降低经济交易活动的成本和经济调节的成本。

经过多年的实践，人民银行已经建立了一整套行之有效的新闻制度和新闻宣传方式，对外沟通工作逐步深化。比如，定期的新闻信息发布、行领导的重要演讲、政策实施蓝皮书、记者访谈、金融知识展览以及其他形式的信息沟通。随着改革的深入，还应进一步加强统筹规划，加强与有关方面的沟通，如培育良好的国际沟通意识，建立相应的沟通战略和方式，有针对性地对国际社会普遍关注的金融问题作出回答，充分利用各种国际论坛和国内外主流媒体传播相应的观点和主张；需要增强政府相关部门特别是地方政府对中央银行性质、职能和作用的认知，有效传导和实施金融政策，建立金融与经济良性互动的金融生态环境；需要发挥媒体特别是地方媒体的作用，使之成为公共金融教育的重要载体；需要引导金融机构和企业等市场主体积极适应金融体制和金融政策的变化，最大限度地规避和防范金融风险和财务风险。

货币政策的自律性

中央银行是可以创造货币的单位，但其基础货币是对社会的负债；货币政策基本目标是稳定币值，是为了维护广大公民的利益。这些基本属性决定了货币政策的自律性。自律性，要求货币政策应采取主动的和相对独立的决策。这需要相应的法律约束和制度保证，也需要中央银行始终秉承稳健的传统和品格。

货币政策是约束力非常强的政策。作为最后贷款人，当金融机构出现了流动性困难，并且有可能影响整个金融市场、金融体系稳定甚至经济稳定的时候，中央银行理应向市场提供必要的流动性支持。但这是针对整个金融市场、金融体系的，而不是针对单个市场。一般情况下，中央银行不会轻易地向市场提供流动性。因为，如前所言，中央银行是对整个公众负责的，不能为了局部受益而损害了整个社会公民的利益。换言之，如果单个机构出现问题，并且不涉及全局，最好通过市场方式来解决。

次贷危机之后，中央银行自律性问题再次引起关注。次贷危机发生不到一个月，世界上主要中央银行向市场体系注入了 8000 亿美元，之后又陆续注入了大量资金，甚至出手救助单个机构，把中央银行最后贷款人的角色用到了极致。这对中央银行传统的规则来讲是一个很大的挑战，同时需要我们研究思考这样几个问题：这是否存在道德风险；是否违反中央银行的传统规则；在维护金融稳定和防范道德风险之间如何权衡；中央银行的做法是否长期有效；中央银行能否代替或有效弥补市场调节的不足；等等。

从客观上讲，中央银行调控的货币总量远远大于其他方面控制的总量，中央银行调节社会经济的职责更加凸显了。通过借助中央银行和一些特别安排解决某些经济金融难题是国内外普遍存在的情况。这种社会存在具有一定的合理性。因为，随着市场的深化，各种矛盾和因素的交互影响更趋复杂，某一看似孤立的事件具有随时演变为系统性风险的可能性。这给很多中央银行的政策选择带来压力和难度。但是，从经济学原理和经济发展规律上看，资金注入是难以持久的，不能代替市场和结构的调整，否则很多难题的解决会变得异乎寻常的容易了。

（《中国金融》2008 年第 11 期）

金融的二重性辨析

　　胡锦涛在前不久主持中共中央政治局第四十三次集体学习时重申，随着经济全球化深入发展，随着我国经济持续快速发展和工业化、城镇化、市场化、信息化、国际化进程加快，金融日益广泛地影响着我国经济社会生活的各个方面，金融也与人民群众切身利益息息相关。做好金融工作，保障金融安全，是推动经济社会又好又快发展的基本条件，是维护经济安全、促进社会和谐的重要保障，越来越成为关系全局的重大问题。邓小平、江泽民对金融的作用也有过精辟的阐述。重温党和国家主要领导人对金融作用的定位，有助于我们深入思考现代金融的作用、发展规律与主要特点，为我们的工作提供理论指导。

金融具有资源优配与资源错配的二重性

　　金融在资源配置中起着核心作用。在现代市场经济条件下，金融市场是市场体系的核心。一个健全的金融制度、完善的金融基础设施以及完善的金融服务体系，是经济高效运转的重要组成部分和保障，也是一个经济体核心竞争力的体现。金融的发展，促进了社会分工与合作，促进了市场的完善与统一，促进了生产要素的流动，从而强化了不同区域、不同企业的比较优势，为资源在更大范围内的优化配置创造了条件。在经济结构调整和体制转型时期，国家往往通过信贷政策、产业政策引导金融机构加大对优质产业的支持，减少或杜绝对劣质产业的支持；金融机构在业务经营中也会考虑某个行业、某个企业的经营状况和发展前景，进而作出合理的选择。但是我们也必须看到金融也有导致资源错配、加剧资源浪费的一面。由于产业政策具有一定的缺陷和时滞，再加上信息不对称和人们对局部利益和短期利益的追求等原因，使得金融机构的放贷存在一定的盲目性，而且这种盲目性还具有巨大的杠杆效应。金融加剧资源错配可以以不同方式表现出来，可以通过加大经济运行的成本和风险，可以通过加剧产能过剩，可以通过加剧经济发展的负效应，可以通过引致市场短期的非理性繁荣，等等。对此，我们必须有清醒的认识，更加注重市场统一配置资源角度观察问题，注重从科学发展观角度处理问题。

金融具有分散风险和积聚风险的二重性

资源配置的过程同时也是风险配置的过程。发展金融业和金融市场，不仅仅是为经济发展融通资金，同时也是转移、分散、化解经济发展中各种风险。最近几十年，全球金融业和金融市场获得快速发展，金融创新方兴未艾，新的金融工具与金融产品的出现，起到了分散风险的作用。直接融资的发展分散了金融风险，解决了信用过于集中在银行的问题；各种金融衍生产品诸如期权、期货、掉期等的出现，较好地解决了未来市场不确定性的风险；信贷市场创新和资产证券化，把银行的贷款进行打包、信用增级再予以出售，可以有效增加银行机构的流动性，减少其资产期限错配可能带来的风险。这些创新极大丰富了金融市场体系，扩大了金融的杠杆效应，促进了金融的发展和深化。但是金融同样也存在积聚风险的一面，金融领域的风险并没有因为金融工具的运用而消失，只是把风险转向了一些风险偏好者，或者说是一些经营风险的专门机构。也就是说，风险在向部分机构积聚，如果一旦出现问题，情况也将十分严重。这次美国的次级抵押贷款危机就是一个例子。次级抵押贷款本身就有较大的风险性，把它转化为证券化的产品，虽然在专业的投资银行和评级公司的包装下信用等级有一定的提升，但是它的风险性并没有降低，而是积聚到最后的持有人那里。而且银行在得到流动资金后，又会发放更多的次级贷款，进一步加大了整体风险。当风险最终爆发时，全世界都受到了影响，据统计，次级抵押贷款危机后，美国、欧洲、日本等多国央行共注资 8960 多亿美元进行支持，但危机的后果目前来看仍不容乐观。这次次贷风险给了我们三点启示：一是一些分散和转移风险的金融工具会同时积累和积聚风险；二是即使是最成熟的市场，也并非有足够的弹性调节任何风险；三缺乏规制、降低标准的创新潜藏着巨大风险。

金融具有促进公平和加剧分化的二重性

金融既可以促进社会公平和效率，同时也可以加剧贫富分化。最近几年，大家经常谈到金融权益和信贷权益保护问题。其中主要的意思是，每个合法的自然人和法人都有参与和享受金融服务的权利；金融产品和服务要丰富，能够满足人们正常的需要；金融门槛不能过高。金融的发展和深化，为人们更广泛参与社会经济生活带来了诸多便利，有助于人们发挥其自身潜能以实现财富的积累，有助于人们共同分享经济发展的成果。孟加拉国诺贝尔和平奖得主尤努斯，多年来致力于乡村银行业的发展，为数以万计的孟加拉贫民提供最基本的小额信贷支持，使他们得以脱贫致富。中共十七大报告提出的"增加群众财产性收入"，也是指股票、保险等产品可以让老百姓分享社会财富增长红利。从上述分析来看，金融显然具有促进社会公平的作用。但是，我们也要看到金融可能加剧社会分化的一面。从国际上看，不合理的国际金融格局和秩序仍在发展，金融资源愈来愈向少数经济体集中，愈来愈向跨国公司集中，愈来愈向少数富翁集中，金融规则的制定仍被一部分经济体所操纵，货币霸权和金融霸权时有体现。因此，我们注意到，近年来，我国领导人以及人民银行领导在许多场合都呼吁和倡导建立新的国际金融秩序。从境内看，金融资源愈来愈向东部沿海集中，愈来愈向中心城市集中，愈来愈向大型企业集中，东、中、西的差距也在扩大。这并不奇怪，毕竟从本质上看，这是由资本的本性所决定的。认识到这些情况，有助于我们各方面的金融发展，关注弱势群体、弱质产业，促进社会和谐与金融和谐，重视金融对社会薄弱环节的支持。

金融具有商业逐利和社会责任的二重性

金融机构是经营货币信用的企业，因此，天生具有逐利本性，也只有在追求利润中才能在经济系统中生存。过去我们常讲的一句话，银行爱做锦上添花而非雪中送炭之事。这仍然是对的。银行追求利润既是内在要求也是社会责任。我们对国有金融机构进行的一系列改革也是为了使其成为真正的银行。但我们也要看到，金融企业同时又是一种特殊的企业，是一种行为具有很强外部性的特殊企业。因此，中央银行进行逆经济周期的宏观调控是必要的，是维护公共利益的必要措施。金融机构也应树立适度利润的观念，约束自己的行为，主动配合国家的宏观调控，勇于承担更多的社会责任（比如在助学贷款方面的信贷提供，在通存通兑方面的服务收费降低，等等），树立起负责任的稳健经营者的形象。中央银行在社会经济发展中担负着重要责任，我们要充分认识我们职能的宏观性、社会性、系统性和基础性，努力为促进经济的科学发展和稳定发展作出应用的贡献。

金融具有同质统一和区域差别的二重性

在一个经济体内部和所有的产业中，金融的同质性表现得尤为突出。货币是统一的，政策是统一的，市场是统一的，金融基础设施是统一的，机构是垂直的，因此，从一定意义上讲，金融最有条件实现一体化。金融资本具有很强的流动性，因而很多国家在全国有着统一的市场，最多只有一两个金融中心。全国统一的市场要求不能因为行政区域的设置而出现分割。从金融业的发展运行规律来看，也需要在尽可能大的市场上寻求资金配置的机会；同时，也要求在不同空间的资金配置行为遵从统一的标准，服从统一的管理，使资金能够循着利润率的高低自由流动。但各个地区的具体情况毕竟千差万别，金融运行的生态环境各不相同，地方党政对金融的认识不同，自然身处其中的金融机构生存状态也不尽相同，这样统一的政策不可避免存在传导差异。因此，作为央行分支机构，我们也必须结合本地区的金融实际情况，探索本地区金融运行的特点，创造性地开展工作，积极拓展新的工作方式和工作载体，发挥中央银行的综合实力和效应。我们应当主动向地方党政宣传金融的规律，解释金融的规律，为地方金融资源的积聚和有效利用出谋划策，创造良好的金融运行环境。

金融具有利益共赢和利益排斥的二重性

在全球化、一体化的背景下，加强合作、争取利益是所有经济体的共同诉求。国家利益至上并没有因为经济的一体化而淡化，反而在一些领域得到强化。我们在国际政治领域、经济领域和军事领域听到许多不和谐的音符，有许多源于所谓的国家利益。因此，我们说，一体化主要体现在规则的统一方面，并不意味着不会发生货币战争和金融战争。宋鸿兵先生的《货币战争》一书，虽然有些观点危言耸听，但还是值得我们理性思考。毕竟，它从一些方面反映了金融的复杂性。在一个多元化世界里，现代金融还有许多未知领域值得我们观察和思考。毫无疑问，我们会从全球化中受益，没有改革开放，中国经济金融不会有今天，我们也不会有今天的幸福生活。但是，我们也要看到利益相互排斥的一面。全球经济金融一体化确实在一些领域使世界变平，但不同国家经济金融发展的差异也并没有消失。不同国家参与国际金融的程度不同、掌握的主动权不同，利益分配的结果也不同。所以，在现代经济条件下，金融兼具利益共赢与利益排斥的二重性，并不是说金融一体化就能解决金融民族性的特点。我们在从事金融活动的过程中，一方面要与外国金融机构充分合作，做大做强整个金融业这块"大蛋糕"；另一方面也必须维护我国金融机构在整个金融业中的主体地位，充分发挥金融业的核心作用。

在一个开放的时代，我们需要从全球视野制定我国金融业发展战略，继续坚持改革开放政策，着力提高金融竞争力，着力加强金融基础设施建设，着力改善金融生态，努力在竞争中实现共赢。

（《金融时报》2007.12.24）

研究货币政策规则的创新之作

——评卞志村博士专著《转型期货币政策规则研究》

　　货币政策的操作规范是指中央银行制定和实施货币政策时所遵循的行为准则或模式，它是决定一国货币政策有效性的重要因素之一。货币政策的功能在于通过货币政策工具的操作有可能实现中央银行特定的货币政策目标，无论这一目标是物价稳定还是经济增长或是其他，其最终效果均与货币政策的操作方式密不可分。根据现代宏观经济理论，货币政策的操作规范有两大基本方法：相机抉择和按规则行事。所谓"相机抉择"，是指中央银行在货币政策操作过程中不受任何固定程序或原则的约束，而是依据经济运行态势灵活地进行"逆经济风向"调节，以期实现货币政策目标。所谓"规则"，是指在货币政策实施之前，事先确定据以操作货币政策的程序或原则，即无论发生什么情况，中央银行都应按照事先确定的规则进行操作。

　　近期卞志村博士完成的专著《转型期货币政策规则研究》将这一领域的研究推进到一个崭新的高度。其著作在借鉴前人已有研究成果的基础上，运用大量宏观经济学的理论模型及计量分析方法对转型期中国货币政策操作规范的"规则与相机抉择"问题进行了系统的研究，实证检验了现阶段货币政策的操作规范，并对转型期中国货币政策规则的选择提出了对策建议。该书的选题是货币经济学的前沿性课题，也是中国提高宏观金融调控效率必须解决的问题。作者阅读分析了大量的相关文献，密切结合中国实际，对中国货币政策规则进行了系统而又深入的研究，具有较高的学术价值。

新颖的"问题导向型"研究思路

　　我们知道货币政策规则与相机抉择之间的争论由来已久，最早可以追溯到 19 世纪中叶的银行学派与通货学派的学术讨论。20 世纪 90 年代以来，尤其是在此领域作出重要贡献的基德兰德和普雷斯科特于 2004 年获得诺贝尔经济学奖后，货币政策规则的研究再一次成为了热点，推动着货币政策理论的发展与演化，各国货币当局实践检验着不同货币政策规则的有效性，为我国货币政策的制定与执行提供了极有价值的借鉴。卞志村博士的这本《转型期货币政策规则研究》学术专著正是在此基础上，提出和研究转型期中国货币政策操作的三大问题：中国当前货币政策操作实践究竟是"相机抉择型"还是"规则型"操作？对中国来说，哪一种货币政策操作规范更优？如果是"规则型"货币政策更优，我们应选择何种规则？这三大问题的提出为我们研究货币政策问题提供了很好的研究思路，使我们跟随作者的思路开始整个研究，是研究理念的一种创新。

该书按照问题导向的研究思路，提出了切合我国转型实际的政策建议。我国自 1988 年开始有独立的货币政策概念以来，中央银行充分利用各种货币政策工具进行货币政策操作，特别是 1998 年以来，间接宏观调控体系日趋成熟。但是，许多学者认为，我国货币政策的有效性程度并不高，还有许多地方值得改进和完善。该书首次运用货币政策状态模型，从分析我国货币政策的实际调控效果出发，实证模拟了规则型货币政策操作的效果，得出了规则型政策优于相机抉择型政策的实证结论，提出在转型期货币政策操作规范应该从相机抉择转向按规则行事，并对工具规则和目标规则在中国的适用性进行实证检验。在积极创造满足实行通货膨胀目标制各项条件的同时，该书认为中国中央银行应尽快实现向规则型货币政策操作的转型，并提出了过渡期的安排：实行既关注产出，又关注通胀的符合中国转型期国情的混合名义收入目标框架，以促进中国经济的协调健康稳定发展。这种研究思路清晰自然，运用货币政策状态模型，实证模拟了中国规则型货币政策操作的效果，在国内学术界是首创。对我们研究此类问题有很强的借鉴意义。

科学的时间视角分析框架

我们普遍认为，如果相信代理人是前瞻性的，规则较相机抉择就有相当明显的优势。因为规则既解决了货币政策执行过程中的时间非一致性问题，又能消除通胀偏差给社会福利带来的损失。

卞志村博士在《转型期货币政策规则研究》中在现有货币政策规则的回顾总结方面，构建了一个时间视角的研究框架，将货币政策的研究纳入其中，这种分析框架是科学的，具有创新性。由于经济政策的目标特征以及用以描述经济运行的模型特征决定了相应规则的特性，作者从一个多世纪前的金本位制时期开始，采用了三种时间界定的分析模型：短期随机 IS－LM 模型，讨论利率规则和货币规则的短期选择问题，即普尔模型问题中规则的作用；中期 AS－AD 模型，主要包括工具规则和目标规则，工具规则以泰勒规则为代表，而通胀目标规则则是最流行的目标规则来进行研究；长期增长模型，将所谓的芝加哥规则放入一个简单的实际货币余额增长模型中进行考察。这种以时间视角的分析框架，是很有创新意义的。而且在总结前人理论的基础上作者还指出："未来的货币政策规则理论的发展重心最可能是在设计易于实施且普遍适用的规则方面。那些有利于稳定经济发展的规则当然要比那些增加经济波动的规则更受欢迎。"

作者扎实的理论功底和缜密的研究方法，值得学习和借鉴。比如，作者并没有简单地一味地在前人研究的若干理论上做文章，而是经过筛选，以把若干模型纳入到一个独特的科学的时间视角的研究框架中，用专门的章节进行介绍和应用，可以看出作者具有很强的研究功底和严谨的研究思路。

创新的"相机抉择型规则"研究理论

规则与相机抉择作为两种货币政策思路，是各有利弊的。尽管规则比相机抉择拥有时间一致性的优势，但墨守成规，片面追求遵循固定的政策规则也会导致全社会的福利损失。因此，卞志村博士在《转型期货币政策规则研究》中提出的在货币政策操作中规则优于相机抉择，但应将相机抉择的优势吸引到规则中来的思想具有创新价值。即：在研究最优货币政策规则的同时，应不忘发挥相机抉择型货币政策的优点，尽量在规则中溶入相机抉择的成分——"相机抉择型规则"。并指出："由于通货膨胀目标制在这方面具有明显的优势，故中国应积极创造条件，适时实行通货膨胀目标制。"

自从 1984 年中国人民银行正式履行中央银行职能以来，我国货币政策操作方式一直处在不断摸索的过程之中，具有浓厚的"相机抉择"的色彩，尤其是 1993 年的金融体制改革之前更是如此。相机抉择的货币政策呈现出"松—紧—松"的态势，经济运行总是处于"过冷"或"过热"的交替之中。近年来，中国货币政策操作方式已经开始出现明显变化。目前，无论是决策部门还是研究部门，都渐渐形成了"不能依靠货币刺激经济增长"的观点，主张货币政策操作应按"规则"行事。中国人民银行从 1993 年开始按季度公布 M1 和 M2 的增长率，并于 1996 年正式将货币供应量作为货币政策的中介目标，无疑是在货币政策规则探索上的一个很大进步。然而，在现实运作中，以货币供应量为中介目标出现较多问题，如：货币供应量与宏观经济指标的相关性有所降低，货币供应量的可控性降低，货币供应量的统计不完全的等问题。面对这种情况，单一固定规则则显得过于僵化，固定规则与相机抉择之间灵活度与可信度的冲突尤为明显。因此，选择正确的政策操作规则，对于宏观调控决策者来讲十分重要。从这种意义上说，该书对转型期中国货币政策规则问题的研究具有重要的现实意义，其提出的创新的"相机抉择型规则"货币政策无疑对指导我国货币政策的制定和操作具有深远的影响。

前沿的流行分析工具和目标理论

恰当的分析工具或研究理论的使用十分重要，以致在很大程度上就决定了你在该领域里的研究水平。没有适当的分析方法和工具，就没有研究深度和层次，就无法提出有高度的新的理论观点。没有适当的理论支持，纵然有了充足的资料和数据，也只可能是一些浅层次的议论（我国过去的经济理论研究多数受此障碍；中国经济学今后的发展方向之一就是要尽可能全面地吸收已为国际学术界广泛使用的规范理论和分析工具）。其实，在一般意义上学术研究成果同企业界生产产品的道理是相同或相通的。对原材料的加工程度越深，即所谓"深加工"，其产品的附加值也越大。学术研究亦如此。对数据资料的分析越是深入，"加工"

越细，就越有可能在前人的研究理论中发现新的理论观点，并且其理论的可信性或说服力也越大。这里进行"深加工"的方法是至关重要的。《转型期货币政策规则研究》从理论和实证两个方面系统研究了处在转型期的中国究竟应该采用哪种货币政策操作规范这一重要现实问题，进行了"深加工"，作出了有益的尝试，值得肯定。

作者通过对中国数据的实证研究发现，泰勒规则和通货膨胀目标制这两大流行规则目前在中国的货币政策实践中都不是非常适合，但是作者并没有因为研究这两大流行规则在目前的适用性不强而停止研究，而是很具有前瞻的头脑和科学的研究思路进行进一步思考，结合我国改革开放步伐的加快，利率市场化和汇率体制改革的深入，各层次经济主体预算约束强化和中国中央银行货币政策可信度和透明度的进一步提高，通过对两大流行规则在中国的拟合效果对比，发现通货膨胀目标制远远优于泰勒规则，提出应寻找一个过渡安排，采用混合名义收入目标框架，作为向通货膨胀目标制转型的过渡期安排，这不仅仅是实践，更是思想试验，是在总结前人理论的基础上，作者进行"深加工"以探索其理论的根源。尽快实现中国的"规则"型货币政策成分对经济运行发挥主导影响作用。我国中央银行应积极创造实行通货膨胀目标制框架的各个条件，以最终实现向通货膨胀目标制的转型。

宽泛的研究视野

考虑到我国在经济转型的同时，经济的开放度水平越来越高，该书在分析最优货币政策规则时，更是具有宽泛的研究视野，将开放经济因素纳入分析框架。在一个开放经济中，最关键的经济指标应该是汇率。在一个实行固定汇率制（或盯住汇率制）的国家中，最优货币政策规则可以不考虑汇率因素。但我国的汇率体制改革的方向已经明确，尽管没有市场化的历史汇率数据可供实证分析，但仍应研究采用货币状况指数（MCI）的货币政策规则，以完善中国转型期的货币政策规则体系的设计，并得出结论：在开放经济中，通货膨胀目标制和泰勒规则都是次优的。

作者通过对货币政策操作规则进行理论和实证研究，一方面对货币政策制定和操作的系统性和科学性提供必要的决策支持，另一方面还提高货币政策的透明性、可信性和有效性。更为重要的是，对最优货币政策规则的研究为货币政策体制的设计及货币政策的评价提供了一个客观的参考基准。并且指出我国货币政策操作规范的选择、作用方式和效果应当具有自身的特征，不能简单地全面照搬西方的货币政策操作理论，必须有步骤、有选择、适时地加以采用。我国应降低货币政策动态非一致性带来的消极影响，深化金融体制改革，增强中央银行的相对独立性，努力提高央行货币政策的信誉，保持通胀率在适度的范围内，这才应是我国的可行性选择。

（《金融时报》2007.05.28）

客观认识 GDP、GNP 的差异

GDP（Gross Domestic Product）是指一个国家（或地区）在一定时期内所有常住单位生产经营活动的全部最终成果。GNP（Gross National Product）是指一个国家（或地区）所有国民在一定时期内新生产的产品和服务价值的总和。GNP 与 GDP 的关系是：GNP 等于 GDP 加上本国投在国外的资本和劳务的收入再减去外国投在本国的资本和劳务的收入。

GDP 与 GNP 的异同

GDP 与 GNP 的相同点

1. GDP 与 GNP 作用相同。两者均用以反映一国或地区当期创造的国民财富的价值总量，是衡量一国或地区经济规模的最重要总量指标。通过计算 GDP 增长率或 GNP 增长率，可以衡量一国或地区经济增长速度的快慢；通过计算人均 GDP 或人均 GNP，可以衡量一国或地区经济发达程度，或反映国民收入水平及生活水平的高低。

2. GDP 与 GNP 价值构成相同。两者在价值构成上均表现为"增加值"。

GDP 与 GNP 的不同点

1. GDP 与 GNP 计算口径不同。GDP 计算采用的是"国土原则"，即只要是在本国或本地区范围内生产或创造的价值，无论是外国人或是本国人创造的价值，均计入本国或本地区的 GDP。而 GNP 计算采用的是"国民原则"，即只要是本国或本地区居民，无论你在本国或本地区内，还是在外国或外地区所生产或创造的价值，均计入本国或本地区的 GNP。

2. GDP 与 GNP 侧重点不同。GDP 强调的是创造的增加值，是"生产"的概念。GNP 则强调的是获得的原始收入。

相对来讲，在开放经济条件下，对一国财富总量的统计，GDP 越来越优于 GNP。因此，20 世纪 90 年代以前，资本主义世界各国主要侧重采用 GNP 和人均 GNP。但进入 90 年代后，96% 的国家纷纷放弃 GNP 和人均 GNP，而开始重点采用 GDP 和人均 GDP 来衡量经济增长快慢以及经济实力的强弱。目前，一般将国民总收入 GNI（Gross National Income，指一个国家或地区所有常住单位在一定时期内收入初次分配的最终结果）看作是 GNP，各国（包括中国）也仅对外公布 GDP 与 GNI 数据，GNP 数据已基本不再统计和发布。

从国际组织看，由于职能的不同，IMF 仅关注 GDP，以分析世界各国的经济增长；而世界银行则既关注 GDP 也关注 GNI（GNP），一定程度上讲更为关注 GNI（GNP），以分析世界各国的贫富差异。

GDP 与 GNP（GNI）引致的经济增长方式的差异

美国经济学家萨缪尔森认为，GDP 是 20 世纪最伟大的发明之一。他将 GDP 比做描述天气的卫星云图，能够提供经济状况的完整图像，能够帮助领导者判断经济是在萎缩还是在膨胀，是需要刺激还是需要控制，是处于严重衰退还是处于通胀威胁之中。如果没有像 GDP 这样的总量指标，政策制定者就会陷入杂乱无章的数字海洋而不知所措。

然而，近年来，改变粗放的经济增长方式，扩大内需的呼声也引发了经济政策是追求 GDP 还是 GNP 的争论。主流观点认为，在经济政策上更为追求 GDP 或 GNP，会导致不同的经济增长模式，即内源性经济增长模式或输入性经济增长模式。

（一）如果一个国家或地区在经济政策上更为关注 GDP，那就会更注重本国产业的成熟和发展，而不在乎支撑这些产业发展的是国内企业还是国外企业。当然，随着 GDP 的增长，政府也会有相应的税收。如果在经济政策上更关注 GNP，则不仅本国产业要发展，而且应当是本国企业支撑了本国产业的发展，不仅要增加税收，而且要有实实在在的盈利。于是，前者会更倾心于招商引资，会把招商引资作为经济工作的重中之重，后者则会重视本国企业，包括国有企业和民营企业的发展。

（二）以 GDP 或者 GNP 作为经济政策的主要追求目标，在一定的

GDP 水平下，会导致本国人民的富裕程度不同。这一方面的典型案例是新苏南模式和温州模式的比较。2004 年，随着苏州经济一路高歌，GDP 总量首超深圳，新苏南模式达到了中国经济发展样板的制高点。但这些掩盖不了新苏南模式的缺陷，被喻为"只长骨头不长肉"，GDP 上去了，政府的财政收入上去了，老百姓的口袋仍是鼓不起来，利润的大头被外企拿走，本地人拿的只是一点打工钱。2004 年苏州的 GDP 是温州的两倍，但苏州老百姓的人均收入只及温州的一半。

（三）推崇 GNP 蕴涵的是一种内生的增长模式，内生的增长模式的动力源泉来自于民间发展经济的冲动。而推崇 GDP 实际上是一种输入性的增长模式，其动力源泉来自于政府，是地方政府在发展地方经济，也包括政绩考核的驱使之下，以优惠的条件大举招商引资。内源性经济增长模式相对扎实，输入型增长模式由于资本的趋利性，如果有更好的投资区域，资本就会流走。

GDP 与 GNP（GNI）的差异问题

一般来讲，各国的国民生产总值与国内生产总值二者相差数额不大，但如果某国在国外有大量投资和大批劳工的话，则该国的国民生产总值往往会大于国内生产总值。20 世纪 80 年代末 90 年代初，随着经济国际化和全球化，许多国家的 GDP 与 GNP 两个指标差值越来越大。对于发达国家而言，一般表现为 GNP 大于 GDP；而对于发展中国家而言，则一般表现为 GDP 大于 GNP。两者的差异，最终表现为国与国之间生产要素不均衡下的财富转移。

从市场经济发达国家、新兴市场国家以及转型经济国家选择 10 个国家（美国、英国、德国、罗马尼亚、波兰、墨西哥、韩国、印度、泰国、中国），对其 GDP 与 GNI 数据作一比较可以看出，虽然发达国家 GNI 与 GDP 在 2000 ~ 2005 年互有高低，但 GNI 的总体规模大于 GDP。转型经济国家和新兴市场国家的 GDP 普遍大于 GNI。从所选的 10 个国家，特别是从发达国家情况看，经济结构的不同类型和所处经济周期的不同阶段，都会影响 GDP 与 GNI 的差异，其内在规律有待进一步分析。

从国内情况看，1985 ~ 1994 年的十年间，我国 GDP 和 GNP 相差不大，且互有大小。1993 年以后，GDP 均大于 GNP（GNI），1985～2005 年累计 GDP 比 GNP（GNI）多 10895.7 亿元，平均每年多 518.84 亿元。

相关建议

GDP 和 GNP 的差异及其引致的经济增长模式的不同，会在选择经济增长模式、制定经济增长政策方面产生深远的影响。

在一定程度上，产业或企业的国际竞争是 GNP（GNI）的竞争，内生增长模式较之输入性的增长模式其优越性显而易见。从国际上看，日、韩的产业竞争力，是靠本国企业支撑的。一个国家、一个地区，不可能始终靠外资企业增强自己的竞争力。经济增长的结果不仅是简单做大，而要有实实在在的盈利。因此，必须适时地给予 GNP（GNI）以高度重视。

科学地策略性地利用输入性经济增长战略。发展中国家或地区所以欠发达，就是因为资本、技术、人才和管理经验的短缺。因此，在经济发展的最初阶段，适当地利用外资，在引进外资的同时，引进其先进的管理经验，可以成为经济发展初级阶段的一种选择。然而，在经济进一步增长的过程中，应注意发挥引进企业的带动作用，以最终培养起内生的经济增长力量。

内生经济增长模式来自于本土的企业。经济政策的设计应有利于本土企业的脱颖而出和振兴成长。应当对国内资本包括国内民间资本的行业进入、区域流动的政策更为宽松，对长期以来在一些领域给予外资的优惠政策进行必要的修正。

（《金融时报》2007.02.05）

金融政策实施中的对外沟通

准确把握有效沟通的基本含义

在过去很长时期，我国政务部门、金融机构和企业大都把负责对外宣传的部门叫宣传部或宣传处。随着国际交往的增多和改革开放的深入，这些情况正在逐步发生变化，负责宣传的部门有了更多的称谓，有的叫新闻信息部（处），有的叫公共关系部（处），有的叫沟通战略部（处）。如果我们留心观察相对应的英文，变化更是显而易见。以往，一些人简单化地把宣传翻译为 Propaganda，现在出现了多种译法，有的译 Publicity，有的译为 News and information，有的译为 Publicrelations，有的译为 Comunacation。

这些变化似乎只是字面和形式上的，但蕴涵着一些深刻的变化和丰富的内容，反映了新时期新闻宣传工作的着力点正在从传统意义上的宣传转向有效的对外沟通。传统意义上的宣传，往往是单向的信息传递和传播，而相对忽视双向的互动式交流；非常强调正面的宣示，而忽视负面问题的危机公关；往往是局部性工作宣传，而不是全面的、全方位的充分沟通。这种做法的优越性在于能够充分反映和体现一个机构的工作成果和水平，但难以满足市场发展对金融信息日益增长的需求。

随着经济金融体制和政府管理经济方式的不断完善以及市场主体自主意识的增强，有效沟通成为新闻宣传工作面临的新课题和新任务。所谓有效沟通，本质上是公共关系，是一门科学和艺术，是双向交流。这就要求金融管理机构建立富有效率的对外沟通方式和载体，不断提高沟通的专业化水平和科学化水平。必须指出，有效沟通并非时时需要将所有信息和盘托出。一方面透明度本身是把"双刃剑"，另一方面是基于我们认识本身的局限以及所面对问题本身的不确定性，即使最充分、有效的沟通也不能代替公众对市场的独立判断。

在现代市场经济条件下，有效沟通大体包含三方面的内容：一是透明度建设。不仅指政策、法规和信息的充分披露，也包括治理结构的改善。在很多人看来，治理结构的改善是保障信息完整、真实的关键。二是公共金融教育。良好和持续的公共教育是政策实施的基础，同时也是各参与市场主体保持预算平衡、有效防御风险的关键。三是危机公关。在不确定的环境下，每个健全的机构都需要建立一套有效的理性的应急机制，妥善处理各种可能的突发事件和负面问题，以维护形象、减少损失、维护稳定。

金融外汇政策的实施离不开有效沟通

强化沟通是中央银行有效实施政策的客观需要。人民银行和外汇管理局虽在工作上有所侧重，但实质上都在共同履行中央银行的职责。它们的政策目标完全一致，不以盈利为目的，而是为了维护币值的长期稳定、维护金融长期稳定、维护经济的可持续发展；它们不是任何利益团体代言人，不是短期利益的追逐者和局部利益保护者，它时时需要在不同利益间、内外均衡间、短长期关系间进行权衡和取舍，以保持行动和政策的平衡性、系统性、一致性和可持续性。这样的职能具有广泛的宏观性、社会性和市场性。要履行好这样的职责，需要具有高度的政策透明度，需要有效的社会沟通。

重视金融政策沟通是中央银行的普遍趋势。最近几年，政策实施与对外沟通更加得到重视和关注，正日益走向专业化、科学化，类似议题的国际交流也日益增多。但各国在沟通方式和战略上有所侧重。一些中央银行已把透明度建设引入政策实施的各个环节，比如，欧洲中央银行就在其互联网和年报上公布经济预测模型、政策量化目标、经济金融判断指标分析体系，等等。

在我国金融政策实施的各个环节加强有效沟通显得尤为重要。在计划经济体制下，由于预算软约束，经济活动依照计划安排进行，经济主体不关心也没有必要关注政策的变化。在市场经济体制下，一方面，政策决策和制定主体需要随时了解市场及其参与者的相关需求和变化，而不断矫正和完善政策；另一方面，由于市场约束力不断增强，各类经济主体需要根据政策和市场的变化进行相机抉择和调整，迫切要求扩大政策信息的知情权。这就要求不同经济主体以更加科学有效的方式进行沟通。

从一定意义上讲，有效沟通是政策有机的重要组成部分，也是一种政策实施的方式和手段。在成熟的中央银行运作中，这种工作方式正变得越来越重要且无法替代。与政策实施其他方式相比，这种方式具有更大的灵活性，它可以在任何合适的地点、合适的场合、合适的时间，由合适的人以合适的方式进行，从而可以随时传达政策意图，引导市场预期，减少经济的异常波动，以有效降低经济交易活动的成本和经济调节的成本。

有效沟通是提高中央银行和外汇局软实力的重要方面。一个机构的综合实力，除了包括法律赋予的各项硬职能外，还包括很多方面的软实力。这些软实力包括：（1）对经济金融的洞察力和判断力，也就是研究力；（2）在社会经济发展中的话语权和沟通能力；（3）对社会经济主体特别是金融机构提供公共金融服务和产品的宽度和能力；（4）央行的文化建设和先进理念。在很多情况下，中央银行的软实力要通过有效沟通显现出来。

如何有效地对外沟通

经过多年的实践，人民银行和外汇局已经建立了一整套行之有效的新闻制度和新闻宣传方式，对外沟通工作逐步深化。比如，定期的新闻信息发布、行领导的重要演讲、政策实施蓝皮书、记者访谈、金融知识展览以及其他形式的信息沟通。但是，对外沟通工作在总行、总局与分支行（局）等不同层面还呈现较大的不平衡性，分支行（局）在这方面的工作相对薄弱。

政策的统一性与同质性客观上要求对外宣传与沟通应统筹规划，加强指导，步调一致。对于上下垂直的体系或机构，对外保持统一声音十分重要，在任何时候都要维护统一的政策和整体形象。但要使统一的政策有效传导和贯彻下去，也应在统一管理规范的约束下，允许和鼓励各地因地制宜，探索适合本区域经济金融发展水平的对外沟通实现形式。对于分支行（局）而言，要紧密结合履行职责的要求，积极有效地加强与当地政府部门、金融机构与企业、新闻媒体、国际社会、社会公众的沟通。

与国际社会沟通的目的在于，全面、准确阐述中国的基本经济金融政策以及我们在一些重大问题上的立场、观点和方法。在金融全球化的背景下，任何问题和事件既是国内的又是国际的，重视舆论的国际影响力对于建立互惠共赢的对外开放战略十分重要。在我国日益融入国际经济金融体系的进程中，不可避免地会面临着一系列误解、矛盾和冲突。比如，观念的冲突、标准的冲突、利益的冲突、文明的冲突，等等。这就需要我们从战略的高度，加强与国际社会不同方面的沟通，减少和中和各种负面的声音，增加我们自己的声音和共识。为此，我们需要培育良好的国际沟通意识，建立良好的沟通战略和方式，有针对性地对国际社会普遍关注的金融问题作出回答，充分利用各种国际论坛和国内外主流媒体传播相应的观点和主张。

与政府特别是地方政府沟通的目的在于，增强政府相关部门对中央银行性质、职能和作用的认知，有效传导和实施金融政策，建立金融与经济良性互动的金融生态环境。在很多情况下，中央银行的政策目标与地方政府的发展目标并非完全一致，甚至会有矛盾和冲突，这就要求加强相互理解和沟通。与地方政府沟通既是一个老问题也是一个新课题。我们应当通过定期通气、信息交流、问题研讨、知识与热点问答、经济金融监测与分析等多种方式，全面介绍中央银行及其分支机构在促进区域经济发展中的作用，使政府有关部门理解、支持和重视金融工作。

与媒体沟通的目的在于，扩大政策与政务信息的影响力、渗透力，增加受众自觉适应和执行政策，最大限度地发挥政策的效应。媒体的力量是巨大的，也是无法替代的，对任何媒体关注的问题，政府部门不能放任炒作，不能采取简单回避的态度和做法，而应以适当的方式适时应对。关键在于寻找到一个平衡点，使新闻性、理论性和政策性有机结合。在目前情况下，要通过有效沟通使媒体更好地发挥出正确舆论导向作用，在维护金融稳定和国家利益方面承担更多的社会责任，并使之成为公共金融教育的重要载体。

　　与金融机构和企业有效沟通的目的在于，引导这些经济与市场主体积极适应金融体制和金融政策的变化，最大限度规避和防范金融风险和财务风险。随着调控方式和监管方式的转变以及金融体制改革的纵深推进，中央银行和其他管理机构在金融市场培育和建设方法采取了一系列措施，我国利率市场化和汇率形成机制改革正在发生深刻变化，这对商业银行和企业的经营管理带来了机会、压力和挑战。因此，需要引导主要市场主体对其资产负债管理模式进行相应调整以适应新的变化。特别是，要引导金融机构和企业及时进行体制创新、制度创新和业务创新，以有效管理资产和风险。在人民币汇率形成机制改革后，人民银行、外汇局以及其他监管机构积极引导金融机构推出了一些衍生金融工具，但创新规模和力度还远远不够，仍需要持续不断地宣传，以拓宽金融的深度和广度。

　　与公众有效沟通的目的，不在于帮助他们获取多大的盈利，而在于培育良好的金融意识和风险意识。一是通过广泛的公共金融教育，增进社会公众对各类金融机构和金融市场的基本认知，了解金融在社会经济发展中的作用。二是促使公众有效运用金融管理资产和负债，以便使其在收入、支出、资产、负债之间保持平衡预算。三是加强诚信教育，培育良好的信用环境。

　　　　　　　　　　　　　　　　　（《金融时报》2006. 09. 18）

研究是中央银行的天赋职能

研究是中央银行一贯十分重视的工作。在中央银行职能转化之后，怎样从实际出发，进一步加强中央银行的研究工作，是深化经济和金融体制改革的需要，也是履行好中央银行职责的需要。

一、研究是中央银行与生俱来的属性，深刻认识这一属性有助于从制度上和人力资源配置上加强人民银行的研究工作

在央行多元化的职能中，我们注意到一种现象，人们可以赋予央行除两大职能以外的各种其他功能，也可以把一些职能从央行中分离出去。但对于研究，是很多央行挥之不去的。从一定角度看，研究可看做央行的第三大职能。与其他两大职能一样，研究具有无法替代的属性，同时，又与央行其他的职能密切相关。这种职能不是外部强加的，是一种天赋职能。

为什么央行如此强调研究？这是由央行特殊性质和地位所决定的。央行不是一个纯粹的政府机关，不是一个纯粹的金融部门，也不是一个纯粹的研究机构，而是一个相对中性并具有特殊作用的机构。随着现代市场经济的发展，这一特殊机构在社会经济发展中的地位更加凸显。央行对社会的作用，不在于它拥有多大的行政权力，也不在于它对经济发展提供了多大的流动性支持，而在于它能否提供一个稳定的货币金融环境以及对经济运行的话语权和驾驭调节能力。央行的政策目标是不以盈利为目的，而是为了维护币值的长期稳定、维护金融长期稳定以及经济的可持续发展；央行不是任何利益团体的代言人，不是短期利益的追逐者和局部利益的保护者，它时时需要在不同利益间、内外均衡间、短长期关系间进行权衡和取舍，以保持行动和政策的平衡性、系统性、一致性和可持续性。因此，没有任何一个部门的性质和职能像央行这样具有

广泛的宏观性、社会性和市场性。在许多情况下，央行需要依靠自身的力量对市场状况以及经济金融趋势作出独立判断，并据此进行决策。这种决策需要持续的市场检验，不因政府的更替和换届而进行重大调整。在不确定的环境下，要履行好上述职能，必须准确分析和判断经济金融运行中各变量的关系，这就需要强有力的研究做支撑。

综观各国央行研究职能，大体可概括为四个方面：第一，提供有价值的经济金融研究成果和信念，支撑宏观决策；第二，支持央行自身政策的日常操作；第三，向社会、市场和公众传达政策见解，增强公众的金融意识，引导市场预期；第四，拓宽员工视野，提供分析方法。

自人民银行成立以来，人民银行内设研究机构虽历经变迁，但研究功能不断强化。目前，已基本形成了以各级行专业研究机构为主体，各级职能部门专业研究为补充，分工协作的研究体系。这一体系将金融基础研究与政策研究、专业功能性研究有机结合起来，对繁荣金融学术研究和支撑央行决策发挥了积极作用。

二、加强研究是更好履行分支行职能的必然要求，是创造性开展工作的基础，也是提升人民银行分支行社会影响力的关键，唯有不断加强研究工作，才能确立新时期分支行工作的着力点

经过几年的职能转换，我们已经逐渐摆脱了以往的传统思维，要求增加行政权力、政策工具和势力范围的呼声逐渐弱化。但是，从根本上解决思想认识问题、真正适应新体制的要求还需更长的时间。因此，如何加快转变思维方式和工作方式，更好地适应新的体制对分支行所提出的各项要求，以便从思想上、行动上确立分支行的工作定位乃显得尤为迫切。

职能转换后，分支行的工作空间是大了还是小了？对此一直有不同的看法。不少同仁曾坦言，现在看得见、摸得着的事少了，时常感到无事可做。对这一问题要辩证地看，如果我们还是停留在以往的思维和做法上，仍依恋于过去的行政监管职能，就必然有失位之感，甚至会觉得无所事事。但是，如果从更加系统的角度看待人民银行的新职能，主动分析市场、研究市场，就觉得地更阔、天更高。人民银行近几年通过创造性的工作，在完善宏观调控促进经济金融发展、推进金融改革等方面发挥了重要作用，不仅赢得了更大工作空间，而且社会影响力也不断提升。这样的工作空间来自系统化的思维和深入的研究。这些成绩与我们分支行的工作也密不可分，是我们共同的荣誉和财富。必须清醒地认识到，人民银行总行、分行、中心支行是一个法人、一个机构、一个整体，工作性质和总体目标完全一致，只是在工作和职能分工上有所区别和侧重，而且各级行的工作是有机的、互补的和不可替代的，正是上下一致的协调和努力，才促使了各项政策目标的实现。作为分支行，只有重视研究，才能为自己争取更多的生存空间和工作空间，才能找到自己在历史中和社会中的方位。

谈到分支行的作用，这里我想引入"中央银行软实力"这一概念。何为软实力？按照哈佛大学约瑟夫·奈的观点，一个国家的综合实力，包括经济、科技、军事等表现出来的硬实力，也包括以文化、意识形态等诸方面体现出来的软实力。央行的综合实力，除了包括法律赋予的各项硬职能外，还包括很多方面的软实力。这些软实力包括：（1）对经济金融的洞察力和判断力，也就是研究力；（2）在社会经济发展中的话语权和沟通能力；（3）对社会经济主体特别是金融机构提供公共金融服务和产品的宽度、深度和能力；（4）央行的文化建设和先进理念。从这种意义上讲，央行具有无限的工作空间。

应当看到，随着金融业不断发展和金融改革开放的深化，人民银行在宏观调控和促进经济发展中的地位和作用更加突出，为保证央行各项决策的前瞻性、科学性和有效性，迫切需要加强对金融改革与发展中重大问题的研究，迫切需要加强对经济金融现象及其发展规律的研究，迫切需要加强金融政策实施中问题与动态的跟踪研究。人民银行分支行作为总行的派出机构，在政策研究和区域经济金融分析中应当发挥更加独特的作用。

加强研究是适应央行职能转换的客观需要。如前所述，随着金融市场的快速发展和中央银行体制的不断完善，人民银行强化了制定和执行货币政策的职能，强化了有关金融市场和金融机构运行规则的完善和监测的职能，强化了维护金融体系稳定和国家金融安全的职能，强化了对国际金融市场监测和风险预警以维护国际收支平衡的职能，强化了社会信用体系建设和完善的职能。应当说，现在人民银行的职能越来越宏观化、系统化、社会化和市场化。无论是履行过去传统的服务职能还是履行逐渐强化的职能，都需要创新和探索，要求我们高度重视并重新审视和规划研究工作，要求我们把研究渗透到其他工作中去。只有这样，才能在日益复杂的新形势下，了解新情况，跟上新变化，解决新问题，化解新矛盾。

加强研究是保证总行科学决策的有力支撑。有一种观点认为，总行决策主要依据经济金融运行的总量指标，与分支行关系不大；还有一种观点认为，随着科技发展和数据集中，分支行的支撑作用会逐步削弱。这些观点是片面的。首先，关注总量并不意味着可以忽视区域和个体的情况；其次，非现场监测和分析在很多情况下不能代替现场调研和案例分析；最后，决策集中并不排斥广泛的研究和信息支持。没有分支行研究信息的支撑，就会影响总行决策的完整性和科学性。

三、应当从制度上和人力资源配置上完善人民银行的研究体制，整合资源，合理分工，不断提高研究工作的科学性和专业性，更好地为总行决策和区域经济发展服务

人民银行系统人才济济，从事与研究工作有关的人员数量规模不算小。但是由于多方面原因，没有形成专业化优势。我们应当积极借鉴外国央行的先进经验，优化研究资源的配置，从制度上、机构设置上、人力资源配置上保障研究工作。这样做，有利于减少低水平重复研究的现象，有利于保持研究工作的连续性和传承性，从而有助于提高研究工作的效率和水平。

作为总行的派出机构，要准确把握研究定位，量力而行。要根据人民银行分支行的性质和职责，以及总行对研究工作的总体要求，坚持实事求是、理论联系实际、求真务实的研究作风，围绕人民银行的中心工作，金融改革中的重大问题以及区域经济金融特点和发展需要进行研究，努力做到以研究支撑决策，以研究推进改革，以研究促进发展，以研究改进工作，以研究带动队伍。在研究的定位上，应主要把握好以下几个方面：

——立足区域，面向宏观。作为派出机构，分支行研究工作要量力而行，紧紧围绕分支行工作职责和辖区经济金融特点和实际确定选题，发挥区域优势，有的放矢，有针对性地开展调研工作。同时又要面向宏观，以更加开放的思维发现问题、研究问题，充分体现全局性、系统性和前瞻性。

——立足理论，面向实际。要注意研究的规范性，注意相应的理论支持和逻辑的一致性，善于从系统性理论角度研究实际问题，避免就事论事、前后矛盾。要将理论研究同推动实际工作有机结合起来，注重实效性，力图做到相互促进，相得益彰。要组织力量，对金融实践中难点、热点、重点问题进行理论攻关，创造性地开展工作。

——立足金融，面向经济。要从促进经济全面协调可持续发展的高度，确定金融研究课题，研究经济发展对金融业的影响和需求，当前要特别重视产业结构升级、自主创新、新农村建设的金融支持等方面的研究。继续加强对金融生态与经济发展相互关系的研究。要从促进金融业的协调发展角度，关注边缘性、交叉性问题，如人民银行与银证保各监管机构的分工协作问题、金融控股公司的发展与风险防范问题，等等。要通过对金融现象的透析，挖掘经济方面的深层原因，在保证金融业持续科学发展的同时，更好推进经济发展。

——立足政策，面向市场。加强对金融政策实施和传导跟踪研究，建立适时有效的政策评估反馈机制。加强对辖内经济运行、金融运行、金融稳定、进出口、资本流动等情况的监测分析，及时提出对策建议。要关注要素市场和消费品市场的趋势，及时研究市场运行中出现的热点问题，特别是要重视对各种衍生金融工具市场的研究。

在新的历史时期，中央银行分支行研究工作面临很多新的机遇和挑战，我们应当从经济金融体制改革的需要出发，进一步发展人民银行分支机构研究工作新局面，为更好履行分支行职责和促进经济金融发展作出应有的贡献。

（《金融时报》2006.05.15）

非理性博弈为何普遍存在

孩子为什么时常向父母讨价还价，调离多年的员工为什么要求回原单位，存款人和投资人在遭遇风险和损失时为什么要找管理部门，企业和银行为什么有时合谋套取银行贷款，金融机构为什么会不计成本和风险而盲目扩张，一些地方政府为什么总想以各种手段获取中央资金……

上述现象通常不是发生在两个同质主体之间，而往往在个体与组织、债务人与债权人、被监管者与监管者、地方与中央之间进行。那些看上去处于弱势地位的博弈者，可能恪守这样的信条，"会哭的孩子有奶吃"。他们相信，通过讨价还价可以得到所期待的东西，损失和风险会得到弥补和救赎。

博弈本是市场经济活动中的正常现象。每个市场参与主体都希望通过理性的行为，实现功能或利益的最优化或最大化。这样的思想来自经济学鼻祖亚当·斯密，也是市场经济条件下大家普遍认同的观点。但是，当一些市场参与者企图超越责任和约束，以非法、非秩序和非道德形式获取不当得利时，便可能产生非理性博弈问题。

非理性博弈在社会经济中随处可见，从政策调整、国债资金配置的争夺到企业和金融机构的资本重组，从经济利益调整到国际经济关系协调都普遍存在。以小博大，以弱博强，以非规范行为博取合法利益，是常见的体制现象和社会现象，反映了我国经济体制转型之困。非理性博弈引发了一系列政策倒逼和社会道德风险。诸如，不良资产的大量核销和剥离、广泛实行的债转股、运用公共资源对银行和企业进行资本重组，一定程度上就是非理性博弈的后果。

非理性博弈本质上是一种失范的博弈。它可能缘于对某一特定事物的溺爱。儿子向父母博弈就是这种情形。一位朋友告诉我，他曾与儿子约定，每天玩游戏的时间不超过 30 分钟。起初，彼此信守承诺。几天后，儿子请求增加玩游戏的时间，看到他已完成作业便勉强应允，并强调下不为例。不料想，翌日儿子又要求延长时间，由于急于外出便匆忙答应。不到一周，彼此就放弃了原来的约定，儿子在博弈中取得了"胜利"。我想，儿子的"成功"之处在于吃准了父亲的溺爱心理。正是这种关爱，才使规则化为子虚乌有。我国政府对国企、国有银行财务约束和规则约束软化问题，大抵属此种情况。

规则弹性过大和执行乏力也是非理性博弈的诱因。坐过飞机的人都有这样的经历，当飞机尚未停稳，很多人便迫不及待地打开手机。当一些人看到违规者没有因此受到处罚便起而效之。这是一则乘客与飞机管理规则博弈的案例。我们不明白飞机停稳前打开移动电话到底有多大影响，也不清楚这样的规则为何缺乏约束力。但至少说明了这样的事实，当一种规定不合理或缺乏硬约束，甚至形同虚设时，非理性博弈便不可避免。

当失信和违约行为得不到应有惩戒，而是获得相应补偿和庇护时，非理性博弈就会蔓延。这样的例子在经济生活中比比皆是。前几年实施债转股时，就听到一些企业为自己良好的信用记录、缺乏不良资产而追悔莫及。当看到通过非正当渠道可以得到更多优惠政策和公共资金时，也会引起效仿。用虚假信息套取的银行贷款和逃避的银行债权，一旦变成"不良资产"加以核销，同样会引发大面积的道德风险。

非理性博弈还存在于国际经济交往之中。中国与美国、欧盟在贸易问题和人民币汇率上的冲突，实质上是一种博弈。类似的博弈还出现在知识产权领域和贸易品的技术标准方面。不过，这类非理性博弈更具特殊性和隐蔽性。它通常以所谓国家利益和市场的名义展开，实际上掺杂着许多非经济、非市场的成分。另外，这种博弈靠的是实力和砝码，谁拥有更强的实力和更多的砝码，谁就拥有对国际经济规则的解释权和话语权。一旦将博弈变为单方牟取利益的手段，就必然出现新贸易保护主义。可以预料，随着中国的和平崛起和日益融入世界经济体系，还会遭遇更多的非理性博弈。但也不必惊慌，国际经济关系从来不是温情脉脉的，而是一种利益关系，我们所能做的就是不断提高增强经济实力，不断增加博弈的砝码。

　　非理性博弈具有明显传染效应，当这种效应演变成普遍存在的情况并产生严重社会经济后果时，要么吞下这样的苦果，要么花费高昂的代价去化解。当那些市场参与者无力以自身的积累和能量为未来开辟道路时，政府只能被迫动用财政资金、央行再贷款或是以其他方式为经济注入活力，以维护经济金融稳定，并以此促进经济可持续增长。但是，采取这样的行动时，切莫忘记惩戒那些非理性博弈者，尽可能地把问题弄个水落石出，以避免改革的重复。国有商业银行股份制改革之路，使我们看到了注资的杠杆效应和曙光，沿着既定的路径走下去，将会最大限度地铲除非理性博弈的温床。

　　理性，对建立现代信用社会的重要性不言而喻。任何组织、自然人、法人，都应致力于创造一个诚信和理性的环境，在这样的环境中，所有的社会经济活动参与者都应按一定的法律、规范、规则和道德去行事，明理诚信、遵纪守法、公平竞争，约束各种利己心理和行为，从而营造一个和谐的环境和稳定的预期。

（《金融时报》2005.07.09）

人民币汇率的喧嚣

人民币汇率问题，是一段时期以来国际金融领域最为关注的热点之一。点击互联网，瞬间便可看到近6万条中文和近万条英文的相关网页。

一个非自由兑换货币受到如此"青睐"让人始料未及，其中有多少虚火不言自明。近年来，一些发达经济体频频在人民币汇率上大做文章，并衍生出种种问题，令人诧异。在经济全球化时代，以市场和自由贸易的名义实行单边贸易主义、金融主义，把一个本属经济和市场范畴的问题政治化、国际化的做法，使我国汇率改革更加复杂化，也与经济一体化趋势格格不入。

坦率地说，对于我国快速融入世界经济体系的现实，无论是西方还是我们自身都缺乏足够的思想和技术准备。但这不能成为一些经济体转嫁矛盾和寻找替罪羊的借口，更不能把人民币汇率定价变成政客喧嚣的对象和肆意摆弄的棋子。面对全球化带来的种种压力和挑战，每个经济体只有靠自身才能找到解决问题的良方。

最近几年，围绕人民币定价问题的喧嚣不绝于耳，中国输出通缩论、通胀输出论、汇率操纵论就是其中最集中的体现。在一些人看来，中国过多的生产能力以及大量输出商品和劳务，导致了前几年一些国家的通货紧缩趋势；中国强劲的经济增长和国内需求，推动了世界范围内原油和原材料价格上涨；中国的汇率制度以及人民币过紧钉住美元，阻止了汇率的升值，扭曲了贸易和投资的流动。这些论调的缺陷就在于其单向性和片面性，漠视了对中国参与全球化给世界经济带来的种种益处。

中国不仅是经济增长最快的国家之一，也是开放程度最高的国家之一。目前我国商品和劳务出口总额已占GDP的40%以上，美国、日本、印度、巴西只有30%左右，日本在高速增长时期也只有35%左右。我国外商投资占GDP的36%，也高于很多发达国家。正是我国经济的高速增长和高度开放以及高额的外汇储备，才把一些国家从长期萧条中拽了出来，才使一些国家得以保持低利率以支持消费支出的高增长。那种把现行汇率制度与中国经济高增长贡献割裂的观点是不公平的。必须看到，现行的人民币汇率安排是国际金融格局和我国金融结构交互作用的结果。正如德意志银行研究报告所指出的，正是中国和其他亚洲国家实施的与美元紧密挂钩的制度，才使美国有效为其经常项目赤字融资，才使美国仍然处于国际汇率体系的中心。

我国虽然在 1996 年实现了货币在经常项目下的可自由兑换，但资本项目下实现可兑换的项目还不到 20%，有较少限制的项目也不过 10 多项。一个非国际性货币受到过度关注有其深刻的经济背景，也是中国经济走向成熟时期必须经历的烦恼。在亚洲金融危机后，人民币汇率问题逐渐进入国际社会的视野，成为市场预期和国际投机者关注的焦点，成为一些西方政客情有独钟的话题。其中的用意很明确，就是迫使人民币升值化解其长期积累的经济矛盾，为其他国家经济调整创造更加宽松的环境，让中国承担更多的国际责任。但是，中国作为一个发展中国家，经济规模在世界经济规模中的占比只有 5%，人均 GDP 在世界的排名还达不到中等国家的水平，如此稚嫩的双肩怎堪如此重负。

主张人民币升值的理由通常有，购买力平价，中国经常项目和资本项目双顺差，快速增长的外汇储备以及快速的经济成长。乍看起来，这些观点有一定道理，但却忽视统计的因素和全球经济运行的新变化。以购买力平价方法来衡量，我国经济规模占全球经济规模攀升到 13% 左右，但这种方法的致命缺陷是难以准确反映发达经济体和欠发达经济体在经济结构和生活质量上的差异。中国的经常项目对美国有较大顺差，但从多边贸易收支看，贸易顺差大大缩小，考虑到中国香港转口贸易的间接顺差，我国对美国的贸易盈余要小得多。我国外汇储备增加是现有国际货币格局的必然反映。在现有国际金融体系下，资本净流动是从不发达国家向发达国家流动，使得许多欠发达国家不得不把相当的国际收益用于外汇储备，以维护金融体系的稳定。

坚持扩大内需和出口带动并举的增长模式，实现对外对内经济的基本均衡是我国经济发展的基本策略。保持人民币汇率的基本稳定是国内外经济发展的共同需要。在人民币升值外部压力加大和投机盛行的情况下，不能轻率作出改变现状的决定，重要的是坚决推进汇率形成机制的改革。正如温家宝总理、央行行长周小川在多种场合所指出的，推进人民币汇率制度改革，要从中国的实际出发，考虑宏观经济环境，考虑企业承受能力，考虑金融改革的进度，考虑对国际贸易的影响，考虑对周边地区以及世界经济的影响。

人民币汇率改革是中国的主权，每个国家完全有权选择适合本国国情的汇率制度和合理的汇率水平。事实上，人民币汇率改革脚步一刻都没有停止，就在最近几天我国采取了进一步开放资本项目新举措，调整了一些产品出口关税。我们相信，人民币汇率改革会以中国的方式继续加快。在这一进程中，还会存在各种博弈和杂音。让我们重温伟大诗人但丁的那句话："走自己的路，让别人去说吧。"

（《金融时报》2005.05.24）

从金融宣传到有效沟通

"对于负面的事件，国内一些金融机构总是三缄其口，听任媒体的猜测与评论。"一位新闻界同仁抱怨说。

不敢说、不愿说、不好说、不细说，反映了国内金融机构面对突发性事件的窘境和无奈，也暴露了金融公共关系建设中的薄弱环节。在现有的宣传和信息披露模式下，人们往往把宣传重点放在对工作层面的介绍，而忽视公共关系建设和品牌的持续营销，公众感受到的不是企业资本和价值的增值以及品牌的提升。而且一旦出现负面问题，由于危机管理的滞后和缺失，金融机构往往难以积极应对媒体，使得公众不能在第一时间得到可靠和完整的信息。

在金融发展过程中，危机或问题不可避免地存在于金融发展的各个阶段，成功与失败、机遇与挑战始终并存是一种客观现实，这是我们无法改变的。在越来越市场化、复杂化的环境下，即使健全的公司治理和监管，也难以做到万无一失。这就要求，面对突发问题、公众知情权以及不同方面的好奇和猜测，当事机构应以冷静、坦诚的态度加以对待，不要讳莫如深。继续沿用以往那些厚墙紧围、大门紧锁、窗户紧闭的做法，既不明智也行不通，需要采取科学的对外沟通战略，在危机中学会危机管理。

毫无疑问，丑闻和案件会侵蚀企业形象和价值。这种价值是可以度量的实实在在的东西，或以客户流失，或以股价波动等其他形式表现出来。对突发事件保持沉默不仅与现代公司治理的要求格格不入，也不能捍卫金融品牌，而且会引起更大的混乱，并最终损失品牌的价值。今天，每个金融机构的名称不单单是一个代码，而是一种品牌，这种品牌代表了巨大的无形资产，是金融企业价值的重要体现。针对问题进行有效沟通，既可以增强金融机构独立的市场主体地位，也可矫正由事件引发的无端猜测和预期，促进更加有效的管理和公司治理，从而更好地维护和提升品牌的价值。国内机构应当积极借鉴国际银行对外沟通的经验，更新观念，更新机制，把有效沟通作为现代金融治理的重要内容来建设。

强化有效沟通，核心要加强品牌建设。品牌是无形资产，是企业名称、标记、符号、设计或它们的组合运用，是一个企业有别于其他企业的独特的印记，是企业核心竞争力的物化和商品化的表现。在现代经济条件下，品牌正在演变成新的经营模式。金融机构务必从战略的高度认识品牌建设的重要性，积极推行可持续品牌发展战略，通过加强与不同方面的沟通和自身发展，不断积累品牌价值，创造和开发具有国际影响力的金融自主品牌。必须看到，品牌建设与每个从业人员的行为息息相关，应通过明确的规范和教育，使员工认识到自身在品牌建设中的责任和义务。要大幅度地减少无效宣传，使各项宣传活动围绕品牌价值的增值来展开。要合理兼顾品牌维持和品牌提升的关系，妥善处理与不同类型媒体的关系，均衡配置品牌建设资源。

强化有效沟通，应特别注重理念渗透。通过沟通影响人们的金融消费方式和消费理念是有效对外沟通的理想境界。许多跨国公司都重视企业经营理念和企业文化的传播，它们经营管理中的一些案例已被收入MBA教程中，影响了相当多的高管人员和高端客户。先进的理念改变了人们的行为方式、金融消费方式，增强了消费者对某些特定产品的依赖性。国内金融机构要利用加快金融改革和金融创新的有利时机，扩大金融工程在业务发展中的运用，积极探索和拓展那些富有感染力的理念、制度、方法和案例，提高金融产品的价值含量，提升企业的文化内涵和品位，不断扩大市场影响力和渗透力。

强化有效沟通，要高度重视危机公关。面对危机或问题，公众难以容忍的做法是，对事件简单的否认、傲慢以及对媒体的恐惧；渴求的是，当事机构能够以积极的心态、坦诚的态度、适时的信息以及负责任的策略和办法。简单回避只能使局面更加混乱，也许借助于某些干预和管理，可以使形势得到暂时的平静，却容易给品牌长期建设留下隐患，也无法抑制对品牌价值的损害。

宣传和对外沟通本质上是公共关系，是一门科学和艺术，是双向交流，是企业文化和精神的传播。宣传并非是把自己的意见、观念简单地向外界传递和灌输。在现代社会经济条件下，随着社会公众自立、自主意识的增强，迫切需要建立更加透明和富有效率的对外沟通模式，不断提高沟通艺术，以增强公众的认知程度。这种模式应是被社会普遍认同和接受的，媒体清楚在何时何地进行信息披露；这种模式是专业化的，或依赖一支训练有素的团队，或依赖专业化的公关公司、咨询公司；这种模式是可持续的和具有战略性的，它不以高管的更替而发生重大变化，能够保障公司文化和品牌的传承，能够保障品牌形象沟通及传播的统一性和一致性。

　　实现有效沟通是一项长期的任务，需要金融机构和媒体的持续努力。

（《金融时报》2005.03.28）

和谐金融辩

一位在市场上摸爬滚打多年的创业者感慨："做事业最大的痛苦，是资金充裕时找不到出路，资金匮乏时缺乏便利的融资渠道。"其他企业家和银行家也有类似苦衷。

融资渠道少，好的贷款项目少，是金融结构性矛盾的一个缩影。这些矛盾在不同市场参与者间形成了鸿沟，使国民储蓄不能有效转化为投资。

我们曾认为，经济金融发展将使一些金融问题迎刃而解。但现实情况比预期的要复杂得多。历经多年，蓦然回首，那些长期的结构性隐忧依然存在，而且还冒出了许多"富贵病"。比如，股本融资与债务融资比例失调仍未缓解，债务融资内部结构失衡，农村及小企业金融供需矛盾突出，资本输入与资本输出矛盾显现等。

一些人把这些现象归咎于金融发展的不充分，这并不全面。这些问题是多种因素、多种力量综合作用的结果，是我国储蓄文化和金融结构特征的反映，具有一定的自然属性。但是，一些非均衡问题与过去我国金融的发展政策和制度安排也有一定关系。我们曾赋予银行过多的社会责任；曾过分看重股票和国债发行的融资功能；曾对地方政府和民间金融活动持排斥态度；曾片面强调政府对金融的管理和安排等。这些都影响了金融市场的发育和金融多元化的发展。

面对金融发展中的结构性问题，我们需要以更加宽阔的视野审视我国的金融体系，建立科学的金融发展评价体系。金融作为现代社会经济体系中一个重要系统，迫切需要某种和谐。这种和谐是自然、社会、经济等诸要素的统一，是多元金融市场和服务的统一，是富有效率和充满人文精神的统一。这是经济发展和金融发展的共同需要，也是所有自然人、法人，以及居民与非居民的愿望。从科学发展观角度看，和谐金融是金融内生机制和社会经济生态系统自生和共生机制的完美结合。在和谐的金融体系下，金融资源配置将更加合理、高效，金融发展将更加有序和均衡，人们能够按照预期从事金融活动并满足最基本的金融需求。

和谐意味着自然。自然，是对金融发展自然法则的尊重。金融业成长有其内在的决定因素，有其自身的规律，有其生存的土壤和需求，只能因势利导，不能随意干预，更不能使金融背负超越其基本属性的责任。自然，是对市场的尊重。市场调节是最有效同时也是最具约束力的手段，市场需要是体制、制度和业务创新之本，一切金融管理与经营都要与"时"俱进。自然，是对金融契约关系的尊重。要用法律手段硬化不同主体间的法律关系，依法维护金融债权，避免和减少金融利益关系的扭曲。

和谐意味着平衡。平衡是动态平衡和结构平衡的统一。在不确定的环境下，应始终注意保持政策连续性、稳定性和预见性，关注主导经济指标的变化，防止经济波动的金融风险。要通过市场化改革、政策协调和金融规划，培育和形成更加和谐的市场结构、利率期限结构和产品结构，均衡配置金融资源和金融风险。理性引导民间金融，有效构筑农村资金回流渠道和机制，消除农村金融短缺。密切关注国际收支的变化，加强内外经济金融协调，保持人民币汇率在合理均衡水平上的基本稳定。

和谐意味着秩序。哈耶克在《秩序辩》中提出，"秩序是指这样一种事态，其间，无数且各种各样的要素之间的相互关系是极为密切的，人们可以根据对整体中的某个空间部分或某个时间部分的了解作出对其余部分的预期。"这为我们构筑新金融秩序提供了有益启示。我们应通过力度更大的改革以及加强法制建设，逐步理顺金融市场各要素的法律关系和利益关系，建立和谐的金融秩序。在这样的秩序中，金融波动将更趋合理，公司治理将更加完善，金融协作更加有序，资产价格关系更加稳定，市场主体更加理性，金融生态将明显改善。

和谐意味着效率。我国单位货币的 GDP 水平较低，金融机构的盈利能力和金融竞争力不高。在国际银行排名中，我国银行业的资本利润率和资产利润率与国际先进指标相比有明显差距。这既与我国整体经济环境和经济增长方式有关，也与市场化程度和金融布局有关。为此，要利用加快银行改革的有利时机，加快调整金融布局，减少营运成本，实现集约化经营。同时，创新盈利模式，增强金融创新能力，创造价值含量更高的金融品牌和产品，有效拓展盈利空间。

和谐意味着公平。我们应致力于创造这样的环境，使自然人、法人、居民和非居民都能依照法规平等地参与金融，使国有资本、外来资本和民间资本享有同样的国民待遇，保证不同市场主体的金融权利。通过制度创新，使得有效的资金供给者和资金需求者都有合适的渠道。重视保护金融消费者权益，构筑更加和谐的银客关系。硬化不同经济主体的法律约束，最大限度地减少道德风险。

（《金融时报》2005.02.24）

谁会从美元贬值中受益

美元疲软是一段时期以来国际金融领域所发生的重要事件，它不像印度洋海啸那样猛烈，却牵动着很多国家和地区的神经。

在过去3年中，美元对欧元贬值了35%，对日元贬值了24%，美元如此大幅度的波动让人忧虑。美元怎么了？美元贬值是短期波动还是长期趋势？国际储备货币格局会不会因此而改变？

上述疑问是很自然的。在布雷顿森林货币体系崩溃之后，美元迅速成为国际货币体系中最重要的货币。它不仅是跨国交易的媒介、银行重要的价值储藏手段、货物记账单位和债券延期支付的标准，同时也是官方干预市场、外汇储备的手段和汇率钉住的锚。目前，世界上有许多国家，特别是东亚地区的经济体都把本币钉住在美元上。在现有国际储备结构中，美元资产处于绝对支配的地位，到2004年年底，全球国际储备资产中美元资产约占65%。

美元的疲软是暂时现象还是长期趋势？多数分析家认为，由于美国经常项目赤字仍呈扩大趋势，美元贬值将是长期趋势。也有专家认为，与其他发达经济体相比，美国始终是经济增长较快的国家，美元长期贬值缺乏充分的基本面支撑。事实上，影响美元走向的因素是复杂的。用尽所有的理论，我们也很难预测美元走势。正如格林斯潘曾经指出的："预测汇率，无异于掷硬币，你很难事先知道是正面还是背面。"客观看，美元贬值包含经济自行调整的合理成分，也带有一定的试探性。在经济日益全球化的背景下，每个区域都力图通过区域合作或特别安排减弱外部冲击。汇率的变动正在演变为一国或区域的国际金融战略，被政治家以种种原因操纵着。当经济出现结构性矛盾时，政治家们往往不是从经济基本面中寻求答案，而是往往倾向于运用金融手段，听任货币贬值或升值可能是其中最便利的方法之一。

　　一个相对稳定的美元有利于正常国际货币秩序，有利于世界金融的稳定。美国一再宣称要坚持强势美元政策，也有实力捍卫美元。但美国也深知其软肋，允许美元一定限度地贬值，既可化解部分经济矛盾，也可为国际经济关系创造更大的砝码。在美国看来，允许美元贬值短期内并无大碍。美国出口商可以从美元贬值中获得比较利益，以美元计价的外债也不会受到影响，也可试探一下其他经济体的反应。但美元贬值绝不是无限度的。对其他经济体而言，美元汇率大幅下跌，如同在世界范围内输出通货膨胀，必然稀释掉一部分美元资产，损害他国利益。长期看，美元持续走低犹如一把"双刃剑"，不仅不能解决美国的全部问题，而且这种单边"补药"也可能带来难以想象的痛苦。这是因为，美国面临的挑战，不仅仅是减少经常项目赤字以获得更多的国际融资便利，而是要保持国际金融市场对美元持久的信心，使现存的债券持有人保留大量美元资产存量。

　　最近几年，一些美国人总把美元汇率问题归咎于外部因素。比如，将其巨额的贸易赤字归咎于欧盟与日本经济低速增长，以及亚洲国家货币汇率定价过低；将其国内低储蓄率归咎于其他国家的货币当局，在他们看来，其他国家大量持有美国国债压低了债券收益率，才诱使美国公众的低储蓄和高消费。实际上，美元汇率问题是美国经济以及国际金融体系各种矛盾的必然反映，是其长期扩张性国内政策造成的。在过去几十年中，美国依仗美元在国际金融体系中的地位，以相当低的利率在世界范围融资举债来弥补国内储蓄不足，致使各种结构性矛盾不断累积。

　　不久前，英国《经济学家》刊载了一篇题为《正在消失的美元》的文章，封面上配了一幅形象的画面，一只虫子正在疯狂地吞噬着一张美元。以这样的视角看待美元充满了悲情色彩，但它也表明美元持续贬值的可能后果。从长期看，允许美元下滑的确是一场危险的游戏，一场注定没有赢家的游戏，它不仅会伤害他人，也可能砸伤美国自己。

　　美元的疲软彰显出国际货币体系的脆弱性。正如中国人民银行行长周小川在去年基金组织秋季会议上所指出的，在最近几十年中，基金组织几乎放弃了维护汇兑稳定的目标，无论在体系建设和资产规模上都对国际金融稳定无能为力，迫使成员国不得不持有大量外汇储备。美元的下跌之困再次表明，加快国际货币组织体系改革十分必要。美元的贬值为欧元和其他硬通货提供了更多的机会，同时也凸显了国际主导货币多元化的重要性。对亚洲国家而言，迫切需要加强"10＋3"框架下的区域经济金融合作，及早研究维护区域金融稳定的对策和应急机制。

必须清醒地看到，这是一个相互排斥又相互依存的世界。每个利益主体都在致力于建立共同的规则，发挥比较优势，争取实现共赢；同时，每个经济主体又试图通过多种手段，从全球化中得到更多的好处。在全球化背景下，我们需要建立一个争取共赢的国际金融战略，需要建立预防和化解各种风险的机制，始终坚持稳健的宏观经济政策，不断提高对外开放水平，以便在复杂的国际竞争中立于不败之地。

（《金融时报》2005.01.15）

走向完善的金融治理

从今天开始，人民银行、银监会、证监会、保监会及其他金融机构年度工作会议将陆续召开。这是一个充满期待的时刻。人们期待着金融改革实现新的突破，期待着金融业公司治理建设迈上新的台阶。

公司治理正受到前所未有的关注。一年来的许多重大改革，都直接或间接地与公司治理建设有关。以改善公司治理为准则和目标进行金融改革，反映了人们对金融发展规律认识的深化，同时也抓住了金融发展的核心问题。

从重视一般意义上的金融管理到强调公司治理是一个质的变化。公司治理作为现代企业最基本的东西，影响着金融企业的活力和效率及其他诸方面，是金融业现代化中的一项基础工程，也是建立现代和谐社会不可或缺的。正如哈佛大学教授托尼·赛奇所指出的，"无论对哪个国家来说，建立完善的公司治理都是多么不容易！但是，如果是推动经济发展，造福国家和社会，而不是只往富人口袋里装钱，或让少数人腐败致富，公司治理都应是人们关注的焦点。"很难想象，一个缺失法人治理的金融企业会成为一流的公司；也很难想象，一个缺乏健全治理的金融体系会在国际竞争与合作中立于不败之地。我国金融改革的实践证明，不从根本上解决金融业公司治理问题，就无法避免资源的重复投入，就难以走出低效的改革循环，更解决不了内部人控制和所有者缺位问题。因此，在深化金融改革中，怎么强调公司治理的重要性都不过分。

金融改革的目的在于提高金融效率，有效规避和分散风险。要达到此目的，培育金融机构自身的盈利能力和抵御风险的能力尤为重要。加强公司治理无疑是正确的改革道路。我们注意到，一段时期以来，人民银行和各监管当局在促进公司治理方面政策取向更加明晰。无论是国有金融机构改革、利率市场化改革、资本市场改革，还是农村金融改革，都把完善治理结构放在突出位置。在有关的改革方案中，力图将维护金融稳定、改善资本结构和促进良好治理有机结合起来。同时，在制定治理指引和推广国际监管经验方面也取得长足进展。各有关金融机构也在积极探索完善治理结构的有效途径。所有这些基础性的改革和变化，为今后进行深入的改革赢得了空间、时间和经验。

我们高兴地看到，金融业治理结构的改革已经取得初步的阶段性成果。我国保险公司已全部实现股份化。资本市场法人治理逐步规范。国有商业银行注资的杠杆效应开始显现，中国银行股份有限公司、中国建设银行股份有限公司成立后以及交通银行股权调整后，它们正在以国际化视野，站在更高的平台和起点上进行或酝酿着一系列重大改革。国际评级公司最近调升了两家公司的评级，也验证了改革的积极效应。

应当承认，金融业治理改革中仍面临许多棘手的问题。从外部看，企业公司治理、信用环境对金融治理有着很大的制约。从内部看，在国有金融机构内部各种资源重新配置过程中，新旧管理机制的转化、利益的补偿、庞大分支机构整合以及人力资源配置等，都难以回避。在无补偿即无改革的时代，任何利益调整或明显改变员工预期的做法都势必遇到一定的阻力和风险。这些既是金融机构改革复杂性和艰巨性所在，也是治理结构改革的意义所在。因此，对于像中国这样一个转型的经济体，此时此刻更需要以积极的和建设性的心态对待金融改革，并不断从中积蓄信心和力量。要排除一切理论的和行政的干扰，坚定改革必胜的信心。既要看到改革所取得的阶段性成果，又要充分认识改革的艰巨性，将改革进行到底。

要把金融机构办成现代公司或企业，核心是要确立金融机构独立的市场主体地位。金融企业作为独立的公司，是一个与所有者或股东区别开的法律实体，并且对它的资产和负债有清楚的会计核算；所有者负有限责任；日常经营由专业的经理人承担；由所有者选举的董事会，应当代表所有者的利益；董事会在履行监督和检查专业经理人工作的同时，也为管理提供战略指导；产权应是可交易流动的。无论是国有金融机构改革还是农村信用社改革，都必须清楚这一点。在经济转型期，对于一些重大金融问题动用一些非常规手段，包括"花钱买机制"是必要的，但这仅仅是助推手段。当前，应注意改革中的短期行为，防止和减少地方、金融机构与管理当局间非正常的博弈，以最大限度地减少道德风险。

金融业治理结构改善是一个长期的过程，也是一个动态的过程。今年是金融业治理结构改革的关键之年，改革任务更为复杂和艰巨，选择战略投资者和适当时机上市都面临许多新的机遇和挑战。我们需要在科学发展观指导下，凝聚改革的人心和信心，有效利用各种资源，不断把金融改革引向深入。

（《金融时报》2005.01.04）

辩证看待金融生态环境

中国的金融生态是糟得很还是好得很？需要辩证地分析。

金融生态问题越来越受到关注，尤其当金融市场出现扭曲、问题和案件时，很多人便想到金融生态问题。但人们对金融生态的解读并不一致，甚至截然相反。有的认为，目前我国金融生态是历史上最好的时期，有的则不以为然。

金融生态是个仿生概念，经济学辞典中很难找到类似术语。平常所称生态环境，主要是生物学上的概念，系指由生物群落及非生物自然因素组成的各种生态系统所构成的整体，并间接地、潜在地、长期地对人类的生存和发展产生影响。依照这样的表述，一般事物的生态包含了系统内以及系统间各种关系的总和，是一个动态的、系统的有机链。如果把金融看作社会经济系统中的子系统，那么，金融生态就是由金融子系统和与之相关联的其他系统所组成的生态链，这个生态链与金融业可持续发展息息相关。

从生态角度看金融发展问题，反映了科学发展观的根本要求，也是系统性和可持续性观念的体现。影响金融生态的要素有哪些？从社会经济系统角度考察，大体可归纳为体制性、基础性、环境性三类因素。所谓体制性因素，系指一国基本的金融体制和制度。一国的体制、政策和管理，是以计划或以市场为基础，还是处于转型期，是决定其金融生态的宏观基础。只有在市场经济条件下，才有真正意义的生态概念。所谓基础性因素，主要是指金融运行所依托的基础设施和制度，包括金融机构和金融市场的治理结构，金融各业协调发展程度，基本的会计、法律、清算制度的建立，这是决定一国金融生态的微观基础。所谓环境性因素，系指金融运行的外部经济环境，也可称为狭义的金融生态，中观经济或区域经济环境是其中的关键。这三类因素相互影响和关联，组成了有机的金融生态链。

我国是一个正在转型的经济体，适应市场经济运行的规则和制度虽然还很不完善，但金融生态环境总体上在逐步改善。不能因为金融业出现的一些案件和问题，就把中国金融环境说得一塌糊涂，以微观否认宏观，我们应该从生态角度看待生态问题。必须看到，改革开放后，随着市场经济体制的逐步完善，我国经济持续快速增长，金融机构和金融市场得到前所未有的发展，外资金融机构大批进入国内金融市场，金融资产也以几十倍的速度增长。而且，随着市场改革的深入，金融调控和管理更加市场化，商业银行的市场主体地位逐步得以确立，金融经济法律制度不断完善。这些变化为中国金融业的可持续发展创造了良好的宏观生态环境。

但是，以宏观掩盖微观，忽视我国金融生态面临的问题同样是不客观的。必须看到，当前困扰我国金融生态的一些突出问题仍然普遍存在，诸如企业爽约率高、金融胜诉案件执行难、对金融活动非法干预、金融权利滥用、不良资产高等。这些问题除了经济管理体制的因素外，市场发展不充分、不协调以及运行规则滞后也是重要原因。拿银行不良资产来看，它不单单是银行问题，而是社会经济各种矛盾的综合反映，是非金融企业脆弱的融资结构以及恶劣微观环境的必然结果。由于缺乏可行的企业和银行退出机制，国家对银行、企业的财务约束仍普遍存在，企业不良贷款的轻易核销以及银行不良资产大量划转，都助长了银行管理上的短板效应以及企业道德风险的蔓延。

地方保护主义、区域信用文化以及一些金融分支机构负责人的双重角色，常常是导致宏观政策传导扭曲以及诸多金融问题的重要因素。不同地区不良资产比例的显著差异便是明证。从我国区域经济发展情况看，经济增长与金融风险大体有四种组合：高增长、高风险，高增长、低风险，低增长、低风险，低增长、高风险。这些表明，经济的快速增长并不意味着金融生态的改善，有的甚至以巨额不良资产为代价。有的地方出现了银行还款率低、银行案件胜诉率低、执行率低的情况，以改革为名行逃债之实的现象仍然存在。可见，金融生态的好坏与经济运行和增长方式密切相关。最近几年，一些地方逐渐认识到，以金融风险为代价的增长模式是不可持续的，陆续开展了金融安全区建设，这对改进我国金融生态是必要的。

改善金融生态是一项系统工程。在推进改革、制定政策时，必须树立金融生态观念，以科学发展观为指导，统筹金融各业发展，统筹城乡金融发展，统筹区域和企业融资结构的发展。这其中，不断加强金融机构和金融市场的自我约束十分重要。当前，国有金融机构改革、农村信用社改革、利率改革以及资本市场改革都迈出了实质性步伐。这些改革将逐步确立金融机构市场主体地位。从外部生态角度讲，硬化企业的财务约束、市场约束和法律约束不可或缺。要通过加强公共金融教育，减少地方保护主义对金融活动各种直接和间接干预，改善区域生态环境。尤其要把建立良好的法律和执法体系，尽快完善破产法，使破产起诉成为制约借款人的最终底线。同时，完善社会征信体系，提高会计、审计和信息披露的标准，提高中介机构专业化服务水平。

我们需要一个共建、共有、共保、共享的金融生态链。这是一项系统工程，需要社会各方面共同努力。

（《金融时报》2004.11.25）

从政策摩擦走向国际协调

有关中国央行行长和财长参加 G7 会议一事，国内外媒体有不少评论。多数观点认为，中国走进富国俱乐部的门槛，得益于其经济实力的增强，也有的把中国参加 G7 对话看作是一场"鸿门宴"。

每件事件的发生都有着深刻的历史背景，每项重大活动必然伴随着不同的利益取向。无论别人出于何种考虑，应邀参加 G7 财金高层对话都是一个积极的行动和信号。通过对话，便于解决分歧和摩擦，有助于拓宽政策视野，这是彼此所期望的。这也是中国走向国际化、市场化进程中必须要掌握的沟通技能。客观看，走进这样的俱乐部并非偶然，它是我国经济国际化的必然结果，是国际经济格局调整和发展的实际需要。被承认也好，被约束也罢，都是力量的体现，其中蕴涵的战略意义是不言而喻的。

在过去的几年中，我们不断听到来自一些经济体的指责，从产品补贴论到产品倾销论，从通货紧缩输出论到人民币升值论，贸易摩擦和政策分歧经常发生。除了评判标准的差异和体制偏见外，缺乏足够的沟通和协调也是重要因素。实践表明，在政治经济多极化时代，任何傲慢与偏见式的单边经济主张都会妨碍世界经济的稳定增长，也无助于国际新经济秩序的建立。不同经济体坐在一起，通过沟通、对话，达成共识，有助于促进政策的有效实施和社会福利的提高。邀请中国登堂入室，一定程度上意味着是对我国一些政策从单边排斥走向多边协调的开始，标志着中国经济外交新的发展阶段。这件事本身的意义不在于我们是否迈入富国俱乐部门槛，而在于多了一个重要的交流平台。在新的舞台上，世界可以更好地了解中国，我们也可以更多地了解世界。

宏观经济政策究竟在多大程度上需要国际协调？在一些人看来，这是一个主权国家的内部事务。但内部事务并不排斥沟通与协调。我们既要看到不同经济体存在着差异和冲突，也要看到彼此共同的利益所在。特别是，在各国经济相互联系和渗透的全球化时代，一国的宏观经济政策都不可避免地波及和影响到其他经济体，反之亦然。只有遵守共同的规则，或以对话和其他方式进行政策沟通和协调，才能不断完善宏观政策，以实现彼此期望的宏观经济效果。

G7 高层对话是国际政策协调的重要组成部分。所谓国际政策协调，是各经济体充分考虑国际经济联系，有意以互利的方式调整各自经济政策的过程。国际政策协调由来已久，像历史上著名的金本位、布雷顿森林体系和欧洲货币体系等都是金融政策协调的典型案例。自 20 世纪 40 年代以来，为维护国际金融稳定，促进世界经济的发展，国际政策协调越来越频繁和规范，以规则和制度为基础的协调形式不断取得新的进展。今天大家所熟知的世界银行、国际货币基金组织、世界贸易组织等经济金融组织，很大程度上正是为促进协调机制的经常化和规范化而诞生的。这些国际组织通过一系列规则和制度，为世界贸易往来和金融运行确定了相对统一的准则，为世界经济有序有效发展创造了良好的条件。

但是，随着世界发展中不确定因素的增多，仅仅协调贸易与金融一般运行还远远不够，仅仅靠规则协调还远远不够，必须更多地关注那些重要经济体的宏观经济政策，并不断增加协调形式。因为，随着经济和金融全球化的推进，原有的国际经济金融体制已不能完全适应新的形势，也不能有效解决不同利益体的矛盾，规则协调的局限性越来越明显，迫切需要建立其他对话机制，丰富对话范围和内容。G7 央行行长和财长会议，以及各类区域性金融经济会议就是顺应新的形势而诞生的。这种对话和沟通形式可以在一定程度上解决各经济体信息不对称问题，要比规则协调更加灵活和及时。

我国一贯重视国际协调，于 20 世纪 80 年代初恢复了在基金组织和世界银行的成员国地位，其后又加入国际清算银行、世界贸易组织等国际机构，同时，积极参加和组织各种多边和双边磋商机制及国际论坛，初步实现了贸易政策和金融政策的市场化、专业化、国际化。这次由我国央行行长和财长出席 G7 会议对话还是第一次。这样的交流便于我们深入了解国际市场规则和他国政策，了解国际经济金融发展趋势，提高制定宏观政策的科学性和透明度。

从近几年国际摩擦看，不同的利益主体总是或多或少存在这样的倾向：过分看重别国政策的影响，而较少反思本国政策和经济结构问题，希望通过共同干预解决国内经济不平衡问题。事实上，对任何大型经济体而言，经济运行中的矛盾并不是别国强加的，根本上讲是其国内基本经济面的反映。因此，对国际政策协调的作用不宜估计过高，应立足于完善国内宏观决策，任何政策调整都应致力于内外均衡，谨防国际干预导致国内市场的扭曲。

对单个国家而言，共同干预有可能导致宏观经济政策的失误。"广场协议"就是这方面的著名案例。在许多经济学家看来，正是该协议所导致的日元升值，才诱发了日本经济的长期萧条。这一案例的最大警示是：在对外沟通中必须保持清醒和理性，恰当判断形势，把握好主权边界；必须讲究沟通策略和国家利益，善于与他人共舞；必须始终坚持独立自主和改革开放的经济外交政策，树立发展、合作的国际形象，积极承担与我国发展阶段相对称的国际义务，妥善应对复杂的国际经济局势。

在对外开放日益扩大的时代，我们需要有效运用国内外两个市场、两种资源，需要及时把改革策略和宏观政策传导出去，促进资源在全球范围内的有效配置。国际政策协调为我们开辟了新的道路。

（《金融时报》2004. 10. 14）

放松利率管制的长期效应

在悄无声息中，我国利率市场化改革又迈出了重要步伐。

上周末，人民银行在上调存贷款利率的同时，宣布进一步放宽金融机构贷款利率浮动区间，原则上不再设定金融机构（不含城乡信用社）贷款利率上限，并允许存款类金融机构存款利率下浮。这一重要消息穿插在利率上调信息中，使很多人把注意力放在利率水平的上升方面，却在不经意间忽视了放松利率管制这一重要信息。

放松利率管制是我国利率管理体制的重大改革。在金融宏观调控和金融改革的关键时期，央行果断、低调作出这样一项具有广泛影响力、渗透力的安排，影响是深远的。这不同于一般的利率调整，而是一项重要的制度安排，将在未来我国经济生活中长期发挥作用。其重要性还在于为各经济主体创造了有效参与金融市场的机会，同时也意味着更大的市场约束。随着时间的推移，这项改革的长期效应会逐步显现出来。如同取消贷款规模管理、汇率并轨等重大改革一样，它必将对我国的体制转型、金融运行、金融调控以及金融资源配置产生深远的影响。

放松利率管制，是中央银行货币调控的重要内容，也是完善现代货币调控制度的重要基础。利率市场化程度提高后，央行可以通过存贷款利率的变化以及其他债务工具和融资工具价格的波动，更加准确地判断市场资金的供求状况和资产分布的均衡性，从而为货币政策决策提供重要的指数。同时，各种金融工具价格联系将更加紧密，银行间市场利率、银行存贷款利率、其他金融资产价格传导将更加顺畅，各种金融资产价格的变化与实体经济相互影响增强，从而会加强利率在货币政策传导中的作用。此外，它有助于中央银行频繁和主动利用利率调节货币供求，减弱其他数量型货币政策工具的副作用，减少经济金融的非理性波动。可以预见，在利率管制放松后，中央银行将更加注重货币政策价格调节，更加注重培育和发展货币市场，发现真正的基准利率，并通过货币市场操作引导政策利率的变化，进而影响长期利率的变化，逐步建立起以利率调控为核心的货币政策调控机制。

这次利率改革给商业银行无疑会带来一些压力和挑战，商业银行也可能要承受一段艰难转型期。但对于即将全面面对外资金融机构竞争的中资金融机构而言，这是一个不可逾越的发展阶段，利率市场化可以为中资金融机构参与更为激烈的市场竞争赢得更多的回旋余地。在治理结构和产权制度明晰之后，建立以市场为导向的经营机制至关重要。利率市场化，使商业银行成为真正的负债和资产定价主体，有助于借鉴国外商业银行先进运行模式，确立自身的经营发展战略和目标，建立真正意义上的资产负债管理体系，实现商业银行资产和负债的多元化，有效配置资产和风险。

在监管职能分离之后，中央银行职能更加宏观化、社会化、系统化、国际化。利率市场化作为货币管理当局在系统化思路指导下所推进的一项重大金融改革，必将创造更大的市场发展空间，促进金融市场的协调发展。我们注意到，这次利率改革特别强调了金融市场的协调发展问题。在央行看来，允许下浮存款利率，便于金融机构根据资本充足率要求主动负债、主动定价、主动进行负债管理，以满足资本充足性管理的要求；便于拓宽资本市场的资金来源，实现金融投资的多元化。

一些人对利率管制放松是否会助长市场混乱和资金紧张表示隐忧。实际上，市场无序和扭曲往往与管制联系在一起，与市场化并无必然的联系。在我国金融发展史上，金融管制带来的负面案例很多，比如，曾经红极一时的各地融资中心、四处蔓延的商业银行账外经营、屡禁不止的高利贷和非法金融交易等。因此，在企业和银行约束机制逐步增强的情况下，利率市场化有助于解决金融市场分割、金融脱媒以及民间金融和非法金融活动的滋长等问题，便于市场的一体化发展。在利率市场化环境下，金融机构根据贷款风险、自身经营状况、资金成本和竞争程度确定利率水平，从而降低不同经济主体准入信贷市场的难度，抑制高利贷行为，使许多资金需求者回归到金融体系中来。同时，有助于加速资金的流动，消除市场分割，提高资金效率，从而缓解经济快速发展中的资金矛盾。

近年来，在有关中国市场经济地位的国际认定中，利率问题一直是备受争议的焦点之一。放松利率管制，加强了利率在资源配置中的作用，显示了我国运用市场手段解决经济运行中存在的问题的信心，也增加了未来宏观管理的弹性，有利于增强国内外对中国市场经济地位的认同感。国内外的积极反应已充分表明了这一点。

在上调存贷款利率、加快利率市场化改革后，许多人对由此可能引发的资本无序流动表示担忧。但是，在资本项目收支尚未完全开放的条件下，利率上调具有双向的政策效应：一方面，利率上升，引起国内名义总需求下降，进口需求下降；另一方面，利率变动引起资本流动，本币利率上升，外资流入增加，会导致一定的套利行为和货币替代现象。因此，对利率上调的效应应综合判断和分析，运用不同的政策工具对冲货币供应的波动。我们注意到，近日国家外汇管理局正依法加强对资本流动的监测和管理，这是促进利率市场化改革顺利进行的必要之举，也是妥善安排改革次序的体现。

（《金融时报》2004.11.04）

公共金融教育不可或缺

在我国，有多大比例的居民和家庭能够有效利用金融？有人估计，城市家庭和居民中的比例不会超过20%，农村地区的比例则更低。虽然准确地对类似信息进行调查和统计会遇到标准设定、个人意愿和隐私等诸多难题，但这样的估计结果并不出乎意料。

我国公众一向以崇尚储蓄、节俭闻名于世，但对如何有效利用金融手段实现初始收入的保值和增值却缺乏深入思考和科学规划，而进行有计划、有步骤资产管理的家庭则更是凤毛麟角。相当一部分居民宁肯把大量的现金放在家里或活期账户上，也不愿主动去寻找其他投资形式和信用消费方式。还有的走到了问题的另一面，金融风险意识和契约观念淡薄，不顾风险地参与各种非法集资，不计后果地集中投资股市，不讲诚信地随意爽约，不切实际地大量举债等。

按照一般经济学理论，个人资产产权是明晰的，每个人都有追求财富最大化的内在动力和动机，能够妥善处理流动性、盈利性和安全性的关系，能够有效管理和经营自身的财富。但在金融市场发展不充分、不确定以及信息不对称的情况下，这种理想状态并不必然和自动地转化为现实。金融知识和理财能力的不足无疑是限制个人财富和福利最大化的重要因素之一。金融运用不足或运用过度，都从一些侧面说明加强公共金融教育的迫切性。

公共金融教育，简言之，就是对社会居民进行的金融教育。这里的居民可以是广义的，也可以是狭义的。广义居民概念，除了普通公众外，还包括参与经济活动的各主体。不同的国度，由于受体制、历史、文化和发展阶段的影响，公共教育内容会有所侧重。比如，美国就特别重视个人理财公众教育。美联储充分利用网络向公众进行个人理财教育。在美联储的网站上，我们可以清楚地看到有关个人理财的内容。在他们看来，加强个人理财教育，有利于提高居民的经济实力和生活水平，有利于帮助公众做出正确的金融决策和选择，有利于防范金融欺诈。公共教育的主要目的是帮助个人增加财富。要实现这一目标，就必须合理预算、有效投资、有效控制债务。合理预算，包括制定财富目标、分析收支状况、选择投资工具、估计投资风险等。投资者通过合理预算、投资（包括储蓄）和控制债务，实现财富目标。

与西方发达国家相比，我国公共金融教育的内容更为广泛，不仅要教育人们正确运用金融，有效规避金融风险，改革理财模式，还要教育全社会提高金融意识和信用意识，加强诚信建设等。除了加强对普通居民的教育，还要加强对政府、企业以及媒体从业人员的金融教育，以增强全社会的金融知识和金融观念。当前情况下，我们迫切需要针对不同的阶层和对象，制定相应的金融教育培训计划，并付诸实施。

对公众的金融教育应当成为我国公共教育的核心内容。这不仅有助于居民更加合理地理财，树立良好的风险意识，建立更加稳定和和谐的未来，也有助于创造更广泛的金融需求，不断拓展金融创新和金融市场发展的空间，奠定我国金融发展之基。因此，无论从哪方面看，加强公共金融教育都是不可或缺的。必须看到，随着居民收入水平的不断提高和金融资产的多元化，公众传统理财模式的局限性逐渐凸显，需要更加明确的规划和预算、更加多样化的投资以及更加资本化的运作。我们要通过公共教育，使得社会公众更好地了解金融、认识金融、运用金融、享受金融，在追求利益和福利最大化的同时，有效分散和防范风险。同时，要通过公共教育，让社会更准确地理解金融政策和金融改革措施，积极顺应和参与各种金融活动，以推动我国金融业的理性繁荣。

诚信教育是公共金融教育的重要内容和目的，要通过诚信教育培育良好的信用文化和信用环境。我国是一个有着良好信用文化历史的国度，具有良好的对外信用记录，一直是世界银行、亚行和国际金融市场上的优质客户。但长期的计划经济和转型经济也在很大程度上导致了现代信用的缺失，不良资产比例过高和道德风险的蔓延就是其中最突出的体现。目前，人民银行正在组织我国以信贷征信为主体的征信体系建设，应以此为依托加强对政府、企业和公众的金融教育。

　　对地方各级政府及有关部门从业人员进行诚信教育是我国公共金融教育的关键环节，这是我国实践经验的总结，也是我国国情所决定的。地方政府有无良好和健康的金融意识直接关系到一个地方信用环境的好坏。几年前，中央曾号召各级领导干部学习金融基本知识、增强金融风险意识，中央党校曾举办省部级干部金融知识培训班，有关金融管理机关还组织编写了领导干部金融、证券、保险知识读本。这是我国对各级干部进行有组织的公共金融教育的成功案例，对于增强全社会金融意识、减少政府对金融活动不合理的干预起到了积极作用。

　　对媒体从业人员的教育同样不可或缺。媒体是社会不同主体交流沟通的平台和桥梁，是进行金融公共教育最便捷也是最有效的途径。在信息化时代，媒体的声音具有明显的乘数效应，媒体监督不足或舆论监督权的滥用都有可能误导公众。因此，必须建立与媒体的经常性沟通机制，使之成为传播金融知识和信息披露的有效途径。

　　公共金融教育不仅是政府、央行和各监管部门的重要职责，也是各金融同业工会和金融机构对外沟通和公关的重要内容，新闻单位也担负着重要使命。这是社会经济发展的一项基础工程，是一个潜移默化的过程，是一项长期的任务。

（《金融时报》2004.09.27）

国有银行的革命性变革

中国银行股份有限公司的成立，拉开了国有商业银行革命性变革的帷幕，标志着我国商业银行改革进入到实质性发展阶段。

国有商业银行股份制改革是我国金融发展史上具有历史意义的事件，也是国内外瞩目的焦点。作为我国银行体系的绝对主体，国有商业银行掌控着国家大量的金融资源，直接关系着社会资金的配置方式和宏观调控的方式。不对国有商业银行进行彻底的改革，就不能从根本上走出改革困局。

在核销、剥离、注资的基础上成立银行股份有限公司，是国有商业银行改革的关键步骤，也是银行业深刻变革的开始。银行股份有限公司接踵而来的工作是，吸引战略投资者并择机上市。无论从何种角度看，这都是一场革命性的，也是难度很大的改革。与以往金融改革相比，它触及了银行发展中最核心的环节，即以股份制形式改造银行产权制度和微观机制，以解决转型经济体中银行业普遍存在的治理结构问题。按照预先确定的改革时间表和规划，除了中行、建行外，工行、农行的改革也将在一两年内陆续推出。这样大规模地对我国大银行进行资本重组并进行彻底的市场化改革，是前所未有的。

国有商业银行改革是我国新一轮经济金融改革的重心，是国家在新的战略机遇期作出的带有全局性的制度安排。在中国经济金融发展的关键时期，运用外汇储备对国有独资商业银行注资并进行股份制改革，无疑是一项重大的理论创新和实践创新。果断地对国有商业银行进行改革，反映了决策者对市场经济条件下商业银行发展规律的认识更加明确，对国际商业银行发展趋势的认识更加明确，对修修补补式改革所造成的后果及局限性的认识更加明确。通过这样的制度安排，巧妙地找到了国有商业银行改革的突破口，结束了我国在国有商业银行改革步骤问题上长期争论和徘徊的局面，从而为加快国有商业银行改革创造了良好基础。

　　这次改革之所以是革命性的，还在于改革方案的透明性。对商业银行进行系统化的改革，决策者对改革步骤和后果进行了充分估计，并进行了周密细致的安排，从而保障了这一轮改革是在有理论、有规划、有目标、有步骤的轨道上进行的。不仅如此，改革还充分借鉴了国有企业改革，以及转型国有银行改革和我国以往银行改革的经验教训，对外部监管和内部控制作出了清晰的规定。这对于确保商业银行成为改革主体以及有效防范各种道德风险至关重要。

　　中国银行股份有限公司在短期内迅速挂牌成立，显示了人们在改革问题上的普遍共识和效率。与以往渐进式改革战略相比，这次改革减少了过多的概念演绎和争论，代之以操作性更强的改革方案。按照国有商业银行改革规划，中行、建行股改试点的主要内容是财务重组、内部改革和落实相应的配套政策措施。为了把一个干干净净、晶莹透亮的银行推向市场，在半年多的时间里，我国充分发挥体制优势和政策优势，按照"一行一策"的原则，有效地对中行、建行进行了财务重组工作，核销了资产损失，按市场原则对可疑类贷款实施剥离，并在此基础上由中央汇金公司动用外汇储备注资。一系列财务重组，使相关银行财务信息更加透明，并为银行股份有限公司成立、有效吸引战略投资者和成功上市铺平了道路。

　　但是，对国有商业银行进行股份制改造、成立股份有限公司，并不是改革的终结，而是中国银行业革命性变革的开始。这将是一个较为长期的过程。现在还不是欢庆胜利的时刻，资本重组只是银行改革万里长征的第一步，还要涉险滩、爬雪山、过草地。在资本重组后如何构筑贷款风险管理长效机制，防止新增不良贷款比例上升；如何在不过分裁减人员的同时，有效调动和配置人力资源；如何协调不同管理层的关系，在有效制衡的同时最大限度地提高效率；如何有效解决市场化与行政配置机构和资源的矛盾；如何建立更加透明的管理和信息披露机制等，都是银行改革中所必须面对的问题。已经进行股份制改革的国有金融机构和企业，在这方面已经有不少的经验教训。国有商业银行应当发挥后改和后发优势，把各种可能的负面影响减弱到最小程度。

　　从建立现代金融制度的角度看，国有商业银行改革的主要目的是真正确立商业银行在市场上完全独立的主体地位，使之自主决策、自负盈亏、自担风险、自求发展。随着改革的加快推进，对银行的市场约束力也会相应增强，以市场为核心的银行业绩评价体系会逐步确立。这样，在制度安排后，商业银行内部改革成效就成为股改的关键，是未来商业银行发展的重中之重，也是银行能否经得起市场考验的关键。政府、管理部门、商业银行，显然认识到了这一点。在国有商业银行改革伊始，管理部门即制定了明确的公司治理改革与监管指引，在管理架构、战略伙伴选择、发展战略、经营管理框架、人力资源制度等方面提出了一系列明确指导性意见。在中国银行股份有限公司成立会上，中央政府领导、金融高层领导和商业银行的高管人员，都把注意力集中在股改后的公司治理和内部管理上，充分表明了内部管理的极端重要性。

对国有商业银行改革的过程，也是各金融管理主体加快自身改革的过程，是各方面与银行关系不断调整的过程，是硬化商业银行预算约束的过程，更重要的是确立商业银行独立市场主体的过程。对于习惯于按以往框架进行管理和经济往来的人而言，这并非易事。从这种意义上讲，对国有商业银行进行股份制改革，不仅是中国银行业的革命，也是我国金融管理的一场革命。金融市场的各方面参与者，包括政府、货币监管当局、金融机构和社会公众，都必须在法律许可的范围内活动，自觉调整与其他市场主体和行政主体的关系，共同促进我国金融业的振兴。

（《金融时报》2004.08.29）

利率市场化的步子能迈多大

　　一阵加息争论过后，人们再次把视点转向利率市场化。一些专家认为，应抓住有利时机加快利率改革进程，以推动现代金融企业制度的完善、宏观调控方式的根本转变和社会资金的有效配置。

　　也有些专家认为，利率改革不能脱离商业银行与企业的发展状况，过早放松对利率的管制会导致金融恶性竞争以及更大程度的金融风险和道德风险，损害金融稳定。

　　类似的争论已经持续了多年。不同观点隐含着这样的分歧：利率市场化是改革的目标还是改革的手段。速改论者认为，利率市场化是建立现代金融企业制度的重要手段，唯有放松对利率的控制，才能促进银行与企业经营机制的完善；而渐进论者更倾向于把利率市场化作为目标来看待，把微观基础的改进视为利率市场化的先决条件。

　　长期以来，我们一直把利率市场化看作长远目标和方向，在改革战略上采取渐进方式，逐步放开了一些金融产品的利率，改善了计息办法，扩大了利率浮动幅度，实行了再贷款浮息制度，一定程度上增强了商业银行利率定价权。这条改革道路在改革的初始阶段是客观的也是适宜的。但总体上看，我国仍然是一个利率管制国家。许多情况表明，对主要金融工具如存款、贷款的利率实施管制，对日益市场化的我国经济的负面影响正在逐步显现，如同一些经济专家认为的那样，主导利率的非市场化损害了利率内在平衡的机制，造成了利率结构的扭曲，影响了资金配置效率，使存款金融机构难以通过自主定价配置资产和风险，同时也限制了货币当局和监管当局的有效调控和监管。

　　利率市场化改革之所以举步维艰，与我国改革战略和改革次序安排、利率管理体制有关，也与我们对这一问题的理论认识和观念不无关系。在服从与服务于经济改革大局框架下，金融作为国家可以使用的重要工具，承担了大量的经济转轨成本，在改革次序的安排上处于一定程度的从属地位。另外，按照目前法律规定，利率改革、利率调整要经过比较复杂的程序。同时，在推进市场化改革进程中，我们往往不自觉地高估管制的效应，低估市场对经济主体的约束力，在理论上和观念上始终难以走出循环论证的怪圈。

我们既要看到经济金融改革不到位对利率市场化程度的制约，也要看到利率非市场化带来的种种矛盾。随着经济金融改革总体推进和现代企业制度的逐步建立，如果我们对利率市场化的认识仍停留在原有的思维上，忽视改革时间约束，就有可能丧失和贻误运用市场手段和机制解决复杂金融矛盾的有利时机，增加体制转轨的成本。

利率改革的步子到底能迈多大？国际货币基金组织对许多成员国的研究分析表明，推进利率市场化改革要具备一些条件：对银行体系实施审慎监管，并建立谨慎会计标准；中央银行与财政资金关系硬约束；商业银行有利润约束机制；对金融机构避免歧视性征税。应当说，目前中央银行的独立性增强，货币政策价格调节和以风险监管为重点的基本框架正在逐步形成，商业银行改革取得突破性进展，金融改革深化已达到相当程度，利率市场化改革也有了一定基础和经验，基本具备了加快利率市场化改革的条件。

应当承认，利率市场化是把"双刃剑"。在现有的条件下，我们有能力通过合理的制度安排和技术准备，把利率市场化改革的步伐迈得更大一些。我国金融改革中并不乏制度安排的成功案例，诸如取消对国有商业银行贷款规模的限额控制、汇率并轨、对国有商业银行注资等。实践表明，只要安排得当，措施配套，即使推出力度较大的改革措施，不仅不会引起大的波动，而且会产生许多良性效果。

在金融机构基本建立现代企业制度框架后，加大利率改革力度，有利于促进商业银行经营管理产生革命性变革，有利于有效实施货币政策，有利于更好地发挥市场的作用。以美国为例，1978 年废除 Q 条例后，由存款机构自主确定存贷款利率，商业银行在经营管理方面发生了一系列历史性的变化。商业银行更加关注利率变化的敏感度分析，更加注重资产负债风险管理，更加注重内部治理，更加注重金融创新。今天，我们在教科书上看到的资产负债管理模型、利率缺口敏感性分析模型，正是在取消利率管制后由商业银行在实践中开发和建立的。同时，正是取消了对利率的管制，才推动了美联储以短期利率为目标的利率调控机制的形成和发展。

利率市场化，并不意味着中央银行不决定利率，关键在于中央银行可以根据履行货币政策的需要和市场变化，只对一种债务工具价格适时调整，而不再直接管理商业银行的各种利率，商业银行可以根据市场利率变化和竞争策略自行确定存贷款利率。这对于长期处于利率管制环境的各经济主体而言，无疑会带来一些压力和挑战。对政府而言，需要适应新的形势改进经济管理，让中央银行在宏观调控中发挥更大的作用；对货币当局而言，需要适时建立和完善新的统计、研究、监测、调控体系；对监管当局而言，需要加强对资本充足性和资产风险的监测；对于商业银行而言，需要做好相应的知识储备和技术准备，尽快建立新的资产负债管理体系。同时，要充分发挥金融同业协会的作用，加强行业自律，维护公平竞争。

在利率市场化问题上，我们需要紧迫感，需要勇气和智慧。我们相信，只有相信市场的力量，不断追求变革，适应变革，才能充分享受变革的成果。

（《金融时报》2004.08.03）

新贸易保护主义的蔓延

继美国之后，欧盟也拒绝承认中国的市场经济地位。在世界贸易组织框架内，由发达经济体以市场的名义筑起保护墙，向世人传递了这样的信号：在世贸组织框架下，新贸易保护主义并没有因多边贸易时代的到来而减少，反而更加花样翻新，加快向体制层面蔓延。

我国实行独立自主的改革开放政策，否认中国市场经济地位不会对中国经济成长产生实质影响，也不会改变我国经济国际化的基本态势。但是，透过这一问题，我们可以更加深刻地认识国际经济关系的复杂性，加快改革现存体制的问题，构筑和完善对外经济发展战略，以便在日益复杂的环境下与世界各经济体建立平等、对称、互惠、互利的经贸关系，维护国家利益，促进我国的和平崛起。

拒绝承认中国市场经济地位，是单边主义在经济领域的必然反映，也是新贸易保护主义蔓延的必然结果。以市场经济和国家利益的名义，为国际贸易设置障碍正在演变为一种趋势，是许多发达经济体惯用的手法。在国际贸易关税不断降低的背景下，一些发达经济体为规避多边贸易制度的约束，维持本国在国际分工和交换中的地位和利益，总是不断变换保护形式。在强化绿色壁垒、技术壁垒、反倾销和知识产权保护等非关税壁垒措施基础上，不断把触角延伸到制度和体制领域。对市场经济地位进行评估，就是新贸易保护主义蔓延最突出的表现。

市场经济并无统一的模式。比较那些早已实行市场经济的国家，如美国、德国、法国、日本、新加坡等，便不难看出市场经济的多样性。经过20多年的改革开放，中国已基本建立了市场经济体制，商品市场和各种要素市场的市场化程度已达到相当高的水平，这是不容否认的事实。即使再过20年，由于经济结构和文化的差异，中国的市场经济也会与别国有所差异。因此，通过对中国商品成本和会计制度的简单类比，得出商品倾销或非市场化的结论，显然是不科学的，也是难以令人信服的。

是否承认中国市场经济地位不单是纯技术层面的问题。美国商务部一个听证会便轻易否定了中国市场经济地位。欧盟的评估报告称，中国的会计法和破产法等市场经济法律体制还不够健全；中国对资源的进出口采取了非市场化控制；中国对知识产权以及含知识产权产品的保护体系存在漏洞，保护力度不够；中国金融和企业融资不符合市场经济规律，国有企业的融资没有根据客观条件，导致了大量的呆账、坏账。这些理由看起来振振有词，实际上忽略了市场经济不同的发展阶段以及改革战略的差异性。应当承认，我们的市场经济在一些方面还不完善，但不完善的市场经济也是市场经济。美国、欧盟拒绝承认中国市场经济地位更像玩弄一种政治游戏。只要我们看看 2002 年 11 月欧盟承认俄罗斯市场经济地位所给出的理由，就会发现在他们眼里完全市场经济地位有多重标准，可以根据政治需要而定。

中国遭遇市场经济地位之困并非偶然，回顾近年来西方对我国经济发展的一系列舆论和指责便可清楚地看到这一点。从中国威胁论到中国经济崩溃论，从通缩输出论到通胀输出论，从人民币升值论到汇率操纵论，再到非市场经济地位指证等。各种论调不断传承和变化，越来越隐蔽，越来越上升到官方层面。这其中隐含的复杂政治经济关系昭然若揭。可以预料，在中国和平崛起的进程中，类似的情况还会以新的变种长期伴随我国经济发展。

我们需要一个共赢、共存而不是相互排斥的世界。新贸易保护主义者往往不恰当地评估欠发达国家经济实力，过高地估计全球化对发展中国家的好处，而忽视不合理国际分工的负面效应，一方面极力维护旧的国际经济秩序，享受着超国民待遇，另一方面却力图让发展中国家承担更多的国际义务，加重市场准入的砝码。在评估像中国、印度等欠发达经济体经济总量时，乐于采用购买力平价法（PPP）测算，夸大发展中国家经济实力，掩饰全球化可能带来的单边效应。事实上，按照最近《经济学家》（英）刊登的文章，如果用汇率法测量，在过去 20 多年中，发展中经济体在全球收入的占比还不到四分之一，不仅没有上升反而有所下降。

应当说，与发达经济体相比，中国输出的主要是附加值相对低的商品，走向国际市场的机电企业，诸如彩电、冰箱企业，是市场化程度很高的企业。相反，发达经济体向我国输出的却是资本和高附加值的商品，比较收益要大得多。中国在很多领域对外资实际开放程度要远大于贸易伙伴对华开放程度。以金融领域为例，到今年5月，已有19个国家和地区的61家外资金融机构和企业集团，在我国21个城市设立了199个营业性机构，相反，一些发达经济体总是以各种技术原因把我国金融机构拒之门外。因此，作为国际经济交往中的平等主体，我们需要对称地开放彼此的市场。

新贸易保护主义的蔓延，增加了国际贸易的成本，同时也不利于国际经济新秩序的建立。面对新的形势，我们需要加强对外发展战略的研究，集中精力谋发展，不断提高经济发展的自主性和对外开放水平，不断增加对外合作的实力，为维护国家利益和建立国际经济新秩序而不懈努力。

（《金融时报》2004.07.07）

货币政策的平衡观

　　格林斯潘，一个中央银行发展史上的传奇人物，以其非凡的表现第五次出任美联储主席，再次令那些"廉颇老矣，尚能饭否"的怀疑者跌破眼镜。这位七十八岁高龄的老人，何以跨越世纪，跨越年代，跨越党派，跨越年龄，赢得如此的信任和支持？

　　对于许多金融从业人员、研究人士和财经记者，格林斯潘无疑是一本值得认真研读的教科书。格林斯潘在货币政策方面的持续成功，不仅在世界范围内树立了央行成功调控经济的典范，也大大加深了社会公众对央行性质和职能的了解。正如一些评论家所指出，格林斯潘最成功之处在于，在日益不确定的经济环境下，引领美联储通过有效实施货币政策使美国经济保持可持续发展，把中央银行的作用发挥到了极致。

　　带着一种好奇心，笔者查阅了1998年以来格林斯潘在国会有关货币政策的证词，试图探询这位美联储掌门人对货币政策独特的分析框架和方法。坦率地说，由于教育背景、经济环境的差异，我们很难吃透各种经济变量之间的关系并把握其思维，但还是为他对经济金融的洞察力和判断力所折服。给笔者印象和感触最深的是，他在对形势的判断和货币调控方面所体现出的平衡观、动态观和经济观。可持续性、平衡等概念是格林斯潘证词中出现频率较多的字眼，也是他分析形势和判断货币政策态势的出发点和归宿。

　　在动态中促进均衡是许多中央银行所努力达到的目标，也是很多央行面临的难题。正如西方一位评论家所指出的："中央银行面临的挑战无异于在漂浮于河中的木头上行走，你觉察到不平衡了，你就移向那儿，对它进行调整，而在移动中就可能失去平衡。如果重新找到平衡，就要站到更为有利、更为稳定的位置上。"在格林斯潘看来，平衡对于可持续发展至关重要。平衡是动态的、可以即时调整的。为了实现动态平衡，中央银行不仅要了解清楚经济金融运行的历史、现状，而且要尽可能准确预测经济的趋势；不仅要了解经济发展的推动力量，而且要了解经济发展的各种抵消力量。因此，在判断各种经济指标的变化时，他更看重的是相关指标未来动向。正如他在多次听证会上所言，如果我们仅仅对过去和现在作出反应，由于货币政策时滞影响，不恰当的货币政策会给经济带来破坏性后果。然而，准确预测经济相当困难，有时不得不考虑各种可能经济结果的概率分布，进而作出各种政策选择。

格林斯潘的货币政策平衡观，是建立在对经济深刻洞察力基础上的。金融调控不是机械的、程式化的操作行为，何时采取动作，采取多大的动作，取决于对经济金融形势的判断。在格林斯潘的证词中，经济分析分量要远远大于金融分析，通常情况下金融数据只是被用来加强其观点的，他总是从一些微观或中观经济分析入手，从分析商品市场、劳动力市场入手，分析供给和需求的变化，判断经济变动的方向和可持续性，从而为中央银行行动寻找依据。

在格林斯潘看来，经济均衡是判断货币政策态势的重要基础。在他的证词中，对实体经济的关注要远远大于对货币或虚拟经济的关注，有几个关键术语总是频频出现：存货及存货销售率、单位劳动成本及生产率、居民资产变化及消费行为。在他看来，在完全市场经济条件下，通过这些微观的指标，可以预测经济周期的变化和劳动生产率的变化，可以观察需求与供给的调整方向，而这恰恰是适时适度进行货币调控所需要的。他认为，在充分竞争的市场中，经济具有充分弹性，存货或存货销售比率的变化反映了市场供需关系的变化，反映了投资和需求的变化，反映了市场动态调整过程；劳动成本的变化，反映了劳动力市场的松紧状况和生产率的变化，又同时影响需求和供给的调整以及经济结构的变化。

格林斯潘认为，很多情况下货币政策并不能单独解决经济均衡发展问题，即使独立的央行，也不能完全游离于政府的政策之外，需要财政政策等同时发挥作用。但他也清楚货币政策目标与政府部门目标的差异，央行目标是法定的、长期的，不受央行行长任期的限制，不因政府更替而改变。因此，在总统、政府部门对他施加各种影响的同时，他总力图说服别人相信他的判断；当经济形势不明朗，存在很大不确定性时，他总是强调密切跟踪观察的重要性。格林斯潘是一个务实主义者，在他的证词中很少看到教条化的东西。他认为，货币政策并不像凯恩斯主义者所信奉的可以消除经济周期波动，也不相信通过稳定货币增长就能有效实现货币政策目标的货币主义观点，这是因为没有任何工具可以改变人的本性。在他看来，采取货币政策并非简单针对经济增长或经济收缩，只有在资产价格膨胀、资产价格紧缩，威胁到价格稳定和金融稳定时，央行才采取行动。在通常情况下他更相信自己对市场的判断。

格林斯潘的货币政策平衡观，体现了其个人在金融市场上的积累和智慧，同时也是建立在美联储庞大和专业化分工研究统计支撑基础之上的。美联储总部内部拥有强大的研究力量，12 个联邦储备银行在研究上也有明确的分工，这为美联储有效实行货币政策提供了重要基础。格林斯潘的货币政策始终蕴涵着这样的理念，不管货币政策短期内如何变化，它始终围绕维护币值稳定和金融稳定这个轴心而调整。而这恰恰是中央银行行为哲学的具体体现，同时也反映了货币政策最本质的东西。

(《金融时报》2004.06.22)

理性看待商业银行的非理性行为

每当固定资产投资持续高增长，低水平重复建设重新抬头，以及经济运行出现过热迹象之时，一些人总是自觉或不自觉地把目光投向银行，并把经济运行中的问题归咎于商业银行的非理性行为。

银行业充当替罪羊的尴尬角色，既与银行同经济周期的天然联系有关，也与我国银行业在经济发展中的特殊地位密不可分，同时还与一系列经济事件和案件总是或多或少涉及银行不无关系。前些年的房地产热、开发区热以及最近时期的周正毅案、德隆风波和铁本事件，都有银行涉足其中。这些情况给人以强烈印象：即银行的非理性行为助推了经济金融秩序的混乱。这种看法虽然不无道理，但也并非银行的主流行为，更不是问题的实质。透过这些现象，我们既要看到商业银行市场化进程中所暴露的非理性行为，也要看到它所折射出的体制性矛盾以及社会经济根源，以理性的眼光进行全面判断和分析。

我国经济金融运行中的诸多问题，从根本上讲是一种体制现象。这是任何人都无法回避的。忽视了这一点，我们就很难避免重复类似的错误，也很难找出治本之策。由于我国投融资体制改革进展缓慢、资本市场不够发达，使得金融资产、信用、风险过度集中于银行。银行业是中国金融市场上的主导力量，银行业总资产占全国金融机构总资产的85%。这样，在经济高速成长时期，银行不得不承担提供社会经济发展主要资金的责任，各方面发展对信贷资金的需求和倒逼作用十分突出。这一方面为银行带来了良好的发展机遇，另一方面也给银行造成了巨大的压力。尤其是在不正确发展观引导下，银行常常被视为地方经济跨越发展的资金引擎。一俟宏观形势发生变化，银行总是不可避免地成为拖累者和受害者。

对于商业银行改革进程中出现的一些非理性行为，我们不必过于惊慌，但我们必须明确无误地传递这样的信息：商业银行必须自担风险、自负盈亏。要看到，一些非理性行为并非我国商业银行所独有。只要市场主体是多元的，参与市场的主体是独立的，就必然存在不同参与者的互动与博弈。按照博弈论观点，一些对单个主体来讲是理性的行为会引起整体或集体的非理性。从这种意义上讲，一些商业银行的非理性行为是政策互动、市场博弈的必然结果，也是各市场参与主体在决策时必须面对的客观事实。诚然，对任何经济体而言，每当经济出现异常波动，政府、有关管理部门总希望通过采取相应的政策取得预期的调控目标，也希望各微观主体的配合，但由于各市场参与主体目标约束和信息差异，政府不可能也没必要限制各种博弈。管理当局所能做的就是，保持政策一致性，建立激励与约束相容的机制，增强政策的透明度和信任感，对不合理预期加以引导。

我们也必须承认，在竞争不充分环境和金融体制转轨时期，我国商业银行确实存在一些非市场性的非理性行为。在摆脱长期计划体制束缚和数量管制后，商业银行表现出前所未有的改革热情，急切希望参与并分享经济改革与发展的成果，同时它们对风险的识别和判断能力也明显增强。但是，面对不成熟的市场，我国商业银行显然还缺乏一套成熟的机制和手段实现收益与风险间的均衡，其行为具有明显的过渡性和局限性。在经济收缩时期，商业银行由于过分估价风险而忽视潜在的商业机会，出现了明显的慎贷或惜贷行为，加剧了信贷收缩；在经济扩张时期，由于过于注重市场与客户营销和开拓，而忽视风险的分散和控制，加剧了信贷扩张。这种顺周期行为，不仅会损害经济发展的可持续性，也给银行自身经营管理带来许多潜在压力和风险。

银行家的非职业性是导致商业银行非理性经营的重要因素。在体制转轨时期，我国银行家们具有明显的多重人格，即兼有资本化身、职业经理人和行政官员的属性，致使他们在职业观念、经营理念和发展模式与战略上带有明显的过渡性特征。银行家的非职业性，直接或间接地导致了非理性的发展观和政绩观；也使银行无法始终如一地按照商业原则来管理和经营，无法抵御来自不同方面对银行经营活动的干预。当然，银行家非职业性并非银行家自身所造成，根本原因在于商业银行人力资源管理体制和对银行家的评价标准上的缺陷。

商业银行非理性行为还来源于激励与约束的不对称。几乎所有商业银行，特别是新兴股份制商业银行都把存款扩张看作实现跨越式发展的必由之路，并建立了一套明晰的存款考核指标体系，而对不良贷款、资本充足性等指标的考核则相对软化，致使以贷引存、贷款派存等现象普遍存在。

另外，银行业的相对垄断与过度竞争并存也在一定程度上导致了非理性行为。一方面，相对于巨大市场，我国银行业发展空间很大，竞争还不充分；另一方面，在投资渠道相对单一的市场环境下，商业银行聚集了大量的社会剩余资金，却缺乏有效配置这些资金的渠道。在巨大的经营压力下，商业银行只有赚取足够的利差才能弥补资金来源的成本。贷款作为主要的传统资产形式，是商业银行最熟悉，也是最依赖的生息资产。这样，在信贷市场上，由于治理结构的缺陷、产品的趋同性，各商业银行为了争取优质客户，不惜降低贷款条件搞恶性竞争。

理性看待商业银行的非理性行为具有重要意义，有助于全面认识商业银行非理性行为的社会经济根源，有助于树立科学商业银行发展观，有助于深化对商业银行发展规律的认识，从而找到真正解决问题的办法，从总体上推进改革。在这一问题上，任何抱怨、行政管制都无济于事，坚定不移地推进投融资体制改革和商业银行改革才是根本出路。

（《金融时报》2004.05.09）

用市场创造市场

随着中行、建行股份制改造的实施，新一轮金融改革和创新的浪潮正在兴起。

在金融改革的攻坚阶段，我们需要采取新的政策措施为改革增加动力，更需要探索一些高附加值的市场工具，理顺和解决现代化进程中长期存在的金融结构性问题，为改革注入活力。在金融发展战略和目标确定后，迫切需要绘制一幅符合系统化发展要求的改革路线图，确定攻关重点，权衡利弊得失，采取配套措施，明确责任约束，以保证各项相关政策的有效执行。面对复杂多变的环境和多种制约因素，用传统的方式和手段不可能求得金融规划的最优解。我们必须善于从市场中找到办法和答案，通过做大市场来为改革创造更大的空间，用市场创造市场。只有用市场无形的手，才能把所有的环节和问题串联起来，才能理顺和调节各种错综复杂的经济利益关系，才能在激励与约束间实现平衡。

有效运用市场，是破解金融问题链的关键。我国金融业发展中的许多问题，包括宏观层面和微观层面的问题，比如，银行资产结构失衡、资本充足率低、不良资产比例高、融资结构单一、货币传导梗阻、利率市场化程度低等，看似互相独立，实则相互关联。这些问题相互作用和影响，形成了统一的金融问题链。对国有商业银行注资后，并不意味着上述问题可以自动解决和消除。在未来几年过渡期内，面对诸多约束条件和新老矛盾，必须一心一意地在市场上寻找改革办法，运用市场手段逐步解开问题链的结。

信贷资产证券化作为市场发展到一定阶段的产物，体现了整体推进金融改革的基本要求，体现了银行业信贷市场发展和资产结构的发展趋势。作为市场经济条件下普遍使用的工具，它有利于培育和发展货币市场，助推资本市场的发展，从而为综合解决各种金融问题提供更多的渠道和机制。信贷资产证券化，使贷款真正成为商品，便利其在市场上发现价格、流动、转让、处置，从而为银行处置不良贷款、改善资产结构、分散金融风险、充实资本金等带来更好的环境。同时，通过提高信贷的透明度和约束力，有助于规范信贷市场秩序。此外，它也有助于提高资源配置的效率，提高宏观调控的回旋余地。

用市场创造市场，不是一个空洞的概念，而是具有实实在在的内容。我们既要充分享用金融市场发展的成果，发挥好现有市场的作用，又要不断充实现有市场的内涵和外延，培育和发展市场。在金融改革的新阶段，我们必须善于探索和使用那些具有广泛市场影响力、渗透力和约束力的工具，以推动金融改革的深化。这要求我们的改革思维必须更加系统化、全局化和市场化。我们应逐步从单项突破的板块式改革战略走出来，从不附加约束条件政策支持的惯性中走出来，充分相信市场的吸纳能力，运用市场解决金融运行中存在的问题。

市场具有化腐朽为神奇的功效。我国金融改革史上的一些成功案例，莫不与顺应市场发展要求紧密相关。1994 年的汇率并轨，不仅没有造成外汇短缺，反而极大地促进了我国对外贸易的发展和外汇实力的增强；1998 年取消对商业银行贷款规模的管理，不仅没有造成信贷的盲目扩张，反而增强了商业银行的自我约束能力，优化了信贷资源的配置。今天，面对国有商业银行深化改革等重大课题，更应围绕市场采取果敢措施，加快体制创新、制度创新和业务创新。

用市场手段推动市场发展，是最简便最经济的做法。只有把市场做大，才能取得货币管理当局、监管者、金融机构、居民共赢的局面，才能促进金融与经济协调发展。目前，我国金融深化已达到相当程度，金融市场已获长足发展，金融机构自我约束能力也有明显提高，市场配置金融资源的基础作用正在增强，这些都为我们有效利用市场创造了良好的条件。我们应紧紧把握市场发展的新机遇，不失时机地推出各种市场化的手段和工具，一步步把改革引向深入。

（《金融时报》2004.04.08）

走出农村金融短缺

农村金融从来没有像今天这样备受关注，也从来没有像现在面临如此多的难题。在农村日益走向城镇化、工业化和现代化的重要关口，农村金融短缺问题日渐突出。农村资金供需失衡、资金紧张、农民贷款难、农村资金严重流失等问题，就是其中诸多问题的体现。

无论从农村金融自身发展状况分析，还是从"三农"对金融需求来看，农村金融的发展都难如人意。农村金融到底怎么了？多年来，中央、政府有关金融管理部门对农村金融问题在政策、财力等方面对农村金融机构给予了多方支持，在改革方向和路径上进行了多种探索，但是，农村金融迄今尚未步入可持续的发展轨道。现在看来，仅把农村金融作为弱势产业加以政策和资金的扶植是不够的，面向市场加大改革力度，也许是更为理性的选择。

农村金融改革是我国金融改革的重要组成部分，也与农村经济的现代化息息相关。从总体看，农村金融发展还滞后于城市金融发展，滞后于农村经济发展。这就要求我们必须以科学发展观为指导，从统筹城乡金融的发展，以及统筹农村金融和农村社会经济的协调发展的角度谋划农村的金融改革，在体制安排、制度创新、政策扶植、改革次序诸方面，给予农村金融同等重要甚至更为优先的考虑。

谈到农村金融问题，很多人会想到环境约束。的确，与城市金融相比，农村金融发展赖以存在的产业是弱势产业，级差收益低，季节波动大，缺乏稳定充裕的资金来源。但真正困扰农村金融发展的依然是体制问题。农村金融短缺，与其说是资金短缺毋宁说是体制短缺，体制所造成的预算约束软化，致使更大的资金投入导致更严重的短缺。

硬化对农村金融机构预算约束，对于逐步消除或缓解农村金融短缺至关重要。农村信用社在行社分离前，与农行在资金方面关系模糊，经营成果分配缺乏明显自主权；行社脱钩后，央行对农信社给予了力度很大的资金支持；这几年，在对一些经营困难的信用社处置和重整过程中，各级财政又注入了不少资金。这样的预算约束，虽然对于维护农村金融稳定发挥了关键作用，但对农信社的预算约束软化，也助长了各地竞相攀比，甚至出现以改革为筹码讨价还价、争取资金。这不仅会加剧道德风险，也会增加农村金融机构的潜在风险，并导致农村金融持续短缺。金融管理当局显然认识到了这一问题，央行已着手加强涉农再贷款的监管，银监会也把农信社治理结构改善作为监管重点。这些无疑会进一步硬化农村信用社预算约束，促使农信社真正办成自担风险、自负盈亏、自求平衡、自我约束的金融机构。

农村金融压制是引发农村金融短缺的重要因素。我国幅员辽阔，农村发展不平衡，经济环境各异，农村金融市场不发达，民间借贷相当普遍，信息不对称，不可能用一种政策、一样的利率来管理。率先在农村推进利率市场化改革已被初步证明是行之有效的。加快农村利率市场化改革，特别是要尽快放开贷款利率，有助于引导农信社在自主定价中学会风险规避的有效办法；有助于促进农村金融的创新；有助于理顺农村各种资金的利率关系，规范农村信用秩序；有助于减少农村资金的流失，提高资金使用效率，并促进农村资金的回流。

重构农村金融服务体系，改善农村生态环境是根本解决农村金融短缺的基础。长期以来，在财政对农村转移支付力度不够和社会保障制度不到位的情况下，农村金融机构功能实际上被夸大了，承担了一些财政性、政策性和社会保障职能，承担了一些农村经济转型和社会稳定的成本。另外，在农村地区，随意干预金融机构业务情况更为普遍。因此，完善农村信用体系必须从多方面入手，妥善处理农村金融改革与农村整体改革的关系，处理好金融与财政的关系，明确农村各类金融机构的功能定位，着力塑造良好的农村金融生态环境。

（《金融时报》2004.03.25）

国有商业银行注资的杠杆效应

一段时期以来，对中行、建行注资及股份制改造成为社会关注的金融热点。国内外对这一制度安排予以积极评价，认为注资将进一步增强中国银行业的稳健性，提速国有商业银行改革的进程。但也有观点对这一安排的合理性和作用提出疑问，甚至认为注资会引发新的道德风险和逆向选择。究竟如何看待国有商业银行注资问题呢？

对国有独资商业银行进行股份制改造，是公有制实现形式的重要探索。运用外汇储备对国有商业银行注资是一项新的改革实践，对这一问题存在不同观点是正常的，它有助于我们从多视角完善改革措施，最大限度地预防和减少工作偏差，使改革始终沿着正确的方向和目标前进。

必须看到，运用外汇储备对国有独资商业银行注资，是国家特定历史时期的战略安排。在我国经济改革整体推进阶段，国有商业银行的问题，一直是我国改革中最重要同时也是最困难的问题之一。在决策层看来，国有商业银行问题不能久拖不决，任何犹豫和拖延，都有可能延误改革良机，并导致更大的改革成本。因此，在完善社会主义市场经济体系的关键时期，在我国即将全面履行加入世贸组织承诺的紧要关头，在国有商业银行改革的攻坚阶段，国家作出这样的安排是综合判断各种环境和条件的结果，并非单单出于微观方面的考虑，而是带有全局性和系统性的，旨在提高我国银行业整体国际竞争力、维护金融稳定和国家利益。

从一定意义上讲，应把注资看作加快国有商业银行改革的突破口。这种注资具有明显的杠杆投资意图，不仅要求所注入的资金能够保值增值，而且能带来多方面的引致效应；不仅要推进国有商业银行的综合改革，而且有助于促进经济稳定发展。我们注意到，这次改革的主体不是国务院，不是货币当局和监管当局，而是被注资的商业银行本身，从而进一步强化了国有商业银行的企业性质。这次注资也非财政性的，通过成立汇金公司对商业银行注资，构筑了一个透明的商业运作和约束机制，体现了较强的约束力。

从国际上看，对银行资本重整并没有现成的和固定的模式，有的采取政府直接注资的方式，有的通过央行流动性支持，有的采取剥离不良资产，有的采取信贷资产证券化，有的直接鼓励外资和社会资金入股，有的采用银行兼并，有的采用私有化或公有化，有的采用央行直接收购银行股票形式等。客观地说，动用外汇储备对银行注资，确实找不到现成的直接的理论和可资借鉴的国际经验，但银行业不稳健所造成的严重宏观经济后果的案例却比比皆是。因此，出于维护系统性金融稳定的需要，运用外汇储备对经济金融领域潜在的不稳定因素进行预防性调节，并无政策障碍，理论上也是可解释的。这样的安排体现了理论创新和求真务实的态度，反映了决策层对开放经济条件下国际收支、货币、银行稳定内在联系认识的深化。

选择国有商业银行注资是恰如其分的，这是由其特殊的地位、历史贡献和作用所决定的。注资有助于短期内有效解决国有银行的历史包袱，也有助于促进国民经济较快稳定发展。长期以来，四家国有商业银行为国家经济建设作出了巨大贡献。1985 年以来，累计向国家上缴利税 5000 多亿元，自身积累资本金 7000 多亿元。与此同时，四家银行为推动经济转轨付出和承担了巨大的改革成本，从 20 世纪 80 年代初的拨改贷，到 90 年代企业改革的呆账准备金核销、企业转制、金融会计制度改革，国有商业银行都是最后的兜底者和稳定器。今后几年，伴随我国经济快速发展，信贷快速增长是难以避免的，这使银行资本问题更加突出。在上述情况下，仅仅靠银行自身积累和呆账准备金的正常提取，不能满足其坏账的核销和资本充足性的要求，必须借助一定外力的推动。注资作为一项重要的改革配套措施是非常必要的。

这种安排的另一个杠杆效应，是激发银行改革的热情和动力，并促进国有商业银行的良性互动。在政策实施的两个月中，中行、建行显然感受到了这种优先安排的压力和约束，围绕股份制改造工作先后制定了一系列加快改革的配套措施和规划。工行、农行也以积极的心态精心准备，强化基础，迎接新的改革机遇和挑战的到来。四大国有商业银行良性互动，让人们初步领略到了改革的示范效应。央行、银监会、外汇局相继出台一些配套监管措施，国务院也专门研究部署中行、建行股份制试点工作，提出要用 3 年左右的时间将两家试点银行改造成具有竞争力的现代股份制商业银行。来自决策层、管理层的行动更加强了人们对国有商业银行的信心。

我国即将全面履行金融对外开放的承诺，几年后会有更多的外资金融机构参与我国的金融市场，我国金融国际化的进程也将加快。我们需要充分利用国内外金融市场和资源，并在日益激烈的竞争中壮大我国的金融实力。在这一进程中，迫切需要吸引一些战略合作者，以充实和完善我国商业银行的资本结构。注资无疑会增加国有商业银行融资砝码和资本重整的能力，增强国内外投资者的投资信心，推进国有商业银行的股份制改造。

改革开放以来，我国国有商业银行进行了多次的资本重组，每次资本调整都推进了商业银行的改革进程。从分离政策性业务，到发行 2700 亿元特别国债补充国有独资商业银行的资本金；从剥离国有商业银行的部分不良资产，到这次的资本注入和股份制改造，无不推动了国有银行商业化和市场化步伐的加快。

"给我一个支点，我就能撬动整个地球。"阿基米德的这句名言形象地说明了杠杆的作用。注资能否撬动和解决国有商业银行改革这一历史难题？能否提速或催化国有商业银行革命性的变革？必须清醒地看到，注资并不是改革的全部，国有商业银行在实践运作中还会碰到许多新情况、新问题，还需要很多配套改革。这是一场伟大而痛苦的改革实践，是一项复杂的系统工程，唯有坚持不懈、坚韧不拔、务求必胜，才会实现改革目标。我们对国有商业银行的改革和发展始终充满信心！

（《金融时报》2004.03.10）

中央银行的行为哲学

中央银行被称为人类有史以来最伟大的发明之一。这一精妙的机关有效地把握政策时机、节奏、力度，使社会经济得以顺利运转。中央银行的独特功能使其在现代宏观调控中的地位更加突出，它的一举一动，一言一行，都可能引起媒体炒作、市场调整及预期的变化。中央银行行为也因此成为社会最为关注的问题。那么，指导中央银行行为的思想基础是什么呢？

对于货币当局的政策行为，我们已习惯于从货币金融学的角度加以评判，却很少探究其中的深层原因。其实，在每一种行为背后都有一种思想的支撑，这就是中央银行的行为哲学。在现代经济条件下，中央银行能否弹奏出美妙的乐章，归根到底取决于对经济金融运行的判断力和社会政治的驾驭能力，取决于中央银行家们的经济理念和哲学思想。

中央银行的行为哲学，简言之，就是影响和决定央行政策行为的基本理念和方法。对中央银行而言，维护币值稳定和金融稳定，并以此促进经济可持续稳定增长，既是根本任务，又是重要的哲学理念。这种理念植根于央行的性质与职能，同时与货币中性理论以及经济潜在增长相对稳定理论的影响不无关系。基于这种哲学，很多央行都把以稳定为导向的货币政策作为中长期货币政策的基本取向。与社会其他部门相比，央行对经济金融发展的可持续性、稳定性、市场的敏感性以及内外经济的均衡更为关注。为实现其目标，央行需要对各种复杂的关系反复权衡，反复调整，瞻前顾后。

为实现央行的政策目标，保持经济金融的长期稳定发展，央行需要相机抉择，对经济进行逆向短期调节。这常常会受到一些误解和非议。受货币银行学教科书的影响，一些人往往习惯拿所谓的货币政策规则或教条评判货币政策，甚至把货币政策看作中央银行家们操纵一种机械的技术游戏。撇开这种货币理论本身的局限性不谈，这种看法偏颇之处在于忽视了货币政策长期稳定与短期调节的关系。实际上，在现代经济环境下，面对不确定的环境以及信息的不对称，中央银行实施货币政策的难度和复杂程度超乎想象。比如，它对经济实施短期调节，会引发与其他政策目标和微观利益的冲突；当经济金融结构不对称、不平衡时，货币政策在不同区域、行业传导存在明显差异时，它要协调总量与结构的矛盾；当通货膨胀与通货紧缩趋势同时并存时，它要遭遇政策选择中的哲学难题。另外，它还会遇到货币经济与实体经济的矛盾，内部均衡与对外均衡的矛盾，甚至政治与经济的矛盾等。这些矛盾常常会使中央银行处于进退维谷的境地，并加大了中央银行制定政策的难度。

中央银行政策经常带有浓厚的辩证法色彩。格林斯潘，这位大名鼎鼎的美联储掌门人，无论在国会听证会演讲或对美联储行动进行评述时，总是给自己的判断附加一系列假设条件，似乎在进行纯粹的经济学分析。欧洲央行对市场判断的三层指标体系，更是让人眼花缭乱。我国对货币政策任务的表述虽然有别于发达的工业化国家，但那一连串的"既要"、"又要"，以及兼顾多种关系的表述，也充满了浓浓的中国式哲学意味。中央银行对市场模糊的或辩证的表述常常被认为损害了货币政策的透明度。其实，这在一定程度上反映了央行的行为哲学，也是现代市场经济发展对央行的必然要求。在日益不确定的环境下，影响经济发展的因素如此复杂，不从多维角度实施政策，既不利于经济稳定，也会损害经济可持续发展。正是这种模糊哲学，才促成了市场的均衡预期。这是因为，人们对央行政策的不同理解会引起不同的预期，进而形成不同的市场力量。试想，如果市场主体对中央银行行为都作同一方向的理解，市场就会产生巨大的波动，这是央行所不愿意看到的。

中央银行的行为哲学体现了现代市场经济的发展观。从历史角度看，市场经济越发展，央行行为哲学的作用就越突出。我们至今对前些年货币政策"一收就死，一放就乱"的情形记忆犹新。许多人把这归因于市场发育的不完善，实际上与我们对现代经济条件下央行的行为哲学缺乏足够认识不无关系，与货币政策缺乏弹性不无关系。近年来，我国在稳健货币政策的框架下，坚持预调、微调，正确处理稳定币值、防范风险与经济增长的关系，体现了辩证的货币政策哲学观。特别是去年以来，中央银行在保持货币政策稳定性、连续性的同时，注意防范贷款高增长的风险，运用各种货币政策工具适时适度调节，有效抑制了货币总量的过快增长。今年，根据经济金融运行中的突出问题，央行把警惕和防范通货膨胀、防范金融风险、促进经济平稳较快增长作为货币政策的主要任务，同时，明确提出在货币政策实施中要注意保护、引导和发挥经济增长内在活力和发展势头。这些政策导向体现出全面协调可持续的科学发展观，也是中央银行的行为哲学的具体体现。

中央银行货币政策哲学观，并不意味着中央银行面对市场的变化无所作为，相反，它促使央行更加重视对市场的判断和分析，中央银行的政策效果是可测的，在经过一段时滞以后还可以被实践所检验。正因为如此，世界各国中央银行都把研究作为政策的重大支撑，云集了一大批经济金融专家，成为宏观决策最重要的思想库。

了解中央银行的行为哲学有着重要意义。它有助于减少政府其他部门和地方政府对货币政策的干预，有助于市场主体形成自己独特的判断，有助于全社会更好地理解货币政策。这些对于改善货币政策实施环境尤为重要。

（《金融时报》2004.02.20）

技术乃金融竞争之本

在以信息为基础的知识金融时代，影响金融发展的重要因素是什么？很多人会毫不犹豫地选择资本、体制、管理，而金融技术则总被遗忘。其实，技术在金融发展中的作用同等重要，作为新金融时代的试金石，它直接关系到一个国家或一个机构的金融竞争力。越是市场化、国际化，技术在金融发展中的作用就越突出。

目前，我国已初步建成了金融基础网络技术体系，金卡工程使越来越多的机构和公众分享到了益处。但总体看，我国金融技术，特别是金融产品开发营销等方面的技术还差强人意，叫得响的品牌和知识产权并不多。相当多的金融机构对于技术在未来竞争中的分量缺乏清晰和足够的估量，仅仅把技术看作是业务支撑，而不是重要的竞争手段，把过多的精力放在争揽传统业务上，缺乏金融产品研发的系统规划。

技术在金融发展中的地位被低估，与人们的传统理念有关。一直以来，人们总把金融学或货币银行学视为纯粹的社会科学，将技术作为附属因素排斥在金融核心工作之外。加之，我国金融市场，特别是衍生金融产品发行和交易市场不发达，金融工程学应用范围狭窄，从而使金融技术重要性被忽视。当然，人们看轻金融技术，还因为金融技术，特别是金融营销技术，不具有明显刚性和排他性，且容易模仿，同时对其作为知识产权的认定也有一定的实际困难。

实际上，金融产业本身就是技术密集型产业，从一定意义上讲，技术是现代金融的基石，没有技术含量，就谈不上现代金融企业。如果不重视知识产权、信息网络、研发能力等金融技术因素，就势必在未来国际竞争中处于比较劣势。金融技术的高低，决定了金融产品和服务的价值含量，决定了金融竞争和合作的方式，决定了金融机构开拓金融市场的潜力和能力。最近，我国制造业在迈向国际化进程中所遭受的专利危机，充分说明了技术研发的重要性。更重要的是，它发出了一个清晰的信号，即知识产权作为竞争砝码的重要作用。同样的金融技术之争在未来金融竞争中会不会发生呢？

从我国加入世贸组织的前两年情况看，外资金融机构并未对国内金融市场造成很大的冲击。但这种"和风细雨"式的竞争，体现了外资金融机构进入我国市场的竞争策略，体现了以技术为基础的知识金融时代现代金融竞争的基本特征。虽然，现在预测未来金融竞争的格局为时尚早，但有一点可以预见：外资金融机构不会过多地在机构、网点、传统业务等方面与中资机构纠缠，它们会扬长避短，把更多的精力和资本集中在技术含量较高的产品上。从花旗抢滩上海滩到南京的福费廷保理业务之争，已多少暴露出未来的竞争格局。

再过3年，我国就要结束加入世界贸易组织的过渡期，中外资金融机构将按照国民待遇原则同场竞技。面对同样的市场、同样的政策环境，以及透明的法律框架，我们拿什么与外资金融机构合作与竞争？外资金融机构会不会挥起知识产权的大棒？这些问题都值得深入思考。外资金融机构不仅具有明显的资本优势，而且拥有先进的技术和知识产权。前不久，在人保财产香港上市的新闻发布会上，AIG总裁关于与人保战略合作的一番话发人深省："我们并不过于在意市场份额，更关注通过保险技术转让分享到相应的利润。"这反映了许多外资金融机构的真实想法。这种资本加技术（知识产权）模式很可能是外资金融机构开拓我国市场的敲门砖。

当然，与外资金融机构相比，我们有着良好的地缘物理网络优势和人文优势，但我们的技术、管理以及对市场的研发能力则相形见绌。可以预见，在实行全面的国民待遇后，外资金融机构主要业务领域将集中在具有高附加值金融衍生产品和投资组合，跨境性、批发性业务领域，以及资产管理和投资银行服务等方面。与之相对应，它们利用客户信息档案进行网络营销、电子化服务、联营和海外资金来源、一站式服务以及全球通客户服务等技术优势，与中资金融机构进行竞争与合作，从而分享到相应的收益。这些方面恰恰是我们的软肋。而目前我国的金融产品和服务的技术含量不高，附加值普遍较低，多集中在传统的初级产品上，融合现代技术和现代市场的高端产品并不多。由于我们缺乏相应的高端技术产品，不能把拥有丰富的金融资源转化为现实生产力和收益，就必然在未来金融分工和合作中处于下风。就像我们在国际贸易中拿服装与外国飞机交易一样，用初级产品交换高端产品，价值落差不言而喻。

不仅如此，中外金融机构研发能力的差异是明显的。我们经常看到，海外一些有深度和洞察力的研发报告并非出自官方，而往往由那些非官方性商业银行完成。这并不奇怪。在现代经济条件下，商业银行或其他金融机构要想在激烈的市场竞争中分享到更多的市场份额和收益，就必须以更多的智慧驾驭市场。这种智慧取决于其研发能力，研究也是技术、是生产力，同样可以创造价值。相比之下，我国金融机构，特别是国有金融机构已经习惯于在政策指导下办事，习惯于管理当局为其开辟改革与发展的路径，习惯于靠经验办事，加之体制和市场的约束，不够重视研究资源整合和市场研发，这显然不适应知识金融时代的要求。在金融改革和发展的新阶段，我们需要更加系统的理论指导，需要更加专业化的知识和技术，需要更加宽阔的视野。在这方面，我们的路子还很长。

金融体制和政策确定以后，技术就是重要的决定因素。当前，我国正处于完善社会主义市场经济体制的关键时期，我们需要以新的视角认识技术对金融发展的战略意义，需要制定系统的金融技术发展规划，需要整合研究资源，逐步形成专业化、国际化的研发体系，形成具有国际竞争力的金融营销技术和网络体系，以便在未来竞争中立于不败之地。

（《金融时报》2003.11.24）

中央银行发展的新阶段

　　众人瞩目的央行职能调整方案终于在近日出炉。正如人们所预料的，在人民银行新的内设机构中，增加了金融市场司、金融稳定局、征信管理局、反洗钱局几个新司局。这些适应市场和社会变化所作出的调整，意在强化央行在宏观管理中的地位和作用。分析家认为，此次调整突出了央行的宏观性和社会性职责，不仅会对今后中央银行自身，而且对我国经济金融的改革与发展将产生重要而深远的影响。

　　中央银行是商品经济发展到一定阶段的产物。在央行诞生100多年间，适应社会经济金融结构演进，中央银行机构和职能不断进行改革和调整，特别是上个世纪90年代以来，一些国家的央行，诸如英格兰银行、日本银行、澳大利亚储备银行、韩国银行，陆续将银行监管职能分离出去，在职能上越来越宏观化、社会化和专业化，逐步成为信用制度的枢纽和调控经济的重要杠杆，并在维护币值稳定、维护金融稳定、促进社会资金清算和运行中发挥着重要作用。这次人民银行机构改革，强化了其制定和执行货币政策的职能，转换了对金融业实施宏观调控和防范化解系统性金融风险的方式，增加了反洗钱和管理信贷征信业的新职责。这些调整符合国际上中央银行的发展趋势，反映出我国在立足本国国情的基础上，正以开放的视野重组和改革中央银行的体制。

　　我们注意到，人民银行职责增加了反洗钱和管理信贷征信业两项新职责。这两项职责具有广泛的社会性，涉及社会的方方面面。加强这些工作，是建立现代信用经济的需要，是国际经济金融合作的需要，是一项庞大的社会系统工程。央行承担这样的职责面临许多挑战，也有许多优势：它不以盈利为目的，有一套相对完备的法规，有一套对全社会资金流量和国际收支的监测体系。特别是征信系统作为社会运行中的公共产品，在全社会信用秩序转型时期，由央行负责推动征信工作可以起到事半功倍的效果。中央银行作为信用制度的中枢，具有对全社会信用监测的天然优势；它所建立的信贷登记系统已初步形成了全国性网络，并积累了一定经验；它所推动的金卡工程已覆盖全国各地，可以为征信体系建设提供一定的便利；另外，中央银行垂直管理体系具有明显的组织优势和人力优势，也是推动征信工作的必要条件。

在新设司局中，设立金融管理局，以加强防范化解系统性金融风险，维护金融稳定格外受到关注。其实，这并非央行的新职责。作为最后贷款人和重要宏观金融政策的制定者、执行者，无论业务和职能如何划转，央行与金融稳定、监管部门间内生的天然关系，是很难划断的。历史地看，组建中央银行的目的，起初是要推动支付体系建设，后来则是要维护银行业的稳健运行，之后才具有制定和执行货币政策的职责。但是在一般性银行监管职能分离后，我们要以全新的视角看待央行的金融稳定职能。这种职能是系统的、综合性的，并覆盖整个金融市场；这种职能是与央行所具有的宏观调控职能相辅相成的，与国家经济金融安全密切联系的。换言之，这种职能更具宏观性和社会性，它不再集宏观与微观于一身，不再集市场准入、日常业务监管、市场退出各环节为一身。央行金融稳定职能有明确的内涵，将更加专注地研究银行、证券和保险业的协调发展问题以及金融业改革发展规划；评估金融系统风险，研究实施防范和化解系统性金融风险的政策措施；协调风险处置中财政工具和货币工具的选择；负责金融控股公司和交叉性金融工具的监测等。

需要指出的是，金融稳定职责给人民银行带来了许多新的挑战。中央银行不仅要加强与有关政府部门和监管机构的协调，而且要整合和协调内部不同职责，这就需要以一种新的分析框架和思路驾驭整个工作。从央行自身讲，维护币值稳定、维护金融稳定，既是央行的重要职责，也是央行的目标。在这样的目标框架内，构筑新的央行组织架构体系，促进建立一个稳定有序、充满活力的金融体系，将是一个必然的选择。同时，应积极借鉴他国经验，结合我国货币政策委员会成功经验，在人民银行内部建立由不同部门、不同机构、社会有关方面代表参加的金融稳定委员会，以及时协调金融发展中的重大问题。这样做，便于央行对不同目标的协调，减少机构摩擦和组织成本以提高效率，同时也有利于央行以更加宏观的视野制定和执行金融政策和金融规划。

中国人民银行成立 55 年来，其机构和职能经历了多次重大的历史性调整。1984 年正式履行中央银行职能以来，先后分离出证券监管、保险监管、银行监管职能。每次重大的职能调整，都推动了我国金融服务体系进一步完善，推动了中央银行职能的宏观化和社会化，推动了中央银行的法律地位和权威性的提升。我们相信，以新的改革为契机，人民银行事业必将进入新的发展阶段，为促进社会信用秩序的根本好转，为维护国家经济金融安全，为促进金融业的发展，为促进社会主义市场经济体制的建立和完善作出新的贡献。

（《金融时报》2003.10.13）

国有银行的优势缘何被低估

多年来，一些学者和媒体在论及中国金融问题时，往往以国有银行的薄弱环节为案例进行分析。有的为了得出所期望的结论，不惜对国有银行的问题夸大化、妖魔化。这些情况在海外一些报章杂志上并不少见，像一度盛行的所谓技术破产论、国家信誉支撑论、改革滞后论、竞争劣势论等，就是其中较为突出的观点和表现。耐人寻味的是，国内很多关于国有银行的研究报告，也多是一边倒的问题研究，鲜见对国有金融机构优势的分析。

毋庸否认，我国国有银行存在产权不够明晰、不良资产比例较高等突出问题。但如同一枚硬币有两面一样，国有银行也有很多明显的优势。它掌控着大量而丰富的金融资源，是我国金融业主体。戴着有色眼镜看国有银行，既不客观，又失公允，其结果必然是一叶障目，不见泰山。国有银行优势被低估，原因是多方面的，除了分析框架和角度差异外，主要是一些最基本的因素被忽视了。

忽视了国有银行所依存的经济基础优势。许多境外媒体在赞扬中国经济一枝独秀的同时，却把中国金融特别是国有银行说得问题丛生。这是一种悖论或所谓中国之谜。悖就悖在割裂了经济与金融的内在联系。皮之不存，毛将焉附？在现代经济中，金融虽然具有核心地位，但从根本上讲，经济决定金融，离开经济谈金融，难免会得出"东边日出西边雨"的结论。自上个世纪90年代以来，我国国内生产总值年均增长9%以上，城乡居民储蓄突破10万亿元，吸收外资连续10年居发展中国家首位。以如此迅猛发展的经济为支撑，国有银行发展无疑有了良好基础。特别是，我国经济发展主要依赖间接融资，经济增长与国有银行有着天然的联系，共生共荣。当然，我们并不否认金融自身的相对独立性和发展规律，但万变归宗。事实上，国有银行近几年的积极变化已经说明，伴随着经济发展和经济体制改革的深化，国有商业银行无论在经营理念、资产质量、内部管理、经营水平诸方面有了长足进步，其优势不仅没有削弱，反而凸显出许多方面的影响力、控制力。

忽视了国有银行的公众信任优势。许多人总是把国有银行的公信力归功于国家隐性担保。应当承认，公众信任有国家信誉的因素，试问哪个国家的商业银行没有隐含担保？日本为何多次对有问题金融机构注资？美国为何会救助那些处于危机状态的银行？谁会信赖处于政局动荡中的银行？虽然许多国家都有明确的法律规定，商业银行是自主经营、自负盈亏的独立法人，但对处于困境的银行处置总是慎之又慎，这是因为银行不同于一般工商企业，涉及社会经济稳定。我国国有银行的信誉，与很多国家情况类似，有国家信誉支持，但也有体制、历史、文化因素，更重要的来自客户对国有银行长期的判断和体验，来自国有商业银行的综合实力，来自国家的经济势力和综合国力。

忽视了国有银行的基础设施优势。有人说，我国以较发达的金融网络和充足的人力资源，开办了最为传统的、狭窄的银行业务。这反映了我国金融资源运用效率问题，但也同时指出了国有银行的优势。国有银行分支机构遍布全国各地固然有其弊端，但也有很多优势，比如这些固定资产的区位优势溢价和级差收入、市场延伸的广度和深度、上下一体的清算体系，丰富的客户信息等。一些人在比较中外金融机构的差异时，时常忽略我国金融机构所具有的基础设施优势，这是不全面的。这些遍布全国城乡的网络和独特的基础设施，是国有银行巨大的资产，是银行多年来资本投入和资本积累的结果，它造就了银行稳定的客户和巨大的市场，也是国有银行发展良好的地理优势和人文优势。

忽视了国有银行的创新优势。国有银行资产庞大，拥有很大的资金优势或储蓄优势，利用其稳定的客户和庞大的网络，既可以促进储蓄转化为投资的效率，也能够凝聚商业银行发展的不竭动力。比如，利用网点布局、技术、资金清算上有很大优势，开展各种各样的营销业务、代理业务、投资咨询业务及其他信息服务，可以逐步改变其金融产品单一、服务单一、功能单一、整体收益不高的状况，使其发挥多倍的效应。再如，利用其基础优势增强银行的社会服务功能，不仅可以有效避免在金融基础设施方面的重复建设，还可以变物理优势为技术优势、变人力优势为人文优势、变资源优势为资本优势、不断拓宽服务领域、壮大自身实力。另外，通过加强银行与社会各方面的合作，加强银银合作、银证合作、银保合作，可以充分发挥银行资源的乘数效应。

应当说，上述优势是国有银行参与合作与竞争最重要的基础之一。在不追加额外投资情况下，充分发挥这些优势，就能把国有银行各种潜能变为现实的竞争力。我们注意到，国有银行正利用自身优势广泛开展对内对外合作，只要合理要价，就必将达到共赢。当然，强调国有银行优势并不意味着可以忽视问题。国有银行改革刚刚开始，任重道远，需要围绕建立现代金融企业制度的目标坚定不移地推进综合改革，真正办成法人治理结构完善、运行机制健全、经营目标明确、财务状况良好、具有国际竞争力的现代金融企业，使自身优势充分发挥出来。

（《金融时报》2003.09.08）

货币信贷高增长是一种体制现象

货币信贷超高增长，或引起通货膨胀，或引起资产价格膨胀，或助长盲目重复建设。无论以何种形式出现，最终会加剧金融风险，损害经济金融发展的稳定性和可持续性。这些已被无数事实所证明。但接下来的问题是，什么因素推动了货币信贷的强劲增长？如何才能促使货币信贷可持续增长，使之不偏离正常的轨道？

通常认为，货币信贷高增长是一种货币现象或金融现象。这是因为货币是由中央银行和商业银行共同创造的，中央银行创造基础货币，商业银行创造存款货币。但货币实际创造过程往往比理论层面所揭示的更为复杂，在我国尤为如此。在间接调控条件下，货币信贷能否有效控制取决于社会融资结构以及金融市场的发展状况，商业银行自我约束能力以及中央银行独立执行货币政策的能力。

应当说，今年以来，为了预防货币信贷过快增长，人民银行采取发行央行票据对冲、窗口指导等一系列措施，但我国货币信贷增长还是超出预定的调控目标。7月末广义货币 M_2 和狭义货币 M_1 同比增长均超过20%，前7个月人民币贷款已超过去年全年贷款。很多人把货币信贷强劲增长归因于经济基本面改善，商业银行扩大营销，以及外汇储备高增长的驱动等因素。这固然有其客观的一面。但货币信贷增长率高出名义GDP增长率部分，除了经济基本面改善和经济货币化合理因素外，仍有相当比重是难以解释的。换言之，很难从货币角度解释货币信贷高增长之谜。但是，任何金融问题就其本质而言都是经济问题的反映，如果对信贷结构进行深入分析，不难看到，如同前几年货币信贷低增长情况一样，我国货币信贷高增长均非简单的金融现象，它在现阶段仍然明显表现为体制现象。

也就是说，不完善的体制和不完善的市场仍是货币信贷增长偏快的主要原因。一个明显的事实是，投资膨胀特别是一些领域重复建设严重是当前经济生活中的一个突出问题，这恰恰是影响我国货币信贷高速增长的重要因素。从历史上看，我国货币信贷增长与固定资产投资增长有很强的相关性，20世纪80年代中期如此，90年代初期如此，目前情况亦然，其中有经济周期性变化所引起的必然因素，但也与我国投融资体制改革相对滞后有直接的关系。在经济快速增长以及投融资体制单一的背景下，居民、企业、银行、政府普遍陷入这样的困惑：居民缺乏可选择的投资途径，纵使利率较低，仍把多余的购买力存入银行；企业生产扩张，难以通过资本市场融资，自有资本短缺，对银行贷款和票据贴现的依赖性加剧；商业银行资金充裕，但符合贷款条件的项目不多，资产选择形式单一，同时面临债务硬约束以及原有债务链惯性逼迫不得不贷的尴尬局面；地方政府具有经济行为能力，却无融资权利，不能担保融资，不能发行债券；中央银行资产负债结构单一，证券化程度低，流动性差，欠缺有效调控手段。结果造成了很多不对称：储蓄与投资不对称，资金供给与资金需求不对称，直接融资与间接融资不对称，收益与风险不对称，风险分配不对称，致使经济发展过分依赖银行贷款。改革开放后，特别是20世纪90年代以来，上述情况虽有了一定程度的改善，但银行贷款支撑经济高增长格局未发生根本变化，银行不仅要满足经济发展的流动性需要，还要满足一些企业发展的资本金需要。

商业银行体制也是银行贷款高增长的重要原因。近几年来，我国商业银行不断加强内部管理，逐步完善授权授信制度，信贷约束激励机制有所改善。但是，我国国有商业银行是按行政区划逐级设置的，传导链长，市场应变力差，往往具有双面效应。在经济收缩时期，这种体制会加剧信贷收缩；在经济扩张时期，会加剧信贷膨胀。比如，在经济高速增长时期，由于需求相对旺盛，各地经济结构表现出较大的趋同性，由于市场的不完善，信息不透明和不对称，商业银行分支机构主要根据当地情况进行贷款选择，势必或多或少引起信贷资源配置结构的趋同，这会不可避免地造成重复建设，加剧信贷膨胀和金融风险。加上银行在产权制度上存在明显缺陷，受短期利润和资产质量目标约束，缺乏长远规划，存在短期行为，助长了贷款扩张。

　　中央银行货币政策最基本的目标是，稳定币值并以此促进经济增长。但在实际操作中，中央银行要兼顾多重目标，甚至在不同的目标间不断地进行权衡。除了货币政策和经济生活本身的复杂性外，对币值稳定、金融稳定、经济增长解释本身也很难把握。就我国情况看，我国也要同时兼顾各项宏观政策目标，比如，币值对内、对外稳定问题。这样，在开放经济条件下，由于货币供给的内生性增强，货币调控的难度加大。一方面，随着国内外经济金融的融合，货币当局和存款货币银行的资产负债结构都在发生变化，央行要同时考虑国内外两个市场的变化。另一方面，货币政策有效性会受到汇率制度安排的约束，汇率形成机制不完善、汇率的相对固定以及资本流动的加剧都会削弱货币政策的有效性和独立性。

　　保持货币信贷的可持续增长，增强中央银行的宏观调控能力，从长远看要靠体制改革和制度创新。当务之急是深化投融资体制改革。投资主体的多元化、产权明晰化，不仅可以有序、有效地分流储蓄，便利银行、企业、居民的资产选择，而且可以为中央银行宏观调控创造更多的空间。加快投融资体制改革，有利于更好地约束地方政府、硬化资金约束、减轻银行压力、培育金融市场。这正是金融调控的重要基础。同时，要加快我国经济资本化、证券化的进程，加快商业银行改革和人民币汇率形成机制的改革，为货币政策有效传导创造更好的条件。

（《金融时报》2003.08.21）

衡量货币增长适度性的重要标准

在央行公布上半年金融运行情况后，一些媒体和专家认为，货币信贷高增长，加大了通货膨胀压力，应进行相应的政策调整以防范通货膨胀；也有的认为，目前物价水平整体偏低，货币信贷高增长，有利于缓解通货紧缩趋势，不应夸大货币信贷高增长的风险；还有的认为，货币信贷高增长，即使不引发通货膨胀，也会加剧金融风险，影响经济金融的可持续发展，应保持高度警觉。这些不同观点，反映了经济环境的复杂性和不确定性，也是货币政策实施中面临的新情况、新问题。

货币信贷高增长，是耶？非耶？很难一言以蔽之。在经济金融结构不断调整的环境下，只有从金融改革和发展的角度把握和认识货币政策，从金融可持续性发展的角度分析判断问题，才会得出科学的结论。货币信贷高增长会不会引发通货膨胀，当前我国是否存在通货膨胀压力，既是理论问题也是现实问题。理论上讲，通货膨胀在任何时候都是一种货币现象。但是，货币信贷高增长能否转化为通货膨胀，取决于供给变化和经济金融结构等多种因素。对于欠发达国家，由于直接融资不发达，间接融资在很大程度上承担了经济市场化、信用化的任务，货币信贷超高增长是一种较为普遍的现象，并不必然导致传统意义上的通货膨胀。即使在发达国家，由于全球化、技术进步等因素，货币信贷增长与通货膨胀的关系变得更加模糊。在过去 10 多年中，美国、日本、欧盟等货币供应量的增长普遍高于名义 GDP 的增长，但是物价并没有明显上涨，反而出现了通货紧缩趋向。

就眼前情况看，通胀形势尚不明朗。上半年，居民消费价格同比上涨 0.6%，农产品价格同比上涨 1.9%，生产资料价格略有回升。我国居民消费价格指数从 1997 年年初下行以来，长期在低位徘徊，去年以来虽有所回升，但一直窄幅运行且不稳定。当前来看，大多数工业消费品供过于求，投资品总体保持基本平衡的格局，国际市场对国内市场价格仍呈下压趋势，物价水平不会迅速攀升。但这绝不意味着不存在通货膨胀压力，一些投资品供给压力加大，房地产价格仍在高位，加上货币政策存在时滞等因素，都表明要对货币信贷高增长有所警觉。

那种主张用货币信贷高增长缓解通缩趋向的观点，并不是一个好主意。如上所述，物价下降原因非常复杂，过度使用货币政策，不仅难以有效解决通缩问题，反而会损害金融稳定和经济结构的调整，损害货币政策的持续性。

面对更为复杂的环境，仅用传统货币政策分析框架是不够的，需要找到新的坐标和新的理念去衡量货币政策的合理性和有效性，需要从更广泛的视野去看待货币政策，这是一个世界性的问题，也是很多国家中央银行面对的共同挑战。这时，着眼于经济金融可持续发展，也许更容易对政策变化和调整作出解释，更具兼容性和多维性。可持续性，即能否促进经济金融可持续发展，也许应成为判断货币增长是否适度的一个重要标准。当然，可持续性不像通货膨胀或通货紧缩那样的指标，易于观察、监测、计量。但作为一个综合性标准，它有助于我们从多角度设计一个指标体系，以便在当前复杂多变的经济金融环境下，以及金融体制、金融调控、金融监管转轨之时期，寻找更为全面和客观分析的思路和框架。换言之，可持续发展，有助于我们从多维的角度分析和判断问题，以更加包容的态度对待新旧体制下政策目标的冲突。

从可持续角度看，即使无通胀之忧，也不意味着可以忽视货币信贷高增长的风险。原因在于，货币信贷的高增长可能损害金融的可持续发展，使中央银行面临高增长、低通胀、高风险的局面。为什么？通常情况下，货币总是追逐经济最活跃的领域。根据国际货币基金组织对发达国家一段时期货币增长和资产价格相关关系的分析，货币流动性与资产价格存在相当强的正相关性。也就是说，在市场经济发达的国家，由于经济金融的证券化，货币信贷高增长最有可能通过资产价格膨胀来表现出来。我国情况更为复杂，从历史上看，货币信贷的超高增长通常以三种方式表现出来：资产（主要包括房地产、股票、债券）价格上涨，货币信贷财政化，以及重复建设和经济结构的失衡。无论以何种形式显现，最终都会加剧和积聚金融风险，影响系统性金融稳定。因此，即使货币信贷增长不带来物价必然上涨，中央银行仍要密切关注资产价格的变化以及信贷资源配置的合理性，以维护和促进金融的稳定和可持续发展。

我国货币政策的最终目标是稳定币值并以此促进经济增长。在通胀率较低情况下，货币信贷超高增长给中央银行带来了新的课题。这些课题的核心是，处理好贯彻货币政策与金融稳定的关系，从而有效防范货币信贷高增长的风险。人民银行显然认识到了这一点，多次强调要增强货币政策和金融宏观调控前瞻性和科学性，要警惕房地产信贷过快增长的风险，加强预调和微调。今年上半年，又适时调整了房地产信贷政策，这无疑是一个积极的信号和举措。

维护金融稳定、防范系统性风险是保持可持续发展的关键，也是中央银行的重要职责之一。但并非央行一家独立承担，货币信贷政策的有效传导，需要其他宏观政策的协调配合，需要监管部门协作，需要金融机构及时调整资产负债结构等。在货币政策职能与银行监管职能分离后，强调这一点尤为重要。对于中央银行而言，需要在体制和制度上加以创新，以便在日益开放的经济背景下，处理好货币政策与国际收支、汇率的关系，增强实施货币政策的独立性；处理好货币政策与资产价格的关系，以防止资产价格波动的风险；处理好货币政策与金融监管的关系，促进经济金融的可持续发展等。解决这些问题，仅靠传统的制度和手段是远远不够的，必须在法律上赋予中央银行在货币政策和维护金融稳定方面更大的自主权、管理权，在修改《中国人民银行法》时，应当明确人民银行维护金融整体稳定、制定金融运行规则的职责，这是维护金融可持续发展所必需的。同时，切实加快商业银行体制和利率体制改革，不断提高金融资源配置效率。

（《金融时报》2003.07.30）

金融创新期待新突破

随着市场竞争的加剧和信息技术的发展，越来越多的金融机构意识到创新的重要性，并开始进行各种有益尝试。金融创新渐行渐近，反映了金融业作为竞争性行业的内在发展要求，也是20多年来我国金融改革的必然结果。但是，透过各种创新现象，人们还是感到一些隐忧。因为，从创新水平、创新深度、创新规模而言，目前我国金融创新尚处于起步阶段，仍带有很大局限性，与经济发展多元化和国际竞争的需要还不适应，亟待一系列新的突破。

金融创新是一种需求引致的、利益驱动的现象，有创造力的经济行为者因克服市场缺陷而受益。换言之，需要是创新之母，市场是创新之基，利润是创新之源。金融创新往往与金融管制、技术进步、金融竞争、消费者需求紧密地联系在一起。在上个世纪70年代末期，为避开管制、绕开法律、逃避税制和分业监管，美国的一些银行通过发展商业期票，开展交叉合作、表外业务和离岸业务，进行各种创新活动。同时，金融创新与技术进步密不可分。计算机和通讯技术的改善，金融工程学的广泛应用，大大降低了金融交易成本，衍生出大量高技术含量金融产品，商业票据的兴起、金融市场的国际化与证券化、股票指数期货等，就是技术进步推动金融创新的集中体现。

金融创新应具备一定条件，比如，要有相对宽松的宏观经济金融环境，要有相对发达的金融市场，要有相对多样化的金融需求，要有良好的金融微观机制等。我国金融创新的环境是在改革开放后逐步形成的。在过去很长一段时期，我国对金融业实施较为严格的管制，金融创新缺乏相应的体制、制度保障。直到最近几年，我国经济金融体制和宏观管理才发生了深刻的变化，间接调控、政策引导逐渐占据主导地位，初步营造了金融创新的环境。同时，随着改革的深入，银行市场化和自主程度提高，货币市场、资本市场、外汇市场、黄金期货市场逐步建立和发展，企业资本积累和居民个人可支配收入增多，使创新的微观环境逐步改善。

但是，与其他国家和地区的金融创新相比，我国金融创新还处于初始阶段。在国外，金融创新主要是金融企业的微观经济活动，涉及单个企业效益，而我国金融企业资产负债创新的程度不仅关系单个金融机构的效益，也关系到金融资源整体配置效率，具有更加丰富的内涵。另外，从微观角度看，我国金融创新局限性是明显的，一些所谓创新的产品不过是金融传统产品的简单延伸，并没有质的变化，创新业务范围狭窄，品种少，银行业务不过数百种，远低于国际银行业务数以万计的水平；创新品种结构中，中间业务收入比重低，且多局限于结算、代理等低端业务方面，高附加值中间业务尚未开展起来；创新品种标准化、个性化水平较低；另外，我国银行业务创新与市场营销尚未有机联动，缺乏一套以矩阵式管理为特征的新产品创新体系。

加入世界贸易组织后，我国清理了一大批与市场经济和世贸规则相抵触的法规，同时出台了一系列鼓励金融创新的规章，有力地推动了我国的金融创新。但是，由于商业银行在产品定价和服务价格方面的改革相对滞后，从而极大地限制了商业银行的创新空间和能力。另外，作为创新主体的商业银行，行政色彩依然浓厚，公司治理、经营机制等方面存在明显缺陷。另外，我国投融资体制改革进展缓慢，不仅导致了脆弱的银行资本结构，加剧了风险向银行业和中央财政的积聚和集中，也造成储蓄和投资需求的不对称，影响了储蓄向投资的有效转化，影响了金融资源配置效率，也制约了金融创新的发展。

我国金融改革正朝着系统化、市场化的方向整体推进，金融创新必将进入新的发展阶段。但金融创新的春天不会自动降临，要使我国金融创新发生质的变化，必须在以下方面有新的突破。

一是投融资体制改革要有新突破。根据央行最新统计报告，金融机构各项存款已经突破20万亿元大关，本外币并表的居民储蓄余额已经达到10万亿元。如何把这些资金有效地动员到国民经济的各个方面，使之发挥最大的效益，深化投融资体制改革是重中之重。投资主体的多元化，可以有序、有效分流储蓄，便利银行、企业、居民的资产选择。在当前情况下，可考虑以发展债券市场作为投融资体制改革的突破口，以期起到约束地方政府、硬化对资金约束、减轻银行压力、培育金融市场的多重效果，从根本上营造创新的经济环境。

二是利率改革要有新突破。利率市场化，并不意味中央银行不决定利率，关键在于中央银行可以根据履行货币政策和金融稳定职能的需要，只对一种金融债务工具价格进行调整，商业银行可以根据基准利率变化和市场竞争的需要，自主决定金融产品的利率。这样，商业银行就可以以利率为基础，在传统金融产品基础上衍生出许多新产品。最近，《商业银行服务价格管理办法》的出台，无疑是金融产品价格市场化的新起点。

三是金融监管要有新突破。要通过各种系统性措施，推进金融体制创新和制度创新；通过有效监管，激发金融机构的创新动力，废止那些不合时宜的法规，制定有利于创新的法规，促进金融机构建立创新与风险管理相对称的机制。

四是国有金融机构改革要有新突破。国有商业银行改革的关键在于落实已经出台的政策。我国在推进国有商业银行改革方面已经确定了一系列很有针对性的措施，涉及治理结构、财务税赋、资本补充、会计制度、分配体制和人才战略等。要通过实施上述措施推进银行综合改革，使得商业银行成为市场主体。

（《金融时报》2003.07.10）

为商业银行信息披露叫好

中国工商银行、中国建设银行近期相继在本报披露年报信息后，引起有关方面的广泛关注。虽然此前几家上市商业银行已在媒体披露信息，相当多的商业银行也对外编发年报，但非上市银行，特别是国有独资商业银行公开披露经营管理的情况及各种报表还是赢得了不少好评。一些专家认为，全面披露经营信息标志着商业银行朝着市场化、国际化、透明化的方向又迈出了重要一步。

商业银行公开披露信息在国际上司空见惯，本不应大惊小怪。但对我国银行业而言，这是一件具有里程碑意义的事件，是商业银行市场化进程中的新起点，值得喝彩。曾有观点认为，银行不是上市公司，不必在媒体上公开披露全面财务会计报表。其实，银行业是经营风险的行业，与社会各方面具有广泛的债权债务和契约关系，在媒体上公开披露年度各种信息，是国际银行业通行做法，符合金融企业的属性，即使不是上市公司，也需要及时披露信息，以满足债券人、投资人和客户的信息需求。还有一种观点也较为普遍，认为我国国有商业银行资本充足率较低、资产质量较差，公开披露信息会影响其对内对外形象及其正常的业务经营活动，甚至会影响国外对我国银行业的整体评价。这种看法并不符合事实，从近几年境外媒体报道情况看，恶意炒作我国银行业问题的情况并不鲜见，其中有许多与我国银行业信息不够透明有很大关系。因此，不能简单认为信息披露会损坏银行业的整体形象，相反，在现代科技条件下，信息封锁不仅保护不了中国银行业，反而平添许多误解，甚至会延缓金融改革的进程。

商业银行信息披露的积极作用是不言而喻的，敢于直面市场和社会公众，本身就是一个巨大进步，其意义不亚于其他任何金融改革。大体归纳，它至少有六个方面的积极作用：有利于保护投资人、存款人、金融消费者的利益；有利于强化对银行的市场约束，促进商业银行改革；有利于改善金融监管的基础，减少外部监管的成本；有利于增强商业银行的透明度、公信力；有利于开展公共金融教育和风险教育，促进银行和客户间的相互理解和选择；有利于促进我国银行业加速融入国际经济金融体系，更好地参与国际金融市场。

披露信息顺应了银行监管的需要和趋势。透明度一直是国际银行业监管的重要准则，巴塞尔银行监管委员会发布的《提高银行透明度》、《披露信贷风险的最佳做法》、《巴塞尔新资本协议》，都对银行业信息披露的主要内容、质量要求和方式进行了规范，要求银行及时披露经营业绩、财务报表、资产质量、计提准备金政策、资本状况、风险管理、会计政策、主体业务和经营管理，以及公司治理结构等方面的信息。我国于 2002 年 5 月颁布了《商业银行信息披露暂行办法》，对商业银行信息披露的原则、内容、方式、程序、管理提出了明确规范，要求在我国境内的所有中外资商业银行都要按规定披露信息，同时强调披露信息应真实、准确、完整、可比。因此，我国商业银行陆续披露信息，不仅是银行自身发展的需要，也是银行监管不断强化的必然结果。

信息披露最突出的作用是可以强化商业银行的市场约束。这对于维护银行业整体稳定尤为重要。国际货币基金组织一位经济学家曾指出，官方管理、内部管理、市场约束是银行业稳健的三大支柱，只有监管是跟不上自由化、全球化、金融工具技术进步的要求的，必须以外部内部约束为补充。由管理者独家拥有银行财务状况信息，不仅会加剧监管者的责任，还会引发一定的道德风险。银行广泛公开其资产负债及财务状况，可以有效利用市场力量实施监督，减轻监管当局的责任，加大存款人的责任。

商业银行信息披露，为社会公众和市场进行分析和判断创造了条件。通过信息披露，至少可以看到国有商业银行三个方面的积极变化：一是资产质量不断提高，不良贷款比例明显下降；二是金融创新势头迅猛，个性化金融服务品种越来越多；三是个人金融业务发展很快，各类消费贷款呈现跨越式发展。这些变化是多年来金融改革与发展的必然结果。通过信息披露，也同时看到了商业银行发展中的局限性。比如，资产结构相对集中的情况仍未根本改观，贷款仍是国有商业银行的主要资产形式；收入结构仍然单一，利息净收益仍是国有商业银行的主要收益；资本补充尚缺乏有效渠道，还是主要靠公积金和未分配利润。这些差距使我们看到商业银行改革中亟待解决的薄弱环节和发展方向。

信息披露的目的不是单纯地暴露问题，更主要的是推动各种问题的及时有效解决。资产质量和资本充足性问题是我国加快金融改革进程中不可逾越的问题，但从一定角度看，这只是一个结果性的东西。追根溯源，这些问题涉及很多基础性的改革。比如，利率市场化问题，商业银行税负问题，发行长期债券补充次级资本问题，金融企业会计制度等基础性问题，以及商业银行行政级别问题。当然，解决这些问题绝非一蹴而就，牵涉各个方面。核心的问题是我们要把银行真正当做企业，对商业银行任何决策和改革都应坚定不移地坚持市场取向，使其完全成为市场主体。

我国有 100 多家中资商业银行，有 170 多家外资金融机构，有 3 万多家城乡信用社，还有众多的证券公司、保险公司、信托投资公司等。这些金融机构将来会逐步以不同方式披露信息。从目前看，有关管理当局对不同金融机构采取了区别对待、分类指导的原则，但对同一类金融机构信息披露的内容和标准是大体统一的。按照信息披露规定来衡量，目前我国除个别银行外，信息披露整体上水平不高。比如，关于敏感数据的说明还不够完善，各银行披露内容存在较大差异，信息国际可比性差，披露时滞较长，以及不同类型商业银行信息披露不平衡问题等。对这些问题不必过于吹毛求疵，毕竟商业银行信息披露才刚刚起步。我们期待着，随着我国金融改革的深化，商业银行信息披露会逐步得到完善，让社会公众读到更多的信息，读到更多积极变化，读到更多的信心。

（《金融时报》2003.06.12）

设立亚洲债券基金意义深远

亚洲债券基金（ABF）宣告成立，是亚洲金融发展史上的一件大事，标志着亚洲区域金融合作进入新的阶段。该基金对于改善本地区的融资结构，维护亚洲经济金融稳定以及促进新的国际金融秩序的建立，无疑会起到积极作用。我国作为倡导者和参与者，对该基金的如期诞生发挥了重要作用。可以预见，以此为契机，我国将进一步加强与亚洲其他国家和地区的金融合作，不断改善国内融资结构，提升人民币的国际地位，加快金融国际化进程。

成立亚洲债券基金的设想，最早由泰国于 2002 年 10 月在世界经济论坛东亚经济峰会上提出。后来，得到中国香港、韩国、新加坡、马来西亚、印度尼西亚、菲律宾、日本、澳大利亚、新西兰和中国等十个国家和地区的响应，并在东亚及太平洋地区央行执行会议集团（EMEAP Group）内经过反复论证和磋商下筹备成立。按最初设想，由有关国家和地区央行或货币当局拿出外汇储备的一定比例创建一个基金，由国际清算银行作为基金管理人，面向亚洲债券市场，专门用于购买亚洲地区发行的债券，在亚洲金融市场上进行交易和清算。亚洲债券基金初始阶段以美元标价发行，投资于亚洲美元债券市场，条件成熟后以亚洲当地货币标价发行，投资于亚洲债券市场。

创设亚洲债券基金有着深刻的社会经济背景。1997 年亚洲金融危机后，一些东亚国家认识到，如果依赖亚洲国家制定对付危机的政策，受危机影响国家的衰退程度可能要比依赖一些国际组织要轻得多，政策框架要好得多。加之，亚洲许多国家和地区拥有较高的外汇储备和储蓄率，但由于超储蓄与本地区投资需求不匹配，融资结构中银行融资与直接融资比例不匹配，庞大的外汇储备一直投资于欧美金融市场，然后以较高成本和各种方式回流到亚洲。这些类似游资的资本很大一部分在亚洲新兴金融市场上游荡，从事各种套利和套汇行为，有利可图，便一哄而上，趋之若鹜，一有风吹草动，便逃之夭夭，在亚洲金融市场上推波助澜。也就是说，亚洲国家和地区输出的是低收益低风险的"安全资本"，引入的却是高成本高风险的"风险资本"。基于此，在全球经济区域合作不断加强，甚至日趋一体化的背景下，亚洲国家和地区作为第三大经济圈表现出强烈的合作愿望和需求。近几年来，亚洲区域性金融合作取得明显进展，在"清迈协议"后，亚洲国家和地区在"10＋3"框架内货币互换工作有了实质进展。这些为亚洲债券基金的成立创造了良好条件，该基金的发起建议也非常自然地提上了日程。

成立亚洲债券基金对于本地区金融稳定和发展具有重要的战略意义。分析家认为，虽然目前不应对亚洲债券基金期望过高，因为在初始阶段，尚难以本地区的货币计价，只是以美元为标价货币，加之基金规模才10亿美元，并不能完全达到设计亚洲债券基金的初衷，另外，相关的交易成本、融资成本不会有大的变化，出口商在本地区资产与负债不匹配也不会得到明显缓解，对美元的依赖性依然较强。但是，从中长期看，成立亚洲债券基金，有利于建立亚洲地区更加平衡的融资结构，促进超额储蓄有效转化为投资，促进资本形成；可在一定程度上改革亚洲国家和地区融资结构普遍存在过分依赖银行贷款的情况，解决其过于脆弱的企业资本结构问题，促进资本市场特别是债券市场的发展；有助于减少国际游资的冲击，维护亚洲金融市场的稳定；为外汇储备投资于新兴市场提供了渠道，有利于提高外汇储备收益率和外汇储备资产分散化程度。同时，亚洲债券基金的设立，为亚洲各国债券市场的发展创造了新的平台和起点，它可以促进亚洲某些主要国家货币可自由兑换进程。而且，随着亚洲债券市场的深化和发展，可以为亚洲国家和地区提供一个重要的政策反馈机制，通过债券市场变化及时反馈经济各方面情况，提供预警信息，有助于及时调整或制定宏观经济政策。

对于亚洲债券基金的发展前景，一些经济学家认为，这是分阶段向"统一亚洲货币"方向过渡的前奏。不过，更多经济学家认为，由于亚洲经济金融文化差异较大，谈统一货币为时尚早。对于亚洲债券基金会不会演变成日本在亚洲金融危机期间倡议成立亚洲货币基金组织

（AMF）的问题，分析家认为，长远看，建立这样的区域性货币机制是必要的，但现在下结论还为时尚早。

对我国来说，应积极稳妥地利用亚洲债券基金设立的时机，加强区域金融合作，不断推进金融改革进程，促进我国国际金融地位进一步提高。一是充分利用这一平台，参与亚洲金融合作机制的制定、执行和监督。二是加快我国金融改革进程，大力发展我国债券市场。三是推进国际收支管理体制改革，逐步实现人民币在资本项目下的可自由兑换，推进人民币国际化进程。四是充分利用这一债券市场的信息，不断完善我国开放经济条件下的金融政策。

（《金融时报》2003.06.03）

防范贷款高增长的风险

今年以来，我国经济保持高速增长，效益大幅度提高，经济内生性增长能力增强，国民经济初步呈现出良好发展势头。经济环境进一步改善，为金融业的发展带来了新的发展机遇，许多商业银行正以此为契机，调整发展目标，加快贷款投放，显示出强烈的扩张趋势。这无疑有其积极的一面。但面对商机，银行业也应从可持续发展的角度，有所甄别，瞻前顾后，防范风险，谨慎把握经济高增长给金融业带来的各种商机。

金融活动与经济发展周期性有较大的关联性，特别是我国金融市场尚不发达，银行业发展与经济发展互动性、依赖性较强，经济高增长必然要求扩大贷款投放。但不能因此忽视经济周期性变化可能引致的金融风险。当经济增长率较高之时，社会对贷款等金融需求扩大，资产（包括贷款、地产、证券等）价格上升，金融机构资产负债和经营状况相应改善。这一时期，金融运行许多矛盾，比如资产质量、运行机制等，既容易化解，也会被忽视和掩盖。一旦经济发生周期性变化，银行资产负债和损益可能发生逆转，就会给银行带来风险。许多国家都有类似的经验教训。我国在20世纪90年代初期经济扩张所导致的金融风险至今尚未完全消除。因此，在经济提速之时，既要充分发挥金融对经济的支持作用，保持经济金融良好的发展势头，又要讲求贷款原则，兼顾银行资产的盈利性、安全性和流动性，防范各种潜在的金融风险。

我们注意到，前几个月金融机构不良贷款比例继续保持较大幅度下降趋势。这当然是好事，很大程度上反映了多年来银行深化改革、加快发展的成果。但对资产质量的提高要科学分析，不可盲目乐观。要看到，不良贷款比例、盈利所发生的积极变化，有相当一部分是贷款增长因素自动生成的，并不完全反映商业银行运行机制的变化。因此，此时绝不可盲目扩大贷款投放，更不能因此而放慢金融改革步伐。目前，银行资产质量差、资本不足等问题还未根本解决，内部风险控制机制也不十分健全，此时盲目扩张是非常危险的。要利用有利时机，加快推进金融改革市场化进程，加快金融创新，提高盈利水平，化解金融风险，不断完善金融体制和运行机制。

促使金融机构不良贷款比例不断下降，是有效防范金融风险的关键。越是经济高增长时期，越要加强银行资产质量的监控，确保不良贷款下降的真实性。特别要加强对银行分支机构资产质量好坏的监测分析，既要看不良贷款比例的下降，也要看不良贷款余额以及银行表外风险资产的情况，同时，还要认真分析影响资产质量变化的各种因素。比如说，有无违反规定通过借新还旧将不正常贷款转为正常的情况，有无盲目扩大贷款规模的情况。如果存在盲目扩大贷款规模造成不良贷款比例下降，就应引起高度警觉。

经济高增长时期更要十分注意贷款投向，不要助推和支持某些行业盲目投资和低水平重复建设。近几年，我国经济运行机制虽然发生了较大变化，但是经济增长方式、投融资体制和一些地方政府行政性助推经济增长的体制还没有得到根本改变，在这种情况下，要特别强调按经济规律和金融规律办事。目前，在短期需求的拉动下，钢铁行业投资急剧增加，采用落后工艺装备，产品档次低、污染重、能耗高的情况重新抬头；有些产品生产能力的扩张严重超过市场需求；国家明令禁止的小水泥在一些地方又死灰复燃；汽车行业规模小、布局散和自主开发能力弱的矛盾突出；房地产开发中也存在着低价位供不应求、高档住宅空置较多的结构性问题。对此，银行业应加强对宏观经济和产业结构的分析，加强对市场的调研，加强信贷管理，自觉依法抵制各种随意干预金融经营活动的行为，避免短期行为，以有效的金融服务促进结构调整和产业升级的进程。

在经济高增长时期，银行业应十分注意调整资产结构，合理确定贷款期限，防范贷款过于集中的风险，提升整体经营管理水平。要注意减少风险资产的比重，适时充实资本，不断提高资本充足水平；充分利用储蓄资源，积极开展金融创新和各种中介业务，促进储蓄通过各种途径有效地转化为投资；充分利用利率浮动权限，积极探索合理的金融产品和服务定价机制，有效分散风险，不断提高金融资源配置效率；利用金融管理体制改革基本到位的有利时机，抓紧推进金融基础建设，保持并改善银行业运行的政策环境，为金融业可持续发展创造良好的条件。

（《金融时报》2003.05.26）

SARS 提速公共管理变革

　　SARS，已成为国内外广泛关注的焦点。面对人类共同的灾难，政府、公众、媒体和社会各阶层同仇敌忾，众志成城，正以科学的态度与疫病战斗。在政府实施有效管理之后，公众的心情逐渐平和下来，理智开始代替恐慌，透明代替模糊，秩序代替盲从。短短几天的变化，我们便足以领略到公共管理的效力和积极心态的力量。

　　SARS 对社会生活的影响是巨大的。面对仍在肆虐的疫病，社会经济生活的各个层面已经开始或酝酿新的变革。各级政府已着手改进公共事务管理，有关宏观部门和经济学家开始研究应对其对经济和市场的影响，科学家、医学专家正在夜以继日地研究对付疫情的有效手段，心理学家在思考如何调整人们在危机中的心理状态，普通百姓越来越关注公共卫生和个人卫生，银行、保险也从中看到了服务变革的动力。很显然，这一突如其来的公共卫生事件对社会的影响早已超出了公共卫生本身，几乎可以肯定，SARS 将触发我国公共管理和生活方式的变革。

　　中央政府在加强和改善突发公共卫生事件雷厉风行的行为，得到国内外的一致肯定。一些海外媒体认为，我国政府正以应对 SARS 为契机，加速行政管理体制改革，加快透明度建设，加强问责制度，以此提高行政管理的应变力和公共管理的效率。国内有关专家认为，SARS 的出现，对我国政府公共事务管理既是挑战也是机遇，应当积极吸收 SARS 危机的经验教训，全面评估我国公共事务、公共产品及服务管理中利弊得失，加强危机的预防和管理。

　　SARS 作为一种天灾，就其本质来说是一种自然现象，但却有着深刻的社会经济甚至文化后果，对此，应举一反三，通过完善危机管理，建立一个更加健康、健全、成熟的现代社会。在这样的进程中，有许多基本的东西，诸如危机管理、公共安全、经济金融安全、医疗体制、传统饮食文化等，需要新的思考和定义。在此基础上，加快改革和发展，使我国公共管理体制、信息管理与披露、公共事件应对处理机制更加完善。

SARS 的出现，无疑给我国正在进行的改革，特别是政府机构改革增添了新的内容。我国政府的基本职能是经济调节、市场监管、社会管理和公共服务。建立有效的社会管理和公共服务，既是行政管理体制改革的重要内容，也是顺利推进经济体制改革、维护社会经济稳定的重要保障。党的十六大明确提出，要进一步深化行政管理体制改革，提高行政效率，降低行政成本，形成行为规范、运转协调、公正透明、廉洁高效的行政管理体制。一个高效、透明的政府，是我国政府机构改革的重要目标。SARS 的出现促使人们重新思考：政府在应对重大突发事件中究竟应具有什么职责和作用；如何建立和完善重大突发事件的应急处理机制；如何协调政府宏观管理不同目标的冲突；如何提升政务工作的透明度；如何开展公共知识教育等。SARS 既使我们看到了公共管理方面的不足，也使我们更多地看到改革的动力和方向。

应当说，近年来我国行政管理和宏观管理迈出了重要步伐，主要体现在职能转换和法制建设方面。但由于社会经济本身的复杂性和不确定性，我国在这方面的理论研究、认识水平与日益发展的形势需要还不够适应，行政管理体制改革仍是一项长期艰巨的任务，任重道远。

在完善公共管理的进程中，透明度无疑是至关重要的。透明度，意味着健全的法律法规，意味着管理的责任和秩序，职责含糊不清，导致推诿、扯皮和低效，难以监督和问责；透明度，意味着市场约束，政府在任何时候都不是万能的，只有依靠社会和公众的力量，才能加强自我约束，有效应对各种突发事件。当然，信息透明不等于毫无管理，对于突发重大事件，健全的危机管理和信息管理是必不可少的，信息过度有时会造成恐慌和无序。因此，透明度是一把"双刃剑"，充分的透明应以有效的信息管理为前提。

SARS 对人们生活方式和观念带来的影响是巨大的。SARS 引发的卫生教育的效果覆盖面之广、力度之大有目共睹，必将触发社会公众的生活方式和消费方式的变革。在 SARS 面前，任何抱怨和冷嘲热讽都于事无补，需要冷静的思考。正如中国社会科学院公共政策研究中心副主任陆建华所言："务必不要忘记，我们的社会还没有成为真正的现代社会，我们的政府还没有成为真正的现代政府，我们的公民还没有成为真正的现代公民。"因此，危难时刻，必须同舟共济，共渡难关。对我们每个公民而言，SARS 给我们每个人都上了一堂深刻的教育课，需要我们反思的问题很多。在这个共存的社会里，每个人都是生物链中的元素，都是环境的维护者。面对危机或瘟疫，每个人都不能也不可能袖手旁观，需要身体力行，养成良好的生活和卫生习惯，有效建立自身的防御机制，成为社会文明的参与者和推动者。

SARS 给人类带来的不仅仅是灾难，也有机遇。我们坚信，科学终将战胜瘟疫，中国人民一定会克服暂时的困难，走向更加健康和文明的未来。

（《金融时报》2003.05.06）

新一轮金融改革的走向

　　金融改革是我国今后着力推进的四项改革之一。改革按什么准则、以何种战略推进、会呈现出哪些特点，都是社会关注的问题。毫无疑问，同其他改革一样，金融改革将保持政策的连续性和稳定性，但更需要进行相应的理论创新、体制创新和制度创新。可以预见，在金融自身发展内在动力驱动下和加入世贸组织外在压力的约束下，新一轮金融改革将会朝着市场化、系统化方向推进。

　　对新一轮金融改革的走向，央行行长周小川曾表示，仅靠提高增量的质量来化解历史遗留和转轨过程中累积的不良资产难以跟上整体经济发展的要求，需要站在全局的高度，从新的角度去重新认识金融风险问题，需要用新的思路设计和推行化解风险的战略，需要探索更为有力的、系统性的措施。他还认为，要通过银行体系、保险体系、非银行金融体系等金融市场，有效把国民储蓄配置到国民经济中去；要建立良好的金融中介机构、信息系统和会计准则，为储蓄转化为投资提供良好的保障；要建立相应的激励机制，激发国内金融机构创造和发现更多的机会和渠道，有效配置资金；减少对金融机构的行政限制，完善金融机构对其产品和服务定价机制。他还特别强调，深入研究并认真把握货币政策实施中的重大问题，保持货币政策的可持续性和有效性；深入研究论证关于利率、汇率以及其他关系到中央银行资产负债运用的问题，保持宏观经济的稳定。

　　三大监管当局主席刘明康、尚福林、吴定富也在不同场合表示，要更好地发挥市场的作用，加强相互间的协调和配合，着力提高监管的专业化水平，促进各种金融资源的有效利用。

　　从金融当局负责人有关金融改革和发展的论述中，我们强烈感到，下一步改革更加着眼于质的方面的突破和深化，着眼于整体金融运行的规则和秩序，将在新理论、新理念指导下，突出市场化、系统化、协同性与风险配置。

先说市场化。市场化不仅是改革的基本取向和准则，也是评价改革有效性的重要标准。市场化需在宏观、微观两个层面同时进行。从宏观层面看，改革和完善人民银行体制和制度，使其成为真正的中央银行，以更好地发挥其在宏观调控和维护整体金融稳定中的作用，无疑是一个重大课题。应当说，这些年来，与其他宏观管理部门相比，人民银行改革力度是相当大的，货币政策的权威性、透明度和公信力逐步增强。但由于历史原因、金融机构市场退出机制不健全，以及人们对货币政策性质和作用认识的局限性，在很多方面存在对货币政策过度使用的问题，残留着一些财政化的做法，不仅影响了货币政策的统一性和有效性，也带来了一些制度问题。比如，中央银行与邮储和政策性银行的资金关系问题，在资金定价、资金配置中就存在扭曲。还有，就是央行与地方政府在化解地方性金融机构金融风险时建立起的间接借贷关系。这些问题都需要进行相应的制度性变革，以使货币政策更加透明化和市场化。在微观层次上，提升金融监管的专业化水平，加快国有金融机构的改革是迫切的任务。监管组织体系的完善预示着改革将会有新进展、新突破。通过加快利率市场化改革和金融企业治理结构改革，完善金融产品和服务定价机制，为有效配置金融资源和金融风险创造条件。

关于系统化与协同性问题。任何新的改革都需要综合考虑其连带效应，从整体布局和战略上推进。比如，提高金融资源配置效率问题，化解金融风险，就是一个系统工程，就需要综合发挥银行、证券、保险的功能，协调好直接融资与间接融资的关系。正如人民银行副行长吴晓灵所指出："如果间接融资比重过高，银行就不可避免地承担经济结构调整和经济体制转轨的成本，风险就很难分散。同时，如果直接融资比重过低，企业创业资本和原始积累的初始投入缺乏有效渠道，会影响企业贷款条件和间接融资的能力。"目前在一些地方出现的企业贷款难、银行难贷款就是这方面的表现之一。还有，在金融市场整体发展水平不高情况下，居民投资缺乏有效渠道，储蓄过多地集中于银行，各种金融产品价格关系没有理顺，使得政策传导、资金配置、风险分散发生梗阻，势必加剧银行风险。如果没有政策协调，这些问题就很难解决。另外，我国金融将日益融入国际金融体系，也要求从统一市场、全球视角确定金融政策和金融发展战略。因此，在推进金融改革时，需要从整体上考虑金融业发展规划。

再说风险分散。随着市场的深化和复杂化，给予风险配置更多的关注既是金融业自身发展的需要，也是分散经济风险的需要。分散风险不仅可以避免把所有鸡蛋放在一个篮子的恶果，也可以提高经济金融发展的可持续性及稳定性。东南亚国家之所以受到金融危机的打击，原因之一就是过于倚重外资和国内相对集中的金融结构，反观欧美，很多突发性重大事件并没有导致大的波动和危机，很大程度上与融资多元化、风险分散化有直接或间接关系。特别是银行业，其所以在过去十几年中平稳度过各种风波，就是因为风险较大的投资更多地通过资本市场获得融资，风险管理及风险在金融机构之间的分配发生了变化。

分散风险之所以必要，还在于金融活动有很强的周期性。特别是，随着经济市场化信用化程度的提高，金融业与经济关联度不断提高，其相互影响力、渗透力在增大，因而，分散金融风险在很大程度上也是分散经济风险。

金融部门是配置资金的部门，也是经营风险、分散风险的行业。按照现代金融学理论，银行、证券公司及保险公司，其经营活动的实质是为风险定价，即承担风险和分散风险。从资产负债观点看，银行业就是风险买卖，它以低价买入风险，然后以较高的价格把风险卖出。银行接受存款就是把风险卖给存款者。银行向企业贷款，相当于企业把风险卖给了银行，银行就得向企业收取费用。因此，银行的核心功能是进行风险的交易，其盈利模式就是买进风险与卖出风险之间的价格差。而证券市场和保险市场情况也是如此。我国由于缺乏有效的风险定价机制，对风险价格还有较多的行政管制，使得风险很难分散。

虽然我国已建立起相对完善的金融机构体系和金融市场体系，但就整体而言，我国金融结构依然相对单一。要合理实现金融资源在贷款、证券、保单中优化配置和分布，必须深化利率改革，明晰金融机构的治理结构，建立有效的金融产品和服务定价机制，使金融业的经营者、社会公众真正关心风险管理和资产收益的关系。

在推进金融改革系统工程中，国有商业银行改革是关键环节，强调分散风险十分重要。任何业务活动都具有两面性，银行每项资产负债业务既创造了商机，也蕴含着风险。

如果不以分散风险为指导原则，本来是为回避风险而追逐某一资产反有可能导致更大的潜在风险。比如，近年来，国有独资商业银行把很多资金用于购买中长期国债，一方面增加了流动性，另一方面也压低了债券市场利率，也使自身潜藏着较大的利率风险。一旦市场利率水平上升，商业银行很难分散风险。再如，近几年，房地产作为新的经济增长点被普遍看好，有的商业银行出于争夺市场份额的考虑，不惜降低贷款条件甚至违规发放贷款，而贷款期限长在短期内把许多矛盾隐含起来，这样，一旦房地产市场逆转，会给商业银行造成较大风险。再如，这几年银行资金过于向一些大企业、大公司集中，也引起一定风险。还有一些商业银行动辄向一些地方授权授信，签订意向合同，这种做法可能是从发展战略上考虑的，但却有悖于《商业银行法》，其中也潜藏着一些风险。因此，推进金融改革要重视资产组合中的风险分散。

市场化、系统化、风险配置是我国今后金融改革中要时刻铭记的关键词。重视这些问题，可以有效避免金融改革偏离轨道，处理好这些问题，金融资源有效配置是一个必然的结果。

（《金融时报》2003.05.09）

建立金融突发事件应急机制

在"非典"问题出现以后，我国政府高度重视，采取了一系列重大措施，对于抑制"非典"的蔓延发挥了重要作用。在诸多措施中，"建立突发公共卫生事件应急机制"作为一项制度性、建设性的举措，格外受到国内外关注。不少媒体和专家认为，这一举措的意义已超出卫生事件本身，对于政府改进和加强其他公共产品及服务，以及对社会性行业的管理具有普遍意义。金融部门作为有广泛社会联系、向公众提供广泛服务的部门，研究建立金融突发事件应急处理机制就显得十分重要。

建立有效的金融突发事件应急处理机制是我国金融业发展的客观要求。金融是现代经济的核心，涉及社会经济生活的方方面面，是各种情况和矛盾的汇集之处，具有很强的全局性、政策性、渗透性，同时它又是高风险、高杠杆的行业。金融事件往往带有突发性强、传播速度快等特点。因此，建立和完善金融突发事件应急处理机制，有利于保护存款人、债权人和投资人的利益，维护经济金融稳定；有利于保持金融发展的恒定性、稳定性、可预见性和可信赖性，从而有效预防和解决金融危机或风波。特别是，我国实行分业经营、分业管理的金融管理体制，只有加强金融突发事件应急处理机制建设，才能明确职责、共享信息、加强预防、及时处置、减少风险、提高效率。

建立有效的金融突发事件应急处理机制，是有效应对各种金融风险的重要制度保障。金融风险是当今世界经济发展中各国面临的共同问题。据世界银行统计，自上个世纪 70 年代以来，已经有 90 多个国家发生了 115 次系统性金融危机。金融危机是典型的金融突发事件。许多国家都建立了相对完善的金融紧急事件应急机制，积累了一套行之有效的危机管理经验。我国在应对和解决国内外金融突发事件方面也积累了不少成功经验。1993 年，我国政府通过采取综合性的宏观调控措施，有效抑制了通货膨胀，促进了国民经济软着陆；1997年，通过深化金融改革、化解金融风险、实施稳健的货币政策，使得我国经济成功度过亚洲金融危机的冲击，保持了国民经济持续快速健康发展。1996年以来，我国通过关闭、重组、债权转股权、兼并、撤销等手段，有效化解了一些中小金融机构的风险。但从整体上讲，我国主要靠行政协调和宏观政策应对紧急金融事件，尚缺乏一套法律保障有力、组织健全、反应灵敏的应急处理机制，急需进一步完善。

如何建立和完善我国金融突发事件应急处理机制？根据一般公共事件应急处理的经验，结合我国国情和金融业的特点，应实行统一指导、分类管理、明确责任、信息共享、法律保障、组织落实的原则。

第一，应制定相关行政法规，从法律上保障突发金融事件应急反应机制的运行。通过法律法规明确金融突发事件的含义，中央与地方、政府各部门、人民银行和各监管当局在处理不同类型金融突发事件中的职责，明确处置程序和方法、原则以及信息披露等主要问题，以提高金融突发事件处置的透明度和效率。

第二，要完善信息网络，及时、准确地对突发金融事件作出预测、预报和预警。在金融突发事件出现以前，往往在一些经济金融指标上有所表现。比如，任何一个国家在金融风险加大以前，贸易条件、国际借款利差、实际汇率、经济增长、通货膨胀以及资本流动的速度要比经济稳健时期发生异常偏离。如果金融风险由隐性转为显性，贸易条件会迅速恶化，资本流动会发生逆转，国际借款爽约会增加。在开放经济条件下，如果资本项目管制被取消，一国信贷扩张和资产价格膨胀通常与资本流入有一定关系，一旦情况逆转，会导致整个金融中介的混乱和无序。因此，许多金融突发事件虽然爆发力强，但并不是不可预测的。有关部门应进一步加强这方面的网络信息建设，加强指标体系建设、监测和预报，为及时采取有效措施创造条件。

第三，要建立有效的金融安全网络。在实行完全分业管理后，加强金融，特别是银行安全网或安全体系建设至关重要。一般而言，银行业安全网络包括中央银行最后贷款人、各种形式的存款担保、监管当局的监管、严格的信息披露制度以及良好的公司治理。在有效的金融安全网络体系中，应特别强调银行自我约束、自我防范的能力，减弱银行对外部的依赖，尽可能减少道德风险。目前，我国已建立了人民银行与有关监管当局的定期磋商机制，在此基础上，面对银监会分设的新情况，应进一步加强对金融突发事件应急处理机制的研究，不断提高处置各种突发事件的水平和效率。

第四，要加强金融透明度建设。逐步增加金融透明度是有效预防危机的重要环节。从世界范围看，越来越多的中央银行和监管当局正朝着政策高度透明的方向发展。近年来，我国中央银行和各监管当局不断加强了金融透明度工作，及时向社会公布货币政策目标、措施和实施情况，以及各种金融法规；充分利用互联网公布有关数据、政策；与媒体的互动关系逐步加强。商业银行和其他金融机构的信息披露也有新的突破。我国有关综合部门还积极参加有关国际金融组织的透明度问题研究工作。但是，与全社会对金融公共信息需求以及货币监管当局履行职责的要求相比，我国仍需加强这方面的工作。同时，要加强对社会公众的金融教育，普及金融知识，增强社会公众的金融意识和识别判断金融风险的能力。

当前，我国金融改革正在稳步推进，金融形势继续保持平稳健康发展。在好的形势面前，我们更要居安思危，树立忧患意识，防患于未然，加快研究建立我国金融突发事件应急处理机制。

（《金融时报》2003.04.23）

中国金融跨入现代市场经济之门

中国金融问题始终是国际社会关注的焦点。世界银行和国际货币基金组织等国际组织，对我国的金融改革和发展都给予了积极评价。但也有一些海外媒体，在褒奖我国经济的同时却把金融说得问题丛生。对经济、金融有不同看法本无可厚非，反映了人们认识的差异和经济金融运行的复杂性。但对任意夸大和炒作金融问题应引起警觉。毋庸讳言，我国金融业在发展过程中还存在许多矛盾和问题，但从动态和历史的角度看，与我国经济一同成长的金融业在体制和运行机制上已发生了深刻变化，正朝着市场化、专业化的方向推进，并逐渐成为现代经济的核心，中国金融已跨入现代市场经济之门。

我国已建立与社会主义市场经济相适应的金融体制，这不仅体现在组织管理体系方面，更重要的是体现在运行机制和运行规则方面。我国金融改革是渐进式的，人们对社会主义金融的地位和作用的认识经历了不断深化的过程。经过分离、组建、引进、重组、关闭，我国已经形成了以人民银行为中央银行，各监管当局分工协作的金融调控监管体系；以国有金融机构为主体，包括股份制金融机构、外资金融机构、各种非银行机构功能互补的金融服务体系；以市场为基础门类齐全的金融市场体系；以全社会为服务对象的支付清算体系。

与此同时，我国金融运行也发生了质的变化，特别是最近几年，货币政策连续性、稳定性、市场化程度明显增强，银行、证券、保险法律法规不断完善，大量行政审批项目陆续废止，金融市场迅速发展，金融调控和金融监管的透明度明显提高，一套既反映市场经济基本要求又适合我国实际的金融运行规则初步形成。目前，我国金融宏观调控已实现向间接调控为主转变，金融监管向依法审慎性监管转变，金融运行由封闭型向开放型转变，这一金融体制与我国经济体制是适应的，并为经济持续快速健康增长作出了历史性贡献，并提供持续的动力。

我国是金融市场化速度较快的发展中国家之一，目前广义货币（M₂）与国内生产总值（GDP）之比为1.5，一定程度上说明了我国金融深化的程度。一些媒体在评论中国金融时，总习惯于抓住一点，并夸大其词。或曰我国信用过分集中于几家银行，不良贷款多，金融风险较大；或曰我国银行准入限制较多，民营银行成立难等。这些问题确实不同程度地存在着，但我们应当用联系的而不是孤立的、动态的而不是静态的方式加以对待。一些金融问题，既有政策性、体制性因素，也有金融自身问题，有的是发展经济的应付的机会成本或代价。

应当说，经过多年改革，我国银行信用过度集中的问题在逐步改善。四家银行的贷款、资产占银行类机构总贷款资产均在60%左右，股份制商业银行的资产已达15%。四家国有商业银行的资产质量已取得明显好转，自2000年第四季度以来，连续实现不良贷款余额和比例的"双下降"。民营银行问题在我国也非禁区，监管当局并没有法律和政策上的限制，对具有法人资格的民营企业作为商业银行发起人资格及其入股金额和比例没有法律上的限制。许多人在谈及银行时，往往把我国银行体系浓缩为四大银行，而忽视了我国银行体系中还有一大批股份制商业银行；往往片面强调银行结构与企业结构的对称性，而没有考虑到我国银行业近一半贷款贷给了非国有企业的情况。实际上，我国存款类金融机构并不少，有4家国有独资商业银行和10家全国性股份制商业银行，它们的机构网点遍布全国城乡，还有100多家城市商业银行，4万多家农村信用社，机构布局基本满足经济发展的需要。

然而，对于中国金融业而言，仍然有许多待解的难题。特别是加入世贸组织后，我国将在更大范围和更深程度上参与经济全球化，金融业在社会主义市场经济框架中面临的很多新问题，往往是经济中各种矛盾的汇集表现之处。对此，必须要有足够认识。"祸患常积于忽微"，"明者消祸于未萌"。我们要及时研究改革、发展、开放中的新问题，从战略和全局的高度加快推进金融改革，从根本上防范和化解金融风险，为经济金融发展提供持续的动力。

新一届中央政府已经明确要加快金融改革。银监会设立拉开了新一轮改革的序幕。金融管理当局多次表示要积极迎接金融改革发展的新局面和新挑战，这为金融改革顺利推进提供有力的政策保障。中国金融已迈入健全市场经济门槛，进入整体深化阶段，必须更好地发挥市场的作用。市场化不仅是改革的基本取向，也是评价改革有效性的重要标准。我国已经告别资金短缺时代，国民储蓄率是世界上最高的国家之一，把储蓄有效转化为投资，必须培育更有效的渠道和工具，更好地发挥利率的作用。金融改革是系统工程，必须从整体布局和战略上推进改革，从全局的高度探索更为有力的系统性措施，综合运用各种宏观经济政策，化解已经积累的金融风险，迅速提升国有商业银行的竞争力。同时，要正确处理好货币政策与金融监管、金融稳定的关系，综合发挥各种政策工具的效能和作用，进一步提高货币政策和金融监管的专业化水平。在金融市场日益一体化背景下，应特别重视加强货币当局与监管当局的协商与合作。我国银行证券保险在经营监管上的分离不是分割，将意味着专业化分工基础上的合作，不同市场之间的高度依存性和渗透性需要相互间服务，从而推动统一金融市场体系的形成。

今后 20 年是我国经济发展的战略机遇期，也是我国金融发展的战略机遇期，金融业必须根据经济发展方略和目标确立相应的发展规划。到 2006 年 12 月，我国将全面履行金融对外开放的承诺，中资金融机构将在同一市场上与外国同行竞争。我们必须心中有数，只争朝夕，抓紧解决当前金融运行中的突出问题，抓紧推进各项金融改革，加快完善社会主义市场金融体制和运行机制。

（《金融时报》2003.04.04）

货币政策和银行监管将更加专业化

2003 年 3 月 10 日，十届全国人大一次会议审议通过了国务院机构改革方案，中国银行业监督管理委员会即将宣布成立。国内外广泛关注的银监会分设问题终于尘埃落定。成立银监会，是我国金融发展史上的一件大事，是完善宏观调控体系、健全金融监管体制的重大决策。这是一个双赢的举措，将使中央银行和监管当局腾出更多的时间和空间，以更细的分工专司其职，迅速提升货币政策和银行监管的专业化水平，从而加快金融改革与发展的进程。

人民银行作为中央银行在宏观调控体系中的作用将更加突出，货币政策的专业化水平会得到明显提升。

银行监管从人民银行中分离会不会影响货币政策的实施？这是很多人关心的问题。有专家认为，我国作为一个发展中国家，执行货币政策需要多种政策工具，需要发挥金融监管机关对被监管机构的行政管理职能，人民银行不对银行实施监管，将会影响货币政策的有效性。这种看法有失偏颇。的确，在货币政策是以直接调控为主的时期，货币政策与银行监管相关性较强，离开对银行的行政管理，很多货币信贷措施很难奏效。1998 年后，我国金融宏观调控发生了重大变革，取消了对商业银行贷款规模的限额控制，实施货币政策主要靠运用各种货币政策工具进行间接调节，商业银行贷款多少在很大程度上取决于其资金平衡能力和风险控制能力。在这种情况下，让中央银行同时承担货币政策和银行监管职能，不仅会造成宏微观目标的冲突，而且也容易造成管理和约束软化。银监会的分设，有利于加强货币政策与银行监管的相互约束和制衡，有利于更好地发挥市场的作用，使货币政策更加科学化、专业化。

银监会成立后，人民银行在货币政策和金融服务方面的职能会进一步强化。正如国务委员兼国务院秘书长王忠禹在对国务院机构改革方案的说明中所指出的，人民银行作为中央银行在宏观调控体系中的作用将更加突出。人民银行不再承担监管职能后，要加强制定和执行货币政策职能，不断完善有关金融机构运行规则和改进对金融业宏观调控政策，更好地发挥中央银行在宏观调控和防范与化解金融风险中的作用，进一步改进金融服务。很明显，在银监会成立后，人民银行在集中履行货币政策和金融服务职责的同时，会在宏观经济管理和维护整体金融稳定方面发挥更大的作用。

我国金融改革开放以来，人民银行管理体制进行了多次重大调整，每一次改革都推动了中央银行职能的强化和金融业的快速健康发展。1983 年 9 月，国务院作出《关于中国人民银行专门行使中央银行职能的决定》，推进了我国中央银行体制的确立；1992 年 10 月，中国证券监督管理委员会成立，以及 1998 年人民银行全部划转证券监管职能，有力地促进了我国银行管理、证券管理专业化和国际化水平；1993 年 12 月，国务院作出《关于金融体制改革的决定》，使人民银行朝着真正中央银行的方向迈出重要步伐；1998 年 11 月，中国人民银行成立九家跨省（区、市）分行，同时宣告成立中国保险监督管理委员会，我国监管架构进一步完善，执行货币政策和监管的独立性和专业化水平得到提高。这次分离货币政策职能和银行监管职能，反映了金融市场多元化、专业化的需要，必将推动中央银行货币政策专业化水平。

新中国成立后，我国货币政策经历了严重抑制、作用释放、逐步深化、间接调控等几个阶段，正在逐步走向成熟。但由于受经济环境和金融管理体制等因素的制约，货币政策的专业化水平与发达国家相比仍有一定差距。在货币政策工具应用、货币政策透明度建设、货币政策传导等方面仍有许多需要改进的地方。银行监管从人民银行分离出来，可以为提高制定和执行货币政策水平赢得更多的时间和空间。

银行监管职能分离后，人民银行组织体系也会面临新的调整。在借鉴、比较、甄别他国情况的基础上，立足我国国情，会围绕货币政策职能的强化加快改革，在部门设置、职责分工等方面将趋于细化，以适应经济专业化、金融市场多元化，以及全球经济一体化要求。在法律层面上，《中国人民银行法》等法律法规修订工作将加紧进行，以强化中央银行货币政策的性质和职能，体现中央银行的权威性，体现货币政策决策科学化、专业化要求。

银监会成立后，人民银行的金融服务职能势必加强，通过完善金融统计、经理国库、支付清算等功能，以加强对社会资金流量的监测，发挥金融服务的综合效能，为有效制定和执行货币政策提供良好的支撑。

银行监管在原有的基础上得到加强，监管方式、技术、理念、制度会有所创新，稳步走向专业化、国际化。

银行监管组织采用何种模式，主要取决于不同国家的政治、经济、金融、立法的历史背景。目前，各国金融监管模式主要有四种模式：一是欧洲中央银行成立后，欧元区国家中已有多半国家将银行监管从央行中分离出来。二是英国、日本、瑞典、丹麦、澳大利亚将银行、证券、保险监管统一于单一的金融监管机构。三是美国由美联储作为伞式监管者，负责监管混业经营的金融控股公司，银行、证券、保险分别由其他监管部门分别监管。四是许多发展中国家仍由中央银行同时负责货币政策和金融监管。但从总的趋势看，越来越多的国家金融监管采用了与央行货币政策职能相分离的模式。从这种意义上讲，我国成立单独的银行监管机构，符合我国金融改革发展的实际情况，符合国际上银行监管的总趋势。

设立银监会，是我国金融监管体制演进的必然结果。上世纪90年代以前，我国金融监管职能主要由人民银行内部的金融管理司承担。随着金融市场的发展，按照分业经营的要求，监管的组织体系不断调整，银行监管由过去的合规监管向以防范和化解金融风险的审慎监管转变。特别是加入世界贸易组织后，金融立法进程明显加快。但是，如何协调整体金融稳定与微观金融风险的处置，如何在履行货币政策和银行监管双重职责方面形成有效的约束和制衡，始终是人民银行履行职责过程中面临的问题。处理不好，不仅影响货币政策实施的统一效能，也容易引发一定程度上的道德风险。银监会的成立，无疑为解决上述问题提供相应的体制约束和保障，同时也有利于集中精力解决银行监管中的难题，提高监管效率和监管的专业化水平与权威性，推动我国银行业尽快提高国际竞争力。

有一种担心：在我国体制转轨过程中，银行积累了一定风险，银行业面临提高资产质量、充实资本、建立现代银行制度等多重任务，银监会是否有条件担负起这样的职责？这种担心是不必要的。银行监管就其性质而言，主要在于为金融业创造有序、有活力的发展环境，促进金融企业建立良好的公司治理。监管机构不是"奶婆"。其所以作出这样的制度安排，主要是促使金融机构强身健体。化解金融机构积聚的历史风险，不能靠央行贷款的软约束，主要靠发展和新的制度安排。特别是，经过多年的改革与发展，我国已初步建立起与社会主义市场经济体制相适应的金融体制，宏观经济环境继续向好的方向发展，商业银行的资产质量已有历史性好转，防范和化解金融风险的能力逐步提高，其资金平衡能力和自我约束能力不断提高，银行监管的基础明显改善。我们完全有理由相信银行监管水平会乘势而上，不辱使命。

在中国加入世贸组织最初几年的过渡期内，留给商业银行和银行监管当局的时间十分有限。

摆在银监会面前的任务十分艰巨，既要进行相应的机构调整，进一步提升监管水平，又要大力推进商业银行，特别是国有商业银行的改革。必须只争朝夕，制定相应的监管战略和详尽的时间表。我们期待着，银行监管在促进公司治理、金融制度和业务创新、金融消费者权益保护，以及监管方式、监管技术、人员培养、监管基础建设方面有新的突破。

人民银行与各监管当局磋商协调机制将会进一步完善，以适应金融市场一体化、金融国际化的客观需要。

银行监管职能与货币政策职能分离后，一个新的问题是，怎样解决或协调货币政策和金融监管中的矛盾？

这不是一个新问题。早在几年前，人民银行、证监会、保监会就建立了三方定期磋商的机制。但随着社会主义市场经济体制的不断完善，需要结合新的情况对有关重大问题作出更为详尽的法律规定和制度安排。否则，容易导致权责不清、道德风险、重复低效等问题。我们高兴地看到，王忠禹在对国务院机构改革方案的说明中明确提出，在金融监管方面，人民银行的宏观调控和银监会的监管工作是互相补充、互相促进的。人民银行要建立密切的联系机制，及时沟通有关金融市场风险和运营情况，共享监管信息。这实际上，为进一步建立四方磋商协调机制提供了政策依据。

人民银行作为中央银行，承担着最后贷款人角色，具有为银行体系提供必要流动性支持的职责。但央行向银行提供信贷支持旨在提升公众对银行体系的信任，维护银行业的稳定与发展。同时，作为实施货币政策的重要宏观部门，中央银行负责从整体上制定和完善金融运行的规则，更多关注那些涉及宏观金融运行与稳定的问题。而各金融监管当局职责将集中在宏观和微观层面监管上。无论中央银行还是各监管当局，在职能上都需要一个明显的转变，这就是让市场充分发挥作用。

改革不是一劳永逸的，是一个持续的过程。我们需要以理性的眼光审视改革，以科学的态度对待改革。金融改革势必出现新的矛盾和问题，但我们相信，问题和解决问题的办法会同时产生。

（《金融时报》2003.03.11）

中国没有输出通货紧缩

在 20 世纪 90 年代中期以后，发达国家和发展中国家的通货膨胀率呈现出明显的下降趋势，特别是最近几年，许多工业化国家通胀率甚至低于 2% 的警戒线。很明显，全球性通货紧缩趋势正在加剧。对于通货紧缩的成因，经济学家和国际舆论莫衷一是。有人认为，这是技术进步、结构调整、生产相对过剩的结果；也有人认为，是经济金融全球化导致了通货紧缩；还有的人认为，中国是加剧全球性通货紧缩的主要来源。怎样看待这一问题呢？

"中国通货紧缩输出论"是"中国威胁论"的变种。

"中国通货紧缩输出论"是在特殊国际经济背景下抛出的又一怪论。这种观点与前几年出笼的"中国威胁论"如出一辙，一脉相传。最近几年，全球经济增长乏力，增速减缓，全球有效需求不足，物价总水平持续下降。一些人便标新立异，急于寻找一个可指责的对象和替罪羊，不仅不把中国经济增长看做是一种机遇，反而把矛头指向中国，指责中国带来了全球性通货紧缩，吸纳了其他国家的就业机会。其始作俑者是个别日本政客和企业界人士。摩根士丹利经济学家罗奇在《停止攻击中国》一文指出，率先对中国进行攻击的是日本。他在文章中指出，日本国内一部分人认为，中国的低成本使日本企业出现"空洞化"。后来，又指责是中国引起了通缩。日本大藏省负责国际事务的官员还专门发表文章，称亚洲特别是中国是产生通缩的主要来源。在美国等一些国家，也有个别人将日益出现的通缩归咎于中国。

为什么会在日本率先出现此种论调呢？长期在吉林社会科学院从事日本经济研究、现在中国人民大学攻读博士的副研究员赵光瑞认为，日本对中国的指责意在转移长期难以解决的国内经济金融矛盾。他说，长期以来，日本为解决其经济结构和银行不良资产问题采取了一系列政策，比如减税、零利率、银行债务重整、人为诱导汇率降值等，但经济依旧低迷。在这种情况下，日本国内一些人急于转移国内视线，对一些外部因素夸大化。因此，日本率先出炉通缩输出论不足为怪。

中国作为一个发展中国家，正在以坚定的步伐走向世界，并日益融入国际经济体系。毫无疑问，我们会以负责任的态度积极参与国际分工与合作，承担应尽的责任和义务，从不以邻为壑。在亚洲金融危机期间，我们坚持人民币不贬值，不仅维护了国内经济金融的稳定，也对亚洲乃至世界经济的稳定和恢复作出了积极贡献。但为什么对中国的指责仍时有发生？

《中国唱不衰》一书的作者杨再平博士在谈到这一问题时说，中国经济的持续快速发展，愈来愈引起国际社会的关注，人们愈来愈将中国经济与世界经济联系在一起，许多经济学家和国际经济金融组织都对中国经济成长予以积极评价。这是正常的也是令人自豪的。但也有一些人士对中国经济发展抱有偏见，甚至提出种种责难，这种情况在20世纪90年代中期以后更为突出。比如，1994年美国的布朗在《世界观察》刊登了《谁来养活中国？》，1998年英国《经济学家》刊登了《下一个是中国吗？》，之后，又出现了《中国增长虚假？》、《中国即将崩溃？》、《中国威胁论》等一系列危险预言的文章。中国输出通缩论、人民币升值论的出笼并不奇怪，与中国威胁论、中国崩溃论有密切联系的，实际上是所谓中国威胁论的变种。这些观点的核心在于让中国承担超出发展中国家能力的国际义务和责任，比如，让人民币升值，就是为了削弱中国商品的国际竞争力。对此，我们要冷静分析，不要被舆论所左右，坚定地走自己的路。

事实上，面对这些危言耸听的舆论，中国政府沉着应对，坚持用发展的办法解决前进中的问题，适时调整宏观经济政策，重点解决关系国民经济全局的大事，着力促进国民经济的持续、快速、健康发展。特别是，锐意推进金融改革，整顿和规范金融秩序，为经济发展和社会稳定提供了有力保障。

中国通货紧缩输出论完全是空穴来风。

我国政府一向以包容的态度对待各种指责，并以实际行动消除各种误解甚至攻击。同时,我们也有责任把实情告诉国际社会。中国输出通缩并不符合现实情况。日本在 20 世纪 80 年代末期就出现了通货紧缩,历史已有 13 年之久,中国居民消费价格指数从 1998 年才开始出现负增长。中国对日本的出口还不到日本 GDP 的 2%。2002 年,中国向日本出口 484.4 亿美元,进口 534.7 亿美元,逆差 50.3 亿美元。究竟是谁向谁输出通缩呢?实际上,目前日本经济疲软、通货紧缩问题,反映出对 20 世纪 90 年代初资产价格暴跌调整不力,以及对全球化和技术性变化适应慢。日本企业过分依赖银行贷款以及脆弱的银行体系进一步加剧了经济结构调整中的矛盾。虽然,为刺激经济恢复,日本自 20 世纪 90 年代以来一再放松财政政策和货币政策,甚至实行了零利率,但收效不大。因此,日本应从自身多找原因,不要夸大通缩的外部因素。

中国也没有向美国等国家输出通货紧缩。诚然,中国对美国的出口在过去几年中保持了高速增长,但美国进口的中国产品只占美国商品进口总量的 10%,不足其 GDP 的 1%。况且,美国从中国进口的商品也是其国内必需的,如果不从中国进口,也会选择其他国家的替代品。相反,一些跨国公司从中国的低成本中获益增多,来自中国的进口增加了发达国家的购买力,缓和了美国经济周期带来的波动。

就总体情况而言,中国物价目前在低位运行对世界价格影响不大。2002 年全球进口或出口规模在 6 万亿美元左右,中国出口商品价值 3258 亿美元,仅占 5%。而且,中国近年来进出口增长都有长足进展,虽然略有顺差,但贸易项目基本平衡,中国在出口增长的同时,也输入了大量外国商品。特别是,在中国的出口中,加工贸易出口占 50% 以上。加工贸易的定价权不在中国企业手中,中国企业只收取占产品价格极小部分的加工费。去掉这一块打折扣的"出口",中国真正的商品出口只占全球出口的 2% 左右,不足以对世界价格产生决定性影响。

对于世界性通货紧缩,美国著名金融分析家格里西令在《通货紧缩论》一书中作了深刻分析。他列举了导致世界性通货紧缩的主要原因,即主要国家政府支出和赤字的缩减,中央银行持续的反通货膨胀政策,经济结构的调整,技术进步与互联网的广泛应用,经济金融的全球化和自由化使全球商品供给增加等。这些因素有助于我们正确分析全球经济环境的变化。

中国没有向世界输出通货紧缩。不仅如此，中国为消费者提供物美价廉的商品，给世界和亚洲各国都带来了收益；中国强劲增长的国内需求，也为世界其他国家的发展提供了机遇。

（《金融时报》2003.02.20）

后　记

　　给这本文集起名是个有趣和民主的过程，征求几位同仁的意见，形成了几个备选的书名，比如《谈金论道》、《金融笔谈》、《金融潭谈》、《金融的维度》。最终多数人认同《金融的维度》。

　　金融是复杂的、多维的，可以从不同视角解读，经济学家看重资源与风险配置，银行家看重利润与风险，社会学家看重制度公平，数学家看重模型，道学家看重人性弱点，历史学业家看重演进与规律，唯有以历史的、国际的和系统的思维分析才能接近金融的本质。

　　认识的局限性并不妨碍我们的金融求索，持续的观察是我们与这个不断变化的世界同步更新的最好方式，也是追求金融奥妙的捷径，是职业要求，也是兴趣使然。从人民银行总行、分行到新闻出版单位的职业转换，使我得以有机会换位思考和观察中国金融问题。感谢这个时代，呈现了如此丰富的金融世界，既充满活力而又如此包容，让我从每一种职业中都能感受到独特的金融魅力和价值。

　　面对复杂的、不确定的金融世界，写作显得如此微不足道。面对社会对文章的鼓励和质疑，我常常以盲人摸象开脱。这并非虚言。随着年岁增长，我越来越感到自身基础的薄弱，曾经对周围的朋友讲过这样的感悟：小时候，当第一次看到盲人摸象的故事，觉得很可笑，笑那些摸象之人怎么如此以偏概全。几十年过去了，再次看到这样的故事，反而是觉得自己可笑。其实在浩瀚的金融世界里，谁又不是摸象者呢？

　　本书收录的文章，主要是近几年撰写的，多在周末和下班后完成，大部分在《中国金融》和《金融时报》上发表过。我力图避开喧闹做出安静的判断，努力以鲜明的态度和立场表达所关注的问题。

　　本书得以付梓，得到了很多人的帮助。人民银行、中国金融出版社、金融时报社许多领导和同事给予很多关心、支持和鼓励；爱人、孩子的积极乐观与温暖也增添了我勤奋思考的动力；很多朋友提供了许多无私的帮助，感谢编辑记者的润色、校正。

由于才疏学浅，本书见解难免只见树木、不见森林，恳请读者批评指正。